全国高等教育快递专业（方向）专业课程推荐教材

电子商务与快递服务

国家邮政局快递职业教材编写委员会　编

北京邮电大学出版社
www.buptpress.com

内 容 简 介

本书共分七章，从快递服务市场、商业模式、运转平台、经营管理、发展战略五个方面，就电子商务环境下快递企业和快递业务发展的主要问题进行了系统全面阐述，反映了快递服务的发展趋势，内容丰富，案例充实。本书为快递专业(方向)高等教育教学推荐用书，可作为本科及以上层次相关专业人才培养参考用书，也可供快递物流相关企业高级管理人员、专业技术和相关人员参考使用。

图书在版编目(CIP)数据

电子商务与快递服务/国家邮政局快递职业教材编写委员会编.--北京：北京邮电大学出版社，2012.1 (2021.12重印)

ISBN 978-7-5635-2824-0

Ⅰ.①电… Ⅱ.①国… Ⅲ.①邮件投递 Ⅳ.①F618.1

中国版本图书馆 CIP 数据核字(2011)第 229806 号

书　　　名：	电子商务与快递服务
主　　　编：	国家邮政局快递职业教材编写委员会
责任编辑：	赵玉山　马琳
出版发行：	北京邮电大学出版社
社　　　址：	北京市海淀区西土城路10号(邮编：100876)
发 行 部：	电话：010-62282185　传真：010-62283578
E-mail：	publish@bupt.edu.cn
经　　　销：	各地新华书店
印　　　刷：	北京市金木堂数码科技有限公司
开　　　本：	787 mm×1 092 mm　1/16
印　　　张：	18.25
字　　　数：	427千字
版　　　次：	2012年1月第1版　2021年12月第3次印刷

ISBN 978-7-5635-2824-0　　　　　　　　　　　　　　　定价：42.00元

· 如有印装质量问题，请与北京邮电大学出版社发行部联系 ·

国家邮政局快递职业教材编委会

主　　任　苏　和

副 主 任　达　瓦　王　梅　安　定　张英海

委　　员　韩瑞林　焦　铮　靳　兵　刘良一

　　　　　张小宁　卫　明　唐守廉　吴先锋

　　　　　吕　靖　陈兴东　贺　怡　郑志军

编写人员　吴先锋　罗龙艳　曹慧英　谢天帅

前　言

改革开放以来,快递市场逐渐成为邮政业市场最具活力的领域。2006年邮政体制改革,特别是2009年新修订的《邮政法》第一次明确快递企业的法律地位后,快递企业迎来了新的发展机遇,快递服务面临着广阔的发展空间。近年来,快递企业规模不断扩大,业务收入快速增长,但高层次、专业化、技能型人才匮乏,已经成为制约企业发展的关键因素。因此,加快快递服务人才培养,努力扩大快递专业人才规模,提高人才质量和素质,是提升企业核心竞争力、促进行业可持续发展的重要前提和保证。

大力推进快递专业人才教育培养是邮政行业贯彻落实科教兴国和人才强国战略的重要工作内容。为了有效履行职能,根据《国家中长期教育改革和发展规划纲要(2010—2020年)》要求和国务院有关文件精神,国家邮政局发挥政府主导作用,成立了快递职业教材编写委员会,启动了快递专业(方向)课程教材的开发建设工作。

目前全国各院校快递专业(方向)没有统一、系统和权威的专业课程教材。从2009年5月至今,我们组织编写了第一批共8本快递专业教材,以满足院校教学、企业培训和广大快递从业人员学习参考的迫切需要。这是邮政领域第一次由行业主管部门牵头,整合社会各方资源共同参与的教材建设工作,教材执笔人员都是业内经验丰富、精通业务的专家、学者,以及在教材编写方面具备较强优势、具有丰富教学经验的院校老师。

教材以支撑快递服务专业化人才教育培养为目标,以强化快递从业人员专业知识为导向,遵循适度超前、注重实用、科学规范的编写原则,突出系统性、权威性和实用性,贴近实际,内容全面,可用性强。第一批系列教材分为高职和研究生两个层次。高职教材共有《快递法规与标准》、《快递客户服务与营销》、《快递业务概论》、《快递业务操作与管理》4本,编写上理论知识与实际操作并重,突出高职教育实际工作能力和业务技能培养的特点,强调对企业应用实例的介绍。教材使用对象主要为快递专业(方向)高职层次全日制在校学生、快递物流相关企业各层次管理、专业技术和技能型人员。研究生教材共有《快递服务法规解析》、《现代快递服务科学》、《电子商务与快递服务》、《快递企业战略管理》4本,内容侧重于快递企业经营管理、运营服务等方面系统性的理论知识介绍与分析,权威性的法律法规阐释与解读,前瞻性的服务发展趋势分析与预测,有助于拓宽视野,丰富知识,提升管理和服务能力水平。特别是大量实际案例的精选和解读,对帮助学员深入理解和掌握相关知识很有帮助。教材主要为快递专业(方向)高等教育教学推荐用书,可作为本科及以上层次相关专业人才培养参考用书,也可供快递物流相关企业高级管理人员、专业技术和相关人员参考使用。

本系列教材在编写过程中,得到了以下各方面的大力支持和帮助:北京邮电大学、重庆邮电大学、浙江邮电职业技术学院、广东邮电职业技术学院、深圳技师学院的专家学者分别承担了有关教材内容的具体编写任务;相关省(区、市)邮政管理局和国家局司局有关领导对教材的编写给予了大力支持;国家邮政局发展研究中心、职业技能鉴定指导中心相关同志在教材审阅、修订和统稿方面付出了艰辛的努力;北京、上海、广东等地的多家快递企业为教材的编写提供了许多帮助,在此一并表示衷心的感谢!

因能力水平所限,教材不足之处在所难免,欢迎提出宝贵意见。

国家邮政局快递职业教材编写委员会
2011 年 4 月

目 录

第一章 电子商务服务概述 ... 1

第一节 电子商务概述 ... 1
一、电子商务的概念及分类 ... 1
二、电子商务的一般框架 ... 5
三、电子商务的系统结构 ... 8
四、国内外电子商务发展趋势 ... 10
五、电子商务与快递 ... 12
六、新型电子商务 ... 17

第二节 电子商务服务的基本概念 ... 22
一、电子商务服务的内涵 ... 22
二、电子商务服务的特征 ... 23
三、电子商务服务的分类 ... 24

第三节 电子商务服务质量 ... 25
一、传统服务质量的含义 ... 25
二、电子商务服务质量定义 ... 27
三、电子商务服务质量构成要素 ... 28
四、电子商务服务质量指标 ... 31
五、电子商务服务质量测量差距模型 ... 32
六、电子商务服务质量管理 ... 34

第四节 电子商务服务信用与法律 ... 36
一、电子商务服务信用 ... 36
二、电子商务政策与法律环境 ... 40

本章小结 ... 43
思考与练习 ... 44

第二章 电子商务快递市场 ... 45

第一节 快递服务概述 ... 45
一、快递服务的定义 ... 45
二、快递服务的载体与分类 ... 46
三、快递服务的特征 ... 47
四、快递服务与物流服务的区别 ... 49

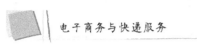

		第二节　电子商务快递市场概述 ………………………………………………… 50
			一、快递市场的含义与特点 …………………………………………………… 50
			二、电子商务市场的含义与特点 ……………………………………………… 51
			三、电子商务快递市场的含义与特点 ………………………………………… 52
		第三节　电子商务快递市场环境 ………………………………………………… 54
			一、电子商务快递市场的国际环境 …………………………………………… 55
			二、电子商务快递市场的政策环境 …………………………………………… 57
			三、电子商务快递市场的法制环境 …………………………………………… 58
			四、电子商务快递市场的经济社会文化环境 ………………………………… 59
			五、电子商务快递市场的科学技术环境 ……………………………………… 60
		第四节　电子商务快递市场的发展 ……………………………………………… 61
			一、电子商务快递市场的发展历程 …………………………………………… 61
			二、电子商务快递市场的企业结构 …………………………………………… 66
			三、电子商务快递市场的地区特征 …………………………………………… 68
			四、电子商务快递市场的市场规模 …………………………………………… 69
		第五节　电子商务快递市场的企业行为 ………………………………………… 71
			一、电子商务快递市场的服务产品 …………………………………………… 71
			二、电子商务快递服务价格 …………………………………………………… 72
			三、电子商务快递服务范围和水平 …………………………………………… 74
	本章小结 ……………………………………………………………………………… 76
	思考与练习 …………………………………………………………………………… 76

	第三章　快递服务商业模式 …………………………………………………………… 77

		第一节　商业模式概述 …………………………………………………………… 77
			一、商业模式的起源 …………………………………………………………… 77
			二、商业模式的含义 …………………………………………………………… 78
			三、商业模式的构成 …………………………………………………………… 80
			四、商业模式的种类划分 ……………………………………………………… 84
			五、商业模式的特征 …………………………………………………………… 86
		第二节　快递服务商业模式概述 ………………………………………………… 87
			一、快递服务商业模式的含义 ………………………………………………… 87
			二、我国快递服务商业模式的种类 …………………………………………… 88
		第三节　国内快递服务商业模式构成要素分析 ………………………………… 89
			一、中国邮政的商业模式 ……………………………………………………… 89
			二、民营快递的商业模式历程 ………………………………………………… 91
			三、国内快递服务商业模式构成要素特征比较 ……………………………… 99
		第四节　快递服务商业模式创新与愿景 ………………………………………… 100
			一、商业模式创新的含义和特点 ……………………………………………… 101

二、快递服务商业模式创新的特点和要求 …………………………… 102
　　三、快递服务商业模式愿景 …………………………………………… 103
　本章小结 ………………………………………………………………… 112
　思考与练习 ……………………………………………………………… 112

第四章　快递服务支撑信息技术及设备 ……………………………… 113

　第一节　快递行业信息技术概述 ……………………………………… 113
　　一、快递技术概述 ……………………………………………………… 113
　　二、快递信息技术的构成 ……………………………………………… 115
　　三、快递信息技术的重要作用 ………………………………………… 115
　　四、快递信息技术的发展趋势 ………………………………………… 117
　第二节　自动识别与数据采集技术 …………………………………… 119
　　一、条码技术 …………………………………………………………… 119
　　二、射频技术 …………………………………………………………… 121
　　三、智能卡识别技术 …………………………………………………… 123
　　四、其他自动识别技术 ………………………………………………… 124
　第三节　自动跟踪和控制技术 ………………………………………… 125
　　一、地理信息系统(GIS) ……………………………………………… 125
　　二、全球定位系统(GPS) ……………………………………………… 127
　　三、自动控制技术 ……………………………………………………… 129
　第四节　快递自动化技术与设备 ……………………………………… 130
　　一、自动分拣技术及设备 ……………………………………………… 130
　　二、自动化立体仓库管理技术 ………………………………………… 133
　　三、自动识别与数据采集设备 ………………………………………… 134
　　四、集成型快递信息设备——物流通 ………………………………… 136
　　五、其他快递信息设备 ………………………………………………… 137
　第五节　其他相关信息技术 …………………………………………… 138
　　一、电子数据交换技术(EDI) ………………………………………… 138
　　二、移动通信技术 ……………………………………………………… 139
　本章小结 ………………………………………………………………… 142
　思考与练习 ……………………………………………………………… 143

第五章　电子商务快递服务平台 ………………………………………… 144

　第一节　电子商务快递服务平台概述 ………………………………… 144
　　一、系统平台的基本概念 ……………………………………………… 144
　　二、系统平台的特点 …………………………………………………… 146
　　三、系统平台的分类 …………………………………………………… 148
　　四、系统平台的建设基础 ……………………………………………… 149

第二节　系统平台的开发过程 …………………………………………………… 155
　　一、系统平台规划 ……………………………………………………………… 155
　　二、系统平台分析 ……………………………………………………………… 158
　　三、系统平台设计 ……………………………………………………………… 162
　　四、系统平台实施 ……………………………………………………………… 164
　　五、系统平台评价与维护 ……………………………………………………… 165
第三节　平台体系结构 …………………………………………………………… 166
　　一、平台体系结构的基本组成 ………………………………………………… 166
　　二、平台体系结构的主要功能模块 …………………………………………… 169
　　三、快递业务处理子系统 ……………………………………………………… 171
　　四、快递企业管理信息系统 …………………………………………………… 180
　　五、电子商务应用系统 ………………………………………………………… 183
第四节　平台的系统架构设计 …………………………………………………… 183
　　一、平台的系统架构概述 ……………………………………………………… 184
　　二、基础设施平台 ……………………………………………………………… 186
　　三、商务基础支撑平台 ………………………………………………………… 190
　　四、商务应用平台 ……………………………………………………………… 192
本章小结 …………………………………………………………………………… 195
思考与练习 ………………………………………………………………………… 195

第六章　电子商务快递服务运营管理 …………………………………………… 196

第一节　电子商务快递服务的生产运作管理 …………………………………… 196
　　一、电子商务快递服务系统概述 ……………………………………………… 196
　　二、组织管理 …………………………………………………………………… 199
　　三、运作流程管理 ……………………………………………………………… 201
　　四、信息管理 …………………………………………………………………… 204
第二节　电子商务快递服务的质量及品牌管理 ………………………………… 206
　　一、电子商务快递服务质量概述 ……………………………………………… 206
　　二、电子商务快递服务质量管理的意义及难点 ……………………………… 209
　　三、电子商务快递服务质量管理策略 ………………………………………… 211
　　四、快递企业的品牌管理 ……………………………………………………… 216
第三节　电子商务快递服务的营销管理 ………………………………………… 219
　　一、电子商务快递服务营销概述 ……………………………………………… 219
　　二、电子商务快递服务的营销策略 …………………………………………… 223
第四节　电子商务与快递的合作管理 …………………………………………… 226
　　一、电子商务快递服务的服务链概述 ………………………………………… 226
　　二、电子商务与快递的合作管理 ……………………………………………… 233
本章小结 …………………………………………………………………………… 243

思考与练习 …………………………………………………………………… 243

第七章 电子商务快递发展战略与政策 …………………………………… 244

第一节 电子商务快递的发展趋势 ………………………………………… 244
一、信息化、数字化趋势 ……………………………………………… 245
二、市场联合与购并的趋势 …………………………………………… 245
三、快递企业倾向与目标客户联合 …………………………………… 246
四、网络、服务、技术是核心竞争力 ………………………………… 248
五、快递离不开电子商务平台 ………………………………………… 249

第二节 电子商务快递产业链 ……………………………………………… 251
一、产业链概述 ………………………………………………………… 251
二、产业链种类与快递产业链 ………………………………………… 253
三、快递产业链与电子商务快递产业链 ……………………………… 254
四、电子商务快递产业链分析 ………………………………………… 255
五、电子商务快递产业链发展的阶段 ………………………………… 256

第三节 电子商务快递企业发展战略 ……………………………………… 260
一、基于 SWOT 的我国民营快递企业战略分析 ……………………… 260
二、基于 SWOT 的我国邮政快递企业战略分析 ……………………… 267
三、外资快递企业的战略分析及其对我国快递企业的启示 ………… 271

第四节 电子商务快递行业发展政策 ……………………………………… 272
一、规范企业竞争行为,引导行业健康发展 ………………………… 272
二、制定发展规划,引导行业稳步发展 ……………………………… 274
三、鼓励中小民营快递企业的发展,保持行业活力 ………………… 275
四、优化市场结构,提高行业效率 …………………………………… 276
五、加快电子商务快递人才培养,不断提高行业的人力资源水平 … 277

本章小结 ………………………………………………………………… 278
思考与练习 ……………………………………………………………… 278

第一章 电子商务服务概述

【内容提要】

本章主要内容:电子商务的基本知识;电子商务服务和电子商务服务质量的概念及特点;电子商务服务信用与法律环境。重点是:了解移动电子商务、物联网对电子商务的影响及存在的问题,了解电子商务服务信用及服务信用评价的内容,了解物流与电子商务的关系;理解电子商务的含义,把握电子商务的特点,理解快递服务对电子商务发展的影响。难点是:理解电子商务服务质量的含义和电子商务服务质量测量模型的特点,掌握电子商务服务质量评价指标体系的特点和电子商务服务质量管理方法。

第一节 电子商务概述

随着经济全球化进程的不断加速和信息技术的迅猛发展,以互联网为核心的全球网络系统引发了一场全球社会和经济的重大变革,这就是从工业经济时代到 E 经济时代的革命。20 世纪 90 年代以来,以网络化电子交易为主要特征的电子商务得到了迅速发展,并已成为互联网应用中最关键的组成部分。电子商务的兴起,不仅改变了传统的贸易方式和贸易渠道,更使得企业、消费者和政府之间的业务关系与管理模式发生了深刻的变革,并对企业的流程与内部机制产生巨大的影响,同时也带来一系列的金融、政策、安全和法律问题。这里就电子商务的发展历程、电子商务的定义、分类及框架、发展现状等做一个概括描述。

一、电子商务的概念及分类

(一)电子商务的定义

从 20 世纪 90 年代中期到今天,关于电子商务的不同定义至少有 30 种。这些定义的区别主要涉及电子化、网络支撑的范围以及商务应用的深度等方面。电子商务最常用的英文名称是 E-Commerce 和 E-Business。通常我们使用的是 E-Commerce,从内涵来看,Commerce 更多地描述交易双方或多方之间的关系,而 Business 则更关注对象本身甚至包括它的内部流程。E-Commerce 其内容主要包含两个方面,一是电子方式,二是商贸活动。

从电子方式的角度分析,电子商务指的是利用简单、快捷、低成本的电子通信方式,买卖双方不谋面地进行各种商贸活动。电子商务可以通过多种电子通信方式来完成。举一个简单的例子,比如通过打电话或发传真的方式来与客户进行商贸活动,似乎也可以称作为电子商务。但是,本书所探讨的电子商务主要是以EDI(电子数据交换)和互联网来完成的。尤其是随着互联网技术的日益成熟,电子商务真正的发展将是建立在互联网技术上的,所以也有人把电子商务简称为IC(Internet Commerce)。

从商务活动的角度分析,电子商务可以在多个环节实现,由此也可以将电子商务分为两个层次,较低层次的电子商务如电子商情、电子贸易、电子合同等;最完整的也是最高级的电子商务应该是利用互联网能够进行全部的贸易活动,即在网上将信息流、商流、资金流和部分的物流完整地实现,即从寻找客户开始,一直到洽谈、订货、在线付(收)款、开具电子发票以至到电子报关、电子纳税等商务过程都是通过网络实现的。

所谓电子商务就是运用现代通信技术、计算机和网络技术进行的一种社会经济形态,其目的是通过降低社会经营成本、提高社会生产效率、优化社会资源配置,从而实现社会财富的最大化利用。电子商务是一种新的社会经济形态,通过网络影响人类通信与交往方式,间接地对传统经济领域的生产、交换、分配和消费方式产生影响,直到渗透、改造、重塑传统经济的运行模式,以及社会经济价值标准与增值方式。同时,电子商务也是一个泛社会化的概念,电子商务的发展是一个从基础应用入手、循序渐进、推而广之、最终实现普遍应用的发展过程。

(二) 电子商务的特点

电子商务是互联网爆炸式发展的直接产物,是网络技术应用的全新发展方向。互联网本身所具有的开放性、全球性、低成本、高效率的特点,也成为电子商务的内在特征,并使得电子商务大大超越了作为一种新的贸易形式所具有的价值,它不仅会改变企业本身的生产、经营、管理活动,而且将影响到整个社会的经济运行与结构。

电子商务主要的特点如下。

1. 信息技术的支撑使得电子商务将传统的商务流程电子化、数字化。一方面以电子流代替了实物流,可以大量减少人力、物力,降低了成本;另一方面突破了时间和空间的限制,使得交易活动可以在任何时间、任何地点进行,从而大大提高了效率。

2. 网络的支撑使得电子商务具有开放性和全球性的特点,为企业创造了更多的贸易机会。

3. 电子商务使所有的企业都可以以相近的成本进入全球电子化市场,使得中小企业有可能拥有和大企业一样的信息资源,提高了中小企业的竞争能力。

4. 电子商务重新定义了传统的流通模式,减少了中间环节,使得生产者和消费者的直接交易成为可能,从而在一定程度上改变了整个社会经济运行的方式。

5. 电子商务一方面破除了时空的壁垒,另一方面又提供了丰富的信息资源,为各种社会经济要素的重新组合提供了更多的可能,这将影响到社会的经济布局和结构。

(三) 电子商务的作用

要实现完整的电子商务还会涉及很多方面,除了买家、卖家外,还需要金融机构、政府机构、认证机构、配送中心等。由于参与电子商务中的各方在物理上是互不谋面的,因此整个电子商务过程并不是物理世界商务活动的翻版,网上银行、在线电子支付等条件和数据加密、电子签名等技术在电子商务中发挥着重要的不可或缺的作用。因此,电子商务的作用通常可以分为直接作用和间接作用两个部分。

1. 电子商务的直接作用有:
(1) 降低商务成本,尤其节约商务沟通和非实物交易的成本;
(2) 提高商务效率,尤其提高地域广阔但交易规则相同的商务效率;
(3) 有利于进行商务(经济)宏观调控、中观调节和微观调整,可以将政府、市场和企业乃至个人连接起来,将"看得见的手"和"看不见的手"连接起来,既可克服"政府失灵"又可克服"市场失灵",既为政府服务又为企业和个人服务。

2. 电子商务的间接作用有:
(1) 促进整个国民经济和世界经济高效化、节约化和协调化;
(2) 带动一大批新兴产业的发展,如:信息产业,知识产业和教育事业等;
(3) 物尽其用、保护环境,有利于人类社会可持续发展。

作为一种商务活动过程,电子商务将带来一场史无前例的革命。

电子商务对社会经济的影响远远超过商务本身,除了上述这些影响外,它还将对就业、法律制度以及文化教育等带来巨大的影响。电子商务会将人类真正带入信息社会。表1-1和表1-2是根据2007—2008中国中小企业电子商务应用调查报告得出的,报告表明电子商务全面融入企业核心竞争力,并给企业带来积极影响。

表1-1 电子商务应用给企业带来的显著变化

变化类型	百分比/%
增加了客户	59.48
实现了销售量增长	51.61
扩展了销售区域	49.80
实现了品牌提升	45.97
降低了营销成本	46.57
降低了运营成本	35.08
更加注重诚信	27.62
其他	4.23

表1-2 电子商务对企业竞争的作用体现

作用	百分比/%
被调查企业拒答	7.86
快速把握市场动向	22.18
吸引更多客户	30.65
减少中间环节,增加利润	16.33
销售成本大大降低	18.35
降低公司管理软件投入	3.63
其他	1.01

从表1-1和表1-2的数据可以说明电子商务正在对传统的产业链进行深层次的改造,提高流通效率已成趋势,销售、成本和市场成为电子商务对中小企业的三大直接效益作用点。

(四)电子商务的分类

了解电子商务的分类是掌握电子商务基本应用的前提,我们可以从不同的角度对电子商务进行分类,按电子商务交易涉及的对象、电子商务交易所涉及的商品内容和进行电子商务的企业所使用的网络类型等对电子商务进行不同的分类。

1. 按照参与电子商务交易涉及的对象分类

(1) 企业与企业之间的电子商务(Business to Business,B2B)

企业对企业的电子商务,即企业与企业之间通过互联网进行产品、服务及信息的交换。通俗的说法是指进行电子商务交易的供需双方都是商家,他们使用互联网的技术或各种商务网络平台,完成商务交易的过程。这些过程包括:发布供求信息,订货及确认订货,支付过程及票据的签发、传送和接收,确定配送方案并监控配送过程等。B2B的典型是中国供应商、阿里巴巴、中国制造网、敦煌网、慧聪网等。B2B按行业性质可分为综合B2B和垂直B2B。B2B方式是电子商务应用最多和最受企业重视的形式,企业可以使用互联网或其他网络为每笔交易寻找最佳合作伙伴,完成从订购到结算的全部交易行为,包括向供应商订货、签约、接受发票和使用电子资金转移、信用证、银行托收等方式进行付款,以及在商贸过程中发生的其他问题如索赔、商品发送管理和运输跟踪等。企业对企业的电子商务经营额大,所需的各种硬软件环境比较复杂。

(2) 企业与消费者之间的电子商务(Business to Consumer,B2C)

企业与消费者之间的电子商务是消费者利用互联网直接参与经济活动的形式,类同于商业电子化的零售商务。B2C模式是我国最早产生的电子商务模式,以8848网上商城正式运营为标志。B2C即企业通过互联网为消费者提供一个新型的购物环境——网上商店,消费者通过网络在网上购物、支付,这种模式节省了客户和企业的时间和空间,大大提高了交易效率。目前,在因特网上有许许多多各种类型的虚拟商店和虚拟企业,提供各种与商品销售有关的服务。通过网上商店买卖的商品可以是实体化的,如书籍、鲜花、服装、食品、汽车、电视等;也可以是数字化的,如新闻、音乐、电影、数据库、软件及各类基于知识的商品;还有提供的各类服务,有安排旅游、在线医疗诊断和远程教育等。

(3) 消费者与消费者之间的电子商务(Conswmer to Consumer,C2C)

C2C同B2B、B2C一样,都是电子商务的几种模式之一。不同的是C2C是用户对用户的模式,C2C商务平台就是通过为买卖双方提供一个在线交易平台,使卖方可以主动提供商品上网拍卖,而买方可以自行选择商品进行竞价。C2C的典型是淘宝网、拍拍网、易趣等。

(4) 企业对政府的电子商务(Business to Government,B2G)

企业对政府的电子商务指的是企业与政府机构之间进行的电子商务活动。例如,政府将采购的细节在国际互联网上公布,通过网上竞价方式进行招标,企业也要通过网络的方式进行投标。

目前这种方式仍处于初期的试验阶段。除此之外,政府还可以通过这类电子商务实施对企业的行政事务管理,如政府用电子商务方式发放进出口许可证、开展统计工作,企业可以通过网上办理交税和退税等。政府应在推动电子商务发展方面起到重要的作用。在美国,70%的联邦政府的公共采购实施电子化。在瑞典,政府已决定至少90%的公共采购将在网上公开进行[1]。

我国的金关工程就是要通过商业机构对行政机构的电子商务,如发放进出口许可证、办理出口退税、电子报关等,建立我国以外贸为龙头的电子商务框架,并促进我国各类电子商务活动的开展。

(5) 消费者对政府的电子商务(Consumer to Government,C2G)

---

[1] 百度百科 http://baike.baidu.com/view/1256206.htm.

消费者对政府的电子商务指的是政府和个人间的电子商务活动。在个别发达国家，如在澳大利亚，政府的税务机构已经通过指定私营税务，或财务会计事务所用电子方式来为个人报税。随着商业机构对消费者、商业机构对行政机构的电子商务的发展，政府将会对社会的个人实施更为全面的电子商务服务。政府各部门向社会纳税人提供的各种服务，例如社会福利金的支付等，将来都会在网上进行。

2. 按照电子商务交易所涉及的商品内容分类

（1）间接电子商务

间接电子商务涉及商品是有形货物的电子订货，如鲜花、书籍、食品、汽车等，交易的商品需要通过传统的渠道如邮局的包裹服务和商业快递服务来完成送货，因此，间接电子商务要依靠送货的运输系统等外部要素来实现。

（2）直接电子商务

直接电子商务涉及商品是无形的货物和服务，如计算机软件、娱乐内容的联机订购、付款和交付，或者是全球规模的信息服务。直接电子商务能使双方超越地理范围的限制，直接进行交易，充分挖掘全球市场的潜力。

3. 按照开展电子商务业务所使用的网络类型分类

（1）EDI(Electronic Data Interchange，电子数据交换)网络电子商务

EDI是按照一个公认的标准和协议，将商务活动中涉及的文件标准化和格式化，通过计算机网络，在贸易伙伴的计算机网络系统之间进行数据交换和自动处理。EDI主要应用于企业与企业、企业与批发商、批发商与零售商之间的批发业务。EDI电子商务在20世纪90年代已得到较大的发展，技术上也较为成熟，但是因为开展EDI对企业的管理、资金和技术都有较高的要求，因此至今尚不够普及。

（2）互联网(Internet网络)电子商务

互联网电子商务是指利用连通全球的互联网开展的电子商务活动，在互联网上可以进行各种形式的电子商务业务，所涉及的领域广泛，全世界各个企业和个人都可以参与，其正以飞快的速度发展，前景十分诱人，是目前电子商务的主要形式。

（3）内联网络(Intranet网络)电子商务

内联网络电子商务是指在一个大型企业的内部或一个行业内开展的电子商务活动，形成一个商务活动链，可以大大提高工作效率和降低业务的成本。例如中华人民共和国国家知识产权局(www.sipo.gov.cn)的主页，客户在该网站上可以查询到有关中国专利的所有信息和业务流程，这是电子商务在政府机关办公事务中的应用；已经开通的南京路(www.njr.cn)主页，包括了上海南京路上的主要商店，客户可以在网上游览著名的上海南京路商业街，并在网上南京路上的网上商店中以电子商务的形式购物；已开始营业的北京图书大厦网络书店(www.bjbb.com)主页，客户可以在此查阅和购买北京图书大厦经营的几十万种图书。

二、电子商务的一般框架

电子商务框架是描述电子商务的组成元素、影响要素、运作机理的总体性结构体系。参与电子商务的实体有四类：顾客(个人消费者或企业集团)、商户(包括销售商、制造

商、储运商)、银行(包括发卡行、收单行)及认证中心。电子商务是利用一种前所未有的网络方式将顾客、销售商、供货商、公司、银行及政府等各部门紧密地联系在一起开展的商务活动,其核心是降低个人、组织和社会的交易成本,目的是提高个人、组织和社会的效率和经济效益,本质是发展新的先进的商务生产力。经济活动中离不开一些要素的流动,交易的完成需要有必备的人、财、物各要素,交易就是围绕商流、信息流、资金流、物流、人员流和信用流等展开的。电子商务也不例外,众多对策和措施都是为了顺利实现这些要素流的高效配置而设计的。现代商务的基本框架可以用图1-1来表示。

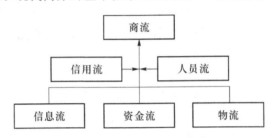

图1-1 现代商务的基本框架

图1-1表明,商务活动中,必须有信息的传递、资金的流通和商品的时空转移,最终完成商品(包括有形商品和无形商品)特定权利(全部的或部分的所有权)的让渡,即商流的实现。这是传统的"四流说"中的信息流、资金流、物流和商流。

商流指商品从生产者到消费者之间不断转卖的价值形态转化过程,即由若干次买卖所组成的序列而言,这是商品所有权在不同的所有者之间转移的过程。物流指由商流所带动的商品实体从生产者手中向消费者手中的转移过程,即流通领域的物质运动。商流是价值运动,物流是使用价值的物质运动。在电子商务的环境中,实现商流的过程,同时伴随着信息流、资金流和物流,由这"四流"构成了一个完整的流通过程。"四流"互为依存、密不可分、相互作用,它们既有独立存在的一面,又有互动的一面。

比如,某顾客A在某网站B订购了商品,达成了交易协议,确定了商品价格、数量、交货地点、交货时间、运输方式等,并下了订单,这就意味着该顾客A和网站B之间签订了合同,也可以说商流活动开始了。要认真履行这份合同,下一步就要进入物流过程,即货物的包装、装卸搬运、运输等活动。如果商流和物流都顺利进行了,接下来进入资金流的过程,包括付款和结算。无论是买卖交易,还是物流和资金流,这三个过程都离不开信息的传递和交换,没有及时的信息流,就没有顺畅的商流、物流和资金流。没有资金的支付,商流不成立,物流也不会发生。"四流"中商流可以说是商务活动的前提,一般情况下,没有商流就不太可能发生物流、资金流和信息流。反过来,没有物流、资金流和信息流的匹配和支撑,商流也不可能达到目的。"四流"之间有时是互为因果关系,因此,商流是动机和目的,资金流是条件,信息流是手段,物流是过程。

随着网络技术和电子技术的发展,电子商务平台作为一种工具被引入了商流活动中,人类进入电子商务时代。在这个时代,网络银行、商务企业和物流企业相互合作实现"四流"的过程,也是电子商务时代连接生产企业与消费者的三大支柱,其运作方式如图1-2所示。

从图 1-2 中可以看出，无论交易的形式如何变化，除了可以通过网络传递的信息制品外，所有商品只要从卖者到买者还有一个物理位置的变化，就要通过配送来完成。也就是说，商流的顺利进行需要各类物流活动的支持。电子商务是网络经济和物流一体化的产物，是网络经济和现代物流共同创造出来的，可以形象地用以下公式来描述：

电子商务＝网上信息传递＋网上交易＋结算＋物流配送

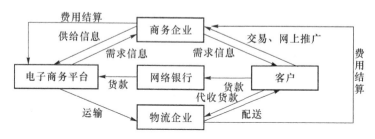

图 1-2　电子商务中的网络银行、商务企业和物流企业

实践表明，商务是人（自然人或法人）的活动，离不开市场主体。市场主体在进行交易过程中，由于客观存在的信息不对称等原因，交易各方之间需要互相信任，以保证其他各流的顺利实现。因此，我们说，只有信息流、资金流和物流在人员流和信用流的保驾护航下全部有效完成，才能保证商流的最终实现，才能称得上完整的商务活动。基于此，我们将传统的"四流"拓展为"六流"，以便更全面、更深入、更符合实际地探讨电子商务的基本规律。

电子商务的应用是信息流、资金流、物流、人员流、信用流和商流的高度整合。其中物流和资金流分别代表使用价值和价值的转移，人员流反映出市场主体在电子商务活动中的必要角色。电子商务使得交易的时间和空间大大扩展，信息流和信用流自然就成为最重要的因素，信息流对整个电子商务活动起着监控作用，信用流则是交易各环节得以实现的根本保证。因此，物流、资金流、人员流、信息流及信用流的有机结合方能确保商品所有权的让渡与转移，标志着商流最终得以实现。

根据电子商务的实现机理，结合现代商务框架体系，我们可以将电子商务基本框架简单表示成图 1-3，可以用"5F＋2S＋1P"来描述电子商务的基本框架。它基本上包含了电子商务环境中的主要因素。

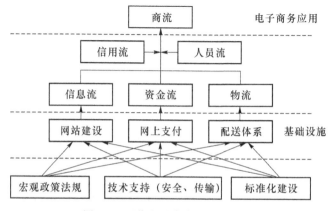

图 1-3　现代电子商务的基本框架

商流是交易的核心,是电子商务的最终目的,处于最高端。实施电子商务就是为了顺利实现五流(5F)畅通,即信息流、资金流、物流、人员流和信用流的畅通,最终实现商流。通过建设网站进行信息的发布、传输和交流,沟通各相关市场主体,实现信息沟通;通过采用网上转账等电子支付手段,帮助权利出让方获得商品价值,实现资金流通;通过配送体系等方式,完成商品主体的空间转移,帮助权利受让方获得商品或服务的使用价值。在整个电子商务实施过程中,市场主体的参与(人员流)和市场主体之间相互提供信用(信用流),则是有效完成交易的根本保障。

电子商务的开展,需要具备现实的基础环境,这包括安全(safety)、标准化建设(standardization)和政策法规(policy),它们作为支持条件,构成电子商务的基本要素。

图1-3从商务实现机理的角度,比较直观地刻画了电子商务的总体框架,从感性层面上给出了电子商务的总体轮廓,使我们从整体上对电子商务有了较为清晰的认识。

三、电子商务的系统结构

电子商务作为一项商流、信息流、资金流和物流综合运转的复杂系统工程,它的实施和应用需要完善的系统来保证。从广义上来描述,一个电子商务系统就是保障电子商务活动开展的信息技术支持和管理服务环境的集合。这里的电子商务活动包括了商流、信息流、资金流和物流等,活动的核心是网上交易体系。网上交易遵循传统市场交易的基本原则,但是其沟通是通过数字化的信息渠道实现的。因此,首要条件是交易双方必须拥有相应的信息技术工具。其次,网上交易的交易双方在空间上一般都是分离的,为保证交易双方进行等价交换,必须提供相应的洽谈环境、货物配送和支付结算手段。此外,为保证企业、组织和消费者能够利用数字化沟通渠道,保证交易能顺利进行配送和支付,需要有专门提供服务的中间商参与,即需要电子商务服务商。除了部分直接电子商务活动,不需要实物配送,其他大多数的电子商务过程包括互联网信息系统、电子商务服务商、企业、组织与消费者、实物配送和支付结算5个方面。这5个方面有机地结合在一起,缺少任何一部分都可能影响网上交易的顺利进行。

从技术角度来看,电子商务系统可以看成是一个3层框架结构。底层是网络平台,是信息传送的载体和用户接入的手段,它包括各种各样的物理传送平台和传送方式;中间一层是电子商务基础平台,包括身份认证、支付网关、客户服务中心、社会配送体系和公关广告公司;而第3层就是各种各样的电子商务应用系统,如网上交易系统等。前两层属于社会经济环境,取决于政府或社会其他部门,而第3层则是企业或企业与其合作伙伴共同的任务。

(一) 网络平台

网络平台包括互联网、内联网、外联网。互联网是电子商务的基础,是商务、业务信息传递的载体;内联网是企业内部商务活动的场所;外联网是企业与供应商、客户进行商务活动的纽带。

内联网是用因特网技术建立的可支持企事业内部业务处理和信息交流的综合网络信息系统,通常采用一定的安全措施与企事业外部的因特网用户相隔离,对内部用户在信息使用的权限上也有严格的规定。内联网为企业提供了一种能充分利用通信线路、经济而有效地建立企业内联网的方案,应用内联网,企业可以有效地进行财务管理、供应链管理、进销存管理、客户关系管理等。

外联网是不同单位间为了频繁交换业务信息,而基于互联网或其他公网设施构建的单位间专用网络通道。外联网涉及不同单位的局域网,所以不仅要确保信息在传输过程中的安全性,更要确保对方单位不能超越权限,通过外联网连入本单位的内网。

(二) 电子商务基础平台

电子商务基础平台是各种电子商务应用系统的基础,包括认证中心、物流配送中心、网上银行。

1. 认证中心

认证中心(Certificate Authority,CA)是法律承认的注册权威机构,直接负责发放和管理电子证书,确保网上交易的各方都能确认对方的身份。由于电子商务是用电子和网络方式进行商务活动,通常参与各方是互不见面的,因此身份的确认与通信安全变得非常重要。解决方案就是建立中立的、权威的、公正的电子商务认证中心——CA认证中心,它所承担的角色类似于网络上的"公安局"和"工商局",给个人、企事业单位和政府机构签发数字证书——"网上身份证",用来确认电子商务活动中各自的身份,并通过加解密方法实现网上安全的信息交换与安全交易。

2. 物流配送中心

物流配送中心接受商家的要求,组织运送用户从网上直接订购的商品,跟踪商品流向,最终将商品送到消费者手中。一个完整的物流系统有时还包括企业自建的配送中心等。物流系统是目前开展电子商务的主要瓶颈,在很大程度上制约着电子商务的发展。这也是电子商务目前要解决的主要问题。网购的物流配送,都是通过快递等服务形式配送的。网购物流特点是时效性要求高,数量散,送达地点分布广泛等。这些特点使得网购的物流配送大部分会使用快递服务。

3. 网上银行

网上银行是为网上交易中的用户和商家提供支付和结算业务的数字化系统工具,提供24小时实时服务。

4. 支付网关

支付网关的角色是信息网与金融网连接的中介,它承担双方的支付信息转换工作,所解决的关键问题是让传统的、封闭的金融网络能够通过网关面向互联网的广大用户,提供安全方便的网上支付功能。

(三) 电子商务应用系统

电子商务应用系统主要是提供一个网上交易的平台,一般包括一个产品数据库(或指向内部网中产品数据库的连接),一个指向银行支付系统的连接以及相关的服务系统,如购物车、产品订单系统、竞价系统等。

电子商务与快递服务

四、国内外电子商务发展趋势

电子商务是20世纪90年代中期伴随着网络经济的兴起,在世界经济生活中出现的应用技术革命。面对经济全球化的发展趋势,电子商务将成为21世纪商务和贸易活动的重要形态,以及企业竞争的主要手段。互联网和电子商务的兴起,将对整个社会经济生活产生巨大影响,电子商务作为商贸经济活动的一个平台,引发了一场信息技术对传统商务活动的革命,它所提供的实时商务系统使生产和消费变得更为高效。现代电子交易手段突破了空间与时间的限制,使供应商与最终客户直接接触,将客户从"有限选择"转变为"无限要求"。

(一) 国外电子商务发展现状

欧盟于2000年推出了"电子欧洲行动计划";美国提出了改善电子交易措施的指引计划;经济合作与发展组织建议设立观察指标来反映电子商务的发展趋势;亚太经济合作组织(APEC)在2000年文莱会议上也提出了类似计划,并成立了E-APEC工作组。2001年APEC上海会议在文莱会议的成果基础上进一步提出了《E-APEC战略》行动方案。2002年的墨西哥会议提出可持续经济增长应与发展数字经济相结合,并通过了《贸易和数码经济协定》。2002年11月,由联合国贸发会议和联合国亚太经社委员会在曼谷联合召开的亚太国际会议的主题就定位于《E-Commerce Strategies for Development(电子商务发展策略)》。大会宣言特别指出:政府和商业机构包括私人商业机构都应成为推动和应用电子商务发展的伙伴。可见,发展电子商务已成为国际社会的共识。

纵观全球电子商务市场,各地区发展并不平衡,呈现出美国、欧盟、亚洲"三足鼎立"的局面。

美国是世界最早发展电子商务的国家,同时也是电子商务发展最为成熟的国家,一直引领全球电子商务的发展,是全球电子商务的成熟发达地区。欧盟电子商务的发展起步较美国晚,但发展速度快,成为全球电子商务较为领先的地区。亚洲作为电子商务发展的新秀,市场潜力较大,但是近年的发展速度和所占份额并不理想,是全球电子商务的持续发展地区。

全球B2B电子商务交易一直占据主导地位,2002年至今,呈现持续高速增长态势,2007年全球B2B交易额达到8.3万亿美元,预计在未来几年将保持40%以上的增长率。据咨询机构Gartner的数据,2010年全球B2B市场规模已经超过7万亿美元,其中北美地区约为2.8万亿美元,欧洲为2.3万亿美元,亚州为9 000亿美元,拉美地区为1 240亿美元。

欧美国家电子商务飞速发展的因素有以下几点:

1. 欧美国家拥有计算机的家庭、企业众多,网民人数占总人口的2/3以上,尤其是青少年,几乎都是网民,优裕的经济条件和庞大的网民群体为电子商务的发展创造了一个良好的环境。

2. 欧美国家普遍实行信用卡消费制度,信用保证业务已开展有80多年的时间,这建立了一整套完善的信用保障体系,同时很好地解决了电子商务网上支付的问题。在西方发达国家,市场经济可以说就是信用经济,信用文化十分发达,讲究信用蔚然成风,信用作为商品渗透到社会经济生活的方方面面。讲信用已成为每个人的自觉行动,信用公开,信用透明已成为西方人的文化传统,每个人都有强烈的信用意识。对信用文化,人民普遍尊崇它,传播它,维护它,以拥有较高的信用等级为荣,信用成为参与市场经济的第一需要。个人不讲信用将受到经济的制裁,为此付出很大的代价,不讲信用将寸步难行。而守信者将获得种种经济上的便利和好处。信用就是财富,信用就是生命,在西方国家已根深蒂固。因此,西方人普遍将信用看作自己的第二生命,在网上购物时,他们会在点击物品时直接输入密码,将信用卡中的电子货币划拨到网站上,商务网站在确认货款到账后,立即组织送货上门。

3. 欧美国家的物流配送体系相当完善、正规,尤其是近年来大型第三方物流公司的出现,使得不同地区的众多网民,基本上都能在点击购物的当日或次日就可收到自己所需的产品。这要得益于欧美国家近百年的仓储运输体系的发展史。以美国为例,第二次世界大战后,许多企业将军队后勤保障体系的运作模式有效地加以改造运用到物资流通领域中来,逐渐在全国各地设立了星罗棋布、无孔不入的物流配送网络。即使在电子商务业务还未广泛开展的十多年前,美国的联邦快递(FedEx)、联合包裹服务公司(UPS)等大型物流企业,只要有客户打电话通知要货,他们就负责为各个商家把产品送到客户手中。有了这样庞大、完善的物流配送体系,在电子商务时代到来后,美国只需将各个配送点用计算机连接起来,即顺理成章地完成了传统配送向电子商务时代配送的过渡,电子商务活动中最重要、最复杂的环节——物流配送问题就这样轻而易举地解决了。

(二)国内电子商务发展趋势

20世纪90年代初,电子商务概念开始在我国传播,1998年3月我国第一笔互联网网上交易成功,中国电子商务发展迅猛。中国电子商务研究中心发布的《2010年中国电子商务市场数据监测报告》数据显示:截止到2010年12月,中国电子商务市场交易额已逾4.5万亿元,同比增长22%。其中,B2B电子商务交易额达到3.8万亿元,同比增长15.8%,增速有所放缓,但行业整体仍保持稳定发展态势;网上零售市场交易规模达5 131亿元,同比增长97.3%,较2009年近翻一番,约占全年社会商品零售总额的3%。报告还预计:在未来两年内我国网上零售市场交易规模将会步入全新阶段,全年交易额有望首度突破10 000亿元大关,约占全年社会商品零售总额的5%以上[①]。

2010年,全国电子商务网站数量继续增长,12月的行业网站数达到1.86万家,与年初相比增长了16.13%,尽管与2008年66.63%和2009年28.62%的全年增长率相比有一定的下降,但在国内互联网整体网站数近年来缓慢下降的背景下,这依然显示出电子商务行业的勃勃生机。

2010年,电子商务行业访客数也有了相当显著地提高,在12月到访电子商务网站的网民数高达3.5亿,占总网民数的87.22%,全年行业访客数增长了36.51%,超过了全年全国网民数的增长率。

在电子商务的行业访客中,有购买行为的访客数在2010年的增长率达到了20.15%,是近三年来增长最快的一年。在12月有参与购买行为的网民数达到了1 591万,全年的最高

---

① 赛迪网 http://news.ccidnet.com/art/11097/20110113/2294581_1.html。

峰出现在 2010 年 9 月,达到 1 632 万,成为新的历史最高点。不过购买者的增长速度还是要略慢于网民的增长数,这使得有购买行为的行业访客数在总体中所占比例在不断下滑,2010 年全年平均比例为 5.03%,比 2009 年的 5.69% 有一定的下降[①]。

2008 年的全球经济危机对中国网络经济和各个行业带来了深刻影响。但是对发展快速的电子商务行业而言,经济危机反而成为继"非典"之后,电子商务市场发展的一个新契机。我国电子商务发展趋势主要有以下几个方面:

1. 发展环境不断完善,发展动力持续增强

随着市场经济体制进一步完善,推进经济增长方式转变和结构调整的力度继续加大,发展电子商务的需求将会更加强劲。电子商务将被广泛应用于生产、流通、消费等各领域和社会生活的各个层面。这将促使全社会电子商务的应用意识不断增强,有关电子商务的政策、法律、法规将不断出台,电子商务发展的政策和法律环境将不断完善。同时,也促使物流、信用、电子支付等电子商务支撑体系建设更全面地展开,从而使得电子商务发展的内在动力持续增强。

2. 电子商务应用进入新的广度和深度

随着《电子商务发展"十一五"规划》的实施,电子商务在国民经济各部门中将得到进一步的推广和应用。电子商务交易额呈现稳定持续增长态势;在区域发展方面,长三角、珠三角和环渤海湾等东南沿海的电子商务在继续高速增长的同时,辐射力也逐渐提高,将促进东部和中西部地区之间的协调发展;在企业应用方面,在国家、各级政府的政策引导下,在电子商务服务行业的协助下,将促进企业由非支付型电子商务向支付型电子商务、协同电子商务的发展,深化企业应用水平。

3. 电子商务与产业发展加大,形成经济竞争新态势

在综合性电子商务网站已经占据综合类 B2B 领域绝大部分市场的情况下,越来越多的行业电子商务网站已经在综合网站市场之外寻求专业化细分领域的发展。电子商务正在与传统产业进行深入的融合,两者相互促进,协调发展。

4. 电子商务服务业发展成为国民经济新的增长点

企业供应链电子商务、国际电子商务的发展,将带动电子商务服务业的发展,围绕电子商务服务形成的从低端技术环节到中端支撑环节再到高端应用环节的电子商务服务链在我国结点饱满,一个全新视角的电子商务服务业群正在形成,其必将成为未来国民经济新的增长点。

5. 移动电子商务成为电子商务新的应用领域

自 2006 年以来,移动通讯商密切关注移动商务企业市场,中国移动和银联联手推出的"手机钱包",完成移动电子商务付费的个性化服务。基于移动支付的支持,移动电子商务正成为电子商务新的应用领域。

五、电子商务与快递

随着生活水平的不断提高,我国人均消费快递将保持高速增长,特别是电子商务"网

---

① CNZZ 数据中心 http://b2c.data.cnzz.com/content.php?tid=2724&type=47.

购"拉动快递业务异军突起。消费者可以通过网上浏览,轻轻点击鼠标就能完成购物活动。而企业也不一定非得要实地考察,进行面对面谈判,只需在网上进行身份认证和资信认证,通过网上洽谈、网上签约就完成了交易。电子商务和快递相互促进、共赢发展,两者的紧密结合已成为新的经济发展方向。

(一) 电子商务与快递的联系

电子商务在如何保证实现网上信息传递、网上交易和网上结算方面的问题已经通过各种信息技术得以解决,但值得我们注意的是,如果物流配送环节不能使网上交易实现这些优势,那么物流配送就会成为制约电子商务发展的瓶颈。据《2000年DHL全球电子商务报告》对12个国家和地区的621家公司所做的调查表明,62%网上消费者希望两天之内收到货物,而实际要等到4天;20%的在线消费者不能按时收到他们所订购的货物。因此,没有物流配送,电子商务给交易者带来的交易方便、快捷和高效的优势便难以实现,物流配送是实现电子商务优势的可靠保障。如果没有物流配送,大部分的电子商务活动就无法完成。

货物的配送通常包括货物的分拣、包装和派送,电子商务网站的订单越多,配送量越大,就越要求电子商务网站自身要有大量的运输车及配送人员,这样才能满足客户的需求。因此现有的电子商务网站的物流配送,通常采用两种方式:一种是由专门的第三方物流公司实现配送,如世界知名的UPS和日本的佐川急便等。国内专业化的物流企业主要是由原来的国家大型仓储、运输企业发展而来的,或由中外合资或外商投资创办的专业物流公司,如中国远洋运输公司、中国对外贸易运输(集团)总公司、中国外轮代理公司、中国邮政速递物流(EMS)等,这些企业经营范围涉及全国配送、国际物流服务、多式联运和邮件快递等。另一种是由专门的快递企业实现物流配送,电子商务网站只做分拣和包装,把派送业务分离出来给专业的快递公司去做。分拣和包装之所以要由自己做,是因为客户下定单后,网站可以直接根据定单情况把货物分类,进而包装,与交给专业物流公司做相比大大缩短了配送周期。这种模式在现有的电子商务模式中采用的最多,因为其运营成本低,效率高,能很好地体现电子商务快捷、高效的特性。

以网络购物为代表的电子商务迅速进入人们的消费生活,而在电子商务的流程中,快递服务成为其物流环节的首选。快递服务是邮政业的重要组成部分。包括快递服务在内的邮政业,是国民经济的基础产业。快递在发展经济、服务社会和安置就业等方面发挥着越来越重要的作用。快递网络已成为信息交流、物品递送和资金流通的重要渠道。尤其是在网络购物过程中,从异地购物到同城买卖,除了虚拟商品和网络服务的买卖,每件商品都要用到快递业务。

电子商务的崛起对快递行业的迅速发展起到了巨大的推动作用,快递与电子商务是新经济时代两个发展密切相关、业务互为支撑的行业。互联网用户规模的持续扩大和网上购物的相应优势,使得电子商务成为快递发展新的增长点,快递服务与电子商务合作日趋密切,范围不断拓展,水平不断提升。一方面,电子商务依托快递实现了跨越式发展,在消费流通领域的作用日益突出;另一方面,电子商务配送已成为拉动快递服务增长的重要力量。电子商务发展对于快递提升服务质量,调整产品结构,加快向现代服务业转型具有重要促进作用。二者相互促进、共赢发展的前景十分广阔。同时我国正在实施大力发展服务业战略,快递是服务业的重要组成部分,既涉及民生,又涉及生产,实施服务业发展战略为产业协同发展带来了重大机遇。

(二) 电子商务对快递的影响

从2010年的情况看,电子商务对快递服务的需求已经逐渐成为快递市场的主力,保守估计其业务量已经超过普通快递业务量的50%,尤其在一些民营快递企业,该比例可能更高[①]。据了解,2008年全国个人网上购物销售额1 320亿元,由此带动的包裹快递量约5亿件,全国快递服务1/3的业务量是由电子商务牵动完成的[②]。2009年,全国个人网上购物销售额达到2 483.5亿元,由此带动的包裹快递量约20亿件,其中约10亿件来自淘宝网。

为了适应市场的需求,越来越多的快递企业开始重视电子商务带来的快递市场。例如,以圆通为代表的快递企业已经开始专门针对电子商务的特点推出相应的运单。2010年3月29日国内最大的电子商务企业阿里巴巴正式入股民营快递企业星辰急便,意图打造专业的电子商务物流,星晨急便的"实体分仓"系统将帮助淘宝在北京地区开展分仓配送业务,实体分仓将淘宝平台上卖家的商品进行统一的进货、仓储、分拣、合包、配送、结算和保险等管理;星晨急便的"嘻刷刷"产品,将和支付宝合作,向市场投放移动POS机,为淘宝用户提供线下到付货款的代收款等增值服务。随着市场形式的明朗,将有越来越多的快递企业加入电子商务市场的竞争,符合网购等特殊需求的快递服务产品也将陆续出现。

为顺应电子商务业务需求,我国邮政和快递企业加快推进网络建设,加强与电子商务运营商的信息对接,提供了包括仓储、理货、代收货款、代客户报关等多种增值服务,邮件追踪查询能力不断提高,企业服务质量稳步提升。同时,电子商务企业充分发挥信息技术优势,在合作中起到了积极引领和推动作用。但总体而言,合作还处于起步阶段,双方在信息接口、商品签收、安全管理、风险分担等方面还缺乏统一的规范,相关法律、标准、政策还缺乏必要的衔接。快递服务与电子商务在发展中也存在一些衔接不顺畅、发展不协调的问题,如在协调机制、运营衔接、服务质量、互惠互利等方面。

(三) 影响快递发展的瓶颈

物流配送是电子商务生态体系中非常重要的一环,但目前国内的物流配送整体还处在传统的运营方式层面,快递行业服务水平整体不高,种种问题制约着快递行业与电子商务一起高速发展。主要表现在如下方面。

1. 快递行业监管成真空

快递是跨部门、跨行业的复合型产业,我国快递管理体制还有待加强,管理中缺乏统筹规划和整体协调。随着电子商务和快递的发展,针对网购和快递公司的投诉也呈快速

---

① 人民网. 天津视窗 http://www.022net.com/2010/6-12/514376222730270.html.
② 中华人民共和国国家邮政局 http://www.chinapost.gov.cn/folder108/folder2336/folder2340/2009/04/2009-04-2830773.html.

上升的趋势。根据国家邮政局2010年对快递服务公众满意度进行的调查可以看出,公众对快递服务的不同环节,有不同的满意度,2010年11月邮政业消费者申诉的主要问题如表1-3所示[①]。

表1-3 2010年11月消费者申诉的主要问题及所占比例统计表

序号	申诉问题	申诉件数	比例/%
1	快件延误	739	55
2	快件丢失及短少	297	22.1
3	快件损毁	145	10.8
4	服务态度差	123	9.2
5	代收货款	20	1.5
6	违规收费	8	0.6
7	其他	12	0.9
合计		1 344	100

对于快递的监管,国家有《邮政法》、《快递服务标准》、《快递市场管理办法》等一系列法律和法规,对网络购物和电视购物等电子商务也有工商、质量等多个部门监管,但是对如何监管等许多细节却没有明确具体的规定,一旦出现消费者权益受损的现象就出现了看似有许多部门在管,但实则缺少有效监管的局面。以2010年年初深圳东道物流公司(DDS)倒闭潮为例,除DDS老总在上海给追债客户抛出"20%额度的返还合同"回应外,其他DDS追债客户走进一条讨债的死胡同,快递行业监管成真空。

行业管理部门及行业协会应制定相关作业规范、标准,推动快递发展环境的优化,切实加强行业自律,促进电子商务与快递的合作深化,实现互惠互利、联手做强,提升协同发展水平和质量,实现共赢。

2. 快递服务质量良莠不齐

随着电子商务的快速发展,快递企业如雨后春笋般出现。在快递企业数量得到大幅提高的同时,一系列服务质量问题也逐渐凸显。阿里巴巴集团于2009年7月9日到8月14日对1万多位网商进行的调研显示,网商对快递公司的服务已经到了相当重视的程度——91%的网商认为,快递公司提供的服务会影响到客户对自己商品或店铺的满意度。同时,网商已经与快递公司形成了相对固定的合作关系,70%的网商不会随意更换快递公司。而更换快递公司的原因主要集中在:服务态度、派送范围、价格、配送速度四个方面。由此,快递企业想要发展壮大必须提高快递服务质量。

实际上,产品和服务的订单履行要求有一个物流的基础设施来满足或超越顾客的期望,而这对于电子商务来说是一个特别大的问题,许多在线零售商利用第三方物流服务商或者是快递企业提供的快递物流服务作为他们的订单履行战略,但是他们经常在配送的质量和时间的控制方面遇到难题,这是快递服务质量包含的内容。

---

① 国家邮政局网站 http://www.chinapost.gov.cn/folder87/2010/12/2010-12-3070970.html。

快递服务质量是快递企业为传递实物快件而进行的各项工作的综合反映,就其含义来说,应该包括产品质量、服务水平和工作质量。比如网站提供的产品和服务到达的时间是否与承诺的一致。发货过程中除了需要卖家本身做出快速反应外,选择一个不错的快递公司也是很重要的。

我国快件的延误、损毁、丢失赔偿标准较低,一直是消费者不满意和投诉率最高、争议最大的问题之一。据中国消费者协会统计,2008年,在消费者购买商品和获得服务排名前10位中,邮政业中的快递服务居投诉率增长第一位,较2007年增长了72.5%。作为电子商务中唯一和消费者直接进行接触的阶段,快递服务对整个电子商务服务来说,其重要性毋庸置疑。试想如果消费者遇到一个态度恶劣又极不负责的快递公司,不仅会对快递公司本身及其所提供的服务产生不良印象,甚至对电子商务企业的服务产生怀疑。

摆在电子商务与快递企业之间的一个重要的问题就是如何提高电子商务快递服务质量。而决定服务质量的因素主要是快递企业在电子商务快递服务中发生的物品丢失、破损的比例,服务态度状况,网点覆盖率,与电子商务企业的合作配合度及投诉的二次处理的时效、投诉的二次处理的比例等。目前快递服务质量仍是快递服务中比较突出的问题。快递企业的服务质量还有待强化,包括服务人员的服务态度、服务技能、服务规范等仍有待提升。

3. 快递技术落后

快递物流信息化、标准化程度较低,导致快递物流资源浪费严重,效率和效益普遍不高。现在大部分的快递企业都有自己的信息化平台,但相互的信息标准不同,信息不共享,很难实现多功能化、互联互通、一体化运作,也难以与国际快递物流活动接轨。我国快递企业的快递设备和技术应用也比较落后,特别是电子信息处理方面,与发达国家有很大差距,处理包裹和信息的人员比例形成倒挂,很多快递企业甚至没有专门的软件信息系统,依靠原始的Excel表格进行信息传递,浪费大量的人力、物力、时间,造成成本居高不下。淘宝网从2009年以来,联合国内优秀的物流企业,在北京、上海和深圳等地与第三方建立了物流基地和配送中心,运用数据分享等方法实现更多物流企业与电子商务无缝对接,完成从淘宝订单流转到实物包裹递送的服务标准的统一。

4. 快递企业规模参差不齐

目前我国大多数快递企业入市门槛低,规模小、散、乱,管理不规范,没有一套完善的物流与资金流管理机制和制度,抗风险能力弱,物流过程跟踪难度大,服务质量差,纠纷解决难,导致在运作过程中交易双方的风险很大。由于缺乏现代快递理念,快递企业普遍发展缓慢,大多只能提供简单的运输和仓储服务,很难提供一体化的物流服务。

电子商务的本质是信息的沟通与物质的传递。电子商务只有与快递企业等密切合作,才能真正发挥信息流、资金流、物流"三流合一"的优势,实现企业、网商、消费者的"三赢"效应。快递网络已成为信息交流、物品递送和资金流通的重要渠道。因此,快速的电子商务发展,必定会为快递行业提供空前的发展机遇,也必然会对快递行业产生极大的影响,而且这个影响是全方位的,从快递行业的地位到快递组织模式,再到快递各作业、功能环节都在电子商务的影响下发生了或正在发生巨大的变化,反过来快递体系的完善又会进一步推动电子商务的发展。

第一章 电子商务服务概述

六、新型电子商务

随着中国电子商务平台模式的成熟,技术手段逐步升级,基本实现了交易便捷化、支付安全化,服务人性化。中国的电子商务市场也走上了巅峰,随之,商家和网民都对电子商务平台提出了更深入的要求。因此,出现了一些新型的电子商务,其中最常提到的就是移动电子商务和物联网下的电子商务。

(一)移动电子商务

移动电子商务(M-Commerce),它是由电子商务(E-Commerce)的概念衍生出来,现在的电子商务以 PC 为主要界面,是"有线的电子商务";而移动电子商务就是利用手机、PDA 及掌上电脑等无线终端进行的 B2B、B2C 或 C2C 的电子商务。它将互联网、移动通信技术、短距离通信技术及其他技术紧密地结合,使人们可以在任何时间、任何地点进行各种商贸活动,实现随时随地的线上线下购物与交易、在线电子支付以及各种交易活动、商务活动、金融活动和相关的综合服务活动等。

移动电子商务与传统通过电脑(台式 PC,笔记本、计算机)平台开展的电子商务相比,拥有更为广泛的用户基础。截至 2010 年 6 月 30 日,我国网民规模已达到 4.2 亿,互联网普及率持续上升增至 31.8%。手机网民成为拉动中国总体网民规模攀升的主要动力,半年内新增 4 334 万,达到 2.77 亿,增幅为 18.6%。值得关注的是,互联网商务化程度迅速提高,全国网络购物用户达到 1.4 亿,网上支付、网络购物和网上银行半年用户增长率均在 30%左右,远远超过其他类网络应用[①]。因此移动电子商务具有广阔的市场前景。

1. 移动电子商务主要业务

移动互联网应用和无线数据通信技术的发展,为移动电子商务的发展提供了坚实的基础。移动电子商务上的新技术主要包括:无线应用协议(WAP)、移动 IP 技术、蓝牙技术(Bluetooth)、通用分组无线业务(GPRS)、移动定位系统(MPS)、第三代移动通信系统(3G)。

移动电子商务提供的主要业务有以下几种:

(1)银行业务

移动电子商务使用户能随时随地在网上安全地进行个人财务管理,进一步完善互联网银行体系。用户可以使用其移动终端核查账户、支付账单、进行转账以及接收付款通知等。随着 2010 年 8 月 30 日央行超级网银的正式上线,以后用户使用移动终端实现的银行网上金融服务产品将更加丰富。

(2)交易系统

移动电子商务具有实时性,因此非常适用于股票等交易应用。移动设备可用于接收实时财经新闻和信息,也可确认订单并安全地在线管理股票交易。

(3)订票系统

通过互联网预定机票、车票或入场券已经发展成为一项主要业务,其规模还在继续扩

---

① 中国互联网络信息中心 http://www.cnnic.net.cn/dtygg/dtgg/201007/t20100715_13699.html.

大。因特网有助于方便核查票证的有无,并进行购票和确认。移动电子商务使用户能在票价优惠或航班取消时立即得到通知,也可支付票费或在旅行途中临时更改航班或车次。借助移动设备,用户可以在浏览电影剪辑、阅读评论后,订购邻近电影院的电影票。

(4) 购物

借助移动电子商务,用户能够通过其移动通信设备进行网上购物。即兴购物将成为一大增长点,如订购鲜花、礼物、食品或快餐等。传统购物也可通过移动电子商务得到改进。例如,用户可以使用"无线电子钱包"等具有安全支付功能的移动设备,在商店里或自动售货机上进行购物。

(5) 娱乐

移动电子商务将带来一系列娱乐服务。用户不仅可以从他们的移动设备上收听音乐,还可以订购、下载或支付特定的曲目,并且可以在网上与朋友们玩交互式游戏,还可以游戏付费,并进行快速、安全的博彩和游戏。

(6) 无线医疗(Wireless Medical)

医疗产业的显著特点是每一秒钟对病人都非常关键,因此这一产业十分适合于移动电子商务的开展。在紧急情况下,救护车可以作为进行治疗的场所,而借助无线技术,救护车可以在移动的情况下同医疗中心和病人家属建立快速、动态、实时的数据交换,这对每一秒钟都很宝贵的紧急情况来说至关重要。

(7) 移动应用服务提供商(MASP)

一些行业需要经常派遣工程师或工人到现场作业。在这些行业中,移动 MASP 将会有巨大的应用空间。MASP 结合定位服务技术、短信息服务、WAP 技术,以及 Call Center 技术,为用户提供及时的服务,提高用户的工作效率。

2. 移动电子商务的特点

移动电子商务作为一种新型的电子商务方式,利用了移动无线网络的优点,是对传统电子商务的有益补充。尽管目前移动电子商务的开展还存在安全与带宽等很多问题,但是与传统的电子商务方式相比,移动电子商务具有诸多优势,得到了世界各国的普遍重视,发展和普及速度很快。

移动电子商务的特点主要有:

(1) 方便

移动终端既是一个移动通信工具,又是一个移动 POS 机,一个移动的银行 ATM 机。用户可在任何时间、任何地点进行电子商务交易和办理银行业务,包括支付。

(2) 安全

使用手机银行业务的客户可更换为大容量的 SIM 卡,使用银行可靠的密钥,对信息进行加密,传输过程全部使用密文,确保了安全可靠。

(3) 迅速灵活

用户可根据需要灵活选择访问和支付方法,并设置个性化的信息格式。

3. 移动电子商务的现状

消费者只要拥有一部手机,就可以完成理财或交易,这就是移动支付带来的便利。近年来,随着移动通信与计算机、互联网等技术的结合,以移动支付为代表的移动电子商务应运而生。

根据艾瑞咨询发布的2010年第三季度中国移动互联网市场监测数据显示[①],2010年第三季度中国移动互联网市场整体规模达到42.5亿元,同比增长3.9%;而手机电子商务保持快速发展态势,手机电子商务实物交易规模达到6.7亿元,同比增长378.6%,手机支付市场快速发展是推动手机电子商务交易规模增长的重要因素。主要表现出如下特点:手机网购人群规模增长和手机购物习惯培养,促进订单量和客单价双双稳步上升;在购物平台方面,随着市场活跃局面的形成,越来越多的商家被吸引到手机商务平台中,商家更愿意提供专门适用于手机购物的服务方式,整体手机电子商务服务水平和服务质量得到有效提升;在市场发展阶段层面,淘宝、当当、京东、卓越等传统电子商务企业加大手机网页产品和客户端软件的创新研发和推广力度,不断优化用户界面和提高用户体验,重视个人化服务体验,进一步培养用户手机购物习惯,不断增强用户黏性和活跃度。与此同时,新兴的手机电子商务企业正在积极探索寻求细分市场发展机会,着力积蓄市场力量。

但是,移动电子商务还存在以下几个方面的问题:

(1) 法律、法规需要尽快完善

目前,几乎没有移动电子商务方面的法律、法规,而传统的商务和电子商务的法律、法规不能完全适用移动电子商务,如移动设备的实体认证、签名确认、账单、发票等。尽快完善相关的法律、法规是移动电子商务发展的重要工作。

(2) 安全保障问题

安全保障应当是最先考虑和始终保证的一个问题。无线通信网络可以不像有线网络那样受地理环境和通信电缆的限制实现开放性的通信。无线信道是一个开放性的信道,它给无线用户带来通信自由和灵活性的同时,也带来了诸多不安全因素,如通信内容被窃听、通信双方的身份容易被假冒以及通信内容被篡改等;无线网路中的攻击者不需要寻找攻击目标,攻击目标会漫游到攻击者所在的小区,信息可能被窃取和篡改。应该进一步完善移动通信系统的安全,提高安全机制的效率以及对安全机制进行有效的管理。

(3) 身份识别问题

移动电子商务与传统商务最大的差别是不进行面对面的现金、实物交易,所以身份识别尤为重要。通过何种技术手段来识别双方的身份,是移动商务能否健康发展的一个重要因素。

移动设备特有的威胁就是容易丢失和被窃,移动设备的丢失意味着别人将会看到电话、数字证书等重要数据,拿到移动设备的人就可以进行移动支付、访问内部网络和文件系统。因此如何通过技术手段实现身份认证,从而降低移动设备丢失后带来的损失,是移动电子商务能否健康发展的重要因素。

(4) 移动支付问题

移动商务健康发展的另一重要因素是如何通过技术手段来保护商务双方各自的隐私,隐私问题主要体现在移动支付机制上。移动电子商务属于新事物,商业模式还需要逐渐完善,而构建安全灵活的移动支付机制是完善商业模式的关键环节。要构建安全高效

---

① 艾瑞网 http://www.iresearch.com.cn/coredata/2010q3_6.asp。

的移动支付机制,各电信运营商以及银行之间必须加强联系和合作,消除支付障碍,在提供高速网络服务的同时不断增强客户终端的功能。电信运营商和银行还要降低移动支付的手续费,从而使移动用户更方便地选择购物或者支付。其次,可将原有的各个不同支付服务、支付方式进行系统化整合。

(5) 消费模式

移动电子商务在配送、支付和信用上不仅没有跨越任何传统商务的瓶颈,甚至其地点的不确定性更是给配送、身份确认等方面增加了不小的难度。尤其在前面两个问题没有得到彻底解决之前,让移动用户先付钱再消费(预付)显然不利于推动移动电子商务的发展;而如果采用先消费后结算(透支)方式,就必然要启用手机实名制、信用评估和担保体系,而且透支额度太小也会阻碍交易的进展。

(6) 实施问题

实施问题包括很多,比如当移动设备丢失或被盗后,如何通过简单的方法减少损失,如何实现挂失;对于手机来说,手机的显示屏幕比计算机屏幕小很多,这使得用户在单位时间获得的单位信息比较少,这就造成获得信息的成本过高、效率过低,所需的支付达到了令人难以接受的程度;各电信运营商有不同的移动电子商务业务,相互之间如何协调,如何进行相关部门业务的整合等问题。

这些问题虽然涉及的内容不同,但都是现在移动电子商务确实存在而又难以解决的。如何解决这些问题,对于移动电子商务的发展起到至关重要的作用。

(二) 物联网下的电子商务

物联网(The Internet of things)的定义是:通过射频识别(RFID)、红外感应器、全球定位系统、激光扫描器等信息传感设备,按约定的协议,把物品与互联网连接起来,进行信息交换和通信,以实现智能化识别、定位、跟踪、监控和管理的一种网络。物联网的概念是在1999年提出的。物联网就是"物物相连的互联网"。这有两层意思:第一,物联网的核心和基础仍然是互联网,是在互联网基础上延伸和扩展的网络;第二,其用户端延伸和扩展到了物品与物品之间进行的信息交换和通信。

1. 物联网电子商务的含义

现代的电子商务交易依托于互联网技术、终端设备、网页内容展示、第三方支付、客服系统,物流系统,整个交易过程还处于半自动化状态,特别是货物信息、物流状态、到货质量等许多环节需要人工查询。

以某化妆品在线交易流程为例:客户在线查看产品资料→下订单→客服人员确认订单→物流部门查找产品开始配货、送货→客户查问客服物流进展→到货签收客户付款。

而物联网电子商务是把最具革命意义的IT技术应用于电子商务中,具体地说,就是把智能传感器嵌入和装备在服装、书籍、饰品、手机,甚至是宠物、鱼虾、花草等物体中,然后将"物联网"与现有的电子商城整合起来,实现人类社会与物理系统的整合,利用超级强大的蜂式计算机群,对整合网络内的商品、买卖双方、设备和基础设施实施实时的管理和监督,达到"自动化的智能状态"。

物联网的电子商务交易流程相对透明得多:化妆品被嵌入智能感应芯片→客户点产

品图片或简介→获得"产品的智能识别码"→客户通过手机或计算机等终端设备,可详细查看商品质地、产地、生产日期等全面信息→下订单→客服人员使用控制设备,通过"产品智能感应芯片"直接将发货信息传递给物流后台→物流部门根据"产品智能感应芯片"迅速找到物品,实现快速配货发货→客户通过手机或计算机等终端设备,查看发货情况、货物有无损坏、已到达地区等状态→到货签收客户付款。

很明显,物联网的电子商务交易过程看似复杂,但其实整个过程大多是自动化操作,节约了大量的人力和时间成本。特别是客户对于产品信息的随时把握程度的大大提升,避免了现代电子商务最难以解决的产品质量不可控问题。实现了物联网电子商务,买卖双方的诚信系统就自动建立起来了。

2. 物联网对电子商务的影响

近年来物联网技术与移动通信技术、互联网完善地结合,嵌入电子商务库存、物流、支付、产品质量管理等整体流程,在提升移动电子商务的整体水平的同时,也让我们可以随时随地利用 RFID(射频识别)射频芯片手机、PDA 及掌上电脑等无线终端自如开展衣食住行、购物娱乐和商务谈判。

(1) 改善供应链管理

通过物联网,企业可以实现对每一件产品的实时监控,对物流体系进行管理,不仅可对产品在供应链中的流通过程进行监督和信息共享,还可对产品在供应链各阶段的信息进行分析和预测。通过对库存物品信息的实时感知与传输,形成自动化库存,从而对自身仓储管理系统进行动态同步数据处理,实现整个网上零售营销体系共享的目的。通过对产品当前所处阶段的信息进行预测,估计出未来的趋势或意外发生的概率,从而及时采取补救措施或预警,极大提高企业对市场的反应能力,加快了企业的反应速度。这样既可以降低管理成本、增加营销效率,又可以减少用户订单的确认时间,改善消费体验。

(2) 对支付的影响

在支付环节,网上零售商可加强与电信运营商之间的合作,探索比较合理的新型商业模式,发展多样化的手机支付业务,借助电信运营商分布极广的充值渠道,增加支付操作的便捷性,降低用户的使用门槛。

(3) 物流服务质量的提升

在物流领域,可借助物联网和 GPS 技术结合的方式,将配送包裹模块化,让消费者、网上零售商户和物流公司三方实时获悉货物的路线,甚至还可以看到货物运输车辆的现场状态。物联网通过对包裹进行统一的 EPC(产品电子代码)编码,并在包裹中嵌入 EPC 标签,在物流途中通过 RFID 技术读取 EPC 编码信息,并传输到处理中心供企业和消费者查询,实现对物流过程的实时监控。这样,企业或消费者就能实现对包裹的实时跟踪,以便及时发现物流过程中出现的问题,有效提高物流服务的质量,切实增强消费者网络购物的满意程度。

(4) 完善产品质量监控

在产品方面,可建立产品溯源系统。通过产品唯一的识别标识,不仅可以使用户有效地辨别商品,更加清楚地了解商品的具体来源,还可以降低用户被骗的风险,进一步提高用户消费的积极性。从产品生产(甚至是原材料生产)开始,就在产品嵌入 EPC 标签,记录产品生产、流通的整个过程。消费者在网上购物时,只要根据卖家所提供的产品 EPC 标签,就可以查询到产品从原材料到成品,再到销售的整个过程,以及相关的信息,从而决定是否购买。彻底解决了目前网上购物中商品信息仅来自于卖家介绍的问题,消费者可以主动了解产品信息,而这些信息是不以卖家的意志而改变的。

3. 物联网下电子商务的问题

要真正实现物联网下电子商务交易的自动化,从智能芯片、技术平台、控制设备、实时反馈这几大软、硬件需求来看,全世界还没有先进技术可以实现这些功能。

物联网下的电子商务,还有很多需要解决的壁垒。例如:

(1) 产品的芯片由经销方提供并且嵌入,还是由商城购买并嵌入,这意味着一笔巨大的成本。

(2) 如何实现产品芯片中的信息全程实时自动化。

(3) 如果没有能力购买强大计算机群,就需要把网站的产品数据、客户数据和交易数据转交给计算机群服务企业处理,这将面临着核心交易信息泄露的危险。

(4) 产品的单价成本过高,将远远超出市场价格,使得电子商城的价格竞争力小。

(5) 众多小品牌、无品牌、仿品牌,但质量确实较好的商品,将由于信息的透明化,而被排斥于电子商务领域之外。对于大多数低收入网民来说,电子商城已不再对他们开放,直接影响着中国电子商务市场的成长。

物联网时代的来临不仅仅对电子商务有着极大的推动,更会使互联网经济发展速度一日千里。但是电子商务走入物联网时代,还需要漫长的时间、强大的资本支持和许多人的艰辛努力。

第二节 电子商务服务的基本概念

一、电子商务服务的内涵

如今,很多企业已经开始有意或无意地把自己视为服务性企业,利用各种渠道千方百计了解并满足顾客的需求,他们已经认识到企业的最终目的不仅仅是把产品销售给顾客,而是通过服务向顾客传递价值,并最终使顾客满意。随着电子商务的飞速发展,电子商务服务在越来越多的行业中发挥着日益重要的作用。

电子商务服务(Electronic Commerce Service,EC-Service)是指基于网络的交易服务、业务外包服务及信息技术系统外包等服务。其中的交易服务主要包括基于网络的采购、销售及相关的认证、支付、物流、征信等服务;业务外包服务包括基于网络的产品设计、生产制造、经营管理等外包服务;信息技术系统外包服务主要包括基于网络的设备租用、数据托管、信息处理、应用系统、技术咨询等外包服务。

从狭义上来讲,电子商务服务就是以网络为基础并通过互联网传递的服务。从广义上来讲,电子商务服务就不再仅仅是数字空间中的服务,它通过信息的交流为顾客提供更好的体验。在电子商务服务中,顾客或雇员都可以通过互联网感受各种不同的电子商务服务,参与各种电子商务服务体验。

电子商务服务作用日益突出,因为电子商务服务具有传统服务所不具备的独特优势,如方便快捷、节省时间、扩大顾客的选择范围、降低服务成本、提供更为个性化的服务、增进顾客与企业的关系等。

在电子商务环境下,在高度激烈的市场竞争中,电子商务企业如何结合自己的战略规划,结合企业自身的实际情况,选取适当的服务质量进行测量、评价,提高本企业的电子商务服务质量,已经成为企业发展的重要方向。

二、电子商务服务的特征

电子商务服务是电子商务企业使用创新的交互模式为消费者提供服务的方式,它利用信息技术对传统服务方式和内容进行改造和创新,以获得对顾客服务的反应速度、效率和准确性等方面的实质性提升。可以说,电子商务服务是一个随时、随地、为任何人服务的服务模式,电子商务服务是电子商务的核心。与传统服务相比,电子商务服务同样在追求效率,但关注的焦点从供给面转向了需求面,即从以企业为中心转向以消费者为中心。这时电子商务服务的管理理论基础也从传统的职能分工科学管理思想,转向功能集合的过程再造理论。因此它具有了更高的顾客满意度、更大的服务灵活性和更个性化、人性化的界面。提供更多的个性化服务,提供改善的客户体验,最终获得更高的客户忠诚度,是电子商务成功的关键。经济学家情报中心(Economist Intelligence Unit,EIU)近期开展的调查显示,CEO 都将"个性化"视为 2005—2020 年间最能吸引客户的主要业务,利润高达 18%。除此以外,在线供应商也将获得传统服务不能提供的收益。如低成本、高产出和更快捷的服务速度,高质量和创新的收益。对于消费者和电子商务企业来说,信息技术的应用将服务时间扩展到 24 小时,提升了边远地区的公众服务水平,增强了企业的销售能力等。

作为服务的一种,电子商务服务和传统服务有着相似的特点。电子商务服务继承了传统服务的许多特性,顾客对于电子商务服务的质量也有着对传统服务一样的满意度要求。但是电子商务服务与传统服务也存在很大的差别。大部分传统服务过程只涉及雇员参与服务,而且顾客与雇员的接触对服务的质量起关键作用,然而电子商务服务过程涉及通信技术和雇员,顾客与雇员之间以网络为媒介进行交互,雇员与顾客几乎没有面对面的接触,影响电子商务服务质量的关键因素变成了与网络相关的各种性能、物流传输和网站设计等方面。在电子商务服务中,顾客只能通过听觉和视觉来感受服务,而在传统服务过程中,顾客可以通过所有的感觉器官来感受服务,评价服务。同时,传统服务受限于时间和距离,而电子商务服务完全没有这些方面的障碍,顾客可以一天 24 小时随时随地享受服务,顾客需要的仅仅是一台能够上网的通信设备。在电子商务服务中,顾客通过通信技术与公司或组织联系,能够很方便、灵活地在家里或者别的地方通过网络享受服务。同时,通信技术可以根据顾客的等级和喜好等来提供非常个性化的服务。

具体地说,电子商务服务的特点表现为:

(一) 随时随地地提供服务

电子商务服务通过互联网、通信技术等的应用使服务突破了时间、空间的限制,可以做到让消费者随时随地地接受服务。"随时"是指每周 7 天、每天 24 小时,"随地"是指不管消费者身在何处,只要能接入互联网,或具有一定的通信手段,都可获取服务。对企业来说,要做到这一点必须完善提供电子服务的基础设施。除了建设高水平的服务网站外,还要通过建设多媒体服务站、呼叫中心等多种方式保证消费者方便地接受服务,并且还要考虑到特殊群体的服务需求,如缺乏信息技术应用能力的群体、不同语言的外地访问者等。

(二) 以消费者为导向

在线供应商提供的各项服务要最大限度地从消费者的需要出发,以满足消费者的需求、提高消费者满意度为中心来设计服务、提高效率、降低成本、改善质量,为消费者提供最大的服务效益,以服务获取竞争优势。电子商务服务不仅仅是服务方式的改变,更是企业服务意识的提升和服务观念的创新。在传统的条件下,企业由于受人力、物力的限制,所提供的服务只能是"粗放型"的,不可能按照个体的服务需求主动提供个性化的服务。在电子商务服务下,企业的服务能力有了显著提高,使得面向消费者提供"一对一"的服务成为可能。根据顾客需求设计物品、个性化的定制已成为时尚。

此外,由于互联网使得消费者能更加主动地获取企业所提供的各种服务,并能充分按照个人意愿选择服务项目,这样可以充分提升顾客满意度,增加企业的网络点击率,提高企业的竞争优势。

(三) 集成化、智能化

电子商务服务有很强的集成性,它把企业的不同部门的不同职能通过互联网集成在一起,让消费者享受"一站式"服务,从而有效地节省服务时间、提高服务效率。集成性的电子商务服务要求企业不同部门打破各自为政的传统做法,进一步理顺关系,建立快捷、顺畅的业务流程,加强部门之间的沟通协作,让消费者获得高效、全面的电子商务服务。同时电子商务服务提供部门综合利用网络技术、计算机技术以及现代通信技术,为消费者提供高水平的智能化服务。智能化服务有效减少了传统服务过程中的人为干预,使服务更为规范、科学,并对提升企业形象、提高企业的工作效率、节省服务成本有很大帮助。

(四) 无形性

电子商务服务是某种形式的"客户体验",电子商务服务的质量依赖于客户评价,而客户评价的主观性也增加了电子商务服务质量评价的难度。因此,电子商务服务的质量必须被"有形"地提供给客户,如网站页面设计、服务速度、准确和及时更新的信息、简易的导航和订单跟踪服务等。

三、电子商务服务的分类

电子商务服务能够为在线交易提供各种帮助,即使产品是离线购买的,也可以提供在线客户服务。它能够提供搜索和比较功能,提供专门的信息和服务。提供的服务工具包括跟踪工具、聊天室、电子邮件、自动应答、帮助系统和呼叫中心等。从现代服务业的角度看,电子商务服务是传统电子服务的延伸和整合,电子商务服务是以互联网等计算机网络为基础工具,以营造商务环境、促进商务活动为基本功能,是基于网络的新兴商务服务形态,定位于新型的现代服务业。电子商务服务的种类很多,可以按照不同的方式进行划分,主要可以分为以下两种。

(一) 按服务类型划分

根据服务的类型不同,可以将电子商务服务分为两种类型:

1. 电子商务交易服务

电子商务交易服务主要提供网络营销、网上销售、网上采购和交易信息发布等交易服务,如阿里巴巴、慧聪网等提供的服务就属于电子商务交易服务。

2. 电子商务业务服务

电子商务业务服务是提供基于网络的研发设计、现代物流、财务管理、人力资源、管理咨询和技能培训等服务,如金算盘全程电子商务服务等就属于电子商务业务服务。

(二) 按服务对象类型划分

按照服务对象不同,电子商务服务可划分为两种类型:

1. 供应商集中

在供应商集中方式下,虚拟的销售商将供应商的产品目录标准化,加上索引,集中起来提供给购买者。这种任务可以由 ISP 或者像 NTT、MCI 这样的大型电信企业来完成。

2. 购买者集中

在购买者集中方式下,购买者的询价单会被集中在一起,然后提供给众多供应商,随后供应商可以进行投标。购买者(通常都是小企业)可以从批量折扣中获益,供应商的好处是可以接触更多的购买者。

第三节　电子商务服务质量

一、传统服务质量的含义

对服务质量的研究始于 20 世纪 70 年代后期。从那时起,服务质量问题引起了许多学者极大的兴趣。Sasser(1978)在论述服务质量时明确地指出:服务质量不仅包括最后的结果,还包括提供服务的方式。Rohrbaugh(1981)更是直接地将服务质量划分为人员质量、过程质量和结果质量三部分。

第一次提出顾客感知服务质量并对其内涵进行科学界定的当属北欧学派(Nordic)代表人物克里斯丁·格罗鲁斯[①](Christian Gronroos)教授。Gronroos 于 1982 年提出了顾客感知服务质量(perceived service quality)的概念和总的感知服务质量模型(the model of total perceived service quality)。这种方法建立在对顾客行为和与顾客消费后评价相关的顾客期望的影响进行研究的基础上。Gronroos 创建的感知服务质量顾客差异结构

---

① 克里斯丁·格罗鲁斯. 服务管理与营销基于顾客关系的管理策略[M]. 第 2 版. 北京:电子工业出版社,2002.

评价方法与(disconfirmation construct,用来衡量顾客的服务体验、服务结果与顾客期望吻合程度的方法)至今仍然是服务质量管理研究最为重要的理论基础。

Parasuraman(1985)研究指出,服务质量相似于态度,是顾客对于事物所作的整体评价。Gronroos(2000)则提出顾客感知服务质量包含:功能上的品质,又称为过程品质,是指顾客在服务过程中所感受的服务水准;技术上的品质,又称为结果品质,是指顾客对所接受的服务所做出的衡量。

Philp Kotler(2003)提出将服务质量定义为相对于顾客的期望值而言,所提供的服务处在一个较高的水平上。这一定义说明了两个关键问题:第一,提供的服务的质量水平必须高于顾客的期望值;第二,顾客对于服务质量的感受才是与顾客期望值直接相关的因素。关于服务质量定义的总结归纳如表1-4所示。

表1-4 服务质量定义归纳

年份	学者/组织	定义
1972	Levitt	服务质量是指服务结果能符合所设定的标准
1976	Mayner	服务质量是消费者主观的态度反应,不能根据实体物品的特性予以量化衡量
1978	Sasser	服务质量不仅包括最后的结果,还包括提供服务的方式
1981	Rohrbaugh	将服务质量划分为人员质量、过程质量和结果质量三部分
1982 2000	Gronroos	服务质量被定义为顾客对服务期望与实际服务绩效之间的比较。2000年提出顾客感知质量包括功能上品质和技术上品质
1983	Lewis & Booms	所传递的服务是否符合消费者期望,服务质量是一个衡量。传递有质量的服务意味着能够持续一贯地与消费者期望一致
1984	Garvin	服务质量是一种主观感知的质量,而不是客观的
1985 1988	Parasuraman Zeithaml & Berry	认为服务质量是对服务的一种主观评估,是由消费者主观的预期与实际的知觉相比较而来的结果。1988年补充认为服务质量为在服务递送过程中及服务提供者与消费者互动中的整体服务优劣程度
1990	Bitner	服务符合消费需求的程度
1991	Bolton & Drew	服务质量是顾客对于消费后是否愿意再次购买服务的整体态度
1992	Cronin & Taylor	服务质量应由服务执行绩效来衡量,不需要再与期望服务水平来比较,即服务质量=实际感受到的服务质量(感知服务质量)
1996	Lovelock	服务质量是顾客消费服务过程中所得到的一种体验
2003	Philp Kotler	相对于顾客的期望值而言,所提供的服务处在一个较高的水平上

服务是由一系列或多或少具有无形特性的活动所构成的一种过程,该过程是在服务接受者与服务提供者、有形资源的互动关系中进行的。服务的实质是服务提供者最大限度的满足服务享有者(包括外部顾客和内部顾客即组织中的员工)的需求并为其创造价值。

服务质量是顾客对服务的整体评价,是服务能够满足规定和潜在需求的特征和特性的总和,是指服务工作能够满足被服务者需求的程度,是企业为使目标顾客满意而提供的最低服务水平,也是企业保持这一预定服务水平的连贯性程度。

服务质量的评估是在服务传递过程中进行的。顾客对服务质量的满意可以定义为:将对接受的服务的感知与对服务的期望相比较。当感知超出期望时,服务被认为具有特别质量,顾客会表示满意;当服务没有达到期望时,服务注定是不可接受的;当期望与感知一致时,质量是满意的。服务期望受到口碑、个人需要和过去经历的影响。

二、电子商务服务质量定义

随着电子商务服务在企业中应用的日益广泛,企业的管理者迫切需要对电子商务服务的应用有一个正确的评价和了解,他们需要知道开展电子商务服务的决定性影响因素,从而根据自身的特点有侧重点地实施电子商务服务战略。

所谓电子商务服务质量是指在电子商务环境下的虚拟网络市场上,顾客对服务提供物的优越性和质量的总体评价和判断。与对传统服务提供物的评价相比,顾客在浏览网站时很少去评价每一个细小的过程;相反,他们更大可能是将服务作为一个整体/总体过程和结果来进行评估。对网上顾客来讲,高质量的电子商务服务质量标准是网络能提供给他们潜在利益的方法/技术得以实现的保障。对网上供应商来讲,电子服务质量能体现自己的特性,这对小企业成功尤为有用。高的电子商务服务质量能够增加网站的吸引力、点击率、顾客保持率、顾客亲密度、积极的口头宣传,从而获得最大化的电子商务在线竞争优势。因此,电子商务服务和电子商务服务质量是全球化电子商务的关键因素。对于开展电子商务的企业来说,只有很好地理解了它们之间的相互关系,重视电子商务服务对电子商务的重要影响,努力提高电子商务服务质量,才能充分地利用电子商务服务的竞争优势为自己服务,更快地在市场中获得竞争优势。

电子商务服务质量是指在电子商务环境下,企业所提供的服务能够满足顾客需求的程度,它包括服务的事前、事中、事后的各个方面,同时要求在新的环境下,服务提供者能够保持连贯性,在任何时候、任何环节都能保持同样优良的服务水平。

网络的互动特性、多媒体内容和低廉的定制化能力,越来越吸引一些商家的关注。相对传统的商务过程,低廉的网络技术成本和顾客的易得性,使得非价格竞争优势显得尤为关键。而顾客忠诚主要取决于网上企业是否能比竞争对手提供更好的服务,因此,关注服务质量是电子商务的首要任务。对于不同行业,如果能有效利用互联网,就能更好地提高整个服务水平。

每次在与企业进行交易时,客户都期望得到连续的信息和最好的服务。在电子商务环境下,消费者的消费心理和需求是多样的,因此所要求的产品或服务各不相同,这种需求使个性化服务应运而生。随着生产力和科学技术水平的提高,特别是在电子商务环境下,商品质量的差别越来越小,商品质量不再单一地成为客户消费选择的标准,消费者越来越看重商家能否根据自身的特定需求提供个性化的服务。所以,在各竞争网站为客户提供的产品没有差异的前提下,服务质量就成为区别于其他竞争者并建立竞争优势的关键因素。

电子商务服务质量通过质量测量展示给客户,实际的客户体验直接影响客户满意,对客户信任也有很强的驱动作用。客户如果体验到良好连续的服务,能直接创造客户忠诚。

同时，客户信任能增加客户满意，两者均对客户忠诚的建立起中介作用。由此可见，客户体验到的服务质量才是真正决定客户满意度并最终形成客户忠诚的决定因素。所以电子商务服务质量的概念模型可以表示成图1-4。

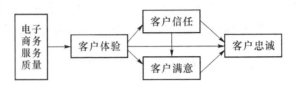

图1-4 电子商务服务质量的概念模型

其中电子商务服务质量包括：有形性、可靠性、响应性、保证性和移情性。客户信任包括：诚信、善意、能力和可预测行为。客户忠诚包括：认知忠诚、情感忠诚、意向忠诚和行为忠诚。

三、电子商务服务质量构成要素

电子商务服务质量的构成要素主要包括三个方面：客户服务质量、在线信息系统质量、服务组合质量。

（一）客户服务质量

客户服务质量是指企业进行电子商务服务过程中，服务人员是如何提供服务的，客户是如何得到服务的，牵涉到服务人员与客户之间的互动，也称为过程质量。客户服务质量涵盖了电子商务服务的全过程，包括交易服务质量、快递物流服务质量等。具体来说，主要包含以下八个要素。

1. 可靠性

可靠性是指企业可靠并准确地履行服务承诺的能力，这一属性意味着企业要按承诺准确地提供服务，从这个角度来说，顾客非常关心他们接受的交易的质量和数量是否都与他们的订购相一致。这主要由电子商务快递服务质量保证，具体内容详见第六章第二节。

2. 响应性

响应性是指与服务传递相关的速度和及时性。响应性包括实时地与顾客保持联系以期给顾客提供及时的服务并帮助解决他们遇到的问题。响应性涉及到交易速度、配送时间和快速响应。响应性是愿意帮助消费者并提供即刻的服务，这一属性强调即刻处理消费者的要求、提问、抱怨和困难。对网络订单的自动回复可以帮助提高库存管理和顾客满意度。相反，那些在订单缺货却不告知顾客的情况下五天后才执行从而错过了最佳的送货时间的零售商，将可能会遭到顾客的厌恶。响应性的另外一个唯一的且重要的方面是信息下载所需要花费的等待时间。等待时间对于电子商务服务质量有不利的影响，如果网站能明确地提供下载过程所需要时间的信息提示，就能减少因为下载需要的等待过程所带来的负面影响。

3. 个性化/定制化

个性化是指给客户提供个性化的交流和沟通、丰富多样的服务、产品定制以及储存客户信息。个性化可描述为通过个别的确定、跟踪、学习和相互影响对消费者的需求做出反应,以达到设计和送达个性化的产品和服务。在个性化过程中,服务提供者主动地建立消费者的个人档案以向他们提供满足他们需求的服务。个性化可成为公司的客户代表和单个重要客户之间一对一的交互。个性化在电子商务服务中能够很好地体现为电子商务网站对客户的关心,并为客户提供增值服务,比如网页显示和客户最近浏览过的商品,并提供和此商品相关的其他商品,从而减少客户搜索商品的过程。

4. 客户信任

信任对于形成良好的关系来说是一个非常关键的概念。信任是指"对有信心的交易伙伴的一种依赖意愿"。在电子商务中,顾客对公司的信任主要取决于公司的信誉、员工在电话和电子邮件交流中的态度,以及顾客与公司先前的经历。

5. 应急性

虽然大多数的消费者都想避免太多来自在线公司的不必要的关注,但是他们确实希望在他们遇到困难时能够得到足够的帮助。这就需要在计算机的另一端有一名客户代表给消费者提供帮助。这样一个人不仅是给消费者提供同情,而且应该具备处理突发事件的能力,因为在这样的情况下,光有同情是不够的。大部分基于网络的服务都是不成熟的,特别是某些行业如网络银行和在线股票交易,服务出现问题和服务失败的现象都是很常见的。事实上,消费者现在还不得不忍受。这些服务问题和服务失败的现象可能因为不同的组织,来源于不同的渠道,例如消费者自身的原因、公司网站设计的低劣、网站主机托管公司等。因此,问题的解决方案和服务失败的补救对于保证服务质量就变得非常重要。要想快速而高效地解决消费者的问题,就必须管理好所有的交互信息——网站点击率、电子邮件、电话以及传真等。这样,消费者就能很容易地通过任何他们喜欢的方式与公司取得联系。另外,公司应该培训雇员的移情性和专业知识以期他们能够更好地为消费者服务。

6. 协同沟通

实际上,产品和服务的履行对于在线供应商来说仍然是一个巨大的挑战,主要的原因来自于缺少强有力内部和外部协同沟通。服务承诺会提高客户期望,而真实的服务与服务承诺的差距会加大客户感知与客户期望服务质量的差距,因此,必须加强企业内部与外部的协同沟通,减少因为协同沟通方面的因素而引起的服务质量感知差距。外部协同沟通包括促销组合的广告、销售促进、公共关系、合作伙伴关系和直接营销,特别是供应链的合作伙伴的整合(如供应商,包装商和运输公司等)。内部协同沟通包括垂直协同沟通与水平协同沟通,多指企业内部员工之间的信息沟通,特别是公司网站和客户服务运作部门、不同职能部门之间交流的集成整合。它是众多沟通途径和内容协调一致的基础。网站以外的服务宣传和网站上的宣传应该与企业在网站上提供给客户的服务承诺相连贯,同时与合作伙伴协同履行的服务达成一致,通过良好的协同沟通向消费者推广自己的网站和品牌。

7. 交互性

交互活动在电子商务服务中有着重要作用,论坛和聊天室是客户和客户代表以及客户与客户之间进行交互的好工具。消费者也可以通过共享论坛的信息资源来帮助自己解决先前的客户遇到过的类似问题。一个从未与公司有过业务往来的客户只需要在交易前与客户服务代表进行沟通交流,就可以很好地完成与公司之间的交易。

8. 服务能力

在电子商务服务中,服务能力涉及公司的客服代表回答问题的知识水平和解决问题的知识结构,因为客户可能会随时需要在线帮助或支持,这就是在线公司在同客户交互过程中必备的能力。

(二) 在线信息系统质量

在线信息系统质量主要指电子商务网站的功能设置是否完整,主要包括四个要素:易用性、可接触性/便利性、安全/隐私和界面设计。

1. 易用性

易用性是指客户易于操作的流程,可以实现一步到位的服务,易用性是客户选择采用一种新的信息技术的重要因素。易用性的两个重要方面:一是有充足的功能;二是友好的设计。一些有用的功能,像搜索和下载等,对客户顺畅地浏览网页是很必要的。同时,对于在线供应商来说,如何设计他们的网站、有效的产品位置和服务标准,如何优化消费者随后的流程和履行在线消费者以经验和目标为导向的行为是需要面对的主要问题。而对于消费者来说,接受在线购物的主要障碍不是经常提到的网络安全和带宽等技术问题,而是设计容易寻找的导航、信息或内容。使用的方便性主要受网站的搜寻功能、下载速度、整体设计、组织结构等诸多因素的影响,这要求企业设计合理的电子商务网站结构,如简洁明快的主页面,就能在一定程度上提高顾客使用的方便性。

2. 可接触性/便利性

可接触性包括可接触到和容易取得联系。可接触到是指商店的地理位置及其营运时间的便利性。显然,网络服务在理论上可以提供"每周 7 天,每天 24 小时"的服务。调查研究发现便利性是客户渴望网上购物提到的最频繁的因素,容易取得联系包括公司有足够的客服代表和适度的等待时间。当许多在线的顾客继续使用传统的方式与公司的客服代表联系时,电子邮件已经逐渐被用来向公司的雇员寻求信息和提出问题。

3. 安全/隐私

是否安全是实现交易的前提,网上信息的安全性主要包括信息的保密性、真实完整性和不可否认性。同时,个人信息的隐私和保密是顾客最关心的两个方面。以网上购物支付交易的全过程为例,信息的安全性问题主要体现在以下三个方面:一是网站本身的安全性,二是交易信息在企业与银行之间传递的安全性,三是交易信息在顾客与银行之间传递的安全性。调查发现对公共网络缺乏安全感是电子商务成功的最大障碍,这要求企业能够对个人信息加以保护,即不与其他网站共享顾客信息,而且要提高企业在保护顾客以防范欺诈风险和财务风险方面的能力。这里的财务风险主要是指由于顾客使用信用卡或其他财务信息而导致的风险,如果因为顾客在线登记相关财务信息而给其带来风险,那么顾客就会对在线购买失去信心,从而转向传统的购买方式。

4. 界面设计

在网络环境下,雇员与客户的接触被人机界面所取代,人机界面代替了传统服务中的人员接触,客户通过界面设计的友好性感觉企业的技术水平和服务水平的高低。一个有美感的网站对吸引潜在顾客的注意有积极的影响。比如逼真的别墅图样可能会刺激顾客对别墅的购买欲望,醒目的标题可能会提高顾客的点击率。界面设计要求网站设计符合基本美学原理和排版原则,整体视觉效果特点鲜明,包括页面版式结构、用色、线条和构图、配图的精细、美观程度、元素风格、整体气氛表达、字体选用,同时整体设计应该很好地体现企业形象等。

(三)服务组合质量

许多顾客倾向于在网络上搜索寻找那些在传统宣传手册上不容易找到或者没有的产品和服务。因此,获得顾客满意的关键就是以顾客要求的样式给顾客提供满足他们需求的各种服务和服务特性,也就是提供给顾客可利用的信息,即信息是切合顾客实际需要且符合企业特点的。

假如网上银行提供免费电子邮件和个人主页空间,这既不符合顾客对网上银行服务的需求,也不是银行的优势,这样的功能服务提供不但会削弱顾客对该企业的整体印象,还浪费了企业的资源投入,有弊无利。顾客不仅需要有价值的信息,而且要求信息具有充分有用性,即顾客能够利用这些信息进行产品(服务)比较以便做出最终的购买选择。因为一旦顾客不能有效地获得足够的信息进行产品或服务的比较时,其所感知的在线购买利益就会大大降低。

四、电子商务服务质量指标

评价和判断电子商务服务质量应遵循以下四个原则。

1. 目的性

目的是提高电子商务服务平台服务水平和效益,促进电子商务服务行业、企业健康的发展。

2. 科学性、系统性

评价内容要科学、全面,要从服务能力、服务质量、服务绩效几方面评价。

3. 实用性、可操作性

评价指标要便于采集数据,方便使用。实际选择评价指标及标准时,要注意依据行业类型诸多因素加以选择,适当进行增减。

4. 定性与定量相结合

定性分析评价与量化指标测度评价相结合。根据指标的类型选择定性与定量相结合的方法。

根据之前对电子商务服务质量的分析,我们可以给出电子商务服务质量的主要指标,如表 1-5 所示。

表 1-5　电子服务质量指标

一级指标	二级指标
安全性	网站及其产品/服务的品牌信誉度高低
	公司诚实度
	交易安全、公平性
	个人交易信息保密性
客户关怀	即时高效回复邮件
	快速正确地解决难题
	了解客户需求、偏好
	客户定制主页
	关心客户利益
可靠性	服务信息的准确性
	快递服务质量好
	信守服务承诺、
	交易信息记录准确
服务组合	服务范围广泛
	服务种类丰富
	增值服务提供方式、类型
易用性	网站域名易于搜索、网站易于登录和使用
	感知的网站形象,网站内容易懂
	网站结构和美工效果,商店的布局,页面长度
	用户友好性,用户界面的有效性,导航,展示
	提供丰富免费服务
响应性	快递物流配送速度
	信息下载等待时间
	客服服务质量
	电子邮件回复

五、电子商务服务质量测量差距模型

质量测量的目的是增加客户满意度,提高客户忠诚,不断完善服务,形成一个增值链,最终为服务提供者带来竞争优势和经济效益。传统服务质量的测量主要采用的是差距模型,因为电子商务环境中的服务质量与传统的服务质量存在一定的相似性,所以其测量是在传统服务质量差距模型的基础上,结合了顾客与公司在线沟通中所存在的问题,形成的新的差距模型,如图 1-5 所示。

图 1-5 中横线以上的部分与顾客有关,描述了顾客对电子商务服务质量的评价以及该评价所能产生的结果。

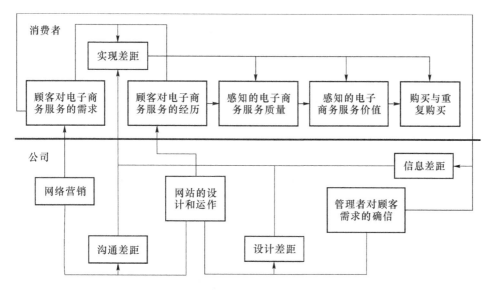

图 1-5　电子商务服务质量测量差距模型

首先企业根据自身产品或者服务设计电子商务服务平台,即电子商务网站,顾客通过电子商务网站感知电子商务服务,最终令顾客满意并促使其购买或重复购买电子商务服务。在这个过程中,顾客在线的服务经历直接影响其所感知的电子商务服务质量,如果顾客在线服务经历是满意愉快的,其所感知的电子商务服务质量就很高,进而感知的电子商务服务价值就很大,这将促使顾客购买或重复购买。

图 1-5 的模型中,横线以下的部分与服务的提供者有关,分析了哪些原因导致了较低的电子商务服务质量,其中信息、设计、沟通三个方面存在的差距能够在网站的设计、运作及市场定位等诸多方面表现出来,导致了顾客层面的"实现差距",而"实现差距"对顾客感知电子商务服务质量和重复购买行为有一定的影响。

(一) 信息差距

信息差距主要反映了顾客对电子商务服务的需求与电子商务服务平台设计者对这种需求的准确感知存在一定的差距。比如平台设计者可能会认为复杂多维的宣传图片可能会吸引顾客,而实际上,这些图片使得顾客登录网站的速度变慢,大大降低了交易的有效性,一般而言,顾客会认为交易的有效性比图片更加重要。

产生信息差距的原因主要是:企业所进行的市场调研不充分,从而导致获取的顾客对电子商务服务需求方面的信息不准确,或者是因为设计人员缺乏对顾客期望电子商务服务所具备特征的准确理解,从而导致信息上的差距。

(二) 设计差距

网站是企业提供电子商务服务的平台,顾客通过这一平台与企业积极互动。然而即使企业拥有完全准确的信息(即不存在信息差距),这种信息也往往无法完全体现在网站的设计和功能上,这就导致了另一种差距——设计差距。目前国内企业网站设计存在的问题主要有：网站缺乏新颖性，整个网站由一些毫无创意的文字加图片组成；有的页面设计得很漂亮，但与网站内容毫无关系；有些网站只有泛泛的几个 Web 页面，信息量远远达不到顾客的要求；网站设计缺少层次性，顾客为获取信息费时费力等。

产生这一差距的原因主要有：资源限制导致缺乏提供高质量电子商务服务的能力；高层管理者对服务质量重视不够；企业内部没有树立明确的质量目标；企业缺乏一支高素质的员工队伍等。

（三）沟通差距

沟通差距主要是由于公司内不同部门的员工缺少沟通所造成的，主要表现在两个方面。

一方面设计人员缺乏对网络营销的认识，在网站功能方面表现为设计得比较简单，尚处于初级的信息发布阶段；在网站内容的设计方面，表现为顾客所需产品（服务）信息的不完整，产品（服务）介绍不够详细、销售和推广信息比较贫乏，难以产生对网下销售的必要支持；在顾客关系和顾客服务方面，常规的在线服务手段应用都比较欠缺，顾客关系建设也比较薄弱。

另一方面由于营销人员对网站的特征、基础设施能力和局限性缺乏正确的认识，易造成向顾客单方面做出不准确或夸大的承诺，这使顾客对企业的信誉产生怀疑，例如营销人员在网站上向顾客保证在一定时间内交付产品，然而网站的运作功能却无法实现，两者的不统一大大影响了顾客所感知的电子商务服务质量。

（四）实现差距

实现差距出现在顾客层面上，反映了顾客期望与顾客经历之间存在的总差距；从企业层面看，实现差距是信息差距、设计差距和沟通差距的联合效应。例如网上订购系统表明某种产品有库存，随后却又通知顾客没货或者即使没有做出额外承诺，但由于网站在设计和运作时未能完全结合顾客的愿望而产生的缺陷导致顾客无法顺利完成网上交易时，都会表现为实现差距。因而，除非信息差距、设计差距和沟通差距得到消除，否则总会或多或少地存在实现差距，进而影响顾客对电子商务服务质量的感知和对电子商务服务质量的评价。另外要特别注意实现差距所产生的后果，如图 1-5 所示，实现差距是影响顾客对电子商务服务感知质量、感知价值和购买/重复购买行为的重要因素。当顾客所体验的服务质量远低于他们所期望的服务质量时，将出现不良的口头宣传，影响公司形象，进而影响公司盈利。当顾客所体验的服务接近或适当高于他们所期望的服务时，将会产生积极效果。

六、电子商务服务质量管理

互联网在提供信息和电子商务交易的同时，还扮演着一个重要的角色——为企业和客户传递服务的平台。随着电子商务服务这一概念的深入人心，以客户为中心的服务模式将成为企业创造价值的核心组成部分。然而，期望客户感知到的服务和客户的实际体验仍然存在差距。如何从这两方面找出改善客户体验、提升服务质量的根本动力，成为电子商务环境下服务质量管理的核心问题。具体的电子商务服务质量管理可以从以下几个方面进行控制。

(一) 缩小信息差距

顺畅的交流渠道,是在第一时间获知顾客需求进而缩小信息差距的关键所在,也是提高顾客满意度、维系顾客忠诚度的重要环节。顾客需求是动态不断发展的,若想准确获得顾客需求的信息,首先,应加强市场调研,并通过面对面服务、客户服务中心等多种渠道与顾客进行沟通,建立完善的数据搜集体系,不断跟踪市场变化状态。其次,充分利用网站,网站是企业实现与顾客双向互动交流的重要平台,企业在提供电子服务的同时,还可以通过调查问卷、论坛、网上留言等形式,让顾客畅所欲言,并从中了解顾客的想法,分析顾客需求的变化。最后,可以借助互联网和内部网,利用数据仓库技术和数据挖掘技术,将各个部门的信息进行整合,对顾客需求进行科学预测,从而为顾客提供个性化服务。

(二) 完善网站设计

电子商务网站作为提供电子商务服务的平台,其建设和发展需要大批既掌握现代信息技术又熟悉企业经营管理的复合型人才,因此,企业不仅要广泛招揽高素质的人才,还要加强员工培训,不断提高员工的素质,以形成一支高水平的员工队伍来完善网站的设计。

1. 设计人员应借助高质量的技术来满足网站的业务功能。所谓高质量的技术,是指成熟、稳定、可靠、可扩展的技术。由于顾客需求的复杂性和多样性,事实上没有任何一种技术能够满足所有顾客的全部需求,因此,在建设网站时,应根据可靠性、经济性和可扩展性的原则来选择技术以实现设计需求。

2. 提高网站内容的质量,这意味着所提供的信息对顾客是有价值的;发布的信息层次分明、分布合理;信息及时更新,确保信息是最新和最准确的。

3. 网站需要确定所要服务的对象,进行适当的市场定位来突出网站的特色。

4. 要对网站进行管理,网站管理是网站高效运行的前提和保障,管理的对象不仅指网络线路的畅通、服务器的正常运行等硬件要求,还包括网站创意、内容延伸、网络管理等软性要求。

总之,企业依赖高素质的员工,利用现代化的信息技术,以创新的思维、大胆的举措和完善的管理,不断满足顾客需求。

(三) 实现内部整合

提供电子商务服务是一个复杂的系统工程,没有良好的协作是难以成功的。在企业内部要做到营销管理人员和设计人员密切沟通,加强协作。首先,营销部门应与负责网站设计和运作的部门定期沟通,一方面确保不做出力不能及的承诺;另一方面设计人员可充分估计网络营销活动可能创造的需求,预先准备和规划能够应付这些需求的技术资源,以免突然增加的访问流量导致网络堵塞。其次,两部门的工作人员应共同制定电子商务服务质量的规格。因为只有他们最为了解和关心业务活动中的一些关键细节,知道应该如何将技术与业务相结合。对外,要巩固合作。企业应将自身和商业伙伴进行有效组织和整合,如一些企业外包的部门,在需要联合向顾客提供服务时,可避免由于协调不力而导致的整体服务质量下降。

(四) 力争消除实现差距

实现差距反映了顾客期望与顾客经历之间存在的总差距,除了通过上述努力消除信息差距、设计差距、沟通差距之外,企业还应与后台服务资源形成战略技术合作关系,以便对需求进行规划,最大限度地满足顾客的需求。

1. 可通过企业内部的资源整合,把前台的网上订购系统和后台的供应链管理(SCM)结合在一起,以实现整个供应链的可视化,为顾客提供准确的信息,包括库存信息、配送信息,即 SCM 对电子商务服务的后台支持是非常重要的。

2. 对需求水平进行管理,使用营销策略来消除高峰、填补低谷,从而产生一条前后更加一致的服务需求流。比如可利用网上促销,包括定价和其他激励措施,可能是对顾客富有吸引力的激励,从而改变他们享用服务的时间。

3. 建立网上信息反馈机制,做到"有求必应"。不管是顾客的投诉,还是咨询、建议等,都要及时回复,还要结合顾客需求分析变化情况,提供对策建议,以迅速响应不断变化的顾客需求。此外,学会聆听顾客意见,积极应对顾客投诉。顾客投诉反映的信息具有很强的针对性,企业可从中发现并修正自己的失误,不断提高服务质量。

总之,在企业提供电子商务服务时,要不断提高服务产品、顾客服务和在线系统的质量水平,企业持续改进服务质量的结果可以给顾客带来良好的印象,即企业一直关注着顾客变化的需求和偏好,这将大大提高顾客所感知的电子商务服务价值。

第四节 电子商务服务信用与法律

一、电子商务服务信用

(一) 电子商务服务信用的概念

电子商务中的"电子"即电子通信技术或电子化,是利用计算机技术和网络应用进行的电子化服务。而电子通信技术的核心功能就是传递信息,实现信息的快速、跨地域流通。所以,与传统的商务相比,电子商务的最大不同就在于更广泛、更快捷的信息流通,通过强大信息流的实现来优化传统的商务模式,消除因信息不对称所带来的资源浪费和效率低下等问题。

电子商务的核心是信息,是信息社会的重要组成和突出表现,如何体现电子商务的服务质量,如何让消费者接受服务,很大程度上都取决于是否相信服务提供者,而服务提供者良好的信用可以消除消费者对服务不确定性的认识。电子商务通常买卖双方不见面,更加需要参与者诚实守信。如果买卖双方信用状况信息不对称甚至缺失,就很容易在交易信息、供货、付款等方面出现诚信问题,影响用户对网上交易的信心。所以,信息的公开与流通是电子商务与信用体系的内在要求和运行基础,其间存在着本质的共性的必然联系;并且,电子商务作为虚拟经济、非接触经济,如果没有完善的信用体系作保证,生存和发展将十分困难。

所谓电子商务服务信用就是指电子商务活动双方在电子商务过程中的诚信和信誉程度的综合性反映。它是双方在电子商务活动中履行约定义务的意识和能力、社会信誉状况和在市场中的公众形象的综合体现。电子商务服务信用是一种建立在信任基础上的能力,不用立即付款就可获取资金、物资、服务的能力。这种能力受到一个条件的约束,即受信方在其应允的时间期限内为所获得资金、物资、服务而付款,这个时间期限必须得到提供资金、物资、服务的授信方的认可。电子商务服务信用体系建设的终极目的是保证市场主体交易的安全性,是为市场主体创造良好的市场环境、提高其市场交易的安全性和效率、降低风险和成本的重要保证。

电子商务服务信用主要包含两个重要因素。

1. 时间:受信方必须在一定的时间期限内为所获得的资金、物资或服务付款或还款,且此时间期限必须得到授信方的认可。

2. 信心:授信方必须相信受信方的付款承诺,且对信用风险作出判断。

总的来看,在规范电子商务活动的四种主要措施,即技术手段、行政管理、法律制裁与信用保障中,信用体系可以说是一种最为灵活且最有可能与电子商务本身实现良性互动的规范模式。通过行政管理及法律制裁实现规范电子商务活动是十分困难的,但是,电子商务与信用体系在本质上的一致性,使它们可以很容易地做到无缝连接,这种无缝连接所带来的效率和便捷正是电子商务十分需要的,它可以无处不在却同时能做到大象无形。这可以从四个方面来考虑。

1. 电子商务服务本身是信用体系存在和发展的最好的土壤。在电子商务服务的基础上很容易建立信用体系,电子商务的信息流、资金流甚至物流通过电子签章相互呼应形成一个整体,在这个整体之上,只要稍加整合分析,进行技术处理,就可以建立信用体系,并且该信用体系对电子商务服务是可控的、互动的。

2. 电子商务的信用体系又可以最大限度地使消费者成为参与者。在已经形成的很多电子商务模式中,通过 BBS 等方式,对于同一类消费,很多的消费者可以很快地建立联盟,展开评价和交流,而这些评价,本身就是信用体系的重要组成部分。

3. 互联网与传统传播方式的主要不同就在于其互动性。信息是双向交互流动的,所以,在这种沟通方式之上建立的信用机制也必然具有很强的时效性和动态性。

4. 电子商务不断采用最新的电子通信技术,能够保证其一直具有强大的信息沟通和利用功能,而这样的能力会给相应的信用体系奠定良好的基础并创造持续、稳定发展的氛围。

电子商务服务和信用服务都是发展很快的新兴领域,市场前景广阔,从二者的关系看,一方面,电子商务服务需要信用体系,另一方面,信用体系也很可能最先在电子商务服务领域取得广泛的应用并体现其价值。于是,整合电子商务服务与信用体系,或者建立电子商务服务信用体系,就成为一种需求、一种目标、一项任务。

根据易观国际《2007年中国C2C市场年度综合报告》提供的调查数据显示:接近5%的电子商务用户最关注购物网站的产品质量,其次为价格。由于网络消费的特殊性,网民在进行网络消费时无法亲自对商品做出鉴别。因此,很多网民在网上购物之前依赖于听取其他买家的意见和建议。康盛创想和上海艾瑞市场咨询联合发布的2007年《第三届中国网络社区研究报告》提供的数据同样显示:有61.7%的社区网民在购买商品时首先会考虑网民的意见。作为传递卖家信用信息以及商品质量信息的信用评价,在市场上担当着虚拟"建议者"的角色,即通过收集在线交易市场上每个参与交易者的评论,并加以统计分析,作为下一时期买家参考的依据。

(二) 电子商务服务信用评价

所谓电子商务服务信用评价就是对一个电子商务服务过去行为的评价,这种评价可以是过去所有交易行为综合的量化值,量化值主要取决于两方面:直接评价和推荐评价。例如当客户A准备和商家B进行电子商务交易时,客户A首先考虑商家B过去和自己交易时的评价——直接评价;其次,别的客户认为商家B的评价如何——推荐评价,两者结合起来形成了客户A对商家B的电子商务服务信用评价。由此可以看出,如果一个商家的信用高,就更容易得到别的客户的信任;同样,一个信用低的商家很难得到信任。

电子商务服务信用评价的外在表现是基于第三方平台的电子商务信用评价机制,作为信用管理手段之一的信用评价是伴随着信用风险的产生扩大而发展的,是防范风险、避免交易损失的客观要求。对于信用的狭义广义概念,信用评价的结果分别展示了企业以及个人的资信状况或诚信程度。

商业信用是电子商务交易各方在经营过程中诚信和信誉程度的综合性反映。它体现该交易主体在经营活动中的特征、经营方式、信誉状况、信用能力和在市场中的公众形象。了解交易主体各方的商业信用状况有利于经营者在商业活动中做出准确的判断和正确的决定。而良好且完整的信用将有助于增强客户与他们的合作信心。

信用评价机制为现代商业和电子商务提供了一个新的信用建立和评价体系。

1. 信用信息发布实时化

7×24小时不间断的服务能使每一个信用信息及时发布,用户可以随时通过浏览、检索方式获得各自的信用信息。

2. 信用信息收集全面化

巨大的海量信息处理能力可保证收录和展示涉及交易双方信用的细节,帮助交易双方做出正确的决策。

3. 信用信息评价互动化

信用评价工具能使交易各方便捷地对业务伙伴的信用状况进行评价,也能对他人的评价做出及时的反应。

4. 信用危机处理公开化

交易各方能分享他人处理信用危机的经验和教训,减少同一形态信用危机对自己的影响,可以做到有效的事前风险控制。

与传统的商业相比,电子商务的优势在于:所有与交易有关的数据可准确地记录在数据库中。基于此功能,我们可以动态地分析企业的交易信用评价。

(三)电子商务服务信用评价指标

电子商务服务信用评价指标可以分为两个方面:一方面,评价企业的基本信用时,使用的指标可分为静态的定量指标和定性指标;另一方面,所有用来评价企业的交易信用的指标可视为数量指标和动态指标。

1. 静态信用指标

静态定量指标分为四个类别,财务效益状况(包括净资产收益率、总资产报酬率)、资产运营状况(总资产周转率、流动资产周转率)、偿债能力状况(资产负债率、已获利息倍数)、发展能力状况(销售增长率、资本积累率)。这些指标中可以找到各种企业的财务报表。

2. 动态信用指标

动态指标,指的是与交易有关的指标。动态指标分为四个类别,包括交易能力(交易金额、利润率、佣金、实际收汇、退税率、贸易额增长趋势)、支付能力(支付方式、付款时间、支付银行信用)、合同履行能力(应付款货款清付率、毁约率、目前欠款额、货物服务质量满意度)和交往印象(付款行为等)。电子商务应用系统可以控制整个交易过程及记录与所有交易有关的数据。

3. 数据的标准化

在指标体系中,每种指标可能使用不同的层次或计量单位。为了便于指标之间的相互比较和消除不同层面的影响,应该对所有指标数据进行标准化处理。标准化处理过程有许多方法,如线性比例变换、矢量化、微分变换等。

(四)电子商务服务信用评价模式

目前我国电子商务服务中主要采取四种较为典型的信用评价模式,即中介人模式、担保人模式、网站经营模式和委托授权模式。

1. 中介人模式

中介人模式是将电子商务网站作为交易中介人,达成交易协议后,购买方将货款交给电子商务网站的办事机构,当网站的办事机构核对无误后再通知销售方将货物交给对方,对方收到货物后,通知网站将货款交给销售方。这种信用模式试图通过网站的管理机构控制交易的全过程,虽然能在一定程度上减少商业欺诈等商业信用风险,但却需要网站有较大的投资以设立众多的办事机构,而且还有交易速度和交易成本问题。

2. 担保人模式

担保人模式是以网站或网站的经营企业为交易各方提供担保为特征,试图通过这种担保来解决信用风险问题。这种将网站或网站的主办单位作为一个担保机构的信用模式,也有一个核实谈判的过程,无形中增加了交易成本。因此,在实践中,这一信用模式一般只适合于具有特定组织性的行业。

3. 网站经营模式

网站经营模式是通过建立网上商店的方式进行交易活动,在取得商品的交易权后,让购买方将购物款支付到网站指定的帐户上，网站收到购物款后才给购买者发送货物。这种信用模式是单边的，是以网站的信誉为基础的，主要适用从事零售业的网站。

4. 委托授权经营模式

委托授权经营模式是网站通过建立交易规则，要求参与交易的当事人按预设条件在协议银行建立交易公共账户，网络计算机按预设的程序对交易资金进行管理，以确保交易在安全的状况下进行。在这种信用模式中，电子商务网站并不直接进入交易的过程，交易双方的信用保证是以银行的公平监督为基础的。

我国电子商务目前所采用的这四种信用模式，是从事电子商务的企业为解决商业信用问题所进行的积极探索。但各自存在的缺陷也是显而易见的。特别是，这些信用模式所依据的规则基本上都是企业性规范，缺乏必要的稳定性和权威性，要克服这些问题，必须加强政府部门对电子商务服务的宏观规划，制定良好的法律、法规环境，包括银行、工商管理、公安、税务等部门的协同作战，才能使交易双方在以政府信用为背景的基础上建立起对电子商务服务的信心。

二、电子商务政策与法律环境

电子商务只有处于一定的环境下才能顺利开展，离开了外部环境的支持，电子商务不可能独立生存与发展。中国政府和互联网协会十分重视中国电子商务的发展，比如中国互联网协会主办了全国大学生网络商务创新应用大赛。中国电子商务协会，作为协助政府部门推动电子商务发展的重要的行业协会，积极进行电子商务相关业务的调查和研究，为政府部门制定相关法律法规和政策提供参考建议，对电子商务的发展进行宏观规划和指导，提供良好的法律法规环境。

(一) 电子商务政策

中国的电子商务发展还处于初级阶段，特别需要政府有关部门的规划指导和全社会的共同努力，做到国家、集体、个人利益的协调统一。因此中国电子商务的发展既要符合中国的国情，又要注意同全球的电子商务接轨。

1. 电子商务的发展原则

目前已基本确定的中国电子商务的发展原则如下：

(1) 定位政府在发展电子商务中的作用，即宏观规划和指导；

(2) 重视企业在电子商务发展过程中的主体作用；

(3) 采取积极、稳妥的措施推动电子商务的发展。从示范工程入手，逐步引导，并遵守国家现有的法律法规及安全管理规定；

(4) 加强国际间的电子商务合作，借鉴先进的经验，推动中国电子商务的健康发展。

2. 电子商务政策的意义

电子商务政策对电子商务的规范发展具有深远的意义。具体来说，主要包括以下几个方面：

(1) 市场环境

电子商务作为一种新型商务模式，要求必须有良好的市场环境，包括适宜的社会环境、竞争环境、管理环境和服务环境。国家应该做好宣传、知识普及、制定投资政策等工作，强调市场化原则，发挥工商企业，尤其是中小企业在电子商务发展中的主导作用，鼓励多元化投资，减少政府的干预。对企业的电子商务应用给予法律法规上的指导，帮助企业解决新问题。

(2) 制度环境

政府建立完善的税收、电子支付系统、知识产权保护、信息安全、个人隐私和电信技术标准等方面的政策，给企业发展电子商务创造适宜的制度环境。美国财政部颁布的《全球电子商务税收政策解析》白皮书中提出不倡导对电子商务征收任何新的税收。2000年美国通过的《电子签名法》，使得电子签名与书面签名具有同等的法律效力。

(3) 规划环境

规划环境可以促进电子商务的高速发展。按照规划的主体，可以将电子商务的规划分为政府规划、行业组织规划和企业规划。政府规划主要是一个国家的中央政府或地方政府对电子商务的发展制定的总体方案，避免在电子商务建设过程中的低效率、违规操作、重复建设等现象的出现。行业组织的电子商务规划主要是指电子商务在某一行业中的发展所依据的规范性的参考，一般由行业组织做出，行业成员自觉遵守。企业规划是企业根据自身状况，所处行业特征及其他外部因素而制定的中长期的电子商务发展战略的规划。企业可以依据这些规划，适时检查，调整经营行为，减少经营上的失误，取得最好的经营成果。

(4) 电子商务人才培养政策

电子商务的开展是商务管理、商务活动、商务理论与现代电子工具的有机结合。无论是从事电子商务管理，还是从事电子商务活动的人都必须是掌握商务理论与实务及电子工具应用的复合型人才。而我国所缺乏的正是这样的复合型人才。因此，政府应制定相应的政策，推进我国电子商务人才培养工作的开展。

(二) 电子商务法律环境

信息网络的海量数据流、高度流动性、非物质性三大特征预示着一个全新的社会领域正在形成，同时产生了诸多新的社会关系，原有的传统法律面对高科技带来的新的社会问题和社会关系已经显得力不从心。特别是电子商务的出现，极大地改变了社会经济运作模式，在变革现有社会价值结构的过程中创造着新的社会价值。电子商务独特的运作方式向现有的商务规范模式提出了技术、财务和交易安全等方面的重大挑战，没有法律规范的电子商务将难以正常发展。

信息时代中出现的种种问题，急剧改变着我们每个人的内心世界据以感觉和行动的方式，而在相当程度上以信息为载体的知识将成为资源和财富的替代品。人类在享受信息化社会所带来便利的同时，也不得不咽下信息社会所酿造的苦果：计算机犯罪猖獗、知识产权和个人隐私受到严重的侵犯、国家安全受到严峻挑战和威胁等。互联网给予了人类从未有过的自由空间，同时也导致绝对自由主义、泛民主主义和无政府主义的出现。要解决信息化社会所带来的一切新的问题，使信息社会始终处于良性、有序的发展之中，就必须把信息社会纳入规范化、法制化的轨道，运用法律手段对新的社会关系予以规范和调整,而仅靠传统的法律体系已经越来越难以满足信息社会的需要,这就需要制定出适应信息化社会的法律制度。这种法律将是对信息安全所采取的一种强制性措施,是国家强制性力量对信息资源和信息工具使用所进行的法律调整和规范,它使人们的信息行为自觉或强制地局限在正当合理的范围内,从而限制非法的、偶然的和非授权的信息活动,支持正常的信息往来。

电子商务发展过程中的一些特殊问题如电子合同,电子支付,消费者权益的保护,电子商务的税收,电子商务的安全以及电子商务中的知识产权保护等问题,有的引用传统的民商法予以保护而有的则无法可依。这严重阻碍了电子商务的健康发展。

1. 国际法律环境

国际上协调电子商务交易的法规主要由各国际组织发起并制定,由各成员国共同遵守和执行。其中最具代表性和普遍性的是联合国贸易法律委员会于1996年6月14日颁布的《电子商务示范法》及世界贸易组织(WTO)关于电子商务的规定。

电子商务作为一个新生事物,世界各国还处于摸索阶段,立法相对滞后,有关的法律规范框架都还正在构建之中。从发达国家目前的立法动向来看,基本上是从一个战略发展的角度来规范和建立电子商务立法规则的。目前,许多发达国家纷纷制定法律法规、起草电子商务基本框架、签署双边协定、发表白皮书等。其目的都是为了争取制定电子商务国际规则的立法权。

美国是互联网的发源地,在电子商务立法方面比其他国家相对要深入一些。美国政府在1997年1月公布了《全球电子商务框架》白皮书,提出了发展电子商务的一般规则、面临的问题和相关建议。1998年4月美国商务部发表了《崛起的数字经济》,呼吁建立规范的互联网电子商务法律框架。1998年6月23日美国通过了《反Internet税》,禁止对新的互联网服务征收税费。英国贸工部于1998年10月发表了《网络的利益——英国电子商务发展规划》,阐述了英国政府的电子商务方针和政策。其他如澳大利亚、日本和新加坡等国也都提出了自己的涉及电子商务法律建设的发展框架。

欧盟于1998年8月颁布《关于信息社会服务的透明度机制的指令》,1999年12月颁布了《关于建立有关电子签名共同法律框架的指令》,2000年6月颁布了《关于电子商务的指令》。亚洲的新加坡、韩国、马来西亚、日本等国都制定了本国的电子商务法。

2. 国内法律环境

与美国、欧盟等西方国家相比,我国的电子商务立法相对落后。电子商务是一种全新的商业交易模式,在数字化的虚拟市场中实现交易。原有的适用于书面合同贸易方式的法律,并不能适合于电子方式的网上交易。进行电子商务活动,必须要有一套新的法律、法规、政策、道德伦理规范等来约束和管理,使之能有序进行。存在的一些主要问题包括:立法层次普遍较低;电子商务法与网络立法界限不清;分别立法现象、法律重复建设现象严重;现行法律的修订相对滞后;大多针对表层问题,在深层问题上缺乏相应法规的规范。

现代电子商务应用在我国出现的时间虽然不久,但它的发展非常迅速,使得立法工作远远跟不上电子商务在我国的发展,制约了电子商务的发展。从电子商务的实践来看,由于没有相关的法律法规约束,电子商务中出现的各种纠纷,必将影响其健康发展。虽然《中华人民共和国合同法》首次明确了电子合同的合法地位,但是有关电子合同的描述还相当简单,缺乏详细的具体内容,操作起来比较困难。而电子商务在体系、组织、模式、法律、管理、技术上的不成熟,给电子商务立法带来了许多问题。

电子商务的法律问题虽然种类繁多,形式多样,但在解决办法上,基本可以分为三大类型,那就是:其一,已有成熟的解决方案,只要尽快进行立法或修订法律,就基本可以解决问题,典型的如电子签章的法律效力问题;其二,目前对于该问题还没有成型的解决方案,需要更多地从理论层面进行解决方案的探寻,较为典型的有网络的管辖权问题、数字产品电子商务的税收问题;其三,也是最为普遍的一类,就是即便是出台或修订了相关法律规定,其中的法律问题也难以马上解决,需要相应的法律辅助机制的配合,或一个完善的法制环境。这方面的例子有电子商务信息安全的问题、电子商务知识产权的保护问题、电子商务的安全可靠保障问题、电子商务的法律救济问题等。

现阶段我国涉及电子商务的立法包括:《合同法》、《计算机软件保护条例》、《中华人民共和国计算机信息系统安全保护条例》、《中华人民共和国计算机信息网络国际联网管理暂行规定》、《商用密码管理条例》、《互联网信息服务管理办法》、《中华人民共和国计算机信息网络国际联网管理暂行规定实施办法》、《中国互联网络域名注册暂行管理办法》、《中国互联网络域名注册实施细则》、《中文域名注册管理暂行办法》、《网络商品交易及有关服务行为管理暂行办法》、《网络购物服务规范》、《电子支付指引(第一号)》、《中华人民共和国电子签名法》、《电子认证服务管理办法》等。但是以上的立法只在某一方面对电子商务做出了规范,缺乏一个总体的法律构架来规范电子商务的发展,于是在2008年4月,商务部出台了《电子商务模式规范》。

为顺应电子商务业务需求,国家邮政局作为邮政业管理部门,高度重视快递物流与电子商务的互利合作、共同发展,针对快递企业现有的环境和发展问题,制定颁布了《快递服务行业标准》,并于2009年10月1日正式实施新的《邮政法》。新《邮政法》首次明确了快递企业和快件的法律地位,建立了快递市场准入制度和基本业务规范,为我国快递行业的健康发展提供了强大的法制保障。同时还印发了《国家邮政局关于贯彻落实物流业调整和振兴规划的实施意见》,出台了促进电子商务配送业务的政策措施。随着法律法规的完善和政策环境的优化,快递物流对电子商务的支撑作用将进一步增强。

本章小结

本章首先阐述了电子商务的相关概念,主要包括电子商务的定义、分类、基本框架、系统结构、发展现状和影响因素,以及移动电子商务。在此基础上,提出了电子商务服务的概念,并对电子商务服务的内涵、特征、分类做了分析。对于电子商务服务质量的构成要素、评价指标体系、测量模型、质量管理做了进一步的剖析,最后对电子商务服务信用与法律环境进行了概要分析,让读者建立对电子商务服务环境的总体认识,把握电子商务的体系结构及其相互关系和相互影响。

电子商务与快递服务

思考与练习

1. 目前电子商务的定义有哪些？广义的电子商务和狭义电子商务分别指的是什么？试述自己对电子商务的理解。
2. 目前影响电子商务发展的主要因素有哪些？谈谈自己对这些问题的看法。
3. 目前移动电子商务的应用有哪些？电子商务的发展趋势集中在哪些方面？
4. 电子商务下的快递物流的特点及其发展趋势是什么？
5. 目前国际上主要的诚信模式有哪几种？各有哪些特点？
6. 从企业管理的角度来看，发展 B2C 电子商务的企业应注意哪些策略？
7. 举例分析快递服务与电子商务的关系及其对电子商务发展的影响。

电子商务快递市场

【内容提要】

本章主要内容：快递服务的定义、对象、分类、特征；快递市场、电子商务市场、电子商务快递市场的含义与特点；电子商务快递行业发展面临的国际环境、政策环境、法制环境、经济社会文化环境、科学技术环境；我国电子商务快递市场的发展历程、企业结构、地区特征和市场规模；我国电子商务快递企业的市场行为。重点是：理解快递市场、电子商务市场、电子商务快递市场的含义与特点。难点是：把握快递市场、电子商务快递市场的特征以及电子商务快递市场的发展趋势。

第一节　快递服务概述

随着经济的发展以及全球化，各国、各地区之间的经济联系和相互依存度不断加强，各国、各地区通过货物贸易、资本流动、提供服务等形式，逐渐形成了较大范围的有机经济整体。在这个有机经济体的形成和发展过程中，快递服务起到了十分积极的作用。快递服务业逐渐成为这个有机经济体中新兴的、最具有活力的一个行业，影响着人们的生活和工作以及社会经济的进步和发展。

一、快递服务的定义

世界贸易组织在《服务贸易总协定》中按照联合国集中产品分类系统，将服务分类定义为12个部门。其中，快递服务被定义为："除国家邮政当局提供的服务以外，由非邮政快递公司利用一种或多种运输方式提供的服务，包括提取、运输和递送信函和大小包裹的服务，无论目的地在国内还是在国外。这些服务可利用自有和公共运输工具来提供。"

我国邮政行业标准——《快递服务》标准中明确规定：快递服务（express service；courier service）就是快速收寄、运输、投递单独封装的、有名址的快件或其他不需储存的物品，按承诺时限递送到收件人或指定地点、并获得签收的寄递服务。其中，快件（express items）是快递服务组织依法收寄并封装完好的信件和包裹等寄递物品的统称。快递物品的规格为：快递物品的单件不能超过50千克，单件包装规格任何一边的长度不宜超过150厘米，长、宽、高三边长度之和不宜超过300厘米。

从上述快递的定义中，可以概括出快递服务的业务运作性质和经营性质：从业务运作看,快递服务是一种新型的运输方式,强调递送时间的无缝链接,不需要储存;从经营性质看,快递服务属于高附加值的新兴服务贸易,高附加值主要体现在时间上要快、传递上要送到"手"。

快递服务属于邮政业,但不同于邮政业务中的普遍服务业务。邮政普遍服务业务主要是指政府为保障公民通信权益而提供的公共服务,是履行国家法定义务,确保向所有公民提供基本通信需求的统一规范、低价普惠的服务,属于非竞争性产品性质,由政府主导,业务范围、服务标准和资费标准等均由国家规定。快递服务属于邮政业的增值服务,是为满足经济社会发展而产生的商业化、个性化的服务,属于竞争性商业服务,主要由市场主导,业务范围、服务标准和资费标准等均由市场决定。

快递服务也不同于日常所说的快运服务。快递和快运虽然都是指物品的快速运输,但是仍然存在一定的区别:快递业务通常比快运业务运输的货物重量、体积要小,品种要多,而且快递的时效性最强;快运业务运输的货物重量、体积一般较大,品种较少,而且快运的时效要求相对较低,可以由货主自取。快递是从寄件人交寄(收寄)到收件人接收(投递)的全过程的快速传递,是一个业务概念;而快运仅是物品在全程传递的干线运输过程中采用快速运输方式(航空、铁路、高速公路等)进行运送。严格来讲,快运只是物品全程传递过程中干线运输环节运输方式的一种选择,是物流企业的一个生产作业概念,而不是一个业务概念,因为快递业务必然采用快运方式。

二、快递服务的载体与分类

(一) 快递服务的载体

快递服务的载体是快件的内件。内件(contents)指顾客寄递的信息载体和物品。根据快件内件的不同可以将快件分为两大类:一类是文件,主要包括商务信函、银行票据、报关单据、合同、标书等;另一类是包裹,主要包括企业资料、商品样品、零配件等。

(二) 快递服务的分类

快递服务的分类方法较多,常用的方法是按照服务地域的不同进行划分,但在实际操作过程中,也有一些其他分类方法。

按照服务地域的不同,一般分为国际快递服务和国内快递服务。其中,国内快递服务又可以分为国内异地快递服务和同城快递服务。同城快递服务是指寄件人和收件人在同一个城市内的快递服务。国内异地快递服务是指寄件人和收件人在国内不同城市间的快递服务。国际快递服务则指寄件人和收件人分别在不同国家或地区的快递服务。我国按照服务地域的不同把快递服务分为:同城快递服务、国内异地快递服务、港澳快递服务、台湾快递服务、国际快递服务。

按照快件内件性质的不同,可以分为信件类和包裹类快递服务。信件类主要指信函。信函是指以套封形式传递的缄封的信息的载体,具体内容包括:书信、各类文件、各类单据和证件、各类通知、有价证券等。包裹类主要指所有适于寄递的货样、商品、馈赠礼品及其他物品。

按照送达时间的不同,可以分为次晨达、次日达、隔日达、隔日递等。次晨达一般指在当日规定的电话接件时间前向客户确认的取件,在下一个工作日中午12点前送抵的快递服务。次日达一般指在当日规定的电话接件时间前向客户确认的取件,在下一个工作日下午6点前送抵的快递服务。隔日达一般指在当日规定的电话接件时间前向客户确认的取件,在第三工作日中午12点前送抵的快递服务。隔日递一般指在当日规定的电话接件时间前向客户确认的取件,在第三工作日下午6点前送抵的快递产品。这种分类方式并无行业统一标准,一般由各快递企业根据自己的运营情况及经验做出。

选择快递运输方式,是按照各种快递服务的要求,结合航空、公路、铁路、水路运输方式的特点进行综合考虑,可以选择其中一种或几种的组合。航空运输的主要特点是运输方式的快捷,已经成为快递最常用的方式。公路运输是目前运输量最大的快递方式。铁路运输的主要特点是运输量大、安全和准时。水路运输的主要特点是适合大宗物品的运输,尤其是没有时间的紧迫性要求的大宗特殊物品运输。运输方式对快递的时效性有很大影响,随着运输方式时效性的改变,如铁路提速等,不同运输方式在快递业中的比重是不断变化的。

三、快递服务的特征

快递行业始于20世纪70年代的美国,它是市场经济发展对服务贸易扩大的客观需求,也是全球经济一体化的产物。与基本寄递服务相比,快递服务具有如下五个特征。

(一) 迅速

快递服务就是企业根据客户的要求完成快件的快速传递,因此迅速或者快速是快递的显著特征之一。在邮政业务中,为反映不同邮件迅速程度的差异,规定了不同邮件的全程传递时限,其中快件的全程传递时限要求是最高的(快件的全程传递时限最短),快件投递时间不能够超出承诺或约定的全程传递时限。快递企业推出的不同时限的快递服务,是为了满足客户对不同时限的快递服务的要求。可以说传递速度是影响快递服务质量的最重要的核心要素,迅速是快递服务的灵魂。使用快递服务的客户,往往将时限要求放在首位,而将其他要求放在次要位置。快递企业应正视客户的这一需求特点,为其提供尽可能快速的服务。

(二) 准确

快递企业应将快件投递到约定的收件地址和收件人。快件是快递服务组织按承诺时限快速递送的信件、包裹、印刷品等的总称。快件具有名址,在投递时要按照约定的收件地址和收件人准确投递;有时间约定的,还需要按照约定的投递时间准确投递。除投递环节外,在快递企业内部,对快件进行处理时(包括快件的实物形式和有关快件传递的信息)也必须做到准确无误,力争消除企业内部作业过程中的各种差错事件的出现,尤其是快件分拣处理时的差错。

(三)安全

快递企业在传递快件的过程中,如果出现快件的丢失、损毁,快件(信息)内容的被窃取,造成失密、泄密,传递了易燃易爆甚至危害国家安全的物品,不但给消费者带来重大损失,更会造成通信事故,带来不良的社会影响。因此安全性是快递服务的又一重要特征,是社会对快递企业的重要要求。快递全程被监控,快件递送信息(收件、转运、报关、投递等)可实时查询并能够给予确切的回复。快件在快递企业自身的网络中封闭式运转,并利用精密的信息系统对快递物品进行全程监管控制,以确保门到门递送,最大限度地保障快件的不丢失。在货源集散地,尤其是经营区域的中心地带,快递公司设置专用集配、中转和控制中心,配备有大型仓库群、电脑中心、控制和指挥中心、客户服务中心、运输工具、存放中心等,都是为了充分保证快递服务的安全性。

(四)方便

指快递企业提供快递服务时,一定要让用户感到方便,为用户提供便利的快递服务。从本质上说,快递服务只是实现物品的空间位置转移,并不生产新的产品。与时限需求相伴的是便利需求。快递服务提供商通过提供门到门的便利服务,一方面,让客户体会到快递服务与基本寄递服务的不同;另一方面,也可以通过提供上门服务,尽早使快件进入快递网络,从而节约快件的传递时限。

快递服务的便利性可以从服务广度、服务深度和服务舒适度三个方面进行考察。

服务广度包括快递服务的业务种类及其满足用户需求的程度和快递服务网点的分布密度两个方面。业务种类越多、每平方公里(或者每万人)拥有的网点越多,其服务广度就越好;反之,服务广度就越差。

服务深度是指为用户提供快递服务的完全程度和便利程度。比如,是用户到企业指定的营业场所办理业务,还是企业上门办理业务;投递快件时,是将快件投递到小区,还是投递到户;用户是否可以自由选择交寄时付款或者投递时付款等付款方式等等,这些都是衡量服务深度的重要内容。通常,提供的服务越完全越便利,即需要由用户自己完成的工作量越小,那么服务深度就越好;反之,需要由用户自己完成的工作量越大,那么为用户提供的服务就越不完全,快递服务深度就越差。

服务舒适度是用户在使用快递服务时的心理感受,比如是否感到满意、感到舒服、感到高兴。服务舒适度表现为快递企业在为用户提供快递服务时留下的印象。快递业务员的仪态、着装、语言、态度、业务素质,企业的品牌、办公条件、采用的设备、技术,对用户关心问题的回答等,都是影响服务舒适度的重要因素。使用户感到高兴需要快递企业员工通过在服务态度、服务质量和工作效率等方面的具体表现,使用户在使用服务的过程中心里感到舒服和满足。

在竞争日益激烈的快递服务市场,是否让用户在使用快递服务时感到便利,在服务广度、深度和舒适度方面体现出快递服务的便利特点,已成为衡量快递企业是否具有竞争优势的关键要素。

(五)网络性

快递服务一般都有高效的网络组织和完善的网络覆盖,国内外健全的揽货和配送网络是经营快递业务的基础,也是快递企业经营实力的重要体现。

快递服务的网络性表现在两个方面:一方面,快递服务主要依靠各种交通运输工具如飞机、火车、汽车、船舶等组成的物理网络来实现,同时快递网络的建立具有实物网络的明确指向性,在网络局部拥塞或利用不足的情况下,各线路物流交叉调度的灵活性较差,整个网络的运作效率也不高。另一方面,快递服务的全过程必须要在由不同企业合作的全国(或全球)范围内完成(或同一企业在不同区域间合作完成)。知名的快递企业,都拥有国际国内网络或班机(含代理),包括运输车队、操作中心、通信和结算系统。网络一般与经济发达区域紧密相连,在区域中心城市,既设有快递物流处理中心,也建有信息服务中心,以便对整个网络的正常运转进行指挥、调度与控制。快递服务网络覆盖范围虽不及公共邮政,但效率更高,提供门到门的直送直达服务。

四、快递服务与物流服务的区别

快递服务与物流服务,表面上看都是对物品空间位置的一种转移,但又有明显不同。最本质的区别是快递服务属于邮政业,具有实物通信性质,而物流服务是与生产活动相关的物质资料的供应,与商品(货物)运输相关联,不具有实物通信性质。除此之外,在服务形式、封装要求、内件性质、受理方式、重量要求、规格要求、资费标准、作业方式、时限要求、享受政策、业务定位、市场准入、国家定位、标准体系、政府管理、名址要求等方面具有明显的区别。这些方面的区别详见表 2-1。

表 2-1 快递服务与物流服务(货物运输、零担、整装)的区别①

序号	类别	快递服务	物流服务
1	服务形式	门到门、桌到桌	形式不限
2	封装要求	带有本企业专用标识的封装品(封套、包装箱、邮袋等),每件必须单独封装	无特殊要求,符合运输要求即可
3	内件性质	严格执行禁限寄物品规定	无特殊要求,符合运输要求即可
4	受理方式	填写、确认快递运单	签订运输合同
5	重量要求	单件重量不宜超过 50 千克	货运重量不限,不超载即可
6	规格要求	单件包装规格任何一边的长度不宜超过 150 厘米,长、宽、高三边长度之和不宜超过 300 厘米	规格不限,不超高、超宽即可
7	资费标准	价格较高	价格适中
8	作业方式	收寄、运输、分拣、投递,且不需存储等	运输(储存)等

---

① 国家邮政局政策法规司.中国邮政业发展研究报告[R].北京:人民出版社,2008.

续 表

序号	类别	快递服务	物流服务
9	时限要求	快速、及时,一般2天以内	双方约定,时间较长
10	享受政策	税收、道路通行等方面均享受国家相关优惠政策	执行服务业政策或其他政策
11	业务定位	国际及国内法均有规定(WTO相关协议、《万国邮政公约》)、联合国《中心产品目录》、《邮政法》、《邮政法实施细则》等)	国内法的规定(《道路交通安全法》、《道路运输管理条例》等)
12	市场准入	属于经营邮政通信业务许可	属于经营道路运输业务许可
13	国家定位	邮政业属于国家重要的社会公用事业,邮政网络属于国家重要的通信基础设施	属于服务业中的一项业务
14	标准体系	执行《快递服务》标准(编号:YZ/T0128—2007)	执行物流标准规化的相关规定
15	政府管理	邮政管理部门	交通管理、流通管理、综合管理部门
16	名址要求	每件都要填写收件人和寄件人特定名址	不需要每件填写名址

第二节 电子商务快递市场概述

一、快递市场的含义与特点

(一)快递市场的含义

快递市场是具有快递服务需求欲望和购买能力的个人、企业或组织与快递服务提供者进行交易活动的一切关系的总和,是快递服务供给与需求之间的矛盾统一体。

快递市场中的商品实为快递服务。由于快递服务作为商品的特点,决定了在快递市场中,商品的生产者和经营者是统一的,快递服务的生产者即快递服务的提供者,包括中国速递服务公司以及其他经营快递服务的国有、私营和外资企业。快递服务的消费者种类众多,可以统称为客户,既有政府部门,也有各类公司和企业,还有个体和居民用户。

快递市场有四个构成要素:提供快递服务的主体、客户群体、市场主体为客户所提供的快递服务和客户群体购买服务的行为。其中,客户群体的购买服务行为与客户的快递服务购买力、购买动机以及购买必要性等因素有关。

(二)快递市场的特点

1. 快递服务交易场所常常不固定

虽然快递服务组织一般都具有固定的、易识别的、用于提供快递服务的营业场所,但是,快递服务的交易场所往往是不固定的。快递服务交易一般发生在收寄环节,而收寄主要包括上门收寄和营业场所收寄两种形式。因此,快递交易发生的场所有两类,一类是快递服务组织固定的营业场所,这一类一般是客户主动将需要快递的快件送到快递服务组织的营业场所,并在营业场所达成交易;另一类是快递服务组织的业务人员主动到客户所在地收取需要快递的快件,并在客户所在地达成交易。随着快递行业竞争的加剧,上门揽收将是快递服务组织提高服务水平的有效手段,从长远看,快递服务交易的场所将越来越多地发生在客户所在地,变得越来越不固定。

2. 快递服务的生产过程受到消费者的监督

快递服务交易一旦达成,就进入快递服务的生产过程。快递服务的生产过程主要涉及到收寄、分拣、封发、运输、投递,以及查询、赔偿等主要服务环节。对于具体的某一项快递服务,这些服务环节发生的时间、地点以及相应的责任人员等信息都可以通过快递服务组织的信息系统加以查询,一旦发现某些环节的服务停滞或者出现问题,客户可以立即与快递服务组织的客户服务人员联系,以查询或者投诉相应责任人员,以及对相关事务进行处理。因此,与其他行业相比,这是快递服务市场的最大特点。

3. 快递市场的规模取决于快递服务的需求规模

快递市场的规模决定因素是客户、购买动机、购买力及快递服务购买必要性。这四个要素同时并存,缺一不可,任何一个因素的变化都会影响快递市场规模与容量大小的变化。可用一个函数式表示,即快递市场规模与容量是客户、购买动机、购买力、购买必要性的函数,其中客户是决定快递市场规模与容量大小的最活跃的基本因素。一般来说,客户越多,快递市场的规模和容量就越大,反之则小;但仅有客户,而客户的购买力水平不高,也不能构成理想的快递市场;同时,虽然客户多,购买力亦强,但消费者没有购买欲望,仍然构不成现实的快递服务市场。中国人口众多、客户群体量巨大,随着我国经济社会的发展,上述几个因素朝着越来越有利于扩大快递市场规模的方向变化。

二、电子商务市场的含义与特点

(一) 电子商务市场的含义

电子商务市场是具有商品或服务需求欲望和购买能力的个人、企业和组织与这些商品或服务的供给者通过计算机技术、网络技术、通信技术等支撑的虚拟场所进行各种交易活动形成的一切关系的总和。

电子商务市场中发生的经济行为表现为一种数字化的经济活动,但电子商务市场与现实市场也有许多相同之处,是现实市场的电子化。比如,电子商务市场也包含交易的参与者(如公司、供货方、经纪人、商店和消费者)、交易的商品(如货物与服务)、具体的商务过程(如供货、生产、买卖竞争)、交易完成后的金额支付等因素。供应商需要为自己的商品或服务在电子商务市场作广告宣传,而买方企业或消费者也可以通过电子商务市场进行讨价还价,买到所需要的物品或服务。

但是,也必须看到电子商务市场在许多方面表现出与传统市场的巨大差异。在电子商务市场中,交易的许多因素是数字的、虚拟的、在线的和电子化的,除交易物品的递送外,所有的商务活动都是在网上在线执行的,整个商务活动或消费活动的特征都反映为数字过程。比如,交易的买卖双方参与者必须是具有电子邮件信箱或万维网页的人或企业,卖主可以在网上发布商品信息,消费者则在网上查找有关信息并购买。在电子商务市场里,企业的市场行为和消费者的消费行为与传统市场下的行为相比均发生了较大的变化。

(二)电子商务市场的特点

与传统市场相比,电子商务市场具有以下特点。

1. 交易的环境条件不同

无论是交易的哪一方,要进入电子商务市场的交易,必须具有上网的环境,包括相应的硬件设备、软件、电子邮件地址和有关的网上浏览知识。

2. 交易的支付方式不同

电子商务市场的交易一般需通过信用卡、电子现金、电子支票等在完成交易后进行网上支付结算。当然,在目前的初级阶段也可以通过卖方送货上门后买方以现金支付。

3. 交易的时间空间不同

电子商务市场使实时交易成为可能,买卖双方可以跨时间、跨地区、跨国界达成交易,随时随地销售和购买任何商品。

4. 真正的无店铺销售

电子商务市场可以实现真正意义上的无店铺销售。卖方不必专门建设陈列商品和进行买卖的商店,而消费者则通过上网在电子屏幕上畅游各个虚拟商厦,轻而易举地挑选和购买所需的各种商品。

5. 可以实现零库存

电子商务市场可以使经营者最大限度地降低商品库存,直到实现零库存。卖方可以将销售的即时信息与生产厂商连通,从而建立最低库存自动预警系统,保证生产厂家能及时供配货。

6. 大幅度降低经营成本

电子商务市场可以极大地减少企业的经营成本,因为网上交易可大大削减经营活动中人力、物力和财力的投入,减少和避免许多营销费用的支出,能以最小的成本开展经营,为众多的中小企业创造与大型企业公平竞争的条件。

7. 人员结构和营销重点不同

要进入电子商务市场,企业需要一批熟练的网上营销人员,并将营销的重点放在网上的广告宣传、交易信息的收集和整理、网上交易过程的业务处理等方面。

三、电子商务快递市场的含义与特点

(一)电子商务快递市场的含义

电子商务快递是快递服务组织(企业)受参与网上交易的用户的委托,对相关物品(包括纸质类物品如文件、书信、明信片等)提供快速传送的服务。电子商务快递市场则是从事网上交易的个人、企业或组织与快递服务提供者进行交易活动以促成网上交易的实现所形成的一切关系的总和。

电子商务快递市场中的商品依然为快递服务,但这时的快递服务主要是为了促成网上交易的实现。电子商务快递服务的提供者依然是包括中国速递服务公司以及其他经营快递服务的国有、私营和外资企业。电子商务快递服务的客户则来源于参与网上交易的各种主体,依然很多,既有政府部门,也有各类公司和企业,还有个体和居民用户。

电子商务快递市场的四个构成要素为提供快递服务的主体、参与网上交易的客户群体、市场主体为客户所提供的快递服务及增值服务和客户群体购买服务的行为。其中,客户群体购买服务的行为基本上由网上交易行为决定,客户的快递服务购买力、购买动机以及购买必要性等因素在网上交易时就已经被考虑。

(二) 电子商务快递市场的特点

在电子商务的影响下,快递市场具有以下几个特点。

1. 电子商务快递服务交易场所多元化、虚拟化

传统快递服务交易要么发生在快递服务组织固定的营业场所,要么发生在客户所在地。电子商务快递的交易虽然同样可以发生在这两个地方,但是由于信息技术的发展和应用,快递服务交易也越来越电子化,可以发生在快递服务组织的官网上、电子商务交易的各种平台上等等虚拟的地方。由于这一特点,快递服务组织有必要提供多元化的交易场所,尤其是各种虚拟交易场所,以扩大自身的快递业务规模。

2. 电子商务快递市场的消费主体由一个异化为两个

与传统快递市场不同,电子商务快递市场的消费主体由一个异化为两个。传统快递市场的消费主体是一个,由一个消费主体选择快递服务组织、交易、付费、监督。电子商务快递市场里,快递服务的最终需求者为参与网上交易的商品购买者,但是选择快递服务组织的往往是参与网上交易的商品销售者;快递服务的资费最终由商品购买者承担,但实际由商品销售者支付,并由其与快递服务组织达成交易;快递服务的监督由网上交易的双方共同监督。由于这一异化,快递服务组织提供的快递服务必须同时满足两个消费主体的要求,才会有越来越大的市场。

3. 电子商务快递市场的规模取决于电子商务的交易规模

对于电子商务快递服务来讲,由于其购买行为已作为网上交易的决策因素加以考虑,客户的快递服务购买力、购买动机以及购买必要性等因素均已不是决定市场规模的直接因素,因此,电子商务快递市场的规模直接取决于电子商务的交易规模,而且由于电子商务交易往往有退换货行为发生,因此,电子商务快递市场规模往往是电子商务交易规模的一定倍数。目前,随着我国社会经济的发展,人们消费观念的改变,电子商务的交易规模增长速度十分惊人,相应地,电子商务快递市场的交易规模增长也十分迅速,成为一个前途无量的市场。

4. 电子商务快递市场的业务空间十分广阔

由于电子商务市场的存在,电子商务快递市场业务具有广阔的业务空间。快递服务组织可以基于电子商务市场推出许许多多的快递增值服务。比如代收货款快递、签回单快递、限时快递等。代收货款快递是快递服务组织接受寄件人委托,在投递快件的同时,向收件人收取货款的服务。签回单快递是快递服务组织在投递快件后,将收件人签收或盖章后的回单返回寄件人的服务。限时快递是快递服务组织在约定时间点前将快件送达用户的快递服务。快递服务组织可以基于此收取一定的手续费。

(三)电子商务对快递的影响

电子商务对快递的影响,除已表现为电子商务市场的特点外,还在市场的成长性、市场供给主体的服务水平等方面影响着快递行业的发展。

1. 电子商务市场的前景和成长性决定着电子商务快递市场的前景和成长性

2008年是中国电子商务快递市场高速发展的一年。以中国目前最大的购物网——淘宝网为例,该网站目前平均每天有250万笔成交数量,这其中大概有接近60%是需要提供快递服务的,也就是说大概平均每天有150万笔业务需要配送,而且这个数字还在不断地增长。按照淘宝网的计划,2009年淘宝网会以70%~100%的增长速度发展,这意味着,2009年的快递配送需求数将到达平均每天250万~300万票①[实际上2009年淘宝网CtoC交易量为7.03亿票,即日均约200万票(淘宝网的实际交易量应该高于这个数,因为淘宝网除CtoC外,还有BtoC)]。这只是淘宝网一个企业的快递服务需求数据,随着整个中国电子商务的快速增长,快递需求数量的增长将可能更为快速。这将是中国的快递从业者的一次机遇与挑战。

2. 电子商务促进了快递服务组织技术水平和协调水平的提高

电子商务快递是伴随电子商务技术和社会需求的发展而出现的,它是辅助实现电子商务真正的经济价值所不可或缺的重要组成部分。快递对于包含有实体运输环节的电子商务来说,具有不可替代、不可或缺的作用。电子商务快递市场因电子商务的存在而存在、发展而发展,在这个市场中,参与主体众多,技术应用广泛,需要多方紧密协调和合作。快递服务组织要参与其中,必须提高自身的技术水平和协调水平。

由于电子商务所独具的电子化、信息化、自动化、网络化等特点,以及高速、廉价、灵活等诸多好处,使得电子商务快递在其运作、管理等方面也有别于一般快递。不同之处就在于电子商务快递系统突出强调一系列电子化、机械化、自动化工具的应用以及准确、及时的快递信息和对快递过程的监督,它更加强调快递的速度、快递系统信息的通畅和整个快递系统的合理化。随着电子商务交易过程中实物的流动过程,拥有畅通的信息流把相应的采购、运输、配送等业务活动联系起来,使之协调一致,是提高电子商务快递系统整体运作效率的必要途径。传统快递企业为了适应这一变化必须提高自身的技术水平和协调水平,逐渐向电子商务型快递企业转型。

第三节 电子商务快递市场环境

快递行业是与世界经济、国民经济和电子商务发展密切相关的服务产业,经济全球化

---

① 黄君发. 电子商务:物流助推器[J]. 小康·财智,2009,(8).

及电子商务的发展,使得电子商务快递行业所处的经济环境、社会环境、政策环境和科技环境等都有不同程度的变化,对电子商务快递行业而言既有机遇也有挑战,对电子商务快递行业发展产生着不同程度的影响。

一、电子商务快递市场的国际环境

(一) 经济全球化、商务电子化推动着电子商务快递市场的跨越式发展

1. 世界电子商务快递市场面临前所未有的快速发展机遇

经济全球化的发展以及发展手段的电子商务化,为国际电子商务快递市场的跨越式发展创造了条件。电子商务快递行业作为邮政业的重要组成部分,在通信、分销、物流、仓储、生产和客户服务等方面的综合性平台作用日益凸显,日益紧密的全球商务和国民经济发展为电子商务快递行业的发展提供了广阔的空间,电子商务快递行业面临巨大的发展机遇,进入快速发展期。在全球范围内,无论是B2B、B2C还是C2C,其交易规模的增长速度都是惊人的。

2. 在世界范围内一个统一的电子商务快递市场正在形成

随着世界服务贸易自由化的发展,每个国家的快递企业只服务于本国地理区域的状况将被彻底改变,各国快递已从原来的合作关系,逐步向既有竞争又有合作的方向发展。在全球化发展战略的主导下,以德国、荷兰为代表的一些发达国家的邮政快递企业,通过并购、参股或控股以及多种形式的合作,迅速扩大业务领域与经营规模,成为具有竞争实力的全球化公司。这些跨国快递公司在世界范围内拓展业务,利用快捷优质的服务,迅速扩大经营规模,在世界电子商务快递市场中的地位日益凸显。

(二) 世界邮政业体制和业务变革为电子商务快递市场的发展提供了机会

1. 邮政体制改革是各国促进邮政发展的成功经验

为适应经济全球化带来的邮政业市场的开放,大多数发达国家的邮政已经完成了政企分开管理体制的变革,有的已经完成了邮政市场化体制改革的初步框架。总体趋势是放开市场,引入竞争,提高民营企业的参与程度,建立独立的邮政管制机构。邮政立法的修订或重新制定工作正在加紧进行,重点是进一步明确和保证基本的邮政服务、明确区分政府职责和企业职责、逐步缩小专营范围、放宽邮政业市场的准入条件,并给予邮政企业更大的经营自主权等。

2. 加强邮政监管,有序开放市场成为各国政府的共识

邮政改革已经由传统的政企分开逐渐向加强邮政政府监管的方向发展。在邮政业放松管制后,政府必须加强对邮政市场的监管,才能维持公平、公正的市场秩序。在部分发达国家邮政政企分开、打破邮政专营的邮政改革中,也出现了加强对本已放开市场的管制,甚至延长邮政专营权的情况。2007年5月,欧盟决定将欧盟邮政市场完全开放的时间由2009年推迟到2011年,欧盟各成员国对国内重量在50克以内的信函的专营权延长到2010年12月31日,对东欧新加入欧盟的国家和希腊可以将该专营权保留到2012年之前。

3. 三流合一的现代邮政业成为各国邮政业发展的共识

万国邮政联盟各会员国正在逐渐重视将传统的邮政服务与邮政金融服务、邮政信息服务结合起来,构建三流合一的邮政服务平台,作为邮政业新的发展战略。2007年万国邮政联盟起草的《内罗毕会议邮政战略(草案)》正式提出,将"构建三流合一的邮政业"作为内罗毕会议四大邮政战略之一。万国邮政联盟战略会议的特邀报告人、世界贸易组织总干事帕斯卡尔(拉米(Pascal Lamy)也指出:"万国邮联把实物流、电子信息流和资金流三网整合的战略可能会成为世界贸易增长的杠杆。"

(三) 我国电子商务快递行业面临的机遇和挑战

1. 抓住我国经济、政策及电子商务快速发展的时机,发展壮大快递行业

经济增长迅速、宏观政策导向及邮政体制改革三大要素有利于我国快递行业的发展。首先,中国的经济增长速度非常快,每年GDP增长率10%左右,经济上的快速发展使得服务业需求旺盛。从宏观经济形势来看,作为服务业重要组成部分的快递行业肯定有很大的发展空间。其中,首先是电子商务的快速发展十分迅速,快递行业一定要抓住当前的机遇,提高服务水平和竞争能力,为参与国际竞争打下坚实的基础,避免因能力不足而出现"爆仓"的现象。其次,政策导向非常重要。近两年,为加快服务业的发展,政府出台了很多相关文件和政策措施,快递行业也会伴随着服务业的发展而发展。最后是邮政体制改革,政企分开、公平竞争、监督机制形成等成为快递行业稳定发展的制度保障。

2. 寻求国际合作进入国际电子商务快递市场

我国可以根据邮政业自身发展的需要,进行业务、技术等多领域、多种形式的国际合作,学习和吸收国际先进的管理经验,通过资本运作的方式加入国际市场。服务贸易自由化也为我国快递企业走出去提供了条件。应抓住21世纪头20年的重要战略机遇期,在更大范围、更广领域、更高层次上参与国际经济技术合作和竞争,更好地促进国内发展与改革,防范国际经济风险。

3. 正视当前快递市场三个主要问题带来的挑战

虽然邮政体制改革已经有一段时间了,各方面的工作都在有序推进,但是,应该认识到在较长一段时期内,快递市场仍将面临三个主要问题,分别是市场竞争不公平、政府监管不到位、企业态度不乐观。由于监管不到位,有些企业采取不正当手段参与市场竞争;邮政体制改革才两三年时间,很多监管的手段和措施还没有到位,很多民营企业对邮政法的修改,抱不乐观的态度,也影响了他们的投入和正常运行;同时,国内民营快递企业小而分散,还没有形成网络,与国际上的大型快递企业竞争处于劣势地位。这些问题,都对电子商务快递市场的发展构成了挑战。但是,一方面要加强行业自律,另一方面,可以提出解决这些问题的建议,提交到部级联席会议或者相关部门去研究解决,正面应对这些挑战。总体而言,从国家的大政方针来看,是支持服务业的发展、支持快递行业的发展的。

4. 我国电子商务快递行业将面临更大的竞争压力

我国已成为跨国快递公司扩展市场的重要目标,2005年年底,外资在中国建立独资公司的限制取消,实力强大的跨国快递企业改变以往的合资或代理的方式,获得直接进入我国市场的权利,成为国内邮政服务业的强劲竞争对手。这些跨国快递公司加大了进入中国市场的力度,利用自身的资源优势,与我国企业展开激烈竞争。

二、电子商务快递市场的政策环境

(一) 国务院鼓励服务业发展的政策逐渐明晰

服务业是国民经济的重要组成部分,服务业的发展水平是衡量现代社会经济发达程度的重要标志。加快发展服务业,尽快使服务业成为国民经济的主导产业,是推进经济结构调整、加快经济增长方式转变的必由之路,是适应对外开放新形势、实现综合国力整体跃升的有效途径。加快发展服务业,形成较为完备的服务业体系,提供满足人民群众物质文化生活需要的丰富产品,并成为吸纳城乡新增就业的主要渠道,也是解决民生问题、促进社会和谐、全面建设小康社会的内在要求。

党中央、国务院历来重视服务业发展,制定了一系列鼓励和支持发展的政策,取得了明显成效。特别是党的十六大以来,服务业规模继续扩大,结构和质量得到改善,服务领域改革开放不断深化,在促进经济平稳较快发展、扩大就业等方面发挥了作用。《国务院关于加快发展服务业的若干意见》中特别强调,要大力发展包括邮政业在内的服务业,积极拓展新兴服务领域,不断培育、形成服务业新的增长点。党的十六届五中全会、"十一五"规划纲要以及《国务院关于加快发展服务业的若干意见》提出了发展服务业的明确要求。到 2020 年,我国的经济结构要基本实现向以服务经济为主的转变,服务业增加值在国内生产总值的比重要超过 50%,服务业总体发展水平基本与全面建设小康社会的要求相适应。2009 年,国务院出台了《物流业调整和振兴规划》,在 2009—2011 年间将从扩大需求、推进物流服务的社会化和专业化、加快物流企业兼并重组、推动重点领域物流发展、加快国际物流和保税物流发展、优化物流业发展的区域布局、加强物流基础设施建设的衔接与协调、提高物流信息化水平、完善物流标准化体系、加强物流新技术的开发和应用等十大方面调整和振兴物流业,对电子商务快递业务的发展也有直接的促进作用。

(二) 国家大力扶持非公有制经济发展,为快递发展提供了政策保证

我国个体、私营等非公有制经济进入 21 世纪后继续快速发展。到 2006 年,私营企业达 497.4 万家,从业人员 6 396 万人;个体企业达 2 576 万家,从业人员 7 500 万人;私营和个体企业营业额共计突破 6 万亿元[①]。为继续破除各种体制障碍、重点推进公平准入和改善投资条件、进一步促进非公有制经济发展,国务院专门下发了《关于鼓励支持和引导个体私营等非公有制经济发展的若干意见》,要求放宽非公有制企业的市场准入限制,全方位推动了民营快递企业的发展。

(三) 国家深化垄断行业改革,促进各种所有制经济平等竞争的政策将促使邮政业更加开放

我国从 20 世纪 90 年代开始推进电信、航空、电力、铁路、银行、保险等垄断行业的改

---

① 国家邮政局政策法规司.中国邮政业发展研究报告[R].北京:人民出版社,2008.

革。改革的目的是在这些行业引入市场竞争机制，以提高垄断行业的经济效率，满足人们日益增长的服务需求。

2007年3月十届全国人大五次会议《政府工作报告》中指出："要加快推进垄断行业改革。进一步放宽市场准入，引入竞争机制，实行投资主体和产权多元化。深化电力、邮政、电信、铁路等行业改革，稳步推进供水、供气、供热等市政公用事业改革"。党的十七大报告也指出："要深化垄断行业改革，引入竞争机制，加强政府监管和社会监督"。党的十七大报告还提出："坚持和完善公有制为主体，多种所有制经济共同发展的基本经济制度"，"坚持平等保护物权，形成各种所有制经济平等竞争、相互促进新格局"。

目前邮政体制改革政企分开已经基本完成，但是邮政改革刚刚进行了第一步。按照党中央国务院的精神，邮政改革需要进一步深化，要进一步加强政府监管，完善市场机制，保障普遍服务和特殊服务，确保通信安全，促进向现代邮政业转型，实现邮政业又快又好发展。

(四) 国家对深化行政管理体制改革做出了重要的决定

为加强邮政与交通运输统筹管理，国家邮政局改由新组建的交通运输部管理。深化行政管理体制改革是落实科学发展观的需要，是发展社会主义市场经济的重要内容，是发展社会主义民主政治的必然要求。通过合理调配交通资源，整合多种运输方式，建立起一个便捷、通畅、高效、安全的平台，邮政行业可以依托这个平台，大力拓展服务网络，加快传递速度，提高运行效率，降低运行成本，为人民群众提供更好的服务。

三、电子商务快递市场的法制环境

(一) 邮政法律体系的基本境况

《中华人民共和国宪法》第四十条明确规定："公民的通信自由和通信秘密受法律保护"。按照《宪法》的规定，中国建立了三个层次的邮政法律框架：一是法律和行政法规，即《中华人民共和国邮政法》和《中华人民共和国邮政法实施细则》；二是部门规章，国家邮政管理部门在不同时期制定颁布了邮政业市场监管的一些部门规章，除原有的《邮政用品用具监督管理办法》等规章外，2008年7月颁布实施了《邮政普遍服务监督管理办法》以及《快递市场管理办法》两部部门规章；三是地方性法规和地方政府规章，中国各省(区、市)结合本地实际情况制定了地方性邮政法规或规章。其中，新《邮政法》第六章对快递业务核心内容进行了规定，《快递市场管理办法》从快递服务的基本规范、快递安全的基本规范、快递市场管理的主要方式等方面对快递服务进行了规范。2010年8月，国家邮政局又对《快递服务》国家标准进行了修订。随着新《邮政法》在2009年10月1日的实施，以及《快递市场管理办法》和新《快递服务》国家标准的执行，中国快递行业的法律环境将越来越规范、越来越成熟。

(二) 邮政体制改革为邮政法制环境的改善创造了契机

邮政体制改革是党中央、国务院在新的历史时期推动我国邮政事业发展的一项重大决策,是我国邮政业的一次深刻变革,也是深化经济体制改革的一项重要任务。2007年1月29日,重组后的国家邮政局在人民大会堂举行了隆重的揭牌仪式;全国各省(区、市)邮政管理局也陆续完成挂牌,国家和省两级邮政管理部门开始正式运行。这是中国邮政发展史上具有里程碑意义的大事,标志着我国邮政体制改革取得重大进展,中国邮政事业开始步入新的发展时期。邮政政企分开,为邮政事业的发展创造了良好的监管环境和法制环境。政府主管机构的独立,为公开公平公正地监管邮政业市场奠定了基础,也有利于建立一个统一的邮政业市场和制定公开透明统一的监管政策;便于挖掘服务需求,协调相关部门政策,统筹政府扶持资源,更为邮政法制的建设完善创造了良好的契机。

四、电子商务快递市场的经济社会文化环境

(一) 我国经济持续快速发展,为电子商务快递发展提供了良好经济环境

改革开放30年来,我国经济呈持续发展态势,GDP增长速度平均在8%以上,进出口业务持续增长,国家扩大内需的政策初见成效。同时,与快递服务相关联的行业如电子商务、分销服务等也都进入了快速发展期。我国已经进入全面建设小康社会的新的发展阶段,随着改革开放的进一步深化,国民经济迅速发展,商业和服务贸易、资本流动规模显著扩大,信息交流、物品交换和资金流通等活动更加频繁。上述经济形势为我国邮政业寄递服务发展提供了良好的宏观经济环境。

构建和谐社会、建设创新型国家、走新型工业化道路、大力发展服务业等重大战略的实施,对我国邮政业发展提出了更高的要求,也提供了更好的发展机遇。我国正处在全面建设小康社会的工业化、城镇化、市场化、国际化加速发展时期,已初步具备支持经济又好又快发展的诸多条件。国内发展环境更加良好,邮政业将拥有更为广阔的国际国内市场发展空间。

(二) 快节奏社会和快捷文化正在形成

历史上,我国很长一段时间都处在农业社会时期。农业社会在时间观念上的主要特征就是依据农业作物的生长周期安排一年的事情。进入工业社会后,其时间观念与农业社会完全不同,人们的工作不再受自然天气条件限制,同时,高度竞争的市场经济社会促使工厂争分夺秒安排生产。效率就是生命、时间就是金钱的理念在工业社会和市场经济社会中体现得淋漓尽致。以现代工业为支撑的现代城市社会在时间和空间上的主要特征就是快节奏。

在快节奏文化影响下,有越来越多的人正在使用快递为个人消费服务,比如礼物、个人物品、个人电子商务等。他们是整个快节奏社会的一部分。从这个层面上说,快递产业不仅是一种生产性服务业,也是一种生活性服务业,还是一种消费性服务业。快递行业十分适应这种快节奏社会和文化的需求。

(三) 企业适当地承担社会责任成为一种社会风尚

企业社会责任指企业除了盈利外,还应该承担一定的社会责任。社会上总是存在许

多希望有人承担社会责任的心理需求,尤其是工业革命后,环境污染、劳动者保护、产品安全等事故频发,许多企业为了追求利润而损害了企业外部世界的利益。在社会团体的抗争、国家的约束下,企业家逐渐意识到企业不承担社会责任的后果,越来越多的企业提出了企业的社会责任。

对我国而言,大多数企业还处于初创阶段,尤其是快递企业。在这一阶段,企业规模小,市场集中度低,利润率低,主要运用资产规模、低价格等手段进行低水平的竞争。而外资快递企业大多实力雄厚,从较高的市场集中度和市场势力中获得了可观利润,有能力承担企业社会责任,成为外资快递巨头进行企业竞争的战略手段。在新的背景下,内资快递企业也必须承担起相应的社会责任,努力做好自己的业务,更好地参与到电子商务快递市场的竞争中去。

五、电子商务快递市场的科学技术环境

快递产业和其他生产性服务业一样,具有较强的技术特征,尤其是信息网络技术和物流技术。掌握了先进技术,就能够最大限度地降低固定成本,最大限度地发挥规模经济优势,提高服务质量,能够"更快、更准确、更安全、更便宜"地使客户满意。

技术是中性的,但企业的技术开发和应用,仍然要受国家技术开发体制、技术市场和技术标准的影响。

(一) 外资快递企业的技术竞争及对我国企业的影响

中国快递企业现在必须面临的第一个技术环境因素就是外资快递企业已经采用了许多先进的快递技术。这些技术大都比中国本土快递企业采用的技术先进。由于经济全球化,客户对于价格、服务质量的要求是一样的。跨国快递企业使用先进的快递技术,等于给快递产业设定了较高的门槛。不掌握这些技术的快递企业,很难涉足外资快递企业正在经营的业务,尤其是国际业务。因此,中国快递企业要经营外资快递业务的一个主要障碍,就是突破技术上的门槛。但就目前而言,中国快递企业在技术层面还需要向外资快递公司学习,采用技术上和经济上可行的适用技术逐渐发展自身。换句话说,目前中国快递企业需要的是跟踪学习外资快递公司所采用的先进技术。

外资快递企业之间的技术竞争,促使快递企业采用更加准确、快速、高效的技术设备,这些高新技术越来越具有资本集中的特征。这样,快递产业不但具有劳动密集型特征,还越来越多地具有技术密集型和资本密集型特征。这等于直接提高了我国快递企业与国际快递企业展开竞争的进入壁垒和标准,必须依靠大规模的融资、重组及并购行为,突破自身的技术瓶颈和资本瓶颈。

(二) 我国快递企业面对的技术体制和市场

1949年后,中国为了尽快在技术上赶超欧美国家,采用一种被称作"举国体制"的制度安排,即倾全国之力完成一项技术研发与应用。这种体制的优点是国家将全国的优秀人才、资金、资料设备等集中在一起,能够最大限度地突破技术研究开发的最低经济规模和"阈值效应"。事实上,中国的确在该体制下实现了国防、体育、农业等多领域技术的突

破。然而,这种体制的缺点在市场经济条件下已经逐渐展现了出来,具有战略性的科学技术研究领域聚集了大量的人才、资金、政策和技术传承,而在具有市场竞争性的技术研究开发方面则比较欠缺,市场应用性技术的市场化和产业化程度很低,甚至没有机构愿意从事这种研究开发,国家在这些领域的政策支持力度也很小。不过,这种现象正在慢慢地被改变,即有越来越多的民间机构包括民营企业正在投入大量的人力、物力和资金进行研究开发。我国大型快递企业也应该委托或者自主地进行一些适用技术的研究开发。

总体上,我国电子商务快递市场面临环境正发生着巨大的变化:一是全球化对国内市场的影响。经济全球化带动了国内资本和产品流动,带来了国际国内市场的开放,也带来了越来越严峻的竞争。二是科学技术进步带来的影响。科技进步显著提高了电子商务快递的产业水平,极大满足了人们对快递服务的需求。三是经济的电子商务化对快递市场的影响。经济的电子商务化,直接促使电子商务快递市场的规模迅速增长,既给快递企业的发展带来了机会,也带来了严峻的挑战。

这些环境变化给快递行业带来的机遇主要表现在:一是为快递行业的跨越式发展创造了条件;二是电子商务的发展促使快递行业实物流、信息流和资金流三流合一的优势逐渐显现,更带来了包裹类快递服务的新的增长点。给快递行业带来的挑战主要表现在:一是随着快递市场的开放,快递行业竞争加剧,尤其是内资企业面临很大的竞争压力;二是用户的需求对快递服务能力和水平提出了更高的要求;三是在新的环境下,国家邮政管理部门如何才能有效地监管快递市场,使得快递市场健康有序快速和谐增长。总体上,机遇大于挑战。快递市场的开放和竞争可以促进快递市场的发展,电子商务化给快递行业带来了广阔的发展空间,新技术也可以为快递企业满足用户不断变化的需求提供条件,三流合一也将在更高层次上引领传统快递服务走向现代快递服务。

第四节 电子商务快递市场的发展

一、电子商务快递市场的发展历程

(一)快递服务的起源

我国古代已经有了快递服务。快递服务在我国古代经历了"步传、车传、马传、驿站递铺(急脚递)、邮驿合并(新式邮政)"的发展过程。据史书记载,最早的信息传递,是尧帝时期的"彭邮",到了奴隶社会的商周时期,商纣王把"彭邮"上升为"音传通信"、"声光通信",西周时期有了实物传递,分为"轻车快ířů"、"边境传书"、"急行步传"方式,邮驿制度开始形成,而烽火报警方式则广泛用于军事通信。春秋时期,邮驿制度发展成为"单骑通信"和"接力传递",出现了"马传"。孔子曾说:"德之流行,速于置邮而传命"。到了封建社会的秦朝,公文分为"急字"和"普通"两种文书,在传递方式上便有了快递和普递之分;到了汉代,为求安全和速度,传送方式都为"马递";南北朝时期,紧急公文要求日行四百里;隋唐时期,敕书等文件要求日行五百里;北宋时期,出现了专司通信的"递铺",传递方式分为

"步递、马递和急脚递",马递和急脚递都属于当时的快递。古代快递递送的是官府文书,主要服务于朝廷和官府,是政治和军事的"耳目延伸器",带有明显的官方色彩,与普通百姓基本无缘。国外也从很早就有了类似的信息和物品传递活动,人们熟知的马拉松故事,被人们视为快速传递信息的生动事例。

进入21世纪初叶,资本主义经济迅速发展,现代快递行业诞生。1907年8月,美国联合包裹运送服务公司(UPS)创始人吉姆(Jim),以100美元为注册资金,在华盛顿州的西雅图市创建了美国信使公司。创业之初,他们租用一间简陋的办公室,聘用了十几名员工担任信使,利用市内的几个服务网点,接听客户电话后,指派距离最近的信使前去收件(有商务文件、小包裹、食物等),然后按发件人的要求和时限送到收件人手中。这便是现代国内快递的开端。而国际快递,则是在其后几十年才出现的。

1969年3月的一天,美国大学生达尔希(Dalsey)到加利福尼亚一家海运公司看望朋友时,听一位管理人员讲,一艘德国船舶正停泊在夏威夷港湾,而提货单正在旧金山制作中,需要一周的时间才能寄到夏威夷港,达尔希主动提出,愿意乘飞机将提货单等文件取回送到夏威夷。管理人员盘算:此举可以节约昂贵的港口使用费和货轮滞期费等开支,便同意他充当一次特殊的信使。达尔希完成任务后,便联合赫尔布罗姆(Hillblom)和林恩(Lynn)于1969年10月在美国旧金山成立了DHL航空快件公司,公司名称由达尔希、赫尔布罗姆和林恩三人英文名字的字头缩合而成,主要经营国际业务,国际快递由此开创先河。

(二) 中国快递服务的发展历程

中国快递服务的发展,大致经历了三个发展阶段。

1. 20世纪70年代末至90年代初:起步阶段

中国的快递服务是从国际快递业务开始起步的,源自于外向型经济的拉动。这一阶段,中国快递服务从无到有,取得了一定的发展,这个阶段的特点是中国邮政EMS迅速发展,外资快递企业逐步进入中国市场。

1978年中国实行改革开放政策后,经济活力迅速激发,经济发展进入快速增长轨道并逐渐融入世界市场。随着国际间经济交往的不断增加和中国发展外向型经济的需要,国际快递业务应运而生。1979年6月,日本海外新闻普及株式会社(OSC)率先与中国对外贸易运输公司签订了中国第一个快件代理协议。中国对外贸易运输公司成为中国第一个经营快递服务业务的企业。随后其他国际跨国快递服务企业如DHL、TNT、FedEx及UPS等也纷纷进入中国市场,相继与中国对外贸易运输总公司达成快递服务代理协议,开展国际快递业务。

1980年7月15日,中国邮政与新加坡邮政部门合建全球邮政特快专递,开办国际快递业务。1984年,中国邮政又开办国内特快专递业务,并于1985年成立中国邮政速递服务公司,专门经营国际、国内速递业务。中国EMS的诞生造就了中国快递行业的兴起。

2. 20世纪90年代初至21世纪初:成长阶段

这一阶段的特点是民营快递企业开始发展,快递经营主体多元化格局逐步形成。

1992年后,中国改革开放进入新的发展阶段。港台地区的劳动密集型产业大量转移到中国珠江三角洲,进行来料/来件加工或进料加工,从而使香港成为中国内陆与发达市场之间的贸易桥梁,大量的文件或货样在珠三角和香港之间传递,快递公司应运而生。长江三角洲的乡镇企业快速发展,开始成为国际供应链上的一个环节,相应地,许多民营快递公司迅速建立。民航、中铁等其他非邮政国有企业,也开始成立自己的快递服务公司。民航快递借助民航系统的航线、场站和国际交往的优势,国内、国际快递业务齐头并进;中铁快运则利用中国铁路旅客列车行李车作为主要运输工具,辅以快捷方便的短途接运汽车,开辟了具有铁路特色的快递服务。国际快递企业在华发展速度加快,利用与国内企业合作的机会,加大战略性投资,快速铺设网络,建立信息系统,在国际快递市场占据越来越大的份额。

这一阶段,中国快递业务有了较快的发展,业务量急剧上升。根据中国海关的数据,全国进出口快件由1993年的669万件上升为1998年的1 034万件。2000年,EMS快件业务量达到11 031.4万件,如果以EMS业务量占当时快递行业总业务量50%的比例估算,可以推算出20世纪90年代末中国整个快递服务完成业务量达到2.2亿件,呈几何倍数递增[①]。

3. 21世纪初至今:快速发展阶段

进入21世纪后,中国以更快的速度和更大的规模融入世界经济,对外贸易年进出口额超过1 000亿美元,国外直接投资每年达到600亿美元,有力地拉动了快递服务业的发展。特别是中国加入世界贸易组织后,参与世界市场的步伐进一步加快,快递服务进入了快速发展的黄金时期,业务量以每年30%的速度递增,一些企业的业务增长速度甚至达到60%以上。

这一阶段,国有快递企业加大发展力度。EMS依托中国邮政航空公司,建立了以上海为集散中心的全夜航航空集散网;分别在北京、上海和广州建立了大型邮件处理中心并配备了先进的自动分拣设备;建立了以国内300多个城市为核心的信息处理平台,与万国邮联(UPU)查询系统链接,实现了EMS邮件的全球跟踪查询;建立了以网站、短信、客服电话三位一体的实时信息查询系统;亚洲地区规模最大、技术装备先进的中国邮政航空速递物流集散中心也于2008年在南京建成并投入使用。民航快递有限责任公司也发展成为我国唯一具有全国民航快递网络和航空快递时效品牌的快递、物流专业公司。中外运空运发展股份有限公司,2000年12月28日在上海证交所成功上市,成为国内航空货运代理行业第一家上市公司(简称外运发展)。目前核心业务之一的速递业务已形成高速发展的国内快递自有品牌——中外运速递。中铁快运2005年成立后,通过重新整合优质资源,目前已形成了铁路行包快递运输网、快捷货运网、公路运输网、航空运输网、配送网、经营网、信息网"七网合一"的网络资源核心优势,公司经营网络遍及全国31个省、自治区和直辖市,门到门服务网络覆盖国内500多个大中城市,能同时提供70多个国家及地区的快递和国际航空、铁路货运代理服务。

经过几十年的发展,民营快递企业网络快速扩展,市场份额不断提升,经营逐步走向正轨。其代表企业顺丰、申通、天天、全一、圆通等已成为中国速递行业民族品牌的佼佼

---

① 国家邮政局职业技能鉴定指导中心.快递业务员(初级)快件收派[M].北京:人民交通出版社,2009.

者。顺丰快递公司目前已经拥有6万多名员工和4 000多台自有营运车辆,30多家一级分公司,2 000多个自建的营业网点,服务网络覆盖20多个省、直辖市和港台地区。申通快递公司分别在全国各省会城市(除台湾省外)以及其他大中城市建立起了800多个分公司,吸收1 100余家加盟网点,全网络有4万多人。天天快递公司现有15个集散中心、140个公司、3个全资子公司(上海、南京、杭州)、1个控股公司(北京),快递网络分布在国内1 200多个城市,形成了以珠江三角洲、长江三角洲、环渤海湾地区为重点的快递网络布局。成立于2000年的全一快递公司,服务区域遍布中国内地、香港、台湾和东南亚各国,以及欧美等地区。

国际快递企业也逐步摆脱合资模式,成立独资企业,向国内快递市场扩张:TNT收购华宇物流集团;FedEx收购大田集团在双方合资企业中的50%股份及大田集团的国内快递网络,获得大田集团所有快递业务,并在广州建立亚太区转运中心,在杭州建立中国区转运中心;UPS在上海建立转运中心。

(三) 电子商务快递市场的出现和发展

从20世纪90年代中期开始蓬勃发展的电子商务浪潮引起了全球的普遍关注。根据美国信息技术咨询公司在2000年做的调查显示,2000年全球企业间的电子商务交易总额达到4 330亿美元,比上一年增长1.9倍;2001年可望达到9 190亿美元,到2005年则可望达到8.5万亿美元,约占当年全球企业间商品和服务交易额的10%。但实际的数据远远大于该公司的预测。再加上其他形式的电子商务,如B2C、C2C等,不论是全球还是国内,不论是企业间的还是非企业间的,电子商务市场的交易额总体呈现井喷式的增长模式。

电子商务市场的出现和快速发展,催生了对快递服务的大量需求。因此,快递行业逐渐将服务的重点由传统服务领域转向电子商务快递服务领域,逐渐形成了电子商务快递市场,并且,随着电子商务市场的快速发展,电子商务快递市场也迅猛发展。为电子商务提供的快递服务已经占到了快递公司业务量的一半以上,甚至更多,成为快递企业业务增长最快的一个领域,并继续保持高增长态势。2008年,中国电子商务快递市场以两到三位数的速度高速增长。

在淘宝网日均250万笔成交量中,大概60%需要快递服务,即日均150万笔快递业务[1],同时,据《新民晚报》刊载信息,"电子商务推动本市(上海)快递业务量快速增长,年增50%左右,每天500万份的网络购物快递,60%以上由总部设在上海的快递公司完成,网络购物快递已占到本市快递业务量的40%~45%。"因此,电子商务市场的发展直接影响快递市场的发展。

与此相对应,申通目前平均每天有超过50万票业务从以淘宝网为主的电子商务企业产生。2007年8月,申通与淘宝网合作,并正式进入电子商务快递服务领域。在合作之初,根据统计,在淘宝网上使用申通快递服务的大概平均每天6万笔,但到2008年8月,

---

[1] 夏祖彬.关于申通快递对中国电子商务的经验分享.中华人民共和国邮政局网站 http://www.chinapost.gov.cn/folder108/folder2161/folder2163/2009/02/2009-02-1624118.html.

整整一年之后,这个数字已经刷新为平均每天40万笔。到2008年12月,平均每天有接近50万笔业务从淘宝网上产生,同时占到了整个淘宝网快递量的30%多。电子商务快递服务业务已经占到整个申通业务量的58%,这是一个惊人的数字,在不到1年半的时间里,申通的业务实现了飞速成长。加上其他网上交易平台(如拍拍网等)的业务量,2009年因电子商务产生的快递消费额将可能达到并超过150亿元[①]。

如果再考虑我国网民中仅三分之一的人有网上购物经历,并与韩国等网络发达国家网民中有三分之二的人有网上购物经历相比,可以看出电子商务快递市场有着广阔的发展前景。

但是伴随着电子商务类快递业务量的增长,有关的电子商务类快递服务的客户投诉也在逐渐增长,图2-1、图2-2、图2-3是三组有关电子商务类快递服务客户终端环节的统计数据。

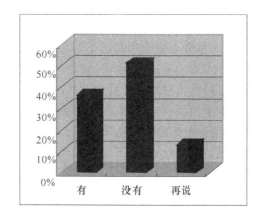

图2-1 快递企业对顾客有否赔偿承诺的比例

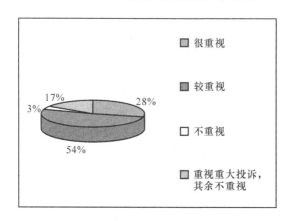

图2-2 快递企业是否重视投诉的比重

---

① 全国首次快递服务统计调查结果分析.中华人民共和国邮政局网站 http://www.chinapost.gov.cn/folder7/folder31/2007/12/2007-12-06173.html.

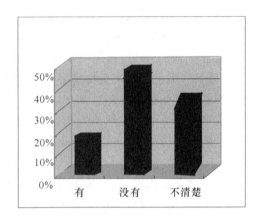

图 2-3　快递企业对顾客投诉有否完善处理程序的比例

如图 2-1 所示,大部分快递企业对顾客电子商务产品快递服务的货物数量差异、货物损毁等没有赔偿的承诺,还有一部分企业选择在出了问题以后对顾客进行赔偿处理。虽然还有 36% 的企业提前为顾客做出了赔偿的承诺,可当电子商务产品出现损毁时,也不能保证这些快递公司会按自己的承诺对顾客进行赔偿,这样顾客自身利益就得不到保障,给客户快递服务的购买动机带来负面影响,从而影响快递企业的经济效益。

如图 2-2 所示,大部分快递企业都比较重视顾客关于电子商务类快递服务的投诉,还有部分企业相当重视投诉问题,仅有一小部分不太重视,其余的企业只对严重的投诉问题比较重视。

如图 2-3 所示,仅有一小部分快递企业能对顾客关于电子商务类快递服务的投诉做出系统处理,绝大多数企业都没有完善的投诉处理系统,还有相当一部分企业的员工对是否有投诉处理系统不是很了解。

从上述统计可以看出:我国电子商务快递行业目前在市场监管体制和企业制度上都存在一定的问题。该市场的服务环节、服务质量、服务监管等方面仍然处于需要继续完善的阶段。

二、电子商务快递市场的企业结构

根据国家邮政局和国家统计局 2007 年上半年的调查,截至 2006 年年底,全国经营快递业务的法人企业共有 2 422 个。其中,国有企业占 1.7%,有限责任及股份公司占 57.3%,私营企业占 36.6%,外资及港澳台企业占 2.4%,其他企业占 2.0%。连同非法人企业一起,至 2008 年 9 月,全国通过各级邮政管理部门备案的快递企业有近 6 000 家[①]。以下简要介绍三类从事电子商务快递服务的快递公司的基本情况。

(一) 国有快递公司

以中国邮政 EMS、中铁快运和民航快递为代表的国有快递公司,经过多年的发展已

---

① 刘羊旸. 新华社北京 6 月 29 日电.

积聚了相当的能量,占据了国内快递市场的较大份额,见表 2-2。

表 2-2 国有主要快递公司情况简介

企业	具体情况	缺点
中国邮政EMS	拥有国内最大的实物传递网络,有六万多个服务网点遍布城乡,十余万人的投递大军,同时在百姓中有着天然的亲和力,在百姓中享有较高的信誉	尽管网络庞大,但机制不够灵活
中铁快运	以铁路旅客列车行李车为主要运输工具,并辅以汽车接运和铁海、铁空联运,实行门到门的货物特快专递服务。中铁快运在全国各大中城市都设立了专业快运机构,形成了连锁服务网络。截至 1999 年,中铁快运系统有 40 个分公司、119 个办理站。在此网络基础上,中铁快运还开办了铁空联运和铁海联运,同时办理国际铁路联运快运业务。快件货物可快速抵达俄罗斯、蒙古、哈萨克斯坦、朝鲜和中国香港等国家和地区。全国大多数城市间,自承运次日起 3 日内货物均可到达,且价格十分便宜	虽然价格便宜,但触角只能伸到铁路沿线
民航快递	借助民航的空中优势,向快递市场大举推进。2000 年中秋节快递月饼,民航快递公司推出的"时效快递"服务令人们对民航快递的优势感叹不已,其寄达范围包括北京、上海等 21 个城市,送达时间有 12 小时、24 小时、36 小时三个档次,可以满足不同客户的不同要求	管理上尚显年轻。

(二) 民营快递公司

随着快递市场的高速发展,一些小型或私人快递公司便应运而生,其中有一大部分企业取得了快递服务营业执照,成为民营快递公司,并在巨大的市场需求下快速发展壮大。也有一小部分是没有营业执照的非法快递公司,它们也在抢夺快递市场份额。这些快递公司规模较小,主要以便宜的价格和快速的服务来参与市场竞争,在某些时候干扰了市场秩序。

随着新《邮政法》、《快递市场管理办法》以及《快递业务经营许可管理办法》的实施,无论是已经取得营业执照的民营快递企业,还是尚未取得执照的快递企业,都将按照相关要求进行规范后,被赋予合法地位,将以合法身份开展法律规定可以开展的快递业务。这部分快递公司已经、正在或即将成为电子商务快递市场的生力军。

(三) 外资快递公司

由于加入 WTO 以前,国家在快递行业对外资有限制性的政策,因此境外速递公司以其独特的方式——合资,在中国运作快件。随着我国加入 WTO,以及过度期的结束,外资快递公司逐步摆脱合资模式,成立独资企业,向国内快递市场扩张,参与我国快递行业的竞争。

各大外资快递公司基于我国快递行业的发展态势,都在进行大规模的投资。例如新购大型运输机、加开航班、在我国建立各自的分拣转运中心等。2001年四大国际快递公司利用APEC会议在上海浦东召开时的赞助关系,与上海海关共同建立了海关监管中心,各自拥有占地5 300平方米的作业区域,使其能够以现代化的手段高效地实现报关、通关及分拣、转运等一系列业务流程,见表2-3。

表2-3 主要外资快递公司在我国具体业务开展情况介绍

外资快递公司	具体内容
联合包裹公司(UPS)	2001年4月,联合包裹公司(UPS)开始直航北京。从此每周有6班UPS的直航班机从美国飞往北京和上海。由此,从美国到北京、上海等城市的文件传送时间由3天缩减为2天,包裹由4天缩减为3天。这极大地拓展了UPS在中国的业务
联邦快递(FedEx)	于1994年率先与中国海关实现了电子互联;1996年获得中国民航总局的批准,成为当时唯一一家拥有中国直航权的美国公司;1999年又在互联网上推出中文服务;2000年向中国客户提供了竞争性非常强且方便快捷的服务—亚洲及北美一日达。通过这项新的业务,位于北京、上海、广州、深圳及周边城市客户的快件可于下一个工作日送达15个亚洲城市和美国及加拿大的主要城市
TNT	与中外运已合作了10年,凭借已有的基础,积极建设物流中心,拓展市场空间
DHL	已获得中国国际快递市场份额的36%,DHL今后将继续扩大国内的业务市场,并计划"未来两年内,在中国每一个城市都要建立一个配送中心",扩大自己的市场份额

中国社科院2009年发表的快递市场研究报告表明,加入WTO后,我国过早过快地向外资快递公司开放市场,放松对外资快递公司的限制,已经造成我国快递市场的过度竞争,内资企业在羽翼未丰之时面临着来自外资快递企业的强大的竞争压力。

三、电子商务快递市场的地区特征

(一)电子商务快递市场格局现状

我国快递行业经过20多年的发展,在东部地区已经形成了以沿海大城市群为中心的4大区域性快递圈格局:1.以北京、天津、沈阳、大连和青岛为中心的环渤海快递圈;2.以上海、南京、杭州和宁波为中心的长江三角洲快递圈;3.以厦门和福州为中心的环台湾海峡快递圈;4.以广州和深圳为中心的珠江三角洲快递圈。这4大快递圈辐射、带动了中部和西部地区的发展,激活和融通了全国范围的物流、人流和信息流。我国快递行业形成了以4大快递圈为标志的"区域引力场"覆盖全国所有地区,同时其他大城市和特大城市已经成为地方性快递服务中心。在全国范围内,整个快递行业形成了以基本交通运输干线为基础的若干快递通道和"点—轴—面"的发展格局。

(二)东、中、西部电子商务快递市场发展差距

东、中、西部快递行业发展不平衡。由于我国地域辽阔,地区经济发展不平衡,东部沿海地

区历史上经济发达且改革开放较早,经济发展快,基础设施完善,快递需求比较旺盛,提供快递服务的企业和机会较多,产业发展水平较高,短时间内能实现快递行业的现代化;而中西部地区由于经济水平、区域条件、历史因素、国家经济政策等原因,快递行业发展水平低,发展难度较大,使我国快递行业在全国范围内出现较大的东、中、西部发展差异。这种不平衡性减少了商品流通的相对规模,给东、中、西部地区快递行业的合作带来了一定的难度。但在电子商务的带动下,中西部地区快递行业的发展也已经形成了一定的基础,在内陆腹地以大城市为中心、以交通运输线为纽带形成快递节点,为以后的快递行业发展奠定了一定的基础。

2007年上半年统计调查显示,东部地区快递法人企业数量占全部快递法人企业总数的73.7%,企业资产占全部快递企业资产的72.1%,业务量占全部快递业务量的75.5%,快递业务收入占全部快递业务收入总额的81.4%,营业利润占全部营业利润总额的97.6%。而中部地区这一数据分别为17.9%、19.4%、15.6%、11.8%、2.2%,西部地区这一数据分别为8.4%、8.5%、8.9%、6.8%、0.2%[①]。由此,我们可以看出,东部与中西部的快递业务差距是很大的。

(三) 城乡快递行业发展的不平衡

在我国,落后的农业和农村经济与现代工业、发达的城市经济并存,广大的不发达地区、贫困地区和经济发达、比较发达地区并存,而且我国正面临实现工业化和现代化的双重任务,这种国情决定了城乡在经济、消费、观念等诸多方面存在着很大的差距,快递企业、快递设施、快递活动高度集中在交通、经济极为发达的大城市中,容易形成辐射功能极强的快递中心城市,而在乡村地区快递行业的发展比较缓慢,这使城市快递与乡村快递在过程上互相脱节,甚至少数乡村快递几乎为零,这造成快递行业市场的地域化和畸形化,在发展快递行业时尤其需要注意。无论在我国的东部地区还是中西部地区,快递行业都是在城市首先发展起来,然后沿着交通运输线例如铁路、河流、公路等为纽带形成快递节点,向周围地区(主要为城镇及乡村地区)辐射。

四、电子商务快递市场的市场规模

(一) 国内快递行业的市场总规模

2008年中国规模以上快递企业完成快件151 329.3万件,快件业务额408.4亿元,分别比2007年增长25.9%和19.2%,其中,中国速递服务公司占国内快递市场的30%左右,见表2-4。

表2-4 中国快递行业2008年的主要数据

中国规模以上快递企业2008年快件处理量	151 329.3万件
2008年中国快递行业营业收入	408.4亿元
中国速递服务公司占国内快递市场份额	约30%

资料来源:国家邮政局公告等综合数据分析。

---

① 中华人民共和国邮政局网站.

2007—2008年两年,业务量平均增长达到22.7%,业务收入平均增长达到18.6%。即使是在受到国际金融危机严重影响的2008年,业务量、收入增长也达到20%以上。随着电子商务的快速发展,近几年中国规模以上快递企业的营业收入分别为:2009年479亿元,2010年574亿元,2011年1—9月531亿元[①]。这表明市场规模加速扩大,估计未来较长时期内,中国快递业务的社会需求仍将保持高速发展态势。

(二) 快递业务的市场规模结构

以下是快递业务量结构图(图2-4)以及快递业务收入结构图(图2-5),可以清晰地看出我国快递业务的市场规模结构。

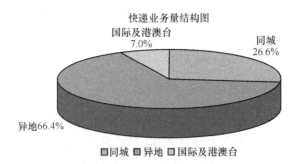

图2-4　快递业务量结构图

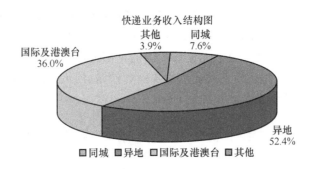

图2-5　快递业务收入结构图

同城、异地、国际及港澳台快递业务收入分别占全部快递收入的7.6%、52.4%和36%;业务量分别占全部快递业务量的26.6%、66.4%和7%。

(三) 快递行业市场规模与国民经济的关系

从调查情况看,快递服务发展水平与整体经济的发展水平高度相关,越是经济发达的地区,快递服务的需求越旺盛,竞争就越充分,服务水平越高。由于我国区域经济发展的不均衡性,快递服务发展呈现出显著的区域性集中特征。与国民经济区域发展水平相对应,快递企业数量、资产、快递业务量、快递业务收入,主要集中在东部地区。东部地区,法

---

① 中华人民共和国共和国国家邮政局网站.

人企业数量占全部法人企业总数的73.7%,企业资产占全部快递企业资产的72.1%,业务量占全部快递业务量的75.5%,快递业务收入占全部快递业务收入总额的81.4%,营业利润占全部营业利润总额的97.6%[①]。

在东部地区,快递服务又集中于重点区域。调查结果显示,即使在东部,快递服务区域布局同样显示了集中化的特点,快递业务量和业务收入主要集中在重点区域。东部的环渤海湾地区、长江三角洲、珠江三角洲是快递服务发展最为集中的区域。

随着电子商务的发展,快递市场将同步快速增长,而且,电子商务快递市场将成为快递行业主要服务市场。

通过上述分析,我们不难得出这样一个结论:快递服务业是一个发展前景十分广阔的朝阳产业,尤其在面向生产的快递等商业化服务方面,迎来了发展的历史机遇。也正是如此,我国快递服务总体规模呈迅速增长的趋势,而且在服务支撑能力以及服务功能等方面的快递服务能力得到了显著提升,快递行业迎来的不仅仅是春天,而且是一个艳阳天。有关企业应抓住机遇,提高服务水平,扩大业务范围,积极参与国内、国际市场的竞争。

第五节　电子商务快递市场的企业行为

本节从服务产品、服务价格、服务质量、服务战略等方面分析电子商务快递的市场行为。

一、电子商务快递市场的服务产品

电子商务快递产品按照服务区域可分为国际快递和国内快递两个细分市场,目前,国际快递市场主要由国际四大快递公司垄断,中邮速递公司有些少量的国际业务,大部分民营企业基本上没有开展国际快递业务,2010年也有一些民营企业在一部分国家和地区开始经营国际快递业务。

在国内电子商务快递市场上,快递服务产品按照服务区域、递送时限及货物重量三个基本纬度可以细分为不同的产品类型。(一)按服务区域可分为国内快递、国际快递和香港澳门台湾快递,其中国内快递又细分为省内快递、同城快递、省内异地快递、跨省快递;国际快递又细分为国际进境快递、国际出境快递。(二)按递送时限可细分为限时达、当日达、次日达(包括次早达和次晨达)、隔日达。(三)按货物重量可细分为文件类、包裹类、经济类快递(普货或重货)。

实际的电子商务快递服务产品按此三个纬度进行组合,不同快递公司的主打服务产品可能由于其实力、经验等方面的原因而不同,从而形成电子商务快递市场蓬勃发展的局面。

---

① 国家邮政局网站.

根据2007年1—6月国家统计局、国家邮政局联合进行的全国快递服务统计调查显示，在我国快递市场中，国有、民营、外资快递企业在业务结构中各具优势。2006年，我国快递业务总收入为299.7亿元；其中，国有快递企业的国内异地快递业务收入占该板块快递业务总份额的64.1%，其份额明显高于其他类型的快递企业。这一数据说明，国有快递企业凭借其网络、品牌等优势，把握着国内异地业务的主动权。同期，民营快递企业凭借其灵活的机制、相对较低的成本、方便的服务以及众多的从业主体，在国内同城快递服务上优势明显，其国内同城快递业务收入增长迅速。在国际快递业务方面，2006年外资企业占该板块业务总收入的60.1%，外资企业依靠其遍布全球的快递网络、雄厚的资金与技术实力、良好的管理与服务，在国际快递业务上优势明显[①]。

但是，随着电子商务的快速发展，根据电子商务快递业务的需要，快递企业纷纷推陈出新，在服务产品上继续加大创新力度，开发出令客户满意、用户满意的服务产品，如代收货款快递、签回单快递、限时快递等。快递业务的变化不仅体现在服务产品的品种创新上，而且体现在各服务品种的业务收入上。当传统市场占有率较高的快递企业的业务受到其他快递企业服务产品创新的竞争时，传统优势快递企业也会在产品创新上做足工夫，以应对竞争者的创新。

例如，中国邮政电子商务速递业务是中国邮政依靠中国邮政速递优异的物流服务质量，根据电子商务运作的特点，结合自身资源和发展方向，特别为从事电子商务交易的个人和企业量身定做的速递服务，包括一款新产品——"e邮宝"（EMS电子商务经济快递）业务以及整合推出网上EMS——"e-EMS"业务。其中，"e邮宝"业务采用"全程特快路"陆运模式，价格较普通EMS有较大幅度优惠，为从事电子商务的个人卖家节约更多成本，而其享有的收寄、投递服务与EMS完全相同，而且部分空运中的禁限寄物品可以交寄"e邮宝"。自2007年起，中邮电子商务速递业务陆续在全国248个城市开办业务。在目前与阿里巴巴集团的合作中，收寄范围覆盖了阿里巴巴集团旗下淘宝网90%的交易区域，邮件可寄达全国2 000余个城市。业务开办以来，运行质量稳定，服务便捷，得到了客户的广泛好评。

二、电子商务快递服务价格

在市场经济条件下，影响产品（服务）竞争力的主要因素是质量与价格，价格竞争也是最基本的竞争形式。特别是在市场经济的初级阶段，产品同质性强、差异化小的情况下，价格竞争更加重要。在我国国内快递市场上，由于利润高、门槛低，导致竞争趋于白热化，价格成为决定国内快递竞争者争取市场的最主要因素，一些企业甚至低价揽收快件，恶性竞争。

比如，联邦快递在2007年5月28日刚刚开始国内限时业务时价格昂贵，如北京到上海的次早达为135元，次日达为95元。而其主要竞争对手——顺丰速运，只要是当天上午寄件，次日上午一般均能到达，且1 kg以下均为20元。联邦快递受限于国家快递行业

---

① 王道平，杨永芳.我国国内快递市场的竞争分析[J].北京社会科学，2009，(2).

的相关规则,起重为2 kg,不管是2 kg以下的文件还是货物,均为135元,价格是顺丰的6.75倍。因此,在国内快递市场竞争激烈、客户价格敏感度相对较高的市场环境下,高昂的价格注定了联邦快递初战失利。联邦快递在中国国内快递业务惨淡运营百日之后,大幅度降价。其主打产品次早达及次日达降价低至4~5折。但这一降价举措并未得到市场的认同,相比于主要竞争对手EMS和顺丰来说,其价格仍是它们的2~3倍。因此,对于客户来说,这样的价格并没有什么吸引力。因此,联邦快递在第一年的运营里,营业收入仅1.35亿元,亏损巨大。

历经一年的高处不胜寒的高价格策略之后,联邦快递在2008年6月1日再次降价,此次降价涉及全部产品,即次晨达、次日达和隔日达,降价幅度接近50%;并且由之前的2 kg起价,变为1 kg起价,北京到上海的三个产品1 kg以下的货物价格仅为14.4元、18元和21.6元。经过此次降价之后,联邦快递的价格持平或者低于其主要竞争对手EMS及顺丰速运。自降价以来到2008年9月底,联邦快递的货量迅速增长,短短3个月时间,货量达到降价前的4倍。联邦快递的优惠价格被业界认为是低于成本的价格,目的是抢占市场。联邦快递在中国市场上放手一搏的关键原因是,看重其在中国国内快递市场的市场份额及未来的增长空间。

按照正常的规律,在亏损期内,随着降价所引发的货量提升,联邦快递的规模效应将开始显现,亏损会有所减少。这部分亏损,短期内可以通过利润丰厚的国际快递业务弥补,长期则可通过适当提价来实现扭亏为盈。在中国市场上,联邦快递多次采用价格杠杆来控制自身的业务规模和利润水平,同时影响着我国国内快递市场的竞争格局。

在进入中国国内市场之初,联邦快递采用高价策略,意在通过高价来控制规模,保证服务质量。随着设施、流程的完善和国内市场的拓展,现有的软硬件可以接纳更多的货量,同时在业绩上也需要通过扩大规模来降低成本、提高收入时,联邦快递再次使用价格杠杆,通过逐步降价来做大规模。

随着联邦快递的降价,一部分规模小、竞争力弱的民营快递公司在严酷环境和激烈竞争的双重挤压下,正在被迫退出市场。一旦价格战全面打响,大型民营快递恐怕也难以长期坚持,因为这些民营快递企业既缺乏政策支持,又缺乏资金支撑。如今,民营快递难以为继的迹象已经开始显现:一部分小型民营快递公司已濒临破产或者退出市场;大型民营快递企业如宅急送在2008年国庆前已经发布正式文件,全国裁员6 000人。

国内快递企业亦想尽办法拓展自己的空间。EMS在2008年8月1日推出了北京和天津两地指定区域上午寄出、下午送达的"京津当日递"业务;顺丰速运则在以前主要开展"24小时以内,20元以上"快递业务的基础上,近期又开始承揽了"24小时以上,20元以下"的业务。

在价格竞争方面,各快递公司往往在自己的重点快递线路上实行差别定价,以争取客户。表2-5是上海一家快递公司的限时快递服务报价。

表2-5 上海某快递公司国内限时服务快递价格表

重量/kg	A区/元	B区/元	重量/kg	A区/元	B区/元
0.5	20	20	7.5	147	193
1	30	30	8	156	205
1.5	39	43	8.5	165	218
2	48	55	9	174	230
2.5	57	68	9.5	183	243
3	66	80	10	192	255
3.5	75	93	10.5	201	267

对于全国性竞争的快递公司,其资费标准也是基本统一的,如中邮快递公司的"e-EMS"业务资费与标准EMS一致,"e邮宝"业务资费如表2-6所示。

表2-6 "e邮宝"业务资费表

范围	首重1千克资费/元	续重每千克或其零数资费/元	
省内	10	3	
区域(江浙沪互寄和京津互寄)	10	4	
省际(不含区域)	15	1 500千克(含)以内(一区)	4
		1 500~2 500千克(含)(二区)	6
		2 500千克以上(三区)	10

在国际快递服务报价方面,国内企业普遍报价要比DHL等外资快运公司报价偏低。这是因为在国际线路上,国内众多快递公司除几家航空公司外,都没有自己的空运工具,只是属于代理性质,因此同DHL、TNT、FedEx、UPS这样的快递巨头相比,只能处于依附地位,没有任何竞争筹码,靠同国内和国外的一些当地合作伙伴联合,进行价格折让,是他们唯一可以采用的自卫武器。国内的航空公司虽然具有自己的国际航线班机,但是其在国外的配送网络稀疏,管理水平落后,也不具备任何优势。在WTO的规则下,国家放开快递市场,对于国内的航空快递公司来说,改善服务质量,重点防御国内市场,加强国内客户群开发,是他们的出路之所在。靠价格战是无法维持长期经营的。

本小节主要介绍电子商务快递市场上有关服务价格的一些现象,而不是具体说明某项快递业务的价格应该如何定的问题。因此,关于快递服务价格的定价机制和定价因素不在这里述及。关于快递服务的定价机制和价格决定因素,有兴趣的读者可参阅《Logistics Economics》。

三、电子商务快递服务范围和水平

(一)服务范围

服务范围即快递公司服务网络所能覆盖或到达的范围,是衡量快递公司竞争能力的最重要因素,也是快递公司提供快递服务的物质基础。服务范围决定了快递公司快件所能到达的服务区域。对于客户来说,快递公司能提供的服务范围当然是越多越好。因为客户在选取快递服务商的时候,大多喜欢选择固定的一家或两家,如果这一两家快递公司能够到达客户需要送达货物的每一个地方,排除其他因素,客户是很愿意与其长期合作的。反之,如果快递公司的服务范围比较小,仅仅在一部分城市有网点的话,那么对于客户来讲,用起来就很不方便。可能导致客户转向其他服务范围更广的快递公司。

目前,国内主要快递公司中,比较大的国营快递(如 EMS、民航快递、中铁快运等)和较大的民营快递(如宅急送和申通快递等)在全国 31 个省市均设有网点;外资快递公司在网点的设计上则相对保守,网点主要集中在经济发达的珠三角、长三角及环渤海地区,并没有盲目地求大求全。

在快递网络方面,中铁快运宣称,只要有铁路的地方,就有中铁快运。因此,中铁快运的网点远远领先于其他竞争对手;紧随其后的是 EMS,EMS 依托于中国邮政的营业网点,因此,其快递网络同样较为广泛。民营快递中,顺丰快递及申通快递的网点也极为广泛,均达到 400 多家;顺丰快递在广东素有"小邮政"之称,其营业网点甚至超过了 EMS。

(二) 服务水平

顾客选择一家快递服务公司,除了考虑其服务范围和服务价格外,最主要的是考虑这家公司的服务水平。快递服务水平包括:客服电话服务、承诺的取件时间、实际的取件响应时间、实时查询功能、保价服务、网上下单功能、准时性、安全性等。表 2-7 为反映快递企业服务水平的主要指标。

表2-7 反映快递企业服务水平的主要指标

所有制形式	快递企业	统一客服电话	实时查询	保价服务	网上下单	签单返还	代收货款
国有	EMS	11185	√	√	×	√	√
	中铁快运	95105366	√	√	×	√	√
	民航快递	95105886	√	√	√	√	√
	中外运	4006565656	√	√	√	√	√
民营	顺丰速运	4008111111	√	√	√	√	√
	申通快递	×	√	√	×	√	√
	宅急送	4006789000	√	√	√	√	√
	天天快递	×	√	√	×	√	√
	飞康达	×	√	√	×	√	√
外资	FedEx	8009881888/4008891888	√	√	√	√	√
	DHL	8008108000/4008108000	√	√	√	√	√
	TNT	8008209868/4008209868	—	—	—	—	—
	UPS	8008208388/4008208388	—	—	—	—	—

电子商务与快递服务

从表 2-7 可见,已先行进入中国国内快递市场的联邦快递(FedEx)及中外运敦豪(DHL)在服务水平上要高于国有快递企业和民营快递企业,民营快递企业在服务水平方面显然处于最弱势的地位。外资快递企业中,虽然天地快运(TNT)和联合包裹(UPS)尚未正式进入国内快递市场,但其在服务设施及水平上已与联邦快递和 DHL 相当,一旦进入国内快递市场,将具备和联邦快递及中外运敦豪相等的竞争力。

另据调查,在服务水平的几个主要方面,如取件的响应时间、准时性、安全性,以及处理投诉的及时性方面,外资快递企业的服务水平也都高于国有及民营快递企业。民营快递企业由于其大多采用连锁加盟机制,无法在管理上和控制上高度统一,导致各分公司服务质量参差不齐,在服务水平上难以与外资及国有快递企业竞争。

总体来看,快递服务发展的基本态势为:一是快递服务持续较快发展,基础性作用进一步发挥,促进经济发展和吸纳社会就业作用逐步增强。二是快递发展环境不断优化,服务能力稳步提升,多元竞争的市场格局基本形成。三是快递服务的发展仍处于初级阶段,主要矛盾还是发展能力和水平不能满足经济社会发展的需要,必须加快发展。四是发展潜力巨大,发展前景广阔,具有继续保持持续快速增长的基础和条件。

本 章 小 结

本章介绍了快递服务的基础知识,如快递服务的定义、对象、分类、特征以及与快递相关的术语;描述了快递市场、电子商务市场以及电子商务快递市场的含义与特点;进一步分析了电子商务快递面临的国际环境、政策环境、法制环境、经济社会文化环境、科学技术环境等发展环境;简要介绍了我国电子商务快递市场的发展历程、企业结构、地区特征以及市场规模等发展概况;对电子商务快递市场的服务产品、服务价格、服务范围和服务水平等市场行为进行了简要的概括和归纳,以使读者对电子商务快递市场有一个整体的基本认识。

思 考 与 练 习

1. 你如何认识快递服务的本质特征?
2. 电子商务快递市场的基本含义是什么?
3. 影响电子商务快递市场发展的诸因素中,最主要的因素是哪一个?
4. 我国电子商务快递市场的基本特征是什么?
5. 你如何看待目前电子商务快递市场的市场行为?
6. 电子商务与快递行业融合发展的条件有哪些?趋势如何?

快递服务商业模式

【内容提要】

本章主要内容:商业模式的含义、类型及构成要素;电子商务快递服务商业模式的含义、国内快递服务商业模式的种类和特征;电子商务快递服务商业模式创新的含义、特点和基本方式。重点是:理解企业商业模式的含义和特征,把握快递服务商业模式的发展趋势,掌握快递服务商业模式的特点和分析方法。难点是:理解企业商业模式创新的含义,掌握快递服务商业模式创新的分析方法。

第一节 商业模式概述

管理学大师彼得·F·德鲁克说:"当今企业之间的竞争,不是产品之间的竞争,而是商业模式之间的竞争。"时代华纳前首席技术官(CTO)迈克尔·邓恩说:"我希望新公司能够集中精力于商业模式以及潜在的业务经营方面,因为作为一家新兴企业,必须首先建立一个稳固的商业模式,相对于商业模式而言,高技术反倒是次要的。虽然我是一个倡导高技术的人,但在经营企业的过程当中,商业模式比高技术更重要,因为前者是企业能够立足的先决条件。"由此可知,商业模式是任何一个企业必须考虑的关键问题。对于新兴产业,更是如此,这几年商业模式一词广泛出现在IT领域,常见各种IT商业模式字样见诸于各种媒体。实际上任何企业都必须时刻思考自己的商业模式,不仅将商业模式作为确定企业运营战略的关键前提条件之一,而且当二者发生冲突时,也会反思其商业模式的变革和发展问题。

一、商业模式的起源

商业模式(Business Model)一词是在20世纪90年代中期,随着互联网在商业领域中的普及应用而开始流行的。落户中国,不过几年的事,而真正为企业耳熟能详,更是不久之前。在一般人看来,商业模式似乎与网络、新经济等相伴相生。不错,在以IT技术为标志的互联网、电子商务等新兴行业中,商业模式一词出现的频率最高。但是,传统行业中,商业模式的探索也从未间断:每个成功的企业都会经常审视、反思进而不断变革发展自己的商业模式。

互联网的出现改变了基本的商业竞争环境和规则,它有很多特性。Afuah 等人在 2005 年指出了互联网的 10 个最主要的特征。

(1) 它是一种媒介技术,能够将相互依存或希望相互联系的个体联系起来。

(2) 它无处不在,具有压缩或扩大世界的能力,世界上任何地方的人都可以通过它与其它地方的人相连。

(3) 消除时间的局限,能够压缩或延长时间,24 小时开放。

(4) 它可以作为信息产品的销售或传播渠道。

(5) 无限的虚拟容量。

(6) 减少了信息不对称。

(7) 降低了交易成本,包括搜寻信息,合同协调、执行等成本。

(8) 低成本标准,互联网是标准化的,对任何人都开放,并且易于使用。开发成本由美国国防部承担,固定成本可由数以百万计的用户分担,是低成本的电子沟通手段。

(9) 网络外部性,它的价值随着用户数量的增加而增加。

(10) 创造性破坏,它对企业的商业模式及进行商务活动(沟通、协调等)的方式产生多方面的深刻影响,推动了大量新的商业实践。

正是由于全球互联网的这些特性,它改变了基本的经济规则。一批基于互联网的新型企业应运而生,如亚马逊等纯粹的电子商务企业的兴起,对大量的传统企业也产生了深远影响。20 世纪 90 年代中期,"商业模式"一词开始流行时,常被用于刻画描述以网络为基础的电子商务型企业是如何获取收益的。在这个数字信息的时代,人们需要将这个由技术创新和产业及市场变革引起的经济变革时期概念化,重新考虑在不确定时代什么是可能的,以对其有更好的认识并适应它。商业模式就是人们常用的描述互联网条件下新商业现象的一个关键词。不仅企业家、技术人员、律师和风险投资家们等商业界人士经常使用它,学术界研究人员也用它。除了商业模式外,人们还曾使用其他一些关键词,如商业计划(Business Plan)、商业战略(Business Strategy)、收益模式(Revenue Model)。但是这些传统的关键词,难以充分解释新的经济社会现象,到了 90 年代中期,商业模式一词流行并占据了主流地位(Ghaziani 等,2005)。

二、商业模式的含义

虽然商业模式一词被广泛使用,但它至今仍没有被清晰的定义,不同学者对其赋予了不同的含义(Rapper,2001;Chesbrough 等,2002)。Ghaziani 等人(2005)指出,至少有三种原因引起争议。

一是早在 20 世纪 70 年代,在计算机和商业管理领域,人们就已经在使用商业模式这个词,并赋予它特定含义,直至 20 世纪 90 年代以前,它主要指的是计算机/系统建模。

二是商业模式一词在多个不同社会领域群体,如计算机、商业管理、信息技术、营销广告、金融、会计界使用时常指代不同东西,并且没有哪一种含义是权威的。如表 3-1 所示,Ghaziani 等人(2005)对 ABI Inform(管理类的全文数据库)中 500 多篇文章的分析表明,

1990—1994年,商业模式一词,至少被赋予了11种含义。除了计算机/系统建模外,还有电子商务、商业战略、商业计划,乃至全球化等。

三是因为处在数字经济历史时代,使用商业模式这个词的背景、环境有相当的模糊和不确定性。

表3-1　商业模式被赋予的不同含义及频次分布(1975—2000年)[①]

	1975—1989年	1990—1994年	1995—2000年
价值创造(value creation)	1(0.0)	7(5.5)	81(23.3)
默认的概念(tacit concept)	4(0.1)	25(19.5)	55(16.1)
收益模型(revenue model)	0	13(10.2)	58(17.0)
电子商务(electronic commerce)	0	7(5.5)	57(16.7)
计算机/系统建模(computer/systems modeling)	28(0.7)	19(14.8)	13(3.8)
关系管理(relationship management)	0	17(13.3)	35(10.3)
商业战略(business strategy)	0	11(8.6)	14(4.1)
商业计划(business plan)	2(0.1)	3(2.3)	13(3.8)
组织设计(organization design)	0	5(3.9)	9(2.6)
全球化(globalization design)	0	9(7.0)	1(0.3)
其他(varied other)	3(0.1)	12(9.4)	5(1.5)
不同时间段合计	38	128	341

注:表中括号里数据表示的是各时间段中不同含义出现频次的比重。

从表3-1可以看出,20世纪90年代后期,在商业模式的含义中,"价值创造"开始呈主流趋势,其他的含义虽然字面解释与价值创造有差异,但深层次上也都与价值创造密切相关或是价值创造的某个方面。事实上,2000年前后,越来越多的人开始逐步形成共识:所谓商业模式,其核心就是如何在变化的商业环境中创造价值。

由此可见,商业模式的基本含义就是指企业价值创造的基本逻辑,即企业在一定的价值链或价值网络中如何向客户提供产品和服务并获取利润。通俗地说,就是企业是如何赚钱的(Timmer,1998;Linder等,2000;Amit等,2001;Rapper,2001)。有些人则把商业模式描述为"清楚说明一个公司如何通过价值链定位赚钱"(Rappa,2002)。也有人把商业模式描述为在一个公司的消费者、联盟、供应商之间识别产品流、信息流、货币流和参与者主要利益的角色和关系(Weil和Vital,2002)。还有人认为互联网商业模式是公司利用互联网保证长期内能获利的方法,它是一个系统,包括各组成部分、连接环节和动力机制(Allan Afuah,2003)。Richardson和Allen(2006)认为商业模式有三个层次,一是战略层面,二是营运层面,三是经济层面。对于商业模式的理解需要把握如下六个问题。

(1) 怎样创造价值;
(2) 为谁创造价值;

[①] 乔卫国.商业模式创新[M].上海:上海远东出版社,2009.

(3) 竞争力和优势来源；

(4) 与竞争对手的差异；

(5) 怎样赚钱；

(6) 时间、空间和规模的目标等。

在大多数关于商业模式，尤其是与网络经济相关的探讨中，商业模式被直观、狭义地等同于盈利模式，即企业如何盈利。实际上，盈利模式仅仅是企业商业模式的一个构成部分。国内学者魏炜和朱武祥认为商业模式本质上就是利益相关者的交易结构(2008)。企业的利益相关者包括外部利益相关者和内部利益相关者两类，外部利益相关者包括企业的顾客、供应商、其他各种合作伙伴（本书主要指的是快递企业）等；内部利益相关者包括企业的股东、企业家、员工等。商业模式解决的是企业战略制定前的战略问题，同时也是连接客户价值和企业价值的桥梁。商业模式为企业的各种利益相关者提供了一个将各方交易活动相互连结的纽带。一个好的商业模式最终总是能够体现为获得资本和产品市场认同的独特企业价值。

一个完整的商业模式体系应该包括定位、业务系统、关键资源能力、盈利模式、自由现金流结构和企业价值六个方面。

三、商业模式的构成

(一) 定位

一个企业要想在市场竞争中获得成功，首先必须明确自身的定位。定位就是企业该做什么，它决定了企业应该提供什么特征的产品和服务来实现客户的价值。定位是企业战略选择的结果，也是商业模式体系中其他有机部分的起点。

企业定位直接体现在商业模式所需要实现的顾客价值上，强调的是商业模式构建的目的。企业对于自身的定位直接影响到企业需要构筑何种"物种"的商业模式。商业模式的定位更多地作为整个商业模式体系的一个支撑点，因为同样的定位可以有不一样的商业模式，同样的商业模式也可以实现不一样的定位。此外，商业模式中的定位更多地可以用来帮助理解企业的状态，这个状态包括提供什么样的产品和服务、进入什么样的市场、深入行业价值链的哪些环节、选择哪些经营活动、与哪些合作伙伴建立合作关系、怎样分配利益等。在商业模式的定位中，选择不做什么与选择做什么同样重要。同时，这也关系到企业如何构建业务系统、确定盈利模式、分布资源能力、设计现金流结构等商业模式体系中的其他部分。

(二) 业务系统

业务系统是指企业达到定位所需要的业务环节、各合作伙伴扮演的角色以及利益相关者合作与交易的方式和内容。一系列业务活动构成的价值网络组成了整个经济体系，而企业是一个由其中部分业务活动构成的集合。业务活动由相应的工作流、信息流、实物流和资金流组成。业务系统反映的是企业与其内外各种利益相关者之间的交易关系,因此业务系统的构建首先需要确定的就是企业与其利益相关者各自分别应该占据、从事价值网中的哪些业务活动。

首先需要确定的是企业与不同利益相关者之间的关系。这些关系包括简单的市场关系、一定时间和约束下的契约关系、租赁、特许、参股、控股、合资和全资拥有,等等。构建业务系统时所需要做的就是针对不同的利益相关者确定关系的种类以及相应的交易内容和方法。

业务系统是商业模式的核心。高效运营的业务系统不仅仅是赢得企业竞争优势的必要条件,同时也有可能成为企业竞争优势本身。一个高效的业务系统需要根据企业的定位识别相关的活动并将其整合为一个系统,然后再根据企业的资源能力分配利益相关者的角色,确定与企业相关价值链活动的关系和结构。围绕企业定位所建立起来的这样一个内外部各方利益相关者相互合作的业务系统将形成一个价值网络,该价值网络明确了客户、供应商和其他合作伙伴在影响企业通过商业模式而获得价值的过程中所扮演的角色。

业务系统的建立关键在于对行业周边环境和相互作用的经济主体的通盘分析。对于任何一个打算进入某个行业的新企业,可以通过反复询问以下问题来确定企业的利益相关者。

1. 我拥有或可以从事什么样的业务活动;
2. 行业周边环境可以为我提供哪些业务活动;
3. 我可以为各个相互作用的主体提供什么价值;
4. 从共赢的角度,我应该怎么做才能够将这些业务活动形成一个有机的价值网络,同时又让其他利益相关者得到他们想要的收益。

可见,业务系统是从全局的角度来布置自己与利益相关者的关系,不计较一城一池的得失,而是着眼于全局的成功。

(三) 关键资源能力

业务系统决定了企业所要进行的活动,而要完成这些活动,企业需要掌握和使用一整套复杂的有形和无形资产、技术和能力,我们称之为"关键资源能力"。关键资源能力是让业务系统运转所需要的重要资源和能力。任何一种商业模式构建的重点工作之一就是明确企业商业模式有效运作所需的资源能力,如何才能获取和建立这些资源和能力。以及了解企业所需要的重要的资源能力是如何分布的、如何才能获取和建立这些资源和能力。不是所有的资源和能力都同等珍贵,也不是每一种资源和能力都是企业所需要的,只有和定位、业务系统、盈利模式、自由现金流结构相契合、能互相强化的资源能力才是企业真正需要的。

企业内的各种资源能力的地位并不是均等的,不同商业模式能够顺利运行所需要的资源能力也各不相同。商业模式中关键资源能力的确定方法有两类:一类是根据商业模式的其他要素的要求确定,例如不同业务系统需要的关键资源能力是不相同的,不同盈利模式需要的关键资源能力也不一样;另一类是以关键资源能力为核心构建整个商业模式。常见的做法包括:1.以企业内的单个能力要素为中心,寻找、构建能与该能力要素相结合的其他利益相关者;2.对企业内部价值链上的能力要素进行有效整合,以创造更具竞争力的价值链产出。

(四) 盈利模式

盈利模式指企业如何获得收入、分配成本、赚取利润。盈利模式是在给定业务系统中各价值链主导权和价值链结构已确定的前提下,企业利益相关者之间利益分配格局中企业利益的表现。良好的盈利模式不仅能够为企业带来收益,更能为企业编制一张稳定共赢的价值网。

各种客户怎样支付、支付多少,所创造的价值应当在企业、客户、供应商、合作伙伴之间如何分配,这在企业收入结构中能很好地体现出来。

一个企业可以使用多种收益和成本分配机制。一个好的盈利模式往往可以产生多种收入来源,传统的盈利模式往往是企业提供什么样的产品和服务,就针对这种产品和服务向客户收费,现代企业的盈利模式则变化极大,经常出现的盈利模式是企业提供的产品和服务不收费并且是永远不收费,吸引来的顾客产生的价值则由其他利益相关者支付。

成本结构是和企业提供的产品和服务、业务系统及其资源能力分布紧密相关的。传统的盈利模式的成本结构往往和收入结构一一对应,而现代盈利模式中的成本结构和收入结构则不一定完全对应。

很多企业管理者都关注收入增长和市场份额,想当然地认为利润会随之而来,忽略如何盈利。但是这种"收入减成本"式的盈利模式只会导致经营越来越困难。因为这种盈利模式的收入来源比较单调,往往依赖主营业务的直接销售获得收入,并且主要由自己支付成本、承担费用。由于同行企业的产品/服务、定位、业务系统、组织结构和功能、投资模式、成本结构以及营销模式同质化,盈利模式基本无差异。随着行业内企业普遍扩大规模和产能,竞争加剧。当你与对手争夺顾客群时,多轮价格战,往往导致主业利润越来越薄,甚至亏本,净资产收益率降低和投资价值减少。

我们可以设定成本支付和收入来源两个维度,横坐标代表收入来源,主要分为直接顾客、直接顾客和第三方顾客以及第三方顾客;纵坐标代表成本支付,即成本由谁支付,主要分为企业、企业和第三方伙伴、第三方伙伴以及零可变成本。因此产生了12个区域,如表3-2所示。

表3-2 盈利模式结构分析

收入来源 成本支付	直接顾客	直接顾客和第三方顾客	第三方顾客
零可变成本	盈利模式9	盈利模式10	盈利模式11
第三方伙伴	盈利模式6	盈利模式7	盈利模式8
企业和第三方伙伴	盈利模式3	盈利模式4	盈利模式5
企业	盈利模式0	盈利模式1	盈利模式2

从表 3-2 可以看出,盈利来源可以不是直接客户或者主营业务,也可能是第三方或其他利益相关者。成本和费用也不一定是企业自己承担,可以转移给其他利益相关者。

(五)自由现金流结构

自由现金流量(Free Cash Flow,FCF),就是企业产生的、在满足了再投资需要之后剩余的现金流量,这部分现金流量是在不影响公司持续发展的前提下可供分配给企业资本供应者的最大现金额,同时也是在不危及公司生存与发展的前提下可供分配给股东(和债权人)的最大现金额。

公司自由现金流可以进一步分为两种:公司整体自由现金流和公司股权自由现金流。整体资本自由现金流量是指企业扣除了所有经营支出、投资需要和税收之后,在清偿债务之前的剩余现金流量;股权自由现金流量是指扣除所有开支、税收支付、投资需要以及还本付息支出之后的剩余现金流量。整体自由现金流量用于计算企业整体价值,包括股权价值和债务价值;股权自由现金流量用于计算企业的股权价值。两者具体的计算公式如表 3-3 所示。

表 3-3 两种自由现金流的公式①

公司整体自由现金流量	公司股权自由现金流量
全部资本税后自由现金流＝息税前利润＋折旧和摊销－运营资本投资－固定资产投资	股权资本税后自由现金流＝净利润中属于股东的利润＋折旧与摊销－运营资本投资－固定资产投资＋净债务融资

以下是表 3-3 中指标的说明。

息税前利润(EBIT):扣除利息及所得税前的利润。

折旧和摊销(D&A):属于非现金费用项目。折旧项目是指在固定资产使用寿命内,按照确定的方法对应计折旧额进行系统分摊。具体数据可以根据会计报表的信息来获取。至于摊销项目,主要是来自兼并收购过程中产生的商誉费用,以及无形资产的摊销等。

运营资本投资:等于流动资产减去流动负债。流动资产包括存货、应收账款、周转现金等;流动负债则主要是应付账款以及其他一些应付项目。

固定资产投资:为了经营需要进行的固定资产投资,包括对外进行收购、兼并等方面的资本性支出。

净利润中属于股东的利润:即为股东可分配利润,这其中已经扣除财务费用。

净债务融资:指公司每年新借入的债务与偿还的债务之间的差额。

任何企业的价值都可以用自由现金流模型来评价,某种程度上,企业投资价值就等于其预期未来可以创造的自由现金流的贴现值(详见下文"企业价值")。如果自由现金流丰富,则公司可以偿还债务、开发新产品、回购股票、增加股息支付。同时,丰富的自由现金

---

① 魏炜,朱武祥.发现商业模式[M].北京:机械工业出版社,2009.

流也使得公司成为并购对象。

自由现金流结构是企业经营过程中产生的现金收入扣除现金投资后的状况,其贴现值反映了采用该商业模式的企业的投资价值。不同的现金流结构反映企业在定位、业务系统、关键资源能力以及盈利模式等方面的差异,体现企业商业模式的不同特征,并影响企业成长速度的快慢,决定企业投资价值的高低、企业投资价值递增的速度以及受资本市场青睐的程度。

(六) 企业价值

企业价值,即企业的投资价值,是企业预期未来可以产生的自由现金流的贴现值。

按照金融原理,任何一个投资机会的投资价值是指投资对象(项目/业务/企业)未来预期可以产生的自由现金流的贴现值。

$$企业投资价值 = \sum_{t=0}^{H} \frac{FCF_t}{(1+r)^t}$$

一个企业是否具有投资价值由三个因素决定。

(1) 该投资项目未来预期能够产生的自由现金流的期限结构(FCF_t),FCF_t表示投资机会在t时刻预期能够产生的自由现金流,等于利润+折旧-投资(包括固定资产投资和运营资本投资)。

(2) 未来预期自由现金流的持续时间(H),由竞争能力的持续性决定。

(3) 投资者要求的收益率,或者投资者的机会成本(r),即资本成本,反映企业预期未来现金流风险。

如果说定位是商业模式的起点,那么企业的投资价值就是商业模式的归宿,是评判商业模式优劣的标准。企业的投资价值由其成长空间、成长能力、成长效率和成长速度决定。好的商业模式可以做到事半功倍,即投入产出效率高、效果好,包括投资少、运营成本低、收入的持续成长能力强。

企业的定位影响企业的成长空间,业务系统、关键资源能力影响企业的成长能力和效率,加上盈利模式,就会影响企业的自由现金流结构,即影响企业的投资规模、运营成本支付和收益持续增长能力和成长速度,进而影响企业的投资价值以及企业价值实现的效率和速度。投资价值实现的效率可以用企业价值/资源规模、企业价值/净资产规模等指标来评价;投资价值实现的速度可以用企业价值递增速度和达到更大规模层次所花费的时间来评价。例如,企业价值从1亿元,到百亿元、千亿元、万亿元所需要的时间。同样一个机会,同样的市场、顾客需求、新技术、新产品、独特的资源或能力、独有的社会资本等,采用不同的商业模式产生的企业价值规模、价值实现的效率、价值递增的速度和价值达到更大规模所需要的时间大相径庭。

四、商业模式的种类划分

与商业模式概念未形成统一规范的定义一样,关于商业模式的分类,不同的学者根据对商业模式系统要素理解的不同,从自己的研究视角,形成了相应的分类体系。

(一)乔为国在《商业模式创新》[①]一书中将商业模式分为五种类型:

1. 市场类商业模式,主要讨论为谁创造价值,包括目标客户要素。

2. 产品类商业模式,主要讨论价值载体或价值形态问题,包括产品服务、以及提供产品的渠道和客户关系要素。

3. 收益类商业模式,主要讨论企业提供价值的实现途径或者说企业如何取得收益的问题,包括收益方式要素。

4. 内部基础类商业模式,主要讨论企业如何进行资源与活动安排以提供价值,包括构成企业通常生产经营活动的企业内部价值链、核心能力及成本要素等。

5. 协作网络类商业模式,主要讨论在价值提供过程中企业在价值网络中与其他伙伴间的关系问题,包括合作网络要素。

(二)李振勇在《商业模式——企业竞争的最高形态》[②]一书中,将企业融资模式、扩张模式、营销模式、生产模式、盈利模式、管理模式以及由他们共同构成的经营模式的部分或整体统称为商业模式。根据这一定义,对商业模式进行了多角度的分类:

1. 从产业价值链的角度分为小系统商业模式和大系统商业模式。前者主要考虑企业内部的分工和价值创造,如中国移动、中国邮政 EMS、申通快递等。后者主要从企业所处的整个产业链地位考虑整个产业链的价值创造。如超级女生,由作为主办方的湖南广电集团,集全省各电视频道优势,集中所有的黄金时段播放超女节目,同时将蒙牛、掌上灵通、百度等企业拉进超级女声产业链中,共同创造产业链价值,并延长产业链。

2. 从空间定位可以划分为虚拟空间商业模式,如新浪、搜狐、QQ、淘宝等;现实空间商业模式,如联想、海尔、国美等。

3. 从企业的资本构成性质可以划分为四种商业模式:第一,以产业资本为主的商业模式,如格兰仕、长虹等;第二,以商业资本为主的商业模式,如沃尔玛、易初莲花等为代表的商业零售企业;第三,以金融资本为主的商业模式,如银行、信托公司等;第四,以产业资本、商业资本相结合的商业模式,如苏宁、国美、海尔、联想等企业。

4. 从经营标的物划分,也可以分为四类:第一,以经营产品和服务为主的商业模式,如制造业、商业企业、咨询公司等;第二,以经营品牌、信誉为主的商业模式,如可口可乐、中科智担保公司等;第三,以资本经营为主的商业模式,如投资公司、投资基金、银行等;第四,商品经营和资本经营相结合的商业模式,如南京斯威特、浙江万向集团等。

5. 从企业生存的依赖度划分,也可以分为四类:第一,以融资模式为主的商业模式,即该模式高度依赖于金融工具;第二,以管理模式为主的商业模式,即该模式依赖于企业的高效率运转;第三,以营销为主的商业模式,即该模式主要研究企业产品(服务)卖给谁和如何卖的问题;第四,以生产加工为主的商业模式,如格兰仕等。

(三)还有学者将商业模式分为两大类:即运营性商业模式和策略性商业模式。

1. 运营性商业模式,其重点是研究解决企业和环境的互动关系,包括与产业价值链环节的互动关系,创造企业的核心优势、能力、关系和知识,主要包括:

(1)企业在产业价值链中的定位,即研究企业处于什么样的产业链条中,在这个链条

---

① 乔卫国.商业模式创新[M].第一版.上海:上海远东出版社,2009.
② 李振勇.商业模式——企业竞争的最高形态[M].第一版.北京:新华出版社,2006.

中处于何种地位,企业结合自身的资源条件和发展战略应如何定位。

(2) 设计企业赢利模式(收入来源、收入分配),即研究企业从哪里获得收入,获得收入的形式有哪些,这些收入以何种形式和比例在产业链中分配,企业是否对这种分配有话语权。

2. 策略性商业模式,是对运营性商业模式的扩展和进一步应用。可以说策略性商业模式涉及企业生产经营的方方面面。具体表现在业务模式、渠道模式、组织模式三个方面。

(1) 业务模式是企业向客户提供什么样的价值和利益,包括品牌、产品等。

(2) 渠道模式是企业如何向客户传递业务和价值,包括渠道倍增、渠道集中/压缩等。

(3) 组织模式是企业如何建立先进的管理控制模型,比如建立面向客户的组织结构,通过企业信息系统构建数字化组织等。

运营性商业模式和策略性商业模式存在逻辑上的递进关系,一般情况下企业在设计好运营性商业模式后,需要进一步通过策略性商业模式的实施才能达到相应的盈利目的。

由上可知,商业模式可以从不同角度进行分类。不同分类中,商业模式的称谓和含义不尽相同,但不同类别的商业模式之间可能相互重叠和交叉。这一方面说明了企业经济活动的复杂性,同时也反映出,企业往往是多种商业模式并用的。

五、商业模式的特征

从某种意义上说,企业注入和融合一种先进的管理技术和经验时,借用商业模式的说法更容易消化、吸收和理解。一般来说,商业模式必须具有以下特征。

(1) 商业模式是一个整体的、系统的概念,而不仅仅是一个单一的组成因素。如收入模式(广告收入、注册费、服务费)、向客户提供的价值(在价格上竞争、在质量上竞争)、组织架构(自成体系的业务单元、整合的网络能力)等,这些都是商业模式的重要组成部分,但并非全部。

(2) 商业模式的组成部分之间必须有内在联系,这个内在联系把各组成部分有机地关联起来,使它们互相支持,共同作用,形成一个良性循环。

(3) 一种商业模式要实施以后才能实现其价值。一个好的商业模式可能因为执行不当而失败,一个弱的商业模式可能因为强有力的执行而成功。因此商业模式还应该包括一定的时间和实施方面的因素[①]。

(4) 一个企业的商业模式随着内部条件和外部环境的变化而变化,而不是固定不变的。

(5) 每个行业通常都形成了一些较为固定的商业模式,这些商业模式从名称到实际操作既可能相近、相同,也可能存在差异或者完全不同。对商业模式的考察重点在于:

① 具体内容和实际操作。有的商业模式其具体内容和实际操作均非常简单,有的则非常复杂。

② 商业模式的关键是能够让企业盈利而且是持续的盈利。从某种意义上说,对于一个具体的企业没有或者不存在让企业亏损的"商业模式",因为只有使企业盈利而且是持续的盈利的模式才能成为商业模式。

---

① 乔为国. 商业模式创新[M]. 第一版. 上海:上海远东出版社,2009.

(6) 实际上任何企业都有自己的一套"生意经",或是"经营学",如果将成功企业的"生意经"或者"经营学"通过理性的分析,并归纳整理成一种具有代表性且稳定的操作模式,就成为一种"商业模式"。因此,商业模式可谓种类繁多且内容丰富。

第二节 快递服务商业模式概述

电子商务应用和物流信息技术的发展推动了快递服务的发展,同传统快递服务相比较,电子商务环境下的快递服务有许多新的特点,进而对快递服务经营者提出了许多新的要求。我国快递企业为适应这一要求,尤其是电子商务发展后所带来的快递服务数量、质量和服务水平的新要求,不断调整自身的经营策略,开发新的(服务)产品,扩大服务网络,设计新的营销方案,创造新的快递服务模式,以满足快递服务市场的需要,使我国电子商务快递服务的商业模式不断丰富和完善。

一、快递服务商业模式的含义

根据本章第一节关于商业模式概念的分析,结合电子商务快递行业的实际,我们将电子商务快递服务的商业模式定义为:在电子商务的背景下,快递企业整合电子商务的核心资源、充分利用互联网的特性(包括:媒体特性、全球性、网络外部性、消除时空局限、减少信息不对称性、低成本性和创造性破坏等[①]),优化快递企业内部作业流程;重构服务价值链,参与整个行业价值链的变革,更好地满足客户的需求,并为客户提供更多的价值;通过降低成本,增加利润来源等途径获取长期盈利的一个商业系统。

我国快递业现有四种常见的商业模式,他们是直营(如邮政 EMS、顺丰)、加盟(如申通)、物流联盟和直营加盟兼有的混合模式。按乔为国在《商业模式创新》中的分类,这四种商业模式主要体现为内部基础类和协作网络类商业模式的特点;按李振勇在《商业模式——企业竞争的最高形态》中的分类,这四种商业模式中既有小系统商业模式(直营),也有大系统商业模式(物流联盟),同时又分别主要体现出现实空间商业模式、产业资本商业模式、服务型商业模式、管理型商业模式的特点;从实施过程看,这四种商业模式同时具有运营性商业模式和策略性商业模式的特征。

二、我国快递服务商业模式的种类

(一)直营式商业模式

目前国内仅有中国邮政和顺丰两家快递企业采用完全直营的商业模式。直营企业要求以总部开设各地分公司的方式拓展网络,需要大量的资金和人力、物力来扩大市场。因此,只有实力雄厚的企业才能真正做到直营。

---

① AAfuah A. C. Tucci. Internet Business Models and Strategies[M]. Boston:McGraw Hill,2001.

对选用直营商业模式的快递企业而言,该企业应具有强大的执行力、现金流状况良好、市场基础稳固、网点覆盖范围广等特点。由于我国地域广阔,市场特点迥异,渠道系统复杂,市场规范化程度比较低,除中国邮政快递之外,一般民营快递企业在创建初期不具备选择直营商业模式的条件。虽然直营快递企业在管理上更加规范、科学,在品牌构建和品牌传播上更加专业化,在投递环节中的细节服务更加标准化,国内仍有不少大型快递企业如申通、圆通、宅急送等并没有一步到位的选择直营商业模式。

随着经营规模的扩大和企业的发展,一些国内快递企业逐渐发现加盟制对公司总体战略的执行和规范性管理的实施带来了一些弊端:比如加盟商和总公司之间的相对独立性;加盟商的行为与总公司的要求不一致会损害客户的利益;总公司的执行力和人事权较弱,不能及时更换不合格的分公司领导,等等。因此,一些快递企业相继将一些重要的运转中心由加盟改为直营的模式,剩余的其他网点继续采取加盟的模式,这样整个公司采用直营＋加盟模式。

(二) 加盟制商业模式

这种商业模式为中国广大的中小快递企业所广泛使用。由于我国目前各大城市纷纷涌现了不少中小型快递企业,这些中小型快递企业在发展过程中面临着两大困境,其一是资金实力上的困难,国内中小快递企业普遍资金实力比较薄弱,选择加盟制商业模式,可以在一定程度上使他们占有加盟商的一部分资金,甚至可以通过这种方式完成最初原始资金的积累,实现快递企业的快速发展;其二是一般中小快递企业没有品牌效应,团队执行力比较差,很难在短时间内构建一个庞大的执行团队,选择加盟有实力的快递企业,可以克服中小快递企业创业之初在资金和品牌方面的短板。

(三) 配送仓储一体化的商业模式

配送仓储一体化的商业模式是很多快递企业应对电子商务发展所选择的商业模式。随着电子商务网站的发展,很多C2C网店没有实体店,或者为了节约成本,办公室就是仓库,狭小拥挤,一旦发货则手忙脚乱。对此,部分快递企业提出了配送仓储一体化的商业模式,认为电子商务和物流服务应融合起来,让小批量网商消除租用仓库的排斥心理。比如星辰急便就提出了配送＋代收＋分仓＋三次销售的业务模式;同时在分仓上,星辰急便还提出了实体分仓和虚拟分仓的概念。实体分仓是传统意义的仓库,而虚拟分仓是指"从空中到当地"的模式①。就目前电子商务市场的状况来看,已经上规模的电子商务公司,都是自己做分仓,他们不太需要快递公司为其提供分仓及务。因此这种模式主要的服务对象还是中小企业和传统企业。

---

① 电子商务交易中,退换货现象比较普遍,有的企业高达30%。为减少快件往返的时间、节约运输成本,快递公司可在各地设立仓库(分仓)。快递公司把货物送到客户那里,客户如果拒收,快递员就拿回来存放在寄达地仓库,而不必运回原发地。例如广州到苏州的快件,就存放在苏州的仓库,同时通知广州的公司货物没有卖出去。如果苏州另有客户要购买的话,就把A客户改为B客户,在短时间内再次配送。

(四) 一条龙专卖式商业模式

随着中国市场渠道终端资源越来越稀缺,越来越多的中国消费品企业选择专卖形式的商业模式。如蒙牛乳业提出的蒙牛专卖店加盟计划、云南乳业出现的牛奶专卖店与牛奶总汇等。选择专卖店商业模式要求企业至少具有以下三方面的优势之一:

其一是品牌。选择专卖商业模式的企业基本上都具备很好的品牌基础,消费者自愿消费比较多,而且市场认知也比较成熟。

其二是产品线比较全。要维系一个专卖店具有稳定的利润,专卖店产品结构就应该比较合理,因此,选择专卖渠道的企业必须具备比较丰富的产品线。

其三是消费者行为习惯。产品或服务满足特定人群(年龄、性别、地域、种族等)的消费偏好或者满足消费者特殊需要(喜、怒、哀、乐等)。

必须看到,在广大的农村市场,这种专卖模式可能就很难起到推动市场销售的作用。因此,专卖商业模式需要成熟的市场环境。我们这里所提到的快递企业的一条龙专卖式商业模式与前面的消费品企业的专卖式商业模式有所不同,一条龙专卖式商业模式是指快递企业自己做电子商务网站,寻找较全的产品线,提供在线购买和配送等一条龙式的服务,国内圆通新龙网基于各地特产的经营可算作该种模式。

配送仓储一体化的商业模式与一条龙专卖式商业模式完全不同,配送仓储一体化的商业模式是以价格策略为商业模式的核心,而一条龙专卖式商业模式是以形象与高端服务为核心。

(五) 复合式商业模式

由于国内快递市场环境复杂,很多民营快递企业所采用的商业模式属于复合式商业模式。复合式商业模式是结合企业自身发展特点,在各阶段采纳最适合自身发展要求的经营方式,这些方式可能具备某些成功商业模式的部分特征,但不是原封不动照搬,而是带有自身特点的;同时复合式商业模式也不是一味地将商业模式复杂化,企业在逐渐形成复合式商业模式的同时,其组织架构、人力资源设备、物流系统及营销策略都会进行相应调整,从而使经营能够有条不紊地进行。

第三节 国内快递服务商业模式构成要素分析

一、中国邮政的商业模式

近年来,随着互联网和电子商务网络购物的普及,为了应对不断变化的市场环境和用户需求,中国邮政也在努力探索适合自身发展的新商业模式。

(一) 定位

随着中国邮政市场的逐步开放,国外快递公司纷纷进入,本土民营快递企业的竞相出现,加剧了中国邮政的经营环境和竞争的复杂程度。随着电子商务的发展,中国邮政认识到城市配送的巨大需求,推出比特快专递(EMS)价位更低、实行陆运的"e邮宝"业务,集中力量发展城市配送投递市场。

中国邮政现代物流发展定位为:以高层次快递市场为目标,以7R即恰当的时间、恰当的地点、恰当的数量、恰当的质量、恰当的商品、恰当的成本、恰当的顾客为主导,为社会提供精益化的物流服务即"精益物流",以多频次、小批量、高附加值、高时效的物品为主,定位在IT、家电、医药、出版、个人护理品、烟草以及汽车配件七大行业,这种定位有利于发挥邮政企业的核心竞争优势,维护核心品牌理念,同时也有利于邮政企业大力发展增值物流服务,提升服务增值空间。

中国邮政EMS一经开办,就迅速从大中城市扩大到全国县级城市甚至乡镇和农村。中国邮政EMS拟定的用户群与普通邮政服务的用户群没有区别,与邮政普遍服务类似,EMS也是为每个角落的用户服务的,甚至EMS以体现公民通信权利的名头出现在各大媒体上进行广告宣传。中国邮政对EMS的定位,未能突出EMS的高附加值特点,在快递市场上存在一定的竞争劣势。主要体现在:

1. 确定开办业务范围时,没有顾及业务量及客户的分布状况是集中分布而不是均匀分布,会导致部分网络成本得不到有效弥补。同时也并不是所有地域都能确保传递时限的实现。

2. 均一资费政策是普遍服务的需要,而非EMS的要求。这种资费标准导致了同城和区域业务价格没有竞争力以及跨区域业务的资费不能弥补成本。

3. 市场反应滞后,从开办到今天,国内基本首重资费一直是20元,后期虽然推出了"e邮宝"业务,但是由于是陆运模式,速度赶不上其他快递企业的空运模式,因而没有达到预期的效果,也不能完全适应不断变化的快递市场竞争的需要。

EMS市场定位的缺陷是没有从速递业务的市场特征出发以突出EMS的商业化本质特征,不能根据市场需求的变化及时调整发展战略,对该做的高效城市市场没有全力做好,对不该做的低效市场却花费大量的资源,事倍功半,甚至劳而无功,这是EMS失掉主要发达地区和大城市市场的主要原因。

(二) 业务系统

目前,中国邮政EMS经过多年的经营,拥有计算机跟踪查询网络、邮政网络系统、中国邮政航空快递网以及高速汽车公路网,同时还建立了11185客户服务中心,此外邮政还善于借助其他部门的飞机、火车等长途运输工具完成寄递,这种协调合作的方式,有效地缩短了快递物品的全程时间。

中国邮政快递还可以借助国际航空公司庞大的物流运输网络,来提升自己在国内快递业务领域的竞争力。

(三) 关键资源能力

关键资源能力通常可以分为企业资源和企业能力,企业资源包括金融资源、实物资源、人力资源、信息、无形资源、客户关系、公司网络、战略不动产;企业能力包括组织能力、物资能力、交易能力和知识能力。

中国邮政在国内有许多先天优势,比如网点最密集,分布最广泛,全国所有城市的居民小区几乎都设立邮政专属的信箱,而且各种软硬件设施齐全,有资金优势等。

国际范围内,利用万国邮联系统,中国邮政网点遍布全世界,各国邮政部门不断加强合作有助于在市场激烈的竞争环境中增强比较优势。随着跨国界邮件量的不断增加,加强各国邮政部门间新业务的开发与合作,使未来的邮政业务发展多样化、全球化,通过Internet,全球消费者共享各种信息,邮政网络显示出其大众化服务特有的自身价值。

(四) 盈利模式

中国邮政于2006年进行了"政企分开"的体制改革,此次改革将原国家邮政局改制为中国邮政集团公司,并另成立国家邮政局作为行业管理的行政单位,随后邮政集团公司内部展开专业化经营的企业改革,成立了中国邮政速递物流公司等专业化公司,中国邮政EMS不再属于普遍服务的范畴,同时加大了EMS在其优势区域的发展力度。

目前,中国邮政EMS推出了"全夜航"、"次晨达"、"次日递"、"限时达"、"中秋思乡月"等业务,用户可以直接到各邮政窗口办理,也可以通过拨打11185等方式办理这些业务。考察国内各省(区、市)EMS业务后可见,广东、上海、江苏、浙江、北京、山东、福建7省(市)占据了EMS业务70%以上的份额。但由于EMS是全国统一定价,缺乏灵活的价格机制,不能根据市场进行调整,造成了其资费高于民航快件和中铁快运快件资费,区域和同城EMS资费更是远高于其他快递公司的收费标准。

中国邮政的EMS有别于邮政普遍服务,需要按照商业化原则进行运营。因此中国邮政必须对目前的EMS价格政策进行改革,价格的制定应该因地制宜,不能一成不变。只有这样才能增强邮政EMS在市场上的价格竞争力,才能在更大范围内获得更多的潜在用户。

改革后的EMS应重新配置资源,进行网络优化,将影响竞争能力和盈利能力的农村和欠发达地区的业务逐步取消,专心打造城市和发达地区的业务,保证"全夜航"、"次晨达"、"次日递"等业务的速度和服务质量。这样才能与国外四大快递企业和国内大大小小的速递公司相抗衡。农村欠发达地区的业务可由邮政的其他业务所替代。因此对邮政整体来讲,业务量不会有太大的影响。

同时邮政EMS业务也应突出限时寄达、专门服务、实时查询、逾期赔偿等业务特点。

二、民营快递的商业模式历程

民营快递的兴起,源于1986年《邮政法》对国际快递公司的管制,包括联邦快递在内的四大快递公司仅被允许从事国际航线上的进出境快递业务,无法进入国内市场。同时,中国邮政旗下的邮政特快专递(EMS)限于体制,缺乏变革动力,因此顺丰、申通、圆通、宅急送等民营快递成为市场的主力军。

民营快递寄递的是一些商业单据和对时效性要求较高的小件货物。过去的邮政服务已经完全不能满足这种要求，客户无法忍耐在家中漫漫无期地等待邮政"快件"，或者自己带着针线去邮局缝包裹。初期的快递服务相当简单，快递公司没有能力承担飞机的高成本，只能用汽车加自行车的方式，提供客户所要求的时效性服务。这种方式一直持续到今天，所做的改进仅限于把自行车换成电动车或摩托车，以及少量的飞机。

在这个时期，快递企业的竞争优势主要体现在扩张规模上。快递是一个典型的规模化产业，客户的忠诚度与快递公司的服务覆盖广度有很大关系。当无法为一个客户提供某一个城市或地区的寄递服务时，这个客户会马上挂掉电话，转而将所有订单交给另一家服务网点更多的公司。为了适应高成长的市场，快递公司全力扩张网络，最常见的现象是，一家快递公司租一间办公室，开通一部电话，招聘几个骑自行车或摩托车的配送员，就可以在一个城市或地区经营业务了。

此时的快递公司并不过分关注服务质量，而是尽力降低成本，以追求利润。在北京同城快递市场上，一些快递公司发明了"地铁快递"模式。快递公司会派一名员工买2元一张的地铁车票，从早到晚在地铁内穿梭一天，地铁每到一站，他会将在前一站收到的快件，隔着检票口旁边的栅栏递送给当地骑着自行车赶来的配送员，同时收取揽到的新快件，然后回到车上赶赴下一站。按今天流行术语，可以称这种快递为"山寨模式"快递。虽然条件如此简陋，但由于广泛的市场需求，这种模式仍然在相当长的时间内保持了高速成长。

1986年《邮政法》的管制政策使大多数民营快递公司并没有把国外的联邦快递、敦豪等作为竞争对手，只是把中国邮政的 EMS 作为竞争对手。面对当时低端市场的高速成长，在市场供不应求的情况下，一些满足于高成长的快递公司，忽视了新消费群体的诞生以及原有消费需求的迅速升级，在企业资源配置和能力建设上出现了偏差。在2000年前后，国内快递业开始遭遇"七年之痒"，此时的快递市场已经呈现出群雄并起的格局，包括顺风、申通、圆通在内的诸多国内民营快递公司逐渐建立了自己的影响和品牌，使消费者选择余地加大，快递市场细分迹象开始出现。简单拼凑的"地铁快递"，已经无法满足对速度和可靠性要求更高的客户的需求。但对于大部分快递公司来说，这并不是很紧要的问题，因为低端市场的空间仍然巨大，他们仅仅依靠市场的增长就可以实现每年超过100%的增长。

(一) 顺丰快递

1. 定位

顺丰在10年前，相比其他以运输公司起家的快递公司，在运力整合上不具备优势，而且所运送的货物定位在价值高昂、对可靠性要求较高的产品，顾客群也是定位商务人士等高端需求群体，采取的是专人专送的方式，因此，在进入内地快递市场之初，顺丰主要递送信函和小件类的"零售"包裹，"批发"大件较少，其定价比其他快递公司高一些。

2. 业务系统

目前，网上下单、全程监控已经成为顺丰的特色服务。在揽收快件办理收件手续时，顺丰公司业务员都带有一个电子扫描仪，对发货单条码进行扫描，然后把相关数据传到总部。总部马上知道是谁在什么时间收到快件,快递业务员收到快件后就该对快件负责,确保安全送达所在区域营业部。

对于异地的快递运送,由于不知道货物何时发送以及现在所处的位置等,客户常常担心不能按时收货。这些问题顺丰都有相应的解决措施,顺丰快递的T&T(卫星通信)系统可以对运送中的货物进行实时监控,清晰地掌握发送货物的动向,并对货物在途中所经过的城市一清二楚,货物到达哪个城市、何时到达,网上都会有相应的显示,顾客可以查询。

3. 关键资源能力

顺丰最大的两个关键资源能力是全网直营和包机。但是顺丰并非最初就选择直营和包机,而是经历了一个曲折的过程。2003年是顺丰的一个大的转折点。

创业之初,顺丰和所有民营快递公司一样,由于缺乏资金的支持,选择加盟制来扩大公司规模。但加盟制公司结构与顺丰的产品定位之间出现了根本矛盾。顺丰所经营的是高附加值的快件业务,客户对价格相对不敏感,而是更重视速度和可靠性。在加盟制下,很多地方公司由于出身于运输公司,他们在承揽快件的同时,还会承接其他货物,把快件和货物共同拼装在同一辆车上。因此,经常会出现此类问题:无论是时效性还是装卸质量,顺丰的快件最后还是要"将就"那些普通货物,人为造成与服务定位之间的背离。此外,在松散的加盟体制下,对地方网络的管理很多时候只能是一纸空谈。

2000年,在发生了几次大的事故之后,顺丰创始人下定决心抛弃加盟制。紧接着几年,顺丰采取强硬的方式进行收权,最终在动荡中逐步完成了组织的变革,建立起国内快递市场中除中国邮政之外唯一的直营网络。也许,在竞争对手看来,顺丰为选择直营付出的代价惨重。至少,顺丰牺牲了很多市场份额和利润,换来的仅仅是有限的速度和服务标准提升,而这些又是整个快递市场主流客户当时并不太在意的东西。2003年的"非典"事件使航空运价大幅度下降,顺丰抓住机遇成功地成为国内第一家租用飞机、在干线上运送快递的民营企业,从而给顺丰的后续发展奠定了很好的基础。

4. 顺丰的包机直营模式

2003年的"非典"时期,是顺丰发展的一个转折点。当时"非典"让很多人在足不能出户的无奈选择下开始尝试网络购物,网络购物获得了快速发展,同时网络购物所依赖的快递服务,也进入一个爆发增长期。网络购物所使用的快递,比一般快递更强调服务的速度和可靠性。大部分网购消费者除了购买书籍、服装外,还开始尝试购买一些电子产品和其他价值更高的消费品。为了消除这种非体验消费模式下的不安全感,他们中的很多人在购买商品时,宁愿多花5~10元钱,希望找到一家更可靠的快递公司。在这种需求下,已经完成网点直营管理的顺丰,在服务标准的统一性和可靠性上,已经走在了快递服务行业的前列。

此时,在主要城市,顺丰已经能做到次日内送达,而一般快递公司连三天都不能承诺;在快件丢失率和破损率等关键指标上,对地方公司实行直接管理的顺丰公司达到了较高的标准,加上前期公司能力建设发挥作用,顺丰开始赢得了快递市场中的高端客户群体。在淘宝等电子商务网站上,多数卖家均将顺丰作为主要的快递企业予以推荐。网购一族中出现了"顺丰消费群体",这种客户的自愿行为使顺丰成为值得信赖的快递公司之一。

顺丰的另一个优势——包机,也是源于"非典"事件。"非典"使顺丰顺利获得廉价包机的机遇,并在高端市场启动的同时,有机会做出新一轮资源和能力建设的抉择。"非典"期间,航空运价下降幅度很大。顺丰借助时机,在国内成为第一家租用飞机、在干线上运送快递的民营企业。顺丰作出此决策的初衷,只是因为随着货量的暴增,他们在核算运价时发现,使用飞机的单件平均成本已经接近公路运输模式。"非典"之后,快递市场进一步细分,顺丰开始意识到,"飞机快递"这种由联邦快递确立的创新模式,是让自己在细分市场中进一步建立竞争优势的唯一选择。随后,顺丰利用飞机,在一线城市中推出了"准限时服务",即普通快件48小时送达,急件可以24小时送达。

从"飞机快递"的创始者——联邦快递30年前的实践发现,"限时"已经被证明是划分快递细分市场的关键特征。而国内市场的需求中,也开始出现这一倾向:当客户被承诺"差不多送到"和"一定送到"时,越来越多的人愿意多花一点钱而选择后者。然而要做到"限时"服务,飞机一定是必不可少的。毕竟一件快递的送达时间有赖于揽收、干线运输、分拨和终端配送四个环节的有效整合链接,飞机和汽车在干线运输中可能只差几个小时或十几个小时,但快件送到客户手中就至少差了一整天。于是,当那些依靠公路货运的竞争对手开始追求"差不多送到"时,顺丰已经开始确立了"一定送到"的新服务标准,建立起一道难以逾越的竞争门槛。目前顺丰推出的有"即日限时递"等业务。上午分2个时间段下单,分别在当天下午4点和6点前送达,高于快递服务标准中同城快递24小时送到的规定。

顺丰的"好运气"在接下来的几年中继续上演,由于客户消费能力的提高以及快递市场竞争的加剧,原有的低端服务需求也出现了升级要求。一些传统的对时间和可靠性要求不高的快件,比如服装等,也开始转向那些可以提供更快、更可靠服务的快递商。随着中高端市场边界的扩大,顺丰不仅在高端市场上独树一帜,同时开始进入低端快递市场。

在双重因素推动下,顺丰开始进入一个爆发性增长期,其年营业额很快从与宅急送、申通等公司相当的2亿~3亿元,跃升到2004年的14亿元,再到2006年的约30亿元,自此确立了在国内快递市场中的龙头地位。

(二)圆通快递

1. 定位

伴随着电子商务的发展,以及淘宝网C2C业务的增长,圆通是受益快递公司中的一个典型样本。成长起来的圆通速递不仅仅希望做第三方物流平台的角色,在电子商务巨大魅力面前,圆通速递还要做自己的电子商务公司。

截至2009年8月,与淘宝合作的大小快递企业已经有14家,其利润空间很小,完全不如递送普通的商务快件利润大。在微利面前,圆通速递选择了从产业链的中间进入电子商务领域。新龙网的出现,证实了圆通速递不愿在电子商务市场只做被动的递送者。

2009年8月31日,圆通与韩国的电子商务公司爱神灯在香港用500万港元注册了一家名叫Cats Alliance Express(CAE)的公司,公司的运营中心在上海。

CAE不仅要打造成类似淘宝的国际性网上购物中心,而且 CAE 更是一个集合供货商、中间商和快递公司的平台,通过 CAE 协调联盟中的供货商和快递公司,根据距离、成本等因素,可以为客户选择最佳的产品来源和递送方案。

据了解,通过加入 CAE 联盟的各国快递公司的支持,CAE 的递送范围可以到达中、日、韩、新加坡、泰国、印度、菲律宾等 15 个国家和地区,而圆通负责 CAE 在中国的递送业务。

2. 业务系统

圆通速递投资百余万元,建立了客户服务呼叫系统,并实行前台应答,后台处理的客服受理模式。此举大大提高了圆通总部客服中心业务查询、咨询及受理服务的工作效率,使客服中心服务应答处理率达到 100%,客户满意率达到 95%,提升了企业服务水平和竞争力。

为提高快件的安全和时效,2008 年专门成立了时效保障部,同时在全国 20 多个分拣中心和各主要城市安装了远程视频监控系统,对所有快件运输车辆配备了 GPS 全程跟踪系统,实时监控圆通全国网络的快件安全和时效,保障每一票快件都能及时地送到客户手中。

此外,圆通速递还建立了完善的信息系统,确保快件信息的实时传递,方便客户查询服务。为确保寄递物品安全,圆通速递购置了安检仪,安置在上海、北京、广州等主要快件分拣中心,为快件的安全、高效分拣提供了保障。

3. 关键资源能力

圆通快递发展的优势是 C2C 灵活的商品末端派送,劣势是 B2B、B2C 的商品末端的派送。新龙网的开展主要针对土特产和民俗特色产品,可能运输问题会制约发展,因为这些产品的运输涉及获取、保鲜、冷藏车的投入等,以往的货车可能无法满足使用的需要。目前,圆通已经与全国 600 多家名优特产客户建立了联系,前期投入已经有三四百万元。

与其他电子商务网站相比,圆通速递 2 400 余个配送网点是新龙网的优势,而其他电子商务网站要自建物流体系需要耗费巨大的投资成本。但如何尽快拓展客户群,是快递起家的圆通面临的最大挑战。

在营销战略上,圆通主要是通过县、市级公司人脉、政府、供销平台使用户了解新龙网;针对竞争对手主要是加强企业文化建设和品牌化管理。主要采取的战略营销模式有门店与便利店结合、进入社区,同时延长服务时间到晚上 11 点,做到多频次递送、在江浙区做到次晨到,主要的差异化表现在代客报关、进仓、收派分离。

为了提高快递服务质量,圆通速递从以下几个方面来具体规划。

(1) 关键因素是网络建设,做到标准化的操作流程、多元化的快递服务产品、健全的网络配送体系、稳定的服务时效以及良好的服务态度。

(2) 转运中心是提高快件转运时效的必要设施。具有仓储和分拣功能的大型转运中心,对于提高快件转运能力和快件转运时效至关重要,同时,需要引进先进分拣设备。目前,在国内一些大型民营快递企业中都使用了高度机械化的快件分拣系统,在一定程度上提高了快件分拣的速度和效率,增强了快递企业服务于电子商务和消费者的能力。圆通速递目前有大型直营转运中心26个,还将增加长沙、蚌埠、郑州、南宁四个直营中心。

(3) 网络配送体系是实现快递服务的基础。快递企业不但要在发达城市、地级市、县级市建立密集网络,在乡镇地区也要建立网络,不断加快快递服务网点建设,逐步扩大网络覆盖面,构建快递网络配送体系,以适应快递市场发展和满足消费者的需求。目前圆通速递已有2 400多个网点,主干线车辆有187辆,主要是汽运和空运,尚未包机,未来有包机的想法,希望在"十二五"期间,能够依靠国家扶持,与其他快递公司整合包机,以降低单位成本。

(4) 信息化是实现快件实时传递的保障。要实现高质量的快递服务,必须建设和完善统一、专业、高水平的快件信息系统,并通过完善的信息网络,对自身的网络资源进行整合,以提高快递企业服务客户的综合能力。在与电子商务合作的过程中,要建设一流的反应迅速、实时沟通的由"电子商务—快递企业—消费者"组成的三位一体的信息交流平台。通过这一平台,实现信息资源共享,进一步提高电子商务信息在商家、快递企业和消费者之间的流转能力。

(5) 专业团队是为客户提供贴心服务的保证。快递业作为服务性行业,专业性是它的本质特征。建立一支具有专业服务水准的快递服务团队尤为重要。由于高质量的快递服务需要快件流转的每个环节的高度协作,因此,快递服务专业团队是提高快递企业服务客户的能力和水平,为客户提供贴心服务的保证。

(6) 增值服务将是推动电子商务发展的动力。在当前主要表现为代收货款。因此,要在建设流畅的资金流动渠道的基础上,开发代收货款等新的增值业务。代收货款等新业务在未来快递市场上潜力巨大,也必将推动电子商务向多元化的方向发展,实现快递企业与电子商务企业的双赢。

4. 圆通的渠道营销模式

上海圆通新农邮购有限公司是上海圆通速递有限公司投资创立的以土特产商品为主,囊括中国地方特色商品销售的全景式营销的商业模式运营公司。圆通新龙网是公司的主要业务,也可以说是公司的"核心产品"。新龙网是主要以B2C电子商务模式提供土特产和民俗特色产品销售的交易平台,就像当当网、卓越网等网络商店一样。

圆通新龙网的盈利特色是渠道营销;商品特色鲜明,主要经营各地方特色和民俗类产品,如土特产、手工艺品等。凡是各地的特色产品都将是新龙网经营的商品;物流强大,地方特色产品因为其产品的特性受地域及时间的限制,往往处于走不出去或走不远的被动局面,新龙网不仅利用网络资源让这类产品有充分的展示平台,而且圆通速递的部分网点已建立了专属于圆通新龙网的物流体系,解决了地方特色产品受地域和时间限制而滞销的问题。因此圆通速递为新龙网承载快递物流这一环节的工作,强大、畅通的物流体系也能给予广大供应商以足够的信心,故圆通速递的优势也是新龙网核心优势不可分割的一部分;在规模和整合推广的实力上,圆通拥有互联网无限伸展的展示空间、可容纳无限种商品、图样及其内容,具有明显的规模效应特征。同时把众多的特色产品集中在一个平台来进行交易,使顾客选择更加方便,而且新龙网会利用互联网的传播,用诸多专业的操作手法来进行平台和供货商的产品推广,这样可以免去诸多供应商对于产品销路的担忧;顾客群也很大,销售产品的地域特色,对于目前异地生活一族,是很有情感影响力的。他们只需要轻点鼠标,就可以很快享受到家乡的口味,同时对于希望购买地方特色产品的人,也有了很好的挑选平台。新龙网不仅是在向人们销售商品,同时也在传递感情。

(三)星辰急便

2009年,原宅急送创始人陈平创办了新的快递公司——星辰急便。他希望实现"小件快递"的梦想,并将电子商务快递作为主攻的方向。

1. 定位

星辰急便首先是要努力打造一家中国电子商务的专业的快递服务商;其次是努力致力于电子商务领域更广泛的服务。主要定位小件快递和新型增值服务。

2. 业务系统

星辰急便的员工大都来自于宅急送,因而也秉承了宅急送门对门业务,同时还建立了快速、高效的现代快运、物流、网络配送的服务;搭建了物流信息网络平台,为客户提供了网上业务委托和货物查询服务功能,保证传统的开单、查询、结账等业务可轻松在网上完成,同时还应用了以前在宅急送采用的GPS全球卫星定位技术,针对物流及货运车辆的实际运行状况,应用先进的GPS、GIS、计算机和无线电通信技术对公司运货车辆在全国范围内进行全程监控。

货物条码跟踪技术(Bar Code)的采用以及全国公司企业资源管理系统(ERP)的建立,在确保运营快速、准时的基础上,把星辰急便定位在一个以信息技术为主的航空快运公司,做好了迈向现代物流领域的充分准备。

3. 关键资源能力

星辰急便的关键资源能力体现在两个词上:技术和服务。其基本逻辑是:通过改善技术来提升对客户的服务,通过提升服务来增加公司的业务量和销售收入,通过扩大业务规模来进一步拓展市场,从而降低单位客户的成本,进而推动公司技术和服务的进一步提升,由此形成技术—服务—业务—成本之间的良性循环。

公司整个技术服务系统的架构分为5个层面,承载量大,服务接口实现了开放式的管理。星辰急便自主研发了多个信息系统和平台,如网络结算系统和资金监控系统。网络结算系统是对全网络的费用进行结算,包括中转费、派送费、代收货款等,资金监控系统是对代收货款(COD)业务的货款情况实施监控;根据电子商务领域对实体分仓的需求,自主研发了WMS动态仓储管理系统;针对客户端建立了呼叫中心及以商业网站为载体的信用平台等;还自主研发了快递服务ERP系统。

目前星辰急便有三个层面的服务,第一个层面是快递服务,也就是传统的快递产品;第二个层面就是COD服务,主要针对电子商务领域的快递产品,包括虚拟分仓、终端快递服务等;第三个层面就是三次营销。其中,第一次营销是指消费者在网上选购物品;第二次营销是指投递员在送件时向收件顾客进行的宣传;第三次营销是指当货物被拒收后,快递公司的客服中心会协助网商就目标城市的无瑕疵货物与客户进行沟通协调,直到客户签收。

为保证客户信息的安全,星辰急便在整个发件流程中会把收件人的所有资料屏蔽掉。同时还为客户提供短信提示签收的业务,即委托客户在发出货物时,星辰急便会用短信告诉收件人所收的货物名称是什么,以避免在整个过程中被切货。这是在传统快递中很难克服的一个瓶颈,星辰急便努力把终端的服务变成标准化的服务。

在专业服务方面,有会员服务、在线理赔、一键乐、五指通、快递宝和嘻刷刷等。会员服务是通过会员制来发展和管理客户,同时让客户对自己的物流实施管理,得到更多的实惠,对于自己的操作也更加便捷;在线理赔是通过在网上提出索赔要求,并且上传相关的资料证明,最终经后台人员处理完之后按照公司的处理时限进行最后的打款;一键乐服务主要解决了客户在物流方面的信息流问题;五指通是针对制造企业、传统行业的一个产品,实际上是解决了一个商流的问题;快递宝是针对电子商务企业,对快递物流的管理,实际上是一个物流产品;嘻刷刷是指一个支付产品,是对所服务企业在支付方面的一个产品。

4. 星辰急便的分仓再销售模式

就目前的电子商务市场现状而言,"传统的快递公司都是被动地在改变,更多的是电子商务公司在推动他们进行变革",而星辰急便从一开始,就针对电子商务有更多的思考。产品开发和业务盈利模式,都围绕电子商务的需求展开。从电子商务服务链条来看,电子商务公司的仓储、物流配送、代收货款,甚至退换货,都需要让快递员一并处理。但是具备这样能力的快递公司并不多。

电子商务交易的买主、卖主分布在全国各地,通过网上信息交流进行交易。与实体交易类似,拒收、退货、换货等情况时有发生。若每种情况发生后均要完成交易物从收件地到寄达地的实物运送,其成本非常高。对此,星辰急便有了新的构想,即分仓方式,当用户的货物被拒收后,拒收信息可传递回去,但货物可留在当地,随时等待新的本地买主信息,从而减少了货物来回调度的传递费用。

星辰急便分仓的概念,是有别于传统的物流公司的。传统物流里,分仓是相对于总仓而言。例如在广州的企业以广州为总部仓库,各省市再建仓库,则称为分仓。星辰急便提炼出实体分仓和虚拟分仓的概念。实体分仓是传统意义的仓库,而虚拟分仓则是上述陈平描述的"从空中到当地"的模式。

虚拟分仓这个概念虽然听起来容易,但并不是所有传统的快递公司都能实现。很多快递公司,下面有各种层级的加盟商。例如省级下面有市级,市级下面可能还有加盟商,所以在流程上无法实现响应。星辰急便的模式是总部直管。卖家下单后,快递配送的信息先传递到星晨急便总部的 ERP 系统,如果收件人在广州的中山六路,再反射到中山六路的加盟商。

就实体分仓而言,星辰急便迫切需要通过电子手段管理货品。目前大规模的电子商务公司,都是自己做分仓,拥有自己的工作单。这种工作单不是三联单或四联单,而是热敏纸,也叫"一单通",既可以查询,又可以签收。作为服务于电子商务的快递公司,星辰急便把服务对象划分为两类:中小企业和传统企业,帮助他们做直销。星辰急便要实现递送货品管理的电子化,首先需要对分拣、配货流程进行改造,对管理流程重新设计,同时还需要升级改造软件系统。这不仅需要大量的资金投入,更需要一段较长的试运磨合阶段。

就仓储服务而言,由于很多中小网商为了节约成本,把办公室变成了仓库,而且国内没有提出有关解决小批量产品的仓储支出最优化的方案,所以网商对租用仓库一向是排斥心理。由此,星辰急便提出了为中小网商提供仓储的增值服务。

国内现在为电子商务提供快递服务的,国有的企业以邮政为主,民营的以申通、圆通、顺丰等为主。主要有三种形式。

(1) 只提供配送,这种形式主要运用于一般的网上购物;
(2) 配送+代收(COD),货到付款,这种形式主要运用于电话购物;
(3) 配送+代收+分仓+三次营销等业务,这种形式由星辰急便提出。

星辰急便这种模式(广州退货,退回苏州中转,然后浙江购买,再从苏州中转更改后发出)构想充分体现了其对电子商务和快递服务融合的理解,但需要有个前提,即星辰急便直接由快递的承运商转变为仓储配送的供应商,把进货、保管、分拣、打包、开票、配送环节,甚至要把客户的整个税控开票系统全部移到星辰急便的集约化配送体系里。从理论上来说这是可行的,但实际操作难度很大。因为星辰急便不止面对一家客户,若只为一家客户提供类似服务,必然要形成规模化;而形成规模化,星辰急便就要为许多客户提供此类服务,单单纳入众多的客户税控系统就极其困难。同时,这还要求星辰急便将自己的定位从普通的COD承运商上升到综合型的高水平电子商务快递服务提供商。

从上架到分拣不难,但二次分拣和开票匹配环节对系统、作业流程、人员素质的要求都非常高,从而导致星辰急便这一构想在操作层面上遇到许多困难。可是,传统的快递企业通常把管理放在第一位,而互联网企业却通常把客户的体验放在首位。星辰急便的构想就是在快递服务中增加用户的体验,同时还专门研究客户的体验,并从客户体验出发设计公司的商业模式。所以星辰急便仅凭一套理想的蓝图就能屡次打动合作者,公司目前已经积累了包括中视购物、快乐购、橡果国际等客户。

三、国内快递服务商业模式构成要素特征比较

面对我国电子商务发展的初级阶段,现行的物流体系已成为制约电子商务发展的重要因素。可以说,发展相对滞后的物流配送体系已经严重制约了电子商务企业有效地参与全球化电子商务的竞争,物流配送已成为电子商务发展的瓶颈。企业在配送决策上往往要在物流配送成本和配送服务上进行平衡博弈。电子商务时代的物流配送应具有信息化、网络化、现代化等特点。具体说来,企业应立足供应链的集成化、信息网络平台的协同化,采用网络化技术、现代化的硬件设备、软件系统及先进的管理手段,对整个物流和配送体系实行统一的信息管理和调度,实现对消费者的实物配送。按照商业模式的构成要素,以中国国内邮政EMS、顺丰、申通、圆通、星辰急便的商业模式为例,对其构成要素进行对比(如表3-4所示),通过比较构成要素的差异,可以进一步明确我国快递企业现行商业模式的特点,把握它们的特征。

表 3-4　五家国内快递企业商业模式四要素比较

要素	邮政	顺丰	申通	圆通	星辰急便
定位	遍及全国每个县及以上行政区域,甚至乡镇	信函和小件等零售包裹、高端需求群体	电子商务,线上的业务主要来自淘宝网	零售业	致力于电子商务领域;使自己向电子商务专业的快递服务商发展
业务系统	计算机跟踪查询网络;庞大的邮路网络;中国邮政航空快速网;高速汽车公路网	网上下单;全程监控;电子扫描仪;卫星通信系统	E3查询系统;OA系统	OA系统;新龙网	快递服务ERP系统、网络结算活动和资金监控系统、动态仓储系统,以商业网站为载体的原用平台
关键资源能力	中高端客户电子商务平台;用于快递的专用投递、运输机动车辆	网点直营管理、包机限时	人才优势、资金优势、强有力的合作伙伴、网点多	自建配送网点,多渠道推进新龙网的使用,企业文化建设和品牌化管理	技术和服务
盈利模式	配送＋代收;"全夜航"、"次晨达"、"次日递"、"限时达"直营	配送＋代收直营	配送＋代收加盟	配送＋代收加盟＋直营	配送＋代收＋分仓＋三次销售;加盟＋直营

第四节　快递服务商业模式创新与愿景

　　随着信息技术的发展,特别是互联网和电子商务的出现,快递服务的商业模式也变得更加复杂、多样和多变。在电子商务背景下,快递企业必须研究各种商业模式的特点,结合企业实际选择合适的商业模式,同时,还必须思考如何利用互联网来形成最有效的商业模式,甚至创造新的商业模式。快递业的商业模式可以理解为快递企业进行价值创造的内在机制,它是基于一种体系结构进行商业运作的,其目的是通过给客户提供价值增加的产品和服务而获取利润。简单地说,快递服务商业模式就是使快递企业获利的运作方式。因此,在电子商务环境下,快递服务的商业模式也就是研究如何充分利用网络功能以高效率的获取相应资源并实现物品配送的模式。

　　商业模式的选择受到企业外部环境(如竞争环境、电子商务的机遇与挑战等)和企业自身条件的影响,企业要在综合评定各种因素后才能设计出自己的商业模式。与企业战略相比,商业模式是企业战略的基础,企业战略的制定以某种商业模式为前提,同时又贯穿于企业战略的设计、制定和实施过程之中,企业战略目标的实现必须考虑商业模式的具体应用,即以具体商业模式为载体。在企业运营过程中,商业模式发挥了从概念上连接企业战略设计和战略实施的作用。即把企业战略转换成价值增加、网络扩张、产品与服务营销以及资源配置的运作方式。企业管理人员、研究人员、操作人员和技术人员往往会从不同的角度来看待和理解企业的运作,商业模式概念为他们能够更好地沟通、实现共同的目标提供了一种交流手段。电子商务环境下,企业战略和商业模式都特别重视和强调电子商务在其中的角色和作用。

一、商业模式创新的含义和特点

商业模式创新就是指企业价值创造基本逻辑的创新变化,即把新的商业模式引入社会生产体系,并为客户和自身创造价值,通俗地说,商业模式创新就是指企业以新的有效方式赚钱。新引入的商业模式,既可能在构成要素方面不同于已有的商业模式,也可能在要素间关系或者动力机制方面不同于已有的商业模式。

在《商业模式创新》(参见本书注释 21、23 或 25)一书中,乔卫国认为商业模式创新的企业有三个共同特征:第一,企业提供全新的产品或服务、开创新的产业领域,或以前所未有的方式提供已有的产品或服务。第二,企业本身的商业模式至少有多个要素明显不同于其它企业,而非仅有少量的差异。第三,企业有良好的业绩表现,体现在成本、盈利能力、独特竞争优势等方面。相对于传统的创新类型,商业模式创新有几个明显的特点。

(一)商业模式创新更多地注重和涉及企业经济方面的因素。即使涉及技术、产品和工艺,也大多是和它们的经济因素、它们所蕴涵的经济价值及经济可行性有关,而不是纯粹的技术特征。

(二)商业模式创新更多的是系统和根本的变化,它常常不是单一因素的变化,而可能涉及多个因素同时发生大的变化,常需要组织结构的较大战略调整。商业模式创新往往伴随技术突破、产品或工艺的创新,反之,则未必。

(三)虽然它也常常带来内部效率提高、成本降低,但它更注重为客户所创造价值的增加,视角更为外向和开放,常给企业带来更大的竞争优势。商业模式创新常会更有效地帮助企业提高在产业中的地位、同时降低成本。

目前,由于快递服务供大于求,大多是同质化的服务,因而快递业进入了微利时代,而且大部分公司采用的是同一种商业模式,因而价格战比较激烈;但一旦商业模式创新成功,其优势可以持续数年,因而,快递业在大踏步发展的同时,也在思索着如何进行商业模式的创新。

未来,快递企业可以通过商业模式创新在快递产业竞争中占据有利的地位。具体来说,商业模式创新至少有四方面的产业竞争功能:帮助新技术产业化,把握新机遇,增强企业竞争力,应对产业环境变化的挑战。

和新技术发明同样重要的是将技术产业化,实现其潜在的经济价值。否则,它给企业带来的价值就会更少,甚至可能难以收回初始的投资。无论是老企业还是新创企业,将新技术推向市场都要借助一定的商业模式来实现。在技术产业化的过程中,所投入的技术有可行性、技术性能等要素需要考虑。而经济产出,则表现为产品或服务的价值、价格或利润。如图 3-1 所示,商业模式是联系技术及其经济价值的桥梁(Chesbrough 等,2002)。

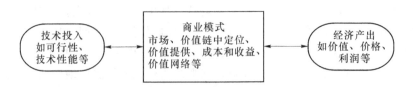

图 3-1　商业模式是技术及其经济价值的桥梁

无论对技术人员还是企业经营管理人员,一个很大的挑战是如何在技术和市场都存在不确定性的条件下,找出合适的商业模式,将技术特性与市场需求特性联系起来,实现技术的潜在经济价值。

新技术的出现,会提供新商业模式出现的可能。在某些情况下,现有的商业模式可以满足新技术的需求,而在另一些情况下,则需要设计新的商业模式。这种新商业模式,可以更好地帮助新技术产业化,更充分地利用技术,实现其潜在的经济价值。

二、快递服务商业模式创新的特点和要求

快递的核心就是"快",主体是"递"。"递"实际上就是传输、运送和传递,是一种行为方式;"快"则是这种行为方式产生的结果。快递就是用最快的速度完成物品的传递过程。

日益摊薄的行业利润让企业倍感压力,一些经营者开始思考是否原有运作模式已风光不再,进而寻找快递服务新的出路——商业模式创新。国内学者李振勇用浅显易懂的话描述了商业模式创新,就是首先要找到未被满足的需求,然后通过价值创新来满足客户更多的需求。这是商业模式创新的灵魂;而价值整合、使客户价值增值,是商业模式创新的核心。中国存在一个庞大而低端的消费市场,而且这个市场从绝对意义上讲,远远没有饱和,无数商品和服务还没有被普通消费者所享受,电子商务快递服务并没有得到广泛的普及。然而,在短期内,中国国民对高端快递的需求还不明显,这必然会导致中国对高端快递消费的抑制,因此,这个时候发现新的需求,并且创造出新的需求模式,显得尤其重要。目前,快递行业面临的首要任务是找到中国国民未被满足的快递需求,进而开拓快递市场的空间。

在竞争激烈的国内快递市场,市场准入机制还不健全,政府监管力度还不够,快递产业自身还需进一步发展;同时,随着中国加入 WTO 以后国外快递巨头的进入,国内的快递企业将如何在国际市场上开创国际品牌,并从高附加值部分获利?如何选择一个适合企业近期发展的商业模式,如何通过商业模式创新来实现企业利润的最大化?这些问题都说明了商业模式的创新对国内快递企业的进一步发展具有重要作用。转型后的中国邮政、自主创业的民营快递、外资控股的合资快递企业都需要在国内或国际市场上给自己寻求更大的发展空间,进而需要现有商业模式的创新方案。

当前,很多快递企业在进行商业模式创新时,都很困惑。究竟是走入一个未知的、无把握的市场天地,还是在潜在的利润空间中继续开拓?从商业模式创新的成功案例来看,两种方案都有可能成功,也有可能失败,其关键在于具体策略和过程管理。

首先,创新的同时会面临种种风险。在制订创新方案时就有搜寻的风险、规划的风险、规模的风险、资金的风险、以及业务模式的风险。这些都关系到企业是否能找到一片新的市场天地,是否能有一个科学合理的规划,是否能够找到足够大的未来的潜在利润空间、并能真正赚钱。在实施一个商业模式的过程中也会存在组织和管理上的风险。因此,

必须为商业模式找到有效的实施手段、途径、渠道和载体等,使商业模式创新真正着地,才能把概念、价值和能力综合起来运转。

其次,快递服务的商业模式创新需要有组织生态圈的配合,过去国内快递企业之间的竞争规则是尽量干掉竞争对手,独享市场蛋糕,现在知识经济时代强调双赢。因此,国内快递企业也应顺应时代潮流,和众多的大小快递企业一起,在双赢、多赢中使自己获得相应的利益。

最后,快递服务的商业模式创新需要得到企业的主要经营者的认可和配合、需要经营模式的配合。好的商业模式只有在经营过程中才能够体现其价值。

三、快递服务商业模式愿景

快递服务的商业模式创新有两种思路。一种是继续开拓已知的潜在的利润空间,另一种是进入毫无把握的快递市场天地。本节将以第一种思路为例,具体分析中小民营快递企业、大型快递企业和第四方物流企业的商业模式创新策略。因为第一种创新思路是目前触手可及的,可以在相当程度上保留快递企业原有的经营优势,并只需要微调商业模式,可以适当减少变革风险,因此对大多数中国的快递企业来说更为切实可行。快递企业在探寻商业模式创新时,应更多地站在客户的角度去思考,分析在企业价值链的每个环节上,客户会有哪些问题要寻求快递企业的外部协助,需求就是潜在的盈利机会。在商业模式创新的过程中,快递企业要不断挖掘客户需求,增加快递服务的差异化水平并提高快递服务的响应度、效率和质量,通过为客户带来更多价值来增强竞争力。如果快递企业致力于以投递服务为核心竞争力,那么将逐渐过渡到既经营电子商务网站,又经营物流配送、仓储等一系列专业化、高质量的服务,直到最终过渡到作为第四方物流企业,提供多元化增值服务解决方案的高级阶段。整个创新过程如图 3-2 所示。

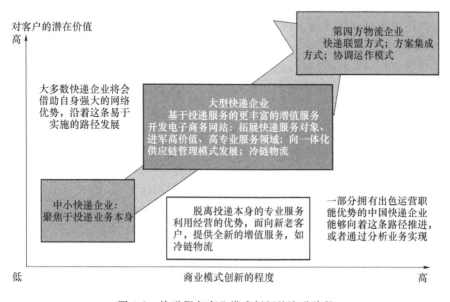

图 3-2 快递服务商业模式创新的演进路径

(一)中小民营快递企业商业模式创新

中小快递企业通常只需要在快、准、好三点上下工夫抓好业务发展,"快"就是速度快、频次多;"准"就是时间准、货物准;"好"就是服务好、价格低。

根据调研发现,相比大型快递企业,中小快递企业的市场待遇可见一斑:在资本市场,尽管回报高,但中小快递企业生存风险大,故大多数投资人不愿意轻易投资;在人才市场,由于人才大多偏好大企业,中小快递企业常常出现行业内跳槽现象和关键人才流失;在技术上,技术投入资金匮乏,少量的硬件设施改进费用,对小快递企业也往往是孤注一掷;在客户面前,大型快递企业的品牌优势可以让他们获得客户更多的信任,甚至支付更高的溢价,而中小快递企业即使采取低定价策略提供高性价比产品,消费者仍是不屑一顾;在社会待遇上,配送的车辆随处停放会被交警处罚。可见,中小快递企业在如此劣势地位的情况下如何在市场上占有一席之地,确实需要有好的商业模式和战略部署。如果还要步人后尘,进入早已成熟的市场,盲目模仿和借鉴大企业的成功模式,不言而喻,想后来居上只能是个梦想。因此,中小快递企业应根据自身资源和基础,建立其他企业不能效仿的竞争优势。

同时调研显示,大部分中小快递企业都认为,若没有一流的运输设备、分拣设备及潜在的市场需求这两个前提条件,他们是不会轻易投资的。虽然有的中小快递企业只在某个城市做同城快递业务,但是由于天时地利人和,仅靠自行车、摩托车,甚至地铁、公交等交通工具,快递业务就可以做到一定的规模。由于同城快件一天之内就能送达,客户口碑好,价格低廉,使得这些中小快递企业也在同城快递中占有一定的市场份额,但是中小快递不可能永远只做同城快递业务。通过分析,我们发现阻碍中小快递企业快速发展的原因主要表现在:其自身资产的增值和融资的能力与速度不能满足快递企业扩张对快速投入增量资产的要求之间的矛盾。这种矛盾在中小快递企业,特别在它们受到市场的不公平待遇时,显得尤其尖锐。

综上所述,中小快递企业可行的商业模式创新是加盟一两个国内外口碑好的知名快递企业,学习和掌握一流的快递技术和管理方法。加盟之后,中小快递企业的业务可从三个方面展开。

1. 中小城镇的同城快递业务;
2. 对于所加盟的知名快递企业的异地包裹或者揽件,中小快递公司负责所在城市的配送;
3. 中小快递公司为知名快递公司揽收发往异地的快件。

中小快递企业的这种创新,看起来,仍然是做原来的同城快递业务,但在新模式下经营同城业务却有新的意义:

一是有助于快递企业的扩张以及实现快递行业的共赢和多赢;

二是对加盟快递企业在本地的落地快件,中小快递企业负责其配送和仓储服务,可以根据协议按比例分配利润;

三是中小快递企业不再仅限于经营同城传递的业务,也可以接收异地快件,通过知名快递企业的飞机等一流的运输设备迅速发往异地。

通过分析这种模式后不难发现,不论是在现在还是未来的快递市场,尽管中小快递企业自己无力构建物流网络,但是仍然有很多揽货点。因此一旦中小快递企业与网点众多、设备健全的知名快递企业合作,其利润相比以前可以大幅度增长。中小快递企业以前无法送达的快件,可以通过与网络健全的知名快递企业合作,在揽货后,由他们发送。这样可以从一定程度上减小目前市场上存在的揽货卖货给消费者带来的损害。特别是在出现货损、货异时,其责任归属可以清晰地界定和解决,从而减少市场争端,并在一定程度上规范了快递市场的运作。

然而,在商业模式创新中,中小快递企业的商业模式发展应该注意两个问题:

1. 中小快递企业不能简单模仿成熟快递企业的商业模式;
2. 中小快递企业在商业模式创新时应该充分利用一切外部资源,形成较强的优化利用外部资源的能力。尤其中小快递企业在努力发展初期,扩张和发展的时候,更应培养这种能力。

由此再看商业模式的本质,对商业模式的理解就更加清晰,企业经营就是投入和产出的过程,而企业在不同的发展阶段,在不同的经营状况下,把自己经拥有的资源或能够利用的资源组织起来,实现最佳的产出(或价值创造),这种组织方式就是商业模式,而商业模式创新设计的实质就是寻求对企业自身和可以利用的所有外部资源进行优化配置的方式。

可见,商业模式是个性化的,是不容复制的,因为任何两个企业已经拥有和可以与能够拥有的资源是不可能完全一样的。

(二) 大型快递企业(包括中国邮政)商业模式创新

未来大型快递企业的商业模式创新可分为两种途径。

1. 创新途径之一:大型快递企业在电子商务的大环境下,自己开发电子商务网站,减少供应商与客户之间的环节,提供一条龙服务。

根据调研,目前国内自己开发电子商务网站的快递企业已有 2 家。广东邮政和圆通速递,广东邮政的 11183 电子商务网站业绩最为突出。民营快递企业中仅有圆通速递推出了以经营土特产为主的新龙网。

广东邮政作为邮政电子商务发展的领头羊,在进行电子商务服务的探索过程中,先后建立了 11183、11185 客户服务中心、邮政短信平台以及其他生产作业短信平台。由于这些平台之间不能互通,广东邮政又进行整合升级,将这些平台的数据整合到 11183 百事通系统里面,最终演变成今天的 11183 电子商务平台。随着渠道的畅通和不断激活,广东邮政相继推出众多电子商务新业务。

广东邮政借助其计算机网络、CA 支付结算和物流配送网络,通过 11183 电子商务网站,实现了传统邮政物流与电子商务的完美结合。

首先,他们大量开展 B2C、B2B 业务。用户可以利用 e 票通、电子票,通过 11183 的网站和遍布城乡的营业网点,以及有线电视网络把需求信息汇集到邮政电子商务平台。平台跟新一代的票务音乐厅、文化厅、演出公司、体委、体育局构成一个网络,提供飞机票、演出票、体育比赛门票等方面的服务。

其次，利用自身的物流网络完成B2C、B2B对物流(信息)配送的要求。美国雅芳有一千余种产品，雅芳(中国)网络在全国有75个分公司，共5 000家专卖店。广东邮政为雅芳的美容产品提供物流配送，通过分布在全国的8个中心、12 000个系统，通过干线运输、终端配送，实现全程服务。用户可以通过电话、互联网进入广东邮政订单处理系统定货，通过迅速的CA认证后进入金融系统(金融系统已经跟中国所有银行联网)定义支付；之后，系统自动下单到仓库提货，由自己的邮政网络完成物流配送，同时通过因特网可以实现对物流配送全过程的跟踪和查询。

快递企业自建电子商务网站、提供一条龙服务的创新过程中，应注意以下方面的问题：

(1) 为客户提供产品的个性化服务

产品的个性化定制是在电子商务环境中让人体会最深的一种渠道营销策略。产品和服务的个性化包括产品本身的个性化(产品形状、外观、重量、体积、功能等)和服务过程的个性化(包装、再加工、传递时间、交付的及时性等)。

(2) 为客户提供快速响应的服务

电子商务网站服务的快速响应优势逐步取代了产品的质量、价格、成本等优势，成为企业市场竞争的焦点。在电子商务的作用下，企业直接从最终市场获取客户实际需求信息并对其做出快速反应的能力大为增强，服务运作可视化增强，为灵活适应生存环境所建立的弹性化组织、虚拟组织、动态联盟等都建立在电子商务基础之上，企业间紧密协作，实行信息共享与交换，共同管理订单，实现优势互补，以快速响应客户需求。

(3) 为客户提供各种增值服务

圆通速递的新龙网可以通过增值服务来扩大收入，如提供农村企业建站服务、农产品行情资讯服务、农产品企业认证、在线支付结算、农产品会展等，可以为农村企业提供贸易信息，而且将农产品的行业资讯、管理咨询、网络营销方案乃至社区的思想等集成在一起为农村企业服务。

(4) 品牌信用的建设

品牌影响力包含两方面的含义：一是电子商务网站本身的品牌影响力；二是销售产品的品牌影响力。前者是投入营销费用加上后续的服务逐步建立的，而后者是产品自身品牌影响力带来的。新龙网作为快递企业新设立的网站应通过营销和土特产的选择及准时高效的配送，形成品牌影响力。简单地说就是在其网站的分类目录上，尽可能地罗列国内各个地方的知名土特产。虽然工程浩大，但产生品牌效应以后，其发展要轻松很多。

(5) 营销渠道的多样化

企业需要分阶段并根据土特产供应商自身情况进行营销渠道的选择。仅仅依赖一种营销渠道(不论是线上还是线下)难以实现理想的效果。新龙网应协助土特产供应商，根据产品定位和品牌，结合营销预算选择营销渠道和促销手段。如资金实力允许，前期应选择线下快讯商品广告(Direct Mail)、直销、线下与线上促销活动结合、线下＋实体店相结合、植入式营销等多种方式进行整合营销。但最终为提高利润率和营销的投资回报率(ROI)，应该将订单尽量转移到线上完成，线下仅提供体验和推广。

(6) 网站建设和物流配送的人性化服务

仅仅做好前期的工作还不够，网站还需要对用户有着非常深入的了解，合理地设置购买流程、产品分类等,提供给购买用户好的用户体验能有效提高转化率,将营销效果最大化,并节约后续营销成本。如通过 Web 用户分析数据获得用户浏览行为,给产品部、市场部及时决策提供可预见的支持,在此基础上根据图形设计、心理学、人机工程学、社会学等学科知识增强可用性、易用性,增强消费者对网站的依赖性等。同时新龙网还应该学习当当网的经验,比如货到付款、消费者把产品到货时间回馈给新龙网以检测配送人员的效率等。

此外,物流系统的完善将为新龙网带来更好的口碑宣传和良好的用户感受。但对于刚成立的新龙网而言,物流配送体系的网络建设完善,关键是解决仓储问题,由于存货规模浩大,因此为解决仓储开支,应采用虚拟模式。即主要和土特产的批发商保持密切合作联系,自己尽量只储备其中很小的一部分,这样就可以更好地节约仓储成本。

(7) 保证网站土特产的货物质量

由于土特产属于食品,要对其生产日期、产品批次和商标严格把关,谨防过期、假冒伪劣。只要土特产质量好,送达及时,价位与同类产品的差距不大,消费者就愿意坐在家中轻点鼠标,购买网站的土特产。

(8) 客户关系维护

在一个购买周期结束后,网站还需要根据积累起来的用户数据库定期做客户关系维护。了解用户需求及满意度,并改进网站后续服务,提升网站黏性,使用户循环购买、并使网站本身拥有好的口碑,从而进一步提升网站销售量,降低营销成本,最终实现盈利。

2. 创新途径之二:快递企业秉承传统的速递业务、向高端物流发展,开展更多的增值快递服务。

从业务发展的前景来看,现代快递服务模式应是多功能一体化模式,它的绩效要体现在综合业务上,而不是单一业务。快递企业的效益是与客户效益联系在一起的。我国的大型快递企业应该在高端快递领域有所突破。高端快递有 3 个含义:第一,服务对象定位为高价值商品或运输严格、有特种技术的快递活动,如医药快递、农产品快递等;第二,服务功能为提供全程一体化、一站式的快递服务,如为制造型企业提供从原材料到产成品分销等一系列快递服务;第三,服务内涵体现为高技术含量服务,如冷链物流、保税物流等。

(1) 拓展快递服务对象,逐步进入高价值高专业服务领域

在国内,药品批发企业数量众多,但是由于市场发展长期缺乏规范,行业内呈现出"一小、二多、三低"的现象:"一小"指大多数企业规模小;"二多"指的是企业数量多,产品重复多;"三低"指的是企业集约度低,利润率低,管理效能低。根据资料显示,国内医药商业的平均物流成本占销售额的比重达 10% 以上,而美国医药批发商的该项指标仅为 2.6%。因此,我国的物流手段与发达国家相比还有很大差距。可见,国内几个大型的民营快递实体以联营或合作的形式早日进入医药行业物流市场,不失为一个好的选择。原因有以下几点。

首先,国家有关部门推进医药行业市场化改革的决心很大,这为快递企业进入医药物流市场提供了一个不容错失的商业机会。

其次,医药流通行业利润率低,最主要是因为流通费用高,这与流通企业的物流运作手段较为原始有关。医药企业的流通主要采用的是仓库、车辆和人员的堆积方式,以人为

主的医药商品储运,管理效率低,流通方式落后,难以应对更大的医药需求。而经过近十年发展的民营快递企业正好可以利用其在采购物流、仓储保管、分拣配送、专业运输、分销物流等方面的业务优势,高起点地采用现代物流运作模式,直接与医药行业的供应商、制造商、销售商、服务商、用户等协同运作,协同管理,优化供应链结构与环节,共同为客户提供优质产品和优质服务,共同降低医药物流成本和库存,赢得市场。

(2) 增加快递服务功能——向一体化供应链管理模式发展

在快递业务的利润空间逐渐受到挤压的今天,快递企业要想发展,只有一条出路,那就是不断地向更高端的服务领域延伸。对于一体化的概念,快递企业并不陌生,然而,多数快递企业还只将这种超前的商业模式停留在概念的热炒阶段。仅有少数类似深圳越海公司这样的快递企业将一体化理念引入公司实际运营中。越海公司提供给飞利浦的解决方案中,一体化的供应链管理模式涉及飞利浦的订单管理、采购执行、报关、仓储、再包装、再加工、运输、全国配送等环节,而这些环节的服务全部都由越海公司来完成。对客户来说,越海公司的服务就是将客户的复杂问题简单化,但对越海公司来说,它的创举是将自己的简单问题复杂化。正是因为从简单到复杂,越海公司能吸引众多的世界500强企业,也正是因为从简单到复杂,越海公司才能够获取更多的利润。

(3) 逐步提供高技术含量服务——发展冷链物流

商业模式创新首先要应对客户的需求,客户有订购冷冻食品的需求,快递企业就有赚钱的市场空间。快递企业在运输配送上具有得天独厚的优势,可以与冷链产品的生产销售商一起来承担冷链物流服务,直到未来的某一天,客户在家就可以直接预定新鲜的"思念"速冻水饺。因此,冷链物流逐渐往小件快递方向发展也是快递企业未来发展创新的可选路径之一。

冷链物流泛指冷藏冷冻类物品在生产、储藏运输、销售,到消费者的各个流通环节中始终处于规定的低温环境下,保证物品质量,减少物品损耗的一项系统工程。它是以冷冻工艺学为基础,以制冷技术为手段的低温物流过程。根据中国食品工业协会资料显示,中国由于冷链的问题造成每年约有1 200万吨水果和13亿吨蔬菜的浪费,总值在100亿美元。我国是食品、药品的产销大国,冷链物流市场相当广阔。果蔬、水产品、速冻食品、冰激凌、奶制品和一些特殊药品、生物制品等都需要冷链物流。但是,与发达国家相比,我国的冷链物流还处于起步阶段,要求进入冷链物流的大多数商品还没有进入规定温度控制的环境下流通。目前,大约90%的肉类、80%的水产品、大量的牛奶和豆制品基本上还没有进入冷链物流系统。因此,中国发展冷链物流的意义重大,潜力巨大。

但由于冷链物流投资大、周期长、进入门槛较高,很多企业一般不愿涉足。而且冷库等硬件设施难以随交易位置的变化而变化,与快递业灵活的交易位置发生矛盾。近几年的经验教训表明:让交易位置服从冷库位置难以取得很好的冷链物流效果。如果快递企业引入一个类似于冷库的硬件设施,并且能适应交易位置的变化,那么快递企业做小件冷冻产品配送将成为可能。目前已有专家研制了升降自装卸式冷藏、冷冻集装箱(专利号:200710163360.3),在低温农产品交易市场中取代了冷库与冷藏车冷链硬件设施相互配套运作的冷链物流方式。一旦解决了交易位置不再服从冷库位置这一瓶颈,如果快递企业想开辟冷链快递市场,就可以积极寻找战略合作伙伴,两家或多家快递企业联合,共同涉足冷链物流领域。这样既可以分担投资,又可以共同分享高利润。

在宏观政策上,冷链物流政策逐步规范,许多食品、鲜花等生产(或销售)企业纷纷成立冷链物流部门或者将冷链物流业务外包,加大力度监控冷链物流运作过程,加上相关冷链物流技术标准出台、法律法规的推动和市场舆论的监督,冷链物流行业的运作管理逐步走向规范。快递企业在如此规范的政策下进入这一行业有助于快递企业朝着正确、有效的方向前进。

以麦当劳为例,其食品冷链物流业务全部外包给夏晖物流有限公司,夏晖物流有限公司对冷链物流进行了规范化管理,成为食品物流业内的典范。它在北京建有世界领先的多温度食品分发物流中心,其中干库容量为2 000吨,冻库容量为1 100吨;冷藏库容量超过300吨。冷藏和常温仓库都是从美国进口的设备,设计细致而精心,目的是为了最大限度地保鲜。

麦德龙在食品冷链物流方面也实施规范化管理。麦德龙率先引进了HACCP(危害分析与关键控制点)食品安全控制体系,并成为参与标准制定的领先者。2006年年底,中国麦德龙正式与中国外运达成合作协议,由中国外运独家为麦德龙在中国范围内逐步建立起由9个转运中心和数十条运输线路构成的覆盖目前所有商场的网络。麦德龙商场内还为不同大类的商品设立各自独立的不同温度的收货平台,有效地保证了各类产品的冷链不受破坏,还避免了产品的交叉污染。

从国内冷链物流企业的发展状况来看,虽然冷链物流企业得到快速发展,但国内专业的冷链物流企业仍然不多。可见冷链物流还有很大的市场发展空间。

目前国内只有极少数的物流供应商能够保证对整个冷藏供应链进行温度控制,而绝大多数从传统的冷藏运输商演变而来的冷藏物流供应商只能提供冷藏运输服务,并非真正意义上的冷藏物流服务。为落实国家行业标准《易腐食品机动车辆冷链运输要求》,做好技术准备,2007年,中国食品工业协会食品物流专业委员会组织成立中国冷链物流产业联盟。联盟宗旨是"业务合作,资源共享,提高品质,协同发展;联合起来,为发货人提供快捷、安全、经济的冷藏运输服务"。

(三)第四方物流服务商业模式创新

第四方物流是1996年由埃森哲咨询公司首次提出的,并作为专有的服务商标进行了注册。当这一概念传入国内后,一些学者从各种角度对其进行了诠释。

从运作模式的角度,刘伟等曾指出,第四方物流是一种现代物流运作模式,它是指物流客户将整个供应链的物流管理外包给具有集成管理、信息技术和第三方物流运作等知识能力的第四方,即由第四方来拟定一套供应链总体解决方案,并负责对解决方案的实施过程进行监控与评价,以提高供应链的整体运作绩效。陈斯卫提出,第四方物流是对现有供应链"外包"职能的进一步发展和对第三方物流职能的进一步加强,它将自身的资源、能力和技术整合起来,并提供一套完整的供应链解决方案,以创造一种协同的环境,从而使协同后的整体效果优于各个部分的简单相加。

本书认为,第四方物流是以信息化的手段为企业提供物流服务、物流管理,但又不是物流软件开发企业,它是根据客户物流需求对企业自办物流、传统第三方物流、物流咨询、物流技术等资源进行整合后形成的综合物流解决方案和综合物流服务管理。第四方物流企业服务的内容更多,覆盖的地区更广,对从事货运物流服务公司的专业性要求更高,开拓了物流服务的新领域、并提供更多的增值服务,通过对整个供应链的影响和高水平的管理,为顾客带来更大的价值。

首先,第四方物流能为客户"提供最接近要求的最完美的服务",它可以不受约束地去寻找每个领域的"行业最佳"提供商,把这些不同的物流服务整合起来,形成最优方案。

其次,第四方物流提供的是一个综合性的供应链解决方案。它能有效整合和重新配置所有的资源,从而为客户提供"跨功能的作业一体化和广阔的运作自主空间"以高效、灵活地解决问题。

最后,第四方物流功能齐全、效率高、提供更多的增值服务,且能保证产品"更快、更好、更廉"地送到需求者手中。

目前,在我国发展第四方物流,需明确以下问题。

第一,第四方物流在第三方物流整合社会资源的基础上进行再整合,只有大力发展第三方物流,第四方物流才有发展的组织基础。

第二,第四方物流虽是第三方物流发展的高级形式,但是很明显其未来的发展中不会、也不可能完全取代第三方物流的位置,第四方物流只是一种新的物流运作模式,它与第三方物流不存在取代与被取代的关系,而应该是与第三方物流协调、合作、共同发展的关系。第三方物流与第四方物流是相辅相成的。因此我国的物流企业,特别是新型的第三方物流企业,必须坚持战略共赢,从自身的优势以及第三方物流与第四方物流战略共赢式发展的构想出发,来达到整合社会资源、提高物流效率、实现共赢的结果。

第三,我国物流企业也只有通过第三方物流与第四方物流的紧密合作,才可以在供应链内部创造一个关系融洽、和谐而又长久的利益共存体,企业才能取得长足的发展。

目前存在的第四方物流企业有两种类型:一种是纯粹的管理咨询公司和技术信息公司,另一种是从第三方物流公司演变而来的。通过调研,我们了解到第四方物流企业的进入壁垒较高,但仅从商业模式创新的角度,笔者认为,第四方物流供应商运作有三种可行的模式。

1. 快递联盟方式。即第四方物流为第三方物流工作,提供第三方物流缺少的技术和战略技能等服务。第四方物流与第三方物流共同开发市场,第四方物流向第三方物流提供一系列的服务,包括:技术、供应链策略、进入市场的能力和项目管理的能力。具体实施是第三方快递企业与第四方快递企业签订商业合同、达成战略联盟。大型本土快递企业,可采取策略互相合作,构建快递联盟、合作租用或者购买飞机等高成本的运输工具,强强联手、迅速搭建自己的网络,以应对未来的激烈竞争。从整个物流行业来看,很多大的船务公司和航空公司都在实施重组、合并或代码共享,形成快递联盟,这可能是第四方物流的一种趋势。

在这种运作模式下,第四方物流服务供应商扮演的是一种方案提供者的角色,负责配合第三方物流服务供应商为最终企业客户提供完善的物流应用方案。其优点表现在:交接者往往与客户的关系密切,便于服务企业与客户之间的沟通。其缺点表现在:由于几个服务企业是临时组织起来的,它们之间的协调难度大,交易成本高,而且对整个第四方物流服务的控制难度大,运作失败的风险很大,因为第四方物流服务是一个高度协作的过程。

但是快递联盟的这种运作方式可以说是第四方物流发展前期所采用的主要形式,因为此时单个快递企业的服务能力有限,不能单独为客户提供第四方物流服务。通过整合社会资源可以使这些企业不断积累服务经验,提高自己的综合服务能力,向真正意义的第四方物流服务商迈进。某种程度上,德国敦豪(DHL)速递就具有这种模式的特点。

2. 方案集成方式。即第四方物流为货主服务。在这种模式下,第四方物流为客户提供运作和管理整个供应链的解决方案。第三方物流通过第四方物流的方案为客户提供服务,第四方物流作为一个枢纽,可以集成多个服务供应商和客户的能力。具体的运作模式是收货企业通过电子商务网站选购商品后,由发货企业委托自己的第四方物流供应商进行配送,第四方物流供应商通过对客户配送要求、货物种类、数量、配送路线、时间要求等特点的分析,协调组织第三方物流供应商、咨询公司和技术公司等合作伙伴来具体实施配送,收货企业收到第三方物流送到的货物后,接收货物并给发货企业提供收货凭据。通过以上的配送方式,为电子商务企业提供个性化、多样化的供应链解决方案。在这其中,第四方物流供应商成为一个中立的解决方案和外包服务提供商,从宏观的角度对供应链进行协调,而且独立于电子商务企业和第三方物流企业,避免了发生直接竞争的冲突,把咨询公司、第三方物流供应商和技术公司整合在一起,通过自己的专业经验、信息资源、信息处理能力、现代化的技术设备,以及为客户所提供的增值服务使整个物流过程更有效、快捷和低成本,体现电子商务的真正优势。

与快递联盟方式不同的是,在此模式下,第四方物流服务供应商用委托代理方式将自身为企业客户量身定制的物流解决方案交由第三方物流服务供应商执行。通俗一点来说,第三方物流服务供应商主要负责执行,无须思考和判断;而第四方物流服务供应商则提供方案、思想与理念性指导。此模式的优点在于:第四方物流供应商可以直接与企业客户联系,能第一手掌握企业客户的需求情况及其变化,并能站在整个供应链的角度有效解决这些需求及变化,减少了因中间环节而出现的信息失真现象,同时也减少了交易成本。该模式的缺点是:现实中的第四方物流公司大多是"空壳"公司,如果单凭他们自身的实力独立地去开发市场,其难度显而易见。目前第四方物流的始创者——埃森哲咨询公司与菲亚特公司的子公司 New Holland 成立了一个合资企业 New Holland Logistics S.P.A,主要利用第三方物流公司的资源为客户提供第四方物流服务,其第四方物流服务范围涵盖了计划,采购,库存,分销,运输及客户支持等,过程中集成了多个具有优势的第三方物流服务提供商。在合作的头 7 年里,总投资回报达 6 700 万美元,同时,New Holland Logistics 实现了大于 90%的定单完成准确率。

3. 协调运作模式。即第三方物流服务商与第四方物流服务商合作的复杂、高级形式,是快递联盟模式的升华。它们之间的合作关系往往采用绑定合同的方式或形成战略联盟的方式,协调运作模式是一种完全开放、网状互联的运作模式,双方都能与企业客户直接沟通,取得企业客户需求的一手资料,并形成一个环形闭合回路。它是以联盟组织的形式来获得订单。此种模式注重双方相互配合、相互监督、相互协调能力的培养,通过第三方物流服务供应商与第四方物流服务供应商之间的有效协调配合,共同开发、管理和分析市场,在分析企业客户需求信息的基础上,基于各自所能提供服务的特点来制定出最有效的方案以解决问题。

在此模式下,如果应用得当,不仅能为单个企业带来效益,而且将有利于整个产业、乃至整个社会实现效益的最大化,实现资源的合理、有效、有序配置。当然,这个组织不是根据某个订单而临时组成的,而是几个具有互补性资产的企业,为了在竞争中赢得长期的竞争优势,减少资产的重复建设而形成的一种利益共享的长期战略联盟。其优势主要表现在:对于一个长期利益共享的战略联盟来说,在第四方物流的执行与控制方面也显得更容易沟通、协调;而且和方案集成方式一样,减少一个第四方物流服务者的中间环节,运作服务成本能得到更有效地控制。

针对我国的具体情况,采取协调运作模式具有较高的可行性,也是迎接国外物流服务企业挑战的一个不错的战略举措。当然也存在与国外的物流企业形成战略联盟的可能。目前国内外采用这种模式的企业尚未出现,但可以预见其是第四方物流发展的总趋势。无论第四方物流采取上面哪一种模式,都突破了单纯发展第三方物流的局限性,能做到真正的低成本、高效率、实时运作,实现最大范围的资源整合,实现第三方物流与第四方物流战略共赢式发展之路。

本 章 小 结

商业模式的概念最早出现在信息管理领域。20世纪90年代互联网兴起以后,商业模式成为企业界的时髦术语,引起了理论界的关注,商业模式的内涵不断丰富,商业模式的外延不断拓展。本章从商业模式一般概念出发,通过商业模式演变的历史沿革,分析了商业模式的五个基本要素,围绕五个基本要素以国内典型企业为例讨论了商业模式的特征,进而重点讨论了国内有代表性的快递企业商业模式的特点。最后,结合快递业发展特点,从创新角度,讨论了电子商务快递服务商业模式发展趋势,展望了具体商业模式愿景。

思考与练习

1. 简述电子商务快递市场的商业模式含义。
2. 分析电子商务快递市场的商业模式构成。
3. 电子商务快递市场的商业模式有哪几种?各有什么特点?
4. 分析我国当前快递服务商业模式选择亟待解决的问题。
5. 探讨我国第四方物流企业商业模式创新的策略。
6. 探讨我国冷链物流商业模式创新的策略。

快递服务支撑信息技术及设备

【内容提要】

本章主要内容：条码技术、射频技术及其在快递服务中的应用；GPS、GIS技术及其在快递服务中的应用；自动化立体仓库技术；EDI技术、移动通信技术及其在快递服务中的应用。重点是：了解上述信息技术及设备在快递服务中的应用概况。难点是：理解不同信息技术、设备的特点和具体应用场景要求。

第一节 快递行业信息技术概述

一、快递技术概述

（一）快递技术现状

快递行业是劳动密集度极高的行业，国内民营快递起步时几乎全靠人工完成；但随着外资快递公司进入国内市场所带来的示范效应以及货量的增长，人工操作已不能保障业务、安全等市场的需要，对设备及技术的需求成为必然。行业特点决定了快递业对信息技术及相关设备的依赖性，现代快递服务的特征，主要表现在快递的专业化、社会化、系统化、网络化、信息化、自动化和全球化，现代化的快递服务需要现代快递技术的支撑。现代快递技术及应用是以满足客户需求为目的，为提高原材料、在制品、制成品以及相关信息从供应到消费流动和储存的效率和效益而进行的计划、执行和控制过程，相应的快递功能性活动包括：需求预测、订单处理、客户服务、分销配送、存货控制、交通快递运输、仓库管理、工业包装、工厂、仓库或配送中心的选址、零配件和技术服务支持、退货处理、废弃物的回收处理等。

严格地讲，快递技术不是一种独立的新技术，它是某些新技术和老技术在新领域的综合利用。随着科学的综合化趋势的出现，技术体系自身也向综合化方向发展，快递技术的形成，正是这种趋势的具体表现。现代快递技术主要包括现代快递管理技术、快递信息化技术、快递系统规划与优化技术、快递自动化技术等。现代快递公司具有广泛的内涵，快递水平的提高依赖于现代快递技术的深入研究和广泛应用，现代快递技术对快递业的发展将起到推动作用。其中，国际快递是现代物流技术的集中体现，国际快件在运作中对快递技术的综合应用体现得尤为显著。

(二) 快递技术的分类

快递技术是多种技术的综合,具体体现为不同的形态和应用范围,这里我们按不同的标准对快递技术进行简单的分类和说明。

1. 按技术形态的不同,快递技术可分为快递硬技术和快递软技术①

快递硬技术是指组织实施整个快递活动过程中所涉及的各种工具、设施、作业场所等,包括运输工具、装卸设备、搬运设备、仓库设施、车站、港口、包装设备、自动识别分拣设备,以及服务于快递活动的计算机设备、网络设备和通信设备等。如自动化作业流水线、机器人包装机和激光导引搬运机等。

快递软技术是指快递活动中所使用的各种方法、技能和作业等,主要涉及对物质和智力资源的合理调配与使用。具体体现为:各种快递设施与设备的优化组合、搭配与衔接,快递中心与配送中心的作业、物流运输终端的合理配置,快递途径的优选,快递信息的处理等。这里所说的方法主要包括快递规划、预测、设计、作业调度、信息处理中所使用的运筹学方法、系统工程方法和其他管理方法,它是以提高快递系统整体利益为中心的技术方法。

随着快递技术的发展,主导快递现代化的核心技术已经由硬技术转移到了软技术。人们不但关心硬设备的研制,而且重视对已经发展到较高水平的硬技术的优化组合、搭配和衔接,以充分发挥设备的能力,获得更好的技术经济效果。快递软技术可以充分发挥硬技术的潜力,实现其合理运用,获得最佳经济效益。

2. 按应用范围分,快递技术可分为快递管理技术、快递信息技术、自动化技术和快递标准化技术

快递管理技术:它是快递资源合理配置、快递装备实现增值、经济效果得以优化的根本途径,涉及运筹学、系统论、控制论和信息论的各种方法,具体包括系统管理、质量管理、标准化管理、库存管理、成本控制等相关技术。

快递信息技术:信息流与实物流的二流合一,是现代物流的显著特征,它是快递物流的神经中枢和先决条件。包括电子数据交换(EDI)、条码、销售时点技术(POS)、遥感技术(RS)、全球卫星定位(GPS)、地理信息系统(GIS)、射频识别技术(RFID)等。

自动化技术:提升物流生产力水平的重要手段,包括自动化分拣与传输设备、自动导引车(AGV)、集装箱自动装卸设备、货物升降机/带式传送机等电气化设备。

快递标准化技术:是快递活动良性运作、各环节顺利衔接的基本保证,包括工艺性、控制性和限制性三类技术。这些技术标准应用于业务流程、作业程序和操作要领之中,旨在确保作业效率和服务质量,如集装箱的标准化直接关系到包装、拼箱和配载等作业环节。

3. 按快递功能环节分,快递技术可分为运输技术、仓储技术、装卸搬运技术、分拣配送技术和包装技术等

运输技术:包括运输工具、设施及其操作技能、运输管理技术等。在我国,运输主要有

---

① 程国全,王转,张庆华. 物流技术与装备[M]. 北京:高等教育出版社,2008.

公路运输、铁路运输、水路运输、航空运输和管道运输五种形式。

仓储技术:包括仓储设备、设施及其使用操作技能,以及仓储作业程序、物品保管技术、库存管理方法等。

装卸搬运技术:包括装卸、搬运设备及其操作、维修技能,以及装卸作业科学管理、合理调度的方法等。

分拣配送技术:主要包括分拣和拣选设备、订单系统、自动识别系统、输送系统等。

包装技术:主要指包装物、包装活动中所使用的技术,以及包装管理和标准化技术等。

二、快递信息技术的构成

信息化是现代快递的基础,现代化的快递需要现代快递信息技术的支持,没有快递的信息化,任何先进的快递理念和技术都不可能应用于快递领域,信息技术在快递中的应用将会彻底改变我国快递行业的面貌。现代快递管理的目标是供应链快递的一体化,站在整个供应链最优的角度进行快递系统的管理和控制。快递信息技术是现代信息技术在快递各个作业环节中的综合应用,是现代快递区别于传统快递的根本标志,也是物流技术中发展最快的领域,尤其是计算机网络技术的广泛应用使快递物流信息技术达到了较高的应用水平。

快递信息技术是快递软技术中的一种,本质上都属于信息技术的范畴,只是由于应用于快递物流领域而使其在表现形式和具体内容上存在一些特性。其基本要素可分为3个层次。

快递信息基础技术:即有关元器件的制造技术,是整个信息技术的基础,包括微电子技术、光子技术、光电子技术、分子电子技术等。

快递信息应用技术:即有关快递信息的获取、传输、处理、控制的设备和系统技术,建立在信息基础技术之上,是整个信息技术的核心。其内容主要包括信息采集获取技术、信息交换技术、信息处理技术及信息控制技术,具体体现为条码技术、射频识别技术、全球定位系统、地理信息系统等。

快递信息安全技术:即确保快递信息安全的技术,主要包括密码技术、防火墙技术、病毒防治技术、身份鉴别技术、访问控制技术、备份与恢复技术和数据库安全技术等。

未来国际物流的全球中心城市均为发达的信息枢纽港,建立先进的信息网络系统是跻身快递企业强国之列的先决条件和关键所在。以上介绍的三种快递信息技术中,基础技术和安全技术相对独立,而信息应用技术与快递行业发展最为紧密,因此本书将对快递信息应用技术进行重点介绍。

三、快递信息技术的重要作用

(一) 快递信息的作用

快递信息是指快递系统内部以及快递系统与外界相联系的各种消息,是快递活动的反映,同时也是组织快递活动的依据,其作用主要体现在:

1. 协调快递活动

快递活动是一个多环节的复杂系统,快递系统中的各个子系统通过物质实体的运动联系在一起,一个子系统的输出就是另一个子系统的输入。合理组织快递活动,就是使各个环节相互协调,根据总目标的需要适时、适量地调度系统内的基本资源。快递系统基本资源的调度通过信息的传递来实现,组织快递活动必须以信息为基础,为了使快递活动正常而有规律的进行,必须保证信息畅通,任何阻塞都将导致快递活动的混乱。

2. 支持快递活动

快递信息对整个快递活动起支持作用,没有这种支持,快递设备、设施再好也很难正常运转。高水平的快递活动不仅需要其有较高的技术水平和管理水平,而且需要快递信息的支持。企业只有掌握快递信息,才能充分利用快递设备,使快递活动畅通,把客户需要的商品按要求的时间送到合适的地点,提高快递活动的效率和质量。

3. 提供决策依据

对于涉及面广泛、结构复杂、因素较多的快递系统而言,只有做到信息灵通、情况清楚,才能做出准确决策。快递信息为决策提供了依据,只有通过对快递信息的正确判断和分析,才能做出正确的决策,具体表现为快递信息经分析、处理形成决策,决策执行的结果又成为新的快递信息,如此反复循环。

(二) 快递信息技术在快递活动中的重要作用

快递信息技术广泛存在于现代快递活动的各个方面和环节,技术是否先进、合理,直接影响着现代快递活动的运行状况,可以说,快递信息技术是保证现代快递活动顺利进行的基本条件。

1. 快递信息技术是提高现代快递效率的重要条件

快递行业本身就是一个对时效性要求非常强的行业,在竞争越来越激烈的今天,谁能为客户提供更为快速的传输效率,谁就占据了优势地位,信息化工具的使用解决了快递业务时效性的问题。在手工操作状态下查阅一笔账单非常繁杂,计算机则可以很轻松地查阅所有物品,并能按照地域将需要被速递的物品进行分类,所有这些过程可能只需要不到一秒钟的时间即可完成。另外,客户还可以直接通过公司网站查询快件的传递情况,更及时地掌握自己物品的运输状态和位置。另外,广域网、GPS系统以及终端PDA的使用都极大地提高了物品的传送速度和传送效率。

2. 快递信息技术是降低快递服务成本的重要因素

先进、合理的快递信息技术在有效提高快递服务效率的同时,也大大降低了快递服务的费用。技术的应用将快递企业的员工从快件分拣、信息录入、数据核对等繁杂枯燥的机械劳动中解放出来,节约大量人力、物力,不仅可以有效地使快递资源得到合理的运用,同时也有效地减少了快递作业过程中由于快件损毁、遗失所带来的损失。

3. 快递信息技术可以改善现代快递服务的质量,提高客户满意度

效率的提高、费用的降低,也意味着服务质量的提高和改善。手工业务操作中由于人为疏忽引发的失误较多,而使用计算机进行操作则可以非常容易地避免这些错误,增加了业务操作的可靠性,尤其体现在分拣转运等劳动密集的环节。客户可以在更短的时间内,以更低的成本获得更好的快递服务,客户满意度提高,快递企业与客户的关系也更加密切。无论是快递从业人员还是客户,都从揽收、派送、查询等快递活动的各环节中体验到快捷信息流带来的便利和安全。

(三) 快递信息技术在企业管理中的作用

快递企业管理概念的产生和发展与信息技术的应用密不可分。信息技术与信息管理手段是企业效益提高的坚实基础,不仅能为用户提供更多的增值服务,而且对于整个快递行业,是加速资本周转、增加企业无形资产的保证,具体体现在以下几方面。

1. 快递行业管理运作的所有方面都依靠快递系统的支撑

包括分散流程节点的网络化,渠道和运作的集成,供应链汇总的库存管理、运输计划、自动补货等。企业自身传送物品的时效性增强,意味着企业一个生命周期时间的缩短,企业可以在同等时期内做更多的业务,从这一层面上讲,时间就是金钱,企业的生产率提高了,竞争能力自然也就提高了。快递行业的管理为各企业获得竞争优势提供了非常重要的管理思想和方法,而这一思想和方法是与计算机技术及通信系统紧密联系在一起的。

2. 快递企业管理强调的信息共享必须以信息技术为基础

在过去,业务环境中的信息受到处理速度的限制,数据的采集、处理、存储和传递速度十分缓慢,不可能建立一个共享数据库。快递活动各环节之间的信息经常出现脱节、延误或失真,如客户服务器跟不上、手工操作失误、快递计划不合理、派送揽收无计划、运输资源浪费等。随着信息技术的进步,大量的信息数据可以经过传递交由计算机处理,通过分布式开放系统为基础的共享数据系统的应用,使得快递公司内部的数据流动更加实时、高效和准确。

3. 整个快递服务链的管理也离不开信息技术的支持

随着快递公司管理的发展,传统的组织已不再适应服务链管理的要求,必须建立在以流程为基础的服务链组织上,才能实现有效的服务链管理;而以流程为基础的组织的建立,不论是虚拟企业还是动态协作都需要信息技术的支持。整个服务链中的各节点企业通过信息技术实现无缝协作,业务数据不仅对客户和代理商透明,甚至可以支持对客户的客户、代理商的代理商透明。只要服务链上的贸易伙伴进行密切合作,就完全可以解决由信息失真引起的"牛鞭效应"。

四、快递信息技术的发展趋势

目前,快递行业已成为世界经济中增长最快的行业之一。2006 年,全国快递业务量10.6 亿件,到 2010 年 9 月 15 日,国内规模以上快递企业日处理量突破 1 000 万件,成为继美国和日本之后第三个快件日处理量突破千万件的国家。[①] 我国经济规模的增长、物流政策的开放、电子商务的逐渐深入,都给快递行业的高速发展带来了前所未有的契机;同时,也对快递企业提出了更高的要求。人们对信息重视程度的提高,要求信息流与实物

---

① 中华人民共和国国家邮政局网站.

流实现在线或离线的高度集成，也使得信息技术和现代化的快递装备逐渐成为快递技术的核心。因此，快递企业整体业务水平和运营实力的提升，首先应该反映在信息技术的优化和革新上。

（一）自动化水平越来越高

目前，越来越多的快递设备供应商已从单纯提供硬件设备，转向提供包括控制软件在内的总体物流系统，并且在越来越多的快递装备上加装电脑控制装置，对快递活动各个环节进行实时监控，很大程度上减少了人工劳动，实现了高效、准确、安全的自动化操作，大大提高了动作效率。快递装备与信息技术的完美结合，已成为各厂商追求的目标，也是其竞争力的体现。

（二）标准化要求更加迫切

随着经济发展的全球化，标准化和规范化逐渐成为快递信息技术发展的必然趋势。标准化既包括硬件设备的标准化，又包括信息编码、软件接口、传输协议等方面的标准化。当快递行业具有相当的市场规模后，必然向标准化方向发展，比如在码号设计、验视标准等方面都会有统一的规定。通过实现标准化，可以轻松地与服务链上其他节点企业的信息系统实现对接，为客户提供多种选择和便利性。

（三）智能化与人性化并重

以降低工作强度、改善工作条件为目的的快递信息技术越来越重视智能化与人性化的因素。智能运输系统、故障自动诊断等技术大大增强了系统的自主能力，减少了工作量。其中智能运输系统将计算机技术、数据通信技术、电子控制技术、运筹学、人工智能等有效地综合运用于运输和服务控制，加强了车辆、道路和使用者三者之间的联系，从而形成一种定时、准确、高效的综合快递运输系统。此外，大屏幕触摸屏技术、人机交互技术则更多地体现了人性化的设计，使操作更加灵活、轻松自如。

（四）信息安全提上日程

借助网络技术发展起来的快递信息技术，在享受网络飞速发展带来的巨大好处的同时，也时刻饱受着可能遭受的安全危机，例如网络黑客无孔不入的恶意攻击、病毒的肆掠、信息的泄密等。应用安全防范技术，保障企业的快递信息系统或平台安全、稳定地运行，是企业将长期面临的一项重大挑战。

（五）无线传输技术的应用更加广泛

运用无线数据终端，可以将货物接收、储存、提取、补货等信息及时传递给控制系统，实现对库存的准确掌控，实时指挥物流装备准确操作，几乎完全消灭了差错率，缩短了系统反应时间，使设备得到了有效利用，整体控制提升到更高效的新水平。而将无线数据传输系统与客户计算机系统连接，实现共同运作，则可为客户提供实时信息管理，从而极大地改善客户整体运作效率，全面提高客户服务水平。

第四章 快递服务支撑信息技术及设备

第二节 自动识别与数据采集技术

随着生活节奏的加快和竞争的日益激烈,从国内件三日达、国际件七日达到国内件一日达、国际件三日达,再到国内件即日限时递、国际件一日达,递送时间的一再缩短对快递服务的高效性与可控性提出了更高的要求,实时物流理念也由此诞生。要保证对快递物流过程的完全掌控,快递动态信息采集应用技术是必需的要素。动态的信件或包裹本身具有很多有用的信息,例如运单号、揽收人、重量、始发地、目的地、位置、状态等一系列信息。这些信息可能在物流中反复使用,因此,正确、快速读取运动中快件上的信息并加以利用可以明显地提高物流的效率。

自动识别与数据采集技术是信息数据自动识读、自动输入计算机的重要方法和手段,经过全球范围内几十年来的迅猛发展,初步形成了一个包括磁条卡技术、条码技术、光学字符识别、射频技术、声音识别技术、视觉识别技术等集计算机、光、机电和通信技术为一体的高新技术学科,彻底改变了人们传统的工作方式。每一种自动识别与数据采集技术都有自己独特的长处和特点,在某种应用场合比其他技术具有更好的适用性。不管是追踪律师办公桌上的文件夹,还是识别货船上运动的集装箱,自动识别与数据采集技术都可以提供适宜的应用解决方案。通过将数据采集和数据传递两种目标用一种设备和技术来实现,比以前更快捷、准确、高效,而且成本更低。目前,快递信息的采集以条码技术应用最为广泛。

一、条码技术

(一) 条码技术概述

条码技术是在计算机的应用实践中产生和发展起来的一种自动识别技术,是应用最广泛和最成功的自动识别与数据采集技术。我们收到的包裹、快件和从超级市场购买的商品,都有条码标识。那么,到底什么是条码?

条码由一组排列规则的条、空和相应的字符组成,这种用条、空组成的数据编码可以提供机器识读,而且很容易译成二进制和十进制数。这些条和空可以有各种不同的组合方法,从而构成不同的图形符号,即各种符号体系,也称码制,适用于不同的场合。条码为实现对信息的自动扫描而设计,能实现快速、准确而可靠的数据采集,商品从生产厂家到运输、交换的整个物流过程的各个环节都可以使用条码进行管理,解决了数据录入和数据采集的瓶颈问题,为供应链管理提供了有力的技术支持。条码技术的研究对象主要包括编码规则及标准、符号技术、自动识读技术、印制技术和应用系统设计技术五大部分。与其他识别技术相比,条码技术主要具有以下优点[1]:

---

[1] 塞洁. 电子商务概论[M]. 成都:西南财经大学出版社,2006.

1. 操作简单,成本低

条码标签易于制作,对设备和材料没有特殊要求,识别设备操作简单易行,不需要特殊培训,实现成本低。

2. 信息采集速度快

利用条码扫描录入信息的速度是键盘录入的5倍,并能实现即时数据输入。

3. 采集信息量大

利用条码扫描,传统的一维条码一次可采集几十位字符信息,二维条码更可以携带数千个字符信息,并有一定的自动纠错能力,使录入的信息量成倍增加。

4. 可靠性高

键盘输入数据出错率为三百分之一,光学字符识别技术出错率为万分之一,而采用条码技术误码率低于百万分之一,首读率可达98%以上。

5. 灵活实用

条码标识既可以作为一种识别手段单独使用,也可以和有关识别设备组成一个系统实现自动化识别,和其他控制设备连接起来实现自动化管理。

(二) 条码的内容及码制

条码中条和空的不同组合方法构成了不同的码制,目前较常用的码制有EAN码、EAN128码、UPC码、三九码和交叉二五码(ITF-14)等,不同的码制信息量各不相同,适用于不同的场合。其中EAN条码是国际通用符号体系,它们是一种定长、无含义的条码,主要用于零售业标识商品。EAN128条码是由国际物品编码协会和美国统一代码委员会联合开发、共同采用的一种特定的条码符号。它是一种连续型、非定长有含义的高密度代码,用以表示生产日期、批号、数量、规格、保质期、收货地等更多的商品信息。UPC码是目前主要用于美国和加拿大地区的通用产品码。另有一些码制主要是适应于某些特殊场合,如二五码用于包装、运输和国际航空系统为机票进行顺序编号。

根据条码适用范围的不同,我们可以将其分为商品条码和物流条码。商品条码是商品的"身份证",是商品流通于国际市场的"共同语言"。物流条码则是供应链中用以标志物流领域中具体实物的一种特殊代码,是整个供应链过程,包括生产厂家、配销业、运输业、消费者等环节的共享数据。它贯穿于整个贸易过程,并通过物流条码数据的采集、反馈,提高整个物流系统的经济效益。

(三) 条码技术在快递物流中的应用

条码技术可广泛应用于快递的各个环节中,现阶段在运单识别码方面普遍采用了条码技术。随着时间的推移,快递中的条码已从简单、单一的应用发展到高层次的、灵活性较强的码号系统,应用范围更加广阔,也更复杂。快递服务中所使用的条码大多为三九码,按其使用过程中的共享性,更多地体现为物流条码的特征。目前在快递服务的整个过程中,快递条码信息的利用大多只停留在快递企业内部始发地、分检中心、转运中心及目的地之间,而在快递企业以外的其他递送节点间则使用较少。

1. 作业管理

作业管理中对条码的应用主要体现在联系工作流的各环节。以仓储作业为例,验货、备货、分拣、上架等环节之间的联系是很复杂的,传统操作方式下,业务中心与仓储工作人员之间一般以纸面单据交流完成工作流的衔接。在应用条码之后,可以借助无线局域网建立半自动化的作业管理方式。业务中心通过无线网络将业务指令直接下达到仓储工作人员,仓储工作人员通过手持终端接收指令,并扫描条码确认工作准确无误地完成,仓储工作人员的工作完成情况又即时传回业务中心得到确认。

2. 仓储管理

仓储管理实际上是条码应用的传统领域,其应用已经贯穿出入库、盘点、库存管理等多方面。在出入库过程中,条码可以加快出入库的速度,也能减少出入库操作的差错。在库存管理中,条码的主要意义在于货位保证。快递管理系统在做资源计划时常常需要引用货位信息,但传统方式下的货架操作难以避免货物与货位信息的脱节,往往出现的情况是,快递管理信息系统指示在某处出库某样物品,但操作工将叉车开到货位后却发现并不存在这样的物品。条码技术不仅可以标识所有物品,同样也可以标识货位。要求只有扫描了货位条码和货物条码后才能完成上下架过程,这样就可以确保货物的货位信息总是准确的。

二、射频技术

(一)射频技术概述

射频技术,全称为无线射频识别技术(Radio Frequency Identification,RFID),与条码技术一样,都属于非接触式自动识别技术。射频技术是利用无线电波对记录媒体进行读写,因此不局限于视线,识别距离比光学系统远,可达几厘米至几米。非接触的特点使得识别卡不必与读卡机接触就能读写识别卡上的信息,这种非接触式识别卡与读卡设备之间没有方向性的要求,卡片还可放在口袋或皮包内而不必取出就能直接读取其中的信息,避免了现代人经常要从数张卡片中找寻特定卡片的烦恼。

与条码技术相比,射频技术具有明显的优势。RFID读取设备利用无线电波,可以识别高速运动的物体并可同时读取多个标签信息,也就是说一辆满载各种货物的卡车直接从装有射频阅读器的检测点驶过时,其装载的所有货物的所有标签信息就可以同时被读取,而条码依靠手工读取方式,需要一个一个地扫描,效率低下;RFID属于电子产品,能适应条件苛刻的环境,且保密性好,而条码属于易碎标签,容易褪色、被撕毁;RFID标签内部嵌有存储设备,可以输入数千字节的信息,这是条码不能比的;最关键的是,条码永远是一次性的,不可改变,而RFID可以进行任意修改,因此特别适用于要求频繁改变数据内容的场合。

(二)射频技术的原理

RFID系统一般由标签、阅读器和天线三部分组成。

1. 标签(Tag)

又称射频卡,由耦合元件及芯片组成,标签含有内置天线,用于和射频天线间进行通信。按供电方式分为有源卡和无源卡。有源卡是指卡内有电池提供电源,其作用距离较远,但寿命有限、体积较大、成本高,且不适合在恶劣环境下工作;无源卡内无电池,它利用波束供电技术将接收到的射频能量转化为直流电源为卡内电路供电,其作用距离相对有源卡短,但寿命长且对工作环境要求不高。

2. 阅读器

负责标签信息读取和写入的设备。

3. 天线

负责在标签和阅读器间传递射频信号。

RFID系统的基本工作流程是:阅读器通过发射天线发送一定频率的射频信号,当射频卡进入发射天线工作区域时产生感应电流,射频卡获得能量被激活;射频卡将自身编码等信息通过卡内置发送天线发送出去;系统接收天线接收到从射频卡发送来的载波信号,经天线调节器传送到阅读器,阅读器对接收的信号进行解调和解码然后送到后台主系统进行相关处理;主系统根据逻辑运算判断该卡的合法性,针对不同的设定做出相应的处理和控制,发出指令信号控制执行机构动作。

(三) 射频技术在快递物流中的应用

RFID技术应用于物流行业,可大幅提高物流管理与运作效率,降低物流成本。另外,从全球发展趋势来看,随着RFID相关技术的不断完善和成熟,RFID产业将成为一个新兴的高技术产业群,成为国民经济新的增长点。因此,RFID技术有望成为推动现代快递加速发展的润滑剂。尽管目前在运单识别码方面,普遍采用的仍是条码技术,但随着成本的降低,RFID技术将得到广泛应用。

射频技术在我国部分领域已经投入应用。在运输管理中,带有射频标签的车辆通过装有射频阅读器的专用隧道、停车场或高速公路收费站口时,无须停车缴费,大大提高了行车速度,提高了通行效率。射频接收转发装置通常安装在运输线的一些检查点上,如桥墩、仓库、车站、码头、机场等关键地点,接收装置收到射频标签信息后,连同接收地的位置信息上传至通信卫星,再由卫星传送给运输调度中心,送入数据库中。

我国应用RFID最早的案例之一是铁道部建设的铁路车号自动识别系统(ATIS),其目标是在所有机车、货车上安装RFID标签,目前已经安装50多万节车厢。在所有区段站和大型货运站安置地面识别设备,对运行的列车及车辆信息进行准确的识别;经计算机处理后,结合全球卫星定位技术,为铁路管理信息系统提供列车、车辆、集装箱实时追踪管理所需的准确、实时的基础信息;还可实现部、局、车站各级车的实时管理、车流的精确统计和实时调整等。采用RFID技术后,铁路车辆管理系统实现了统计的实时化、自动化,降低了管理成本。据铁路部门有关人员的统计,实现自动抄号后,货运物流每年的直接经济效益达到3亿多元。此外,射频技术还应用于物流公司的物流管理活动中,如物料跟踪、运载工具和货架识别等,同时,生产企业中汽车焊接、装配等生产线上,也开始采用射频技术对车体、部件进行识别与跟踪来管理和控制生产流水线。

近年来,邮政行业也开始了对 RFID 技术的试验应用。2005 年年初,上海邮政速递在总包处理中应用 RFID 解决速递总包信息的自动点数和勾挑核对。2006 年年底,邮政企业在科技部 863 项目"RFID 技术和应用"的支持下进行了京沪穗邮政总包处理的应用试验。2008 年 2 月,北京邮政速递局航空邮件交换站启动了 RFID 生产实测工程,实现京、沪、穗三地国内速递本局进出口总包邮件 RFID 袋牌的自动识读、点数和交接,同时实现 RFID 总包数据在两子系统中的"机内勾核"。① 总体来看,在邮政行业运用 RFID 技术的优势主要包括:通过邮件总包上的 RFID 袋牌可实现总包的自动点数和勾挑核对、简化邮件交接手续,提高邮件交接的准确率和工作效率;通过邮件袋内的 RFID 标签可实现对邮件的实时跟踪,便于邮件分拣和质量控制。

三、智能卡识别技术

(一) 卡技术概述

现代生活中,卡的应用非常广泛,按照实现技术的不同,可将卡分为磁卡、智能卡和光卡。其中磁卡是以磁材料为介质的一种卡,基本原理是在塑料卡中加入一个磁条,作为记录信息的载体,在我国已经有十余年的发展历史。从技术、应用和相应设备的投资来看,磁卡还有一定的地位,其优点是数据可读写,即具有现场改变数据的能力,数据的存储一般能满足需要,并且使用方便、成本低廉。这些优点使得磁条技术的应用领域十分广泛,如信用卡、银行 ATM 卡、会员卡、现金卡(如电话磁卡)、机票、公共汽车票、自动售货卡等。磁条技术的限制因素是数据存储的时间长短受磁性粒子极性的耐久性限制。此外,磁卡存储数据的安全性一般较低,磁介质可靠性不高,易受环境影响,如强磁场、潮湿等都会导致磁介质出现故障,造成数据的丢失或混乱。对磁介质的擦写也比较容易,信息易被篡改,保密性差,卡容易被伪造。要提高磁卡存储数据的安全性能,就必须采用另外的相关技术。随着技术的发展,安全性能较差的磁卡正在被逐步取代,但是,在现有条件下,社会上仍然存在大量的磁卡设备,再加上磁卡技术的成熟和低成本,短期内磁卡技术仍然会在许多领域应用。

(二) 智能卡技术

智能卡是智能卡技术的核心,它的性能和成本对智能卡技术的推广和使用起着举足轻重的作用。智能卡是一种将具有处理能力、加密存储功能的集成电路芯片嵌装在一个与信用卡一样大小的芯片中的信息存储技术,通过识读器接触芯片可以读取芯片中的信息。接触式智能卡的特点是具有独立的运算和存储功能,在无源情况下,数据也不会丢失,数据安全性和保密性都非常好,成本适中。为了提高智能卡的标准化和通用性,国际标准化组织对智能卡的接口和通信协议作了详细规定,生产智能卡的厂家有 Siemens、Atmel、Gemplus、Motorola、Microchip 等公司。

---

① 中华人民共和国国家邮政局网站.

智能卡属于半导体卡,按照其组成结构,智能卡可以分为一般存储卡、加密存储卡、CPU卡和超级智能卡。

(三) 智能卡识别技术在快递物流中的应用

智能卡与计算机系统相结合,可以方便地满足对各种信息采集、传送、加密和管理的需要,它在国内外的许多领域如运输物流、智能交通领域等得到了广泛应用。其中运输物流包括车辆管理、集装箱管理、货物管理、安全管理等,智能交通包括高速公路联网收费、不停车收费等。"十一五"期间,重点应用的发展方向是进一步加大智能卡在运输物流管理、智能交通和电子政务的应用,完成快递物流行业标准制定和智能卡技术应用的规范化、规模化提升,初步实现物流行业信息链的互联互动,基本建立面向交通行业的应用,实现智能卡技术在物流交通行业的全面推广。

四、其他自动识别技术

(一) 生物统计识别技术

生物统计识别技术,是基于对生命个体的生理特征和行为特征进行分析来识别验证个体身份的自动识别技术。典型的生物统计识别系统一般包括三个部分:用于扫描和捕获个体的生理、行为特征的扫描、照相装置;用于对扫描的信息进行分析、压缩,并且把扫描信息与系统中已经存储的信息(对比模板)进行比较分析的装置;与其他设备实现接口的装置。这种技术不仅用于对个体的识别,也可以与其他设备相结合,用于对系统进行安全控制。

在实际应用中,根据不同的应用目的,选择个体稳定的生理特征和行为特征进行识别是系统成功应用的关键。根据生理特征识别的除了指纹识别外,还包括手掌形状、瞳孔形状、视网膜血管分布图识别等。另外,由于个体的行为特征会随着时间的推移而发生变化,所以基于个体行为方式的生物统计识别系统应该能够对个体逐渐变化的行为方式自动修正。

衡量生物统计识别系统能力的大小一般使用误受率与误拒率两个指标。误受率是指被授权人被系统错误接受、非法进入系统的几率;误拒率是指授权人不能正常进入系统的几率。生物统计识别系统一般都允许用户对系统进行适当的设置,以平衡调节系统的这两个指标。如果系统防止非授权人员非法进入系统的能力加强(误受率变小),授权人不能正常进入系统的几率就会变大(误拒率变大)。生物统计识别技术专家指出,为了有效地降低误受率而防止误拒率的变大,必须对系统的使用者进行培训。在实际应用中,了解系统的识读能力,并对系统的识读能力进行最优化设置,以确保系统能够满足具体的应用目的。例如,对信用卡、支票等进行检验就不能仅仅采用签字识别的生物统计识别技术,因为金融银行业一般都要求非常低的误拒率。

生物统计识别技术广泛应用于安全控制领域,技术的成本和复杂性曾经限制了这种系统的应用,随着技术发展,系统的成本持续下降,性能不断提高,系统在其他领域的应用也逐渐扩大。

(二) 光字符识别技术

光学字符识别技术是最早被考虑作为键盘输入的代替手段,到目前为止已有30多年的发展历史。光字符识别技术首先是用光符号识读扫描仪对字符、字母、图形等进行水平方向和垂直方向的扫描,然后使用OCR软件把扫描到的字符、字母、图形转换成二进制文件形式,输入到计算机系统。一般来说,光学字符识别技术对扫描的文档进行二进制转化有两种方法:模块识别法和特征分析法。模块识别法是预先在系统中装入各种字符、数字等的样品,通过比较扫描到的文档与存储的样品,选择最相近的模块来完成二进制的转化。特征分析法把字体看成由各个笔画组成,并抽象出各笔画的规律来完成扫描字符的二进制转化。

自20世纪90年代以来,光学字符识别技术的发展非常迅速。现在,光字符识别技术识读"脏"文件的能力已经显著提高,这种能力使得光字符识别系统能够可靠地识读复印多次已经模糊不清的文件或者传真质量比较差的文件。但是,影响光字符识别技术广泛应用的真正关键因素是系统能够达到的准确率,尤其是识读字符型文件可以达到的准确率。从理论上来说,只有光字符识别技术能够达到100%的准确率,系统才具有真正的使用价值,因为即使系统可以达到99%的准确率,也需要使用者逐字检查以消除那1%的错误。光字符识别技术由于首读率低、误码率较高、硬件价格贵等原因,不适合需要大量数据输入的环境。

第三节　自动跟踪和控制技术

物流设备跟踪主要是指对物流的运输载体及物流活动中涉及的物品所在地进行跟踪。物流设备跟踪的手段有多种,可以用传统的通信手段如电话等进行被动跟踪,也可以用RFID手段进行阶段性跟踪,但目前国内使用最多的还是GPS跟踪技术。GPS跟踪是利用GPS物流监控管理系统,主要跟踪货运车辆与货物的运输情况,使货主及车主随时了解车辆与货物的位置与状态,保障整个物流过程的有效监控与快速运转。物流GPS监控管理系统的构成主要包括运输工具上的GPS定位设备、跟踪服务平台(含地理信息系统和相应的软件)、信息通信机制和其他设备(如货物上的电子标签或条码、报警装置等)。

一、地理信息系统(GIS)

(一) GIS技术概述

据中国仓储协会的调查报告显示,我国车辆运营的空载率约为45%,造成这一情况的重要原因之一就是物流企业无法准确知道运行车辆的具体位置,不能与司机随时随地保持联系,也就无法为其组织货源和灵活配货。同时,司机仅凭个人经验通常无法确定最佳路径,不仅延误了送货时间,同时也增加企业的运行成本。另外,在电子商务环境下,供应商需要全面、准确、动态地掌握散布在全国各地的中转仓库、经销商、零售商以及各种运输环节之中的产品流动状况,并以此制定生产和销售计划,及时调整市场策略。GIS 技术的出现很好地解决了这些问题。

地理信息系统(Geographic Information System,GIS)技术是 20 世纪 60 年代开始迅速发展起来的综合了计算机科学、地理学、信息科学等学科的新兴边缘科学,它以地理空间数据为基础,采用地理模型分析方法,适时提供多种空间的、动态的地理信息。GIS 的基本功能是将数据库或电子表格文件中的表格型数据转换为地理图形显示,然后对显示结果浏览、操纵和分析,其显示范围从洲际地图到非常详细的街区地图,显示的内容包括人口、输入、销售情况、运输线路以及其他内容。在许多情况下,这些地图能比一般表格或图形更为有效地帮助我们进行趋势和策略方面的研究,而且更易于将这类信息转化为其他形式的信息。

(二) GIS 的系统组成

GIS 应用系统通常由计算机硬件、GIS 专业软件、地理数据、GIS 人员和 GIS 模型六部分组成。其中计算机硬件指 GIS 所需的一切计算机资源;GIS 软件指 GIS 运行所必须的各种程序,包括计算机系统软件和地理信息系统软件两部分,提供存储、分析、显示地理数据的功能;地理数据的来源包括室内数字化和野外采集,以及其他数据的转换。数据类型分为空间数据和属性数据,空间数据表现了地理空间实体的位置、大小、形状、方向以及几何拓扑关系;GIS 人员包括从事 GIS 系统开发的专业人员和采用 GIS 完成日常工作的最终用户;GIS 模型是在对专业领域的具体对象与过程进行大量研究的基础上总结出的规律的表示,GIS 应用就是利用这些模型对大量空间数据进行分析综合来解决实际问题。

(三) GIS 技术在快递物流中的应用

随着电子商务、物流和 GIS 本身的发展,GIS 技术将成为全程物流管理中不可或缺的组成部分。GIS 应用于物流分析,主要是指利用 GIS 强大的地理数据功能来完善物流分析技术。在物流配送管理中,利用 GIS 可以更容易地处理物流配送中货物的运输、仓储、装卸、送递等各个环节,并对其中涉及的如运输路线的选择、仓库位置的选择、仓库的容量设置、合理装卸策略、运输车辆的调度和投递路线的选择等问题进行有效管理和决策分析,有助于物流配送企业有效地利用现有资源、降低消耗、提高效率。国外公司已经开发出利用 GIS 为物流管理提供专门分析的工具软件,完整的 GIS 物流分析软件集成了车辆路线模型、最短路径模型、网络物流模型、分配集合模型和设施定位模型等,能够建立功能强大的物流信息系统,使物流变得实时并且成本最优。

1. 设施定位模型

用于确定一个或多个设施的位置。在物流系统中,仓库和运输路线共同组成了物流网络,仓库处于网络的节点上,节点决定着线路,如何根据供求的实际需要并结合经济效益等原则,在既定区域内设立多少个仓库,每个仓库的位置,每个仓库的规模,以及仓库之间的物流关系等,运用此模型均能很容易地得到解决。

2. 网络物流模型

用于解决寻求最有效的分配货物路径问题,也就是物流网点布局问题。如将货物从 N 个仓库运往到 M 个商店,每个商店都有固定的需求量,因此需要确定由哪个仓库提货送给哪个商店,所耗的运输代价最小。还包括决定使用多少辆车,每辆车的路线等。

3. 配送区域划分模型

根据各个要素的相似点把同一层上的所有或部分要素分为几个组,用以解决确定服务范围和销售市场范围等问题。如某一公司要设立 X 个分销点,要求这些分销点要覆盖某一地区,而且要使每个分销点的顾客数目大致相等。

4. 车辆路线模型

用于解决一个起始点、多个终点的货物运输中,如何降低物流作业费用,并保证服务质量的问题。

5. 空间查询模型

如可以查询以某一商业网点为圆心某半径内配送点的数目,以此判断哪一个配送中心距离最近,更方便安排配送。

由此可见,基于 GIS 的物流配送系统可实现的功能主要包括:结合全球卫星定位技术实现车辆和货物跟踪;在电子地图上进行运输路线规划、导航,对配送范围内的建筑、运输车辆、客户等信息进行查询;利用长期客户、车辆、订单和地理数据等建立模型来进行物流网络的布局模拟,并以此建立决策支持系统,提供更有效而直观的决策依据。

二、全球定位系统(GPS)

(一) GPS 技术概述

前面在介绍射频技术和 GIS 技术的时候都提到了利用全球卫星定位技术实现车辆和货物跟踪,这种定位跟踪技术即这里将要介绍的全球定位系统(Global Positioning System,GPS)技术,该技术是 20 世纪 70 年代由美国国防部批准,陆、海、空三军联合研制的新一代空间卫星导航定位系统,早期仅限于军方使用,其主要目的是为陆、海、空三大领域提供实时、全天候和全球性的三维导航与定位服务,具有全天候、高精度、自动化和高效益等显著特点。

目前,GPS 技术在我国的应用已从少数科研单位和军用部门迅速扩展到农业、交通、测绘、电力、通信等多个民用领域,GPS 的广泛应用改变了人们的工作方式,提高了工作效率,带来了巨大的经济效益,具有广阔的应用前景。

(二) GPS 的系统组成

GPS 系统共由三部分构成:

1. 地面控制部分

由主控站、地面天线、监测站和通信辅助系统组成,其中主控站负责管理、协调整个地面控制系统的工作;地面天线在主控站的控制下,负责向卫星注入导航电文,监测站负责数据的自动收集;通信辅助系统则完成数据的传输。

2. 空间部分

由24颗卫星组成,分布在6个轨道平面上(每轨道面4颗),使得在全球的任何地方、任何时间都可观测到4颗以上的卫星,并能保持良好定位解算精度的几何图形,同时还可以支持无限个用户使用,提供了在时间上连续的全球导航能力。

3. 用户装置部分

主要由GPS接收机、卫星天线和处理软件组成,用户通过用户设备接收GPS卫星信号,经信号处理而获得用户位置、速度等信息,最终实现利用GPS进行导航和定位的目的。

(三) GPS技术在快递物流中的应用

GPS在快递物流领域的应用主要包括以下几个方面:

1. 车辆跟踪定位

GPS技术在车辆导航方面发挥了重要的角色,车载设备通过GPS进行精确定位,结合电子地图以及实时的交通状况,自动匹配最优路径,并实行车辆的自主导航。交通运输、物流配送等行业利用GPS技术对车辆进行跟踪、调度管理,合理分布车辆,以最快的速度响应用户的乘车或送货请求,降低能源消耗,节省运行成本。在西方国家,汽车导航销售额雄居各类GPS市场之首,目前我国GPS车辆跟踪系统市场也已进入规模发展时期,已有数十家公司在开发和销售这类产品。以长途运输为例,我国现有430万辆的货运车和170万辆的客运车,这是GPS在物流运输管理上能发挥重大作用的领域,其应用市场需求迫切,潜力巨大。

2. 航空航海运输管理

由于GPS具有精度高、可连续导航、抗干扰能力强等优点,GPS技术将逐渐替代现有的其他无线电导航系统,为航海航空运输管理提供位置、航速、航向和时间等信息。例如,民航运输管理中,可以利用GPS系统的场面监视和管理功能,使驾驶员着陆时能准确对准跑道,减少起飞和进场滞留时间,同时还能监视和调度机场的飞机、车辆和人员,提高机场利用率。英国航空公司在B747-200和400型机上安装上自动相关监视系统之后,伦敦至香港、香港至日本两条航线分别减少飞行时间60分钟、20~30分钟,每年可节省54 000吨燃料,价值达750万英镑。

3. 铁路运输管理

我国铁路开发的基于GPS的计算机管理信息系统,结合RFID技术和GIS技术,可以实现通过计算机网络实时收集全路列车、机车、车辆、集装箱及所运货物的动态信息,对列车、货物进行追踪管理。只要知道货车的车种、车型、车号,就可以立即从近10万千米的铁路网上流动着的几十万辆火车中找到该列车,还能得知这辆货车现在何处运行或停在何处,以及所有的车载货物发货信息。铁路部门运用这项技术可大大提高路网及其运营的透明度,为货主提供更高质量的服务。

现有的GPS产品在技术上已比较成熟,关键的区别在于应用软件。现有较为成熟的应用软件主要涉及地理位置跟踪、车辆管理、司机管理(主要是对里程、油耗、速度等进行控制)、调度管理、运营管理(路由计划、时间安排等)、地图管理等。优秀的GPS软件甚至可以将班车的成本管理、安全管理和班车司机考核系统整合到系统中,在班车上安装报警装置,当班车途中发生违规行为如超速、违规开门、越界等立即报警,并可通过车载通讯工具进行直接对话,有效控制行车安全及货物安全;对车辆的里程、油耗、速度等参数进行统计与分析,以便进行成本控制;通过报表平台将违规情况、行驶情况和油耗情况等进行统计与分析并通过设定的公式对班车使用人员进行绩效考核。

申通快递是业内较早使用 GPS 技术的企业之一,2010 年 5 月下旬,申通快递完成了江浙沪皖的网络车以及外围与江浙沪对接的网络车的上线工作。全国安装 GPS 的车辆超过 500 辆,GPS 主要应用于干线车辆,下一步将逐步推广到支线车辆。公司已逐步在全网络推广了车辆 GPS 定位信息查询系统,该系统能实现网上录入单号,查询快件扫描记录,显示车辆 GPS 定位地图信息。① 此外,顺丰、圆通等快递企业也在调度和车辆跟踪方面使用了 GPS 技术。

三、自动控制技术

(一) 自动控制技术概述

自动控制技术是能够在没有人直接参与的情况下,利用附加装置使生产过程或生产机械自动地按照某种规律运行,使被控对象的一个或几个物理量(如温度、压力、流量、位移和转速等)或加工工艺按照预定要求变化的技术。它包含了自动控制系统中所有元器件的构造原理和性能,以及控制对象或被控过程的特性等方面的知识,自动控制系统的分析与综合,控制用计算机的构造原理和实现方法。

自动控制技术是当代发展迅速、应用广泛、最引人瞩目的技术之一,是自动化领域的重要组成部分。工业过程自动控制包括对生产设备的连续顺序控制,压力、温度、含水率、掺兑、配比等的自动控制,产品物理结构、化学成分等的品质检测等,其应用的意义不仅在于将人们从繁重单调的劳动中解放出来,而且是保证大规模工业生产的生产效率和产品质量的有效手段。

(二) 自动控制技术的发展

自动控制技术伴随着工业生产的规模扩大和对产品质量的追求不断发展,企业为追求更大的效益和更高的产品竞争能力也促进了自动控制技术的发展,国外自 20 世纪 60 年代出现第一套工业过程控制系统以来,主要经历了 3 个发展阶段。

阶段一:工业生产线自动逻辑控制和模拟量 PID 调节等控制技术的应用,实现了工业生产线的连续自动生产。该阶段主要采用继电逻辑控制技术和工业二次仪表,由于控制技术落后、系统可靠性不高、工艺参数调节精度不高、检测手段落后,生产过程必须有大量的人工参与,生产效率和产品质量也无法保证。

阶段二:随着计算机技术的发展,出现了可编程序控制器。由于采用了计算机技术,

---

① 中华人民共和国国家邮政局网站.

电子商务与快递服务

可以应用算法复杂的模糊控制技术等先进控制理论,控制软件取代了大部分硬件功能,控制系统的设计、制造、调试、更改和维护大大简化;同时计算机技术也促进了检测技术的发展,因此控制系统的可靠性和工艺参数调节精度大大提高。

阶段三:随着计算机技术、通信技术、控制技术的发展,便于集中管理的集中监控技术日趋成熟并得到广泛应用,控制系统更向全数字化、全分散式、全开放可互操作和开放式互联网络的新一代现场总线控制系统发展。

(三) 自动控制技术在快递物流中的应用

近年来自动控制技术发展迅猛,特别是计算机技术、网络和通信技术发展的突飞猛进,使人们借助于技术的进步和开发工具的扩大,将人们构思的自动操作付诸实现,如网络控制技术、可编程控制器等。自动控制技术正向着网络化、集成化、分布化、节能化的方向发展。

在快递物流控制技术方面,快递物流的控制系统在经历了继电逻辑控制系统、以PLC微机为代表的集中式数字控制系统、集散控制系统之后,快递物流控制走向了现场总线控制系统。现场总线具有网络化、开放性、可互操作性、分散性、低成本、系统维护方便等优点,不仅在系统上,而且在复杂的单机如堆垛机、AGV上都得以推广应用。

从光机电一体化的应用到物联网概念的提出,从PLC到RFID,现代物流技术一直在吸纳人类最先进的科学技术而与时俱进。20世纪末以来,工业自动化领域发生了深刻变革,无论是现场总线还是工业以太网都对工业控制系统的分散化、数字化、智能化和一体化起到了决定性的作用。当自动化工程师将这些新技术大胆地运用到物流系统中后,物流系统技术水平得到了迅速提高。

第四节 快递自动化技术与设备

一、自动分拣技术及设备

电子商务的发展为快递物流市场带来了繁荣和活力,直观地反映为快件业务量的急剧膨胀。随着业务量的迅速增加,随之而来的是资源的紧张,尤其体现在劳动力资源的紧张上。B2C和C2C电子商务业务的递送对象多为目的地分散、品类繁杂的单件商品,整个递送活动需要进行大量机械、重复性的分类、拣选作业。据统计,分拣中心、转运中心和各网点用于分类、拣选的劳动力已占其整个劳动力的80%以上,占用大量人力、浪费时间,还很容易出错。如何提高快递操作环节的作业效率,已成为各快递节点机械化、自动化的研究重点。

(一) 自动分拣技术概述

分拣作业也称拣选作业,是指将用户所订的货物从保管处取出,进行分类、集中和处理,分拣、配货是配送中心的主要职能和核心工序。随着商品经济的发展,用户需求向小批量、多批次的方向发展，配送中心配送商品的种类和数量将急剧增加，分拣作业在配送中心作业中所占的比例越来越大，是最耗费人力和时间的作业之一。分拣作业的效率直接影响着配送中心的作业效率，也是决定配送中心服务水平高低的重要因素。拣选作业的目的在于正确、迅速地将客户订购的货品集中。要达到这一目的，就必须根据订单采用适当的拣选设备，按拣选作业过程的实际情况运用一定的方法策略进行组合，采取切实可行且高效的解决方式提高拣选效率，将各项作业时间缩短，提升作业速度与作业能力。同时，必须在拣选时防止错误，避免送错货，尽量减少内部库存料账不符的现象以及作业成本的增加。

我国自20世纪70年代引进自动分拣技术以来，在立足自主开发的基础上不断吸收国外先进经验，紧跟世界先进技术，根据需求不断开发新产品。2010年5月11日，中国邮政集团公司上海研究院自主研发、能够识别中文地址的新一代信函分拣机（MPS）在上海通过专家验收。该分拣机日均处理信函量达15.3万件，平均识别率达86.75%。[1] 和国外的自动分拣技术比较，我国的自动分拣技术更符合自身的特点，针对相同的功能具有更低的价格[2]。面对分拣量的增加、配送点的增多、相应配送时间的缩短和服务质量的提高，单凭人工分拣已无法满足大规模配送的要求。由于具有分拣速度快、分拣点多、效率高、差错率极低和基本上实现了无人化操作的特点，自动分拣技术已成为当今物流的理想选择。

（二）自动分拣技术的构成及分类

自动分拣技术主要分六大部分。一是前输送系统，主要的功能是将要分拣的物件传输到供件系统；二是供件识别系统，对从输送系统传输过来的物件进行信息识别并准确地将物件送到主分拣线上；三是主分拣线，将从供件系统接到的物件运送到指定的位置准确卸下；四是格口，存放从主分拣线卸下的物件；五是主控系统，对输送到格口的物件进行整体控制；六是信息管理系统，通过信息管理系统，能对分拣数据进行最大利用，真正实现自动化分拣。由于需要分拣的物件特性千差万别，所以不可能有完全适用于所有物件的分拣技术，从而针对不同类型的物件产生了不同的分拣技术。

常见的分拣自动化技术包括自动分货系统、自动拣选系统和电子标签拣货系统等。全自动拣选系统是一种信息处理和分拣作业完全自动的系统，主要用于一些高价值商品的分拣，如医药、卷烟及化妆品等配送中心。电子标签拣货系统是一种无纸化的拣货系统，这种拣货系统不用拣货单，而是在货架上加装一组LED显示器，客户的订单资料直接由计算机传输到货架的显示器上，拣货人员根据显示器的数字进行拣货，拣货完成之后按一下确认键即可。这种方式可大大提高拣选效率，降低工人的劳动强度，而且使差错率大幅度降低。射频拣货系统也是一种无纸化的拣货系统，主要由射频主机、无效登录点和射频终端组成。射频主机系统连接在分拣中心信息系统的有线局域网上，当射频主机接到出库指令时，将作业指令进行分解，并把分解后的指令发给各个终端，指挥作业人员或车

---

[1] 中华人民共和国国家邮政局网站．
[2] 宋召卫．我国自动分拣技术及其应用[J]．中国物流与采购，2003，(6)：46-47．

辆进行操作,作业完成后,利用键盘可以将作业完成情况的全部信息反馈给主机系统。目前,我国的医药和电子行业已广泛开始使用射频拣货系统,全国自动分拣系统也开始应用,自动分拣技术的使用可以很好地减轻分拣操作的压力。

随着我国经济的高速发展,铁路、公路货物集散中心陆续出现,销售领域内批发零售仓库已率先向配送中心发展,而且不少配送中心的物品日处理量已超过5万箱,客观上具备了导入自动分拣系统的需求。采用自动分拣设备可以有效地实现多批量订单同时拣货,处理多品种、多路向作业,提高操作效率和准确性,在短时间内完成大处理量,减少人工干预,实现全程物件信息跟踪,增强操作可靠性,降低人力成本,以及实现越库配送。

(三) 快递行业常用的自动分拣设备

快递一般来说可分为包裹、扁平件和信函三种属性的货物。由于国家对信函有规定,只能由邮政进行处理,所以国际快递企业和民营快递企业的业务不包括信函。信函有专门的信函分拣机,扁平件也有专门的扁平件分拣机。包裹按大小一般分为超小包裹、中型包裹和超大包裹三种,超小及超大的包裹原则上来说使用分拣机分拣存在一定的技术问题,而且由于量不大所以一般使用人工分拣,而一般包裹即标准包裹则可以使用自动分拣机来进行分拣。针对包裹的全自动分拣机型式非常多,从分拣机的型式来分分为直线形和环形两种,直线形常用的有滑块式、弹出滚筒式及弹出滚轮式等,环形有交叉带分拣机、翻盘式分拣机等。选用何种分拣机主要考虑建筑物的形状、设备造价、分拣能力等因素,其中环形分拣机成本相对较高,但分拣机能力可以达到每小时一万件以上,高于直线型分拣机每小时作业7 500件的水平。下面简单介绍快递行业用到的几种分拣机类型。

1. 交叉带分拣机

交叉带分拣机有很多种型式,比较普遍的是一车双带式,即一个小车上面有两段垂直的皮带,既可以在每段皮带上搬送一个包裹也可以两段皮带合起来搬送一个包裹。在两段皮带合起来搬送一个包裹的情况下,可以通过在分拣机两段皮带方向的预动作,使包裹的方向与分拣方向一致以减少格口的间距要求。交叉带分拣机的优点是噪声低、可分拣货物的范围广,通过双边供包及格口优化可以实现单台最大能力约每小时2万件。但缺点也是比较明显的,即造价比较昂贵、维护费用高。国外的交叉带分拣机的基本配置为三个无接触,即驱动由直线电机完成,驱动无接触;通讯由红外通信器完成,通信无接触;小车供电是感应方式供电,供电无接触,目前国内还未达到这样的水平。交叉带分拣机主要的供应商有FKI、范德兰德、Cinetic、德国伯曼机械、英特诺等,国内的有普天及上海邮通。

2. 翻盘式分拣机

翻盘式分拣机通过托盘倾翻的方式将包裹分拣出去,该分拣机在快递行业也有应用,但更多的是应用在机场行李分拣领域,最大能力可以达到每小时1.2万。标准翻盘式分拣机由木托盘、倾翻装置和底部框架组成,倾翻分为机械倾翻及电动倾翻两种,供应商有FKI、范德兰德、德国伯曼机械等。范德兰德刚刚开发出一种新型翻盘式分拣机——Exprexorter,既可以将多个托盘组合起来搬运一个大件包裹,也可以每个托盘搬运一个包裹,并可以像交叉带分拣机一样预转向将货物送入出口以减少格口间距要求。此外,由于托盘的特殊设计,还可以保证扁平件等有塑料皮包装的较轻货物不会粘在托盘上导致分拣失败。

3. 滑块式分拣机

滑块式分拣机也是在快递行业应用非常多的一种分拣机,可靠且故障率非常低。在大的配送中心,比如 UPS 的路易斯维尔,就使用了大量的滑块式分拣机来完成预分拣及最终分拣。滑块式分拣机可以多台交叉重叠起来使用,以满足单一滑块式分拣机无法达到的能力要求。滑块式分拣机的供应商较多,这里不做介绍。

4. 弹出滚筒式和弹出滚轮式分拣机

这两种分拣机的处理能力都不高,在每小时 3 000 件以下,适合于一些能力不高的二级中转站使用,原理也相对简单,优点是价格比较便宜。

当前快递行业普遍使用的输送分拣设备主要是输送机和自动分拣机,有手动滚筒输送、电动输送和全自动输送分拣三种。民营快递公司在站点内多使用手动滚筒输送设备,在集散转运中心多使用电动输送设备,主要目的在于降低劳动强度、加快分拣速度。使用全自动输送分拣设备的企业有中国邮政 EMS 和部分外资快递企业,主要在集散中心使用,具有传送、自动扫描、分拣和称重等功能。

在不久的将来,集自动分拣、扫描和称重功能为一体的设备将会越来越普及,在集散与分拣中心等快件集中处理场所,还会将安检设备与分拣设备整合在一起,薄片式快件的操作或许将由专门的文件分拣机代替现有的人工作业。

二、自动化立体仓库管理技术[①]

自动化仓库的出现和发展是第二次世界大战以后经济发展的必然结果,随着战后经济的恢复和生产发展,原材料、配套件、制成品的数量不断增加,对于物流搬运和储存提出了越来越高的要求,传统的仓储式仓库已逐渐不能适应生产和流通的要求。

虽然追求 JIT 的生产环境在制造业已经逐步成为潮流,许多第三方物流公司也声称要取消仓库,但是,美国 2000 年的仓库面积达 65 亿平方英尺,约 6 亿平方米,比 1999 年增长了 66%。配送中心越建越大,企业所管理的仓库面积也越来越大,美国 Hallmkk 公司建立了多达 120 个巷道的立体仓库。美国拥有最大仓库的 50 家企业中,有 18 家公司拥有 1 000 万平方英尺以上的仓库。日本的企业自动化物流系统在世界上发展最快,其销售的自动立体仓库在经历了 1991 年 1 814 座的高峰后,尽管近年来日本经济低迷,在 2000 年仍销售了 1 032 座,其中 91% 在日本国内。AGV 在 1990 年的销售量为 1 699 辆,1991 年为 1 048 辆,2000 年为 567 辆,其中 65% 在日本国内,2000 年生产各类输送机 18 万台,机器人 9 万台。

(一) 自动化立体仓库概述

土地稀缺、地价上涨,促使仓储作业向空间发展,越来越多的简易仓库改造成了高架

---

① 牛东来. 现代物流信息系统[M]. 北京:清华大学出版社,2004.

仓库,自动化立体仓库大大提高了仓储管理、物资调动和作业的准确率,同时提高了物流速度。大量的管理信息由计算机数据库系统存储,计算机控制自动设备连续作业,并由计算机的逻辑判断进行合理的货位选择,保证了仓储管理的高效率。

(二) 自动化立体仓库的基本组成

自动化立体仓库是当前技术水平较高的形式,其主体由高层货架、巷道式堆垛起重机、土建公用设施、入(出)库工作台和自动运进(出)及操作控制管理系统组成。货架是钢结构或钢筋混凝土结构的建筑物或结构体,货架内是标准尺寸的货位空间,巷道堆垛起重机穿行于货架之间的巷道中,完成存、取货的工作,管理上采用计算机及条形码技术。

(三) 自动化立体仓库的优点

自动化立体仓库能得以迅速发展的主要原因,就在于它具有如下优点:

1. 货物存放集中化、立体化、减少占地面积。
2. 仓库作业的机械化和自动化减轻了工人的劳动强度,节约劳力,缩短作业时间。
3. 物品出入库迅速、准确,减少了车辆待装待卸时间,提高了仓库的存储周转能力。
4. 采用电子计算机控制与管理,有利于压缩库存和加速物品的周转,降低了储存费用,从而降低了产品成本。
5. 可以适应特殊环境下的作业,如高温、低温作业,剧毒、放射性和腐蚀性等物资的储存。
6. 提高仓库的安全可靠性,便于进行合理储存和科学养护,提高保管质量,确保仓库安全。
7. 由于采用计算机管理,加快了处理各种业务活动的速度,缩短了交货时间。

总之,自动化立体仓库这一新技术的出现,使原来那种固定货位、人工搬运和码放、人工管理、以储存为主的仓储作业,改变为自由选择货位、可按需要实现先进先出的机械化与自动化仓储作业。在储存同时,可以对货物进行必要的拣选、组配,并根据整个企业生产的需要,有计划地将库存物按指定的数量和时间要求送到恰当地点,满足均衡生产的需要,可以说自动化立体仓库的出现使静态仓库变成了动态仓库。

三、自动识别与数据采集设备

(一) 数据采集设备概述

快递业务是门到门、点到点的高服务水准业务,需要上门揽收和投递。长期以来,查询难、投递信息反馈率低是困扰业务发展的难题之一。随着条码技术在快递服务各环节中的普遍使用,作为条码信息识别设备的数据采集器成为快递业务员提高揽收投递效率、减少出错率的必备工具。

数据采集器(Bar Code Hand Terminal)是一种将数据扫描装置与数据终端一体化、带有电池可离线操作的终端计算机设备,专为流通、物流环节而设计,具有一体性、机动性、体积小、重量轻、性能高、适于手持等特点。数据采集器具有中央处理器、只读存储器、可读写存储器、键盘、屏幕显示器、与计算机接口的扫描头、电源等配置。按使用方式可以分为:枪式数据采集器、便携式数据采集器和固定式数据采集器。

1. 枪式数据采集器

枪式数据采集器是将采集到的条码信息通过连接线传给 PC,其功能主要是采集条码并解码,机器不带电源,自身不显示结果。

2. 便携式数据采集器

便携式数据采集器本身不但具有枪式采集器的功能,同时装有一个嵌入式操作系统,自带电源,自行显示采集结果,完成部分应用程序的运行,具有与计算机有线或无线的通信功能。

3. 固定式数据采集器

固定式数据采集器与枪式采集器具有一样的功能,只是识读方式是固定的。

(二) 数据采集设备在快递活动中的应用

数据采集设备在快递行业的发展可分为三个阶段:

第一阶段使用的是卡座式扫描枪(有线),功能主要是将条码扫描至电脑系统,由电脑上传数据,主要用于集散中心和站点。

第二阶段是无线扫描设备,主要功能是扫描条形码、上传数据,主要用于递送员和站点。

第三阶段是 PDA,除扫描和上传数据等简单功能,还可以采集电子签名、编码查询等,以及连接公司的操作业务系统,如连接调度系统以接受取件指令,或连接查询系统进行快件查询等,主要供递送员使用。

例如,"巴枪"系统利用移动通信的网络平台,以手机或 PDA 终端作为数据存储的载体,连接条码扫描枪,形成一套数据采集传输系统。实现方式是将外置扫描枪通过数据线或直连的方式连接到支持"巴枪"功能的手机上,在物品配送至客户处后,首先外勤人员对运单号上的条码进行扫描,由 PDA 或手机作为数据收集的载体,将相关信息进行存储,如客户姓名、签收时间、货物状态、异常信息等,并可使用客户电子签名签收功能及时更新后台系统货物签收,电子签名保留的笔迹便于识别客户身份,提高了客户信息的安全性。然后通过 GPRS 实时在线功能,外勤人员可以及时将物品签收情况传送至数据中心,使信息流高效、实时地双向传递,方便客户端实时了解到物品的状态信息,大大提高了物流过程的透明度。据顺丰速运 2007 年年度报告显示,使用无线巴枪业务后,该公司接单派单时间降低了 31%,准确率提高了 100%,揽、派、送环节的处理时间减少了约 20%,人均业务量从每天 32 单提高到了每天 40 单,而且客户随时随地都能获取货物的在途信息,规避了因信息流中断造成客户满意度下降的情况。

快递企业可以根据业务的具体需求,通过开发数据采集器中的应用软件,实现业务现场数据实时采集和处理,同时结合相关技术,完成揽收、封装、粗分、细分、建包、装箱、装车、解包等业务环节信息的实时采集、自动存储、即时显示、即时反馈、自动处理和自动传输,为现场数据的真实性、有效性、实时性和可用性提供了保证。在数据扫描采集设备应用方面,外资快递企业较为领先,四大国际快递巨头一般都使用无线扫描设备。目前,在我国开展快递业务的联邦快递已经普及该设备,EMS、顺丰速运和宅急送等公司的递送员也开始使用该设备,但正在普及过程中。其他快递公司还在使用有线和无线扫描枪,并仅限于在公司内部使用,递送人员很少配备,快件的数据采集由递送人员取件回公司后由专门人员完成上传。

(三) 数据采集器的发展趋势

随着条码技术和射频技术的稳步发展,数据采集器市场得到了快速增长。目前,在世界各国从事条码技术及其系列产品的开发研究、生产经营的厂家达几千家,产品品种近万种,已经推出了能存储上万个条码信息的便携式数据采集器。其中,包括将数据暂存于机器中、批量上传或下载至计算机系统中的批处理数据采集器,以及通过无线网络或 GPRS 或 GSM 方式实现数据交互和实时传输的射频无线数据采集器等多种类型。便携式数据采集器受益于电子技术的发展而不断向小型化、微型化和智能化方向发展,目前市场上出售的部分便携式数据采集器实际上就是全功能的计算机,有的便携式数据采集器小到可以放进衬衫口袋里。

未来的便携式扫描设备将成为递送人员的掌上"百宝箱",除现有扫描、数据传输等功能外,还能将更多的业务知识和业务工具整合至扫描设备中,如在扫描设备中加载地图及编码程序,让递送员输入地址后迅速得知是否属于服务范围,简化递送员工作,降低差错率;或者加装简易安检装置,不用开箱也能迅速检测快件中是否含危险物质或者禁运物品;还可以将称重与测量功能整合其中。这些设备可以让新手迅速掌握业务知识,大大缩短培训时间,降低差错率。近日,CCES 开发了第二代移动信息处理系统新机型,并将全面推广使用。第二代机型采用 Windows Mobile 系统,运行速度、处理能力、系统兼容等各方面性能都大幅提升。目前,CCES 在上海 98% 的网点已使用安装"移动信息处理系统"的手机,江浙皖地区初步达到 90%,全国网点正在同步推广中。移动信息处理系统的推广使用,真正解决了快递的核心问题——快捷和优质的服务,保障了快件的安全性和时效性。

四、集成型快递信息设备——物流通

移动物流通是集 GPS、GIS、无线通信、移动位置服务及车辆安全、货物防盗、人员调度等技术于一体的软、硬件综合管理系统,用于实现对物流配送人员、物流车辆、物流货物的跟踪、调度、监督、历史记录查询、报警等多种用途。这种移动终端实际上是一台集 GPS、PDA、摄像头和条码扫描器于一体的移动电话,现以基于 Windows Mobile 平台的多普达手机为例介绍移动物流通的功能。

第一,条码的扫描识别和图像采集功能。利用多普达200万像素摄像头,移动物流通可以对任何一维条码即时解码,记录受损货品及客户签收盖章,并保存拍摄图片;利用支持 EDGE GPRS/GSM 的网络,结合物流企业呼叫中心系统,物流通让多普达手机轻松实现图片对指定终端的快速传输,同时,为工作人员提供对电子邮件、短信、网络以及公司业务系统连接的能力。

第二,新终端的功能。包括语音通话服务、数据采集、GPRS 数据传输服务及 WLAN 无线上网服务。软、硬件不断提升的智能手机让移动物流通具备了传统数据采集器不能具备的功能和优势。

在移动物流通的辅助下,企业在核心层面可实现高效、科学、及时的物流平台的打造;财务方面,移动物流通降低通信设备投资 20%~30%,同时提高了收入近 10%;作业层面,移动物流通的应用,让企业作业效率显著提高,大大增强了内部监控力度,提高了用户满意度和品牌价值。目前,深圳已有多达 688 家物流企业选择广东移动作为其物流信息化的合作伙伴,其中包括顺丰速运、深圳邮政和 FedEx 等知名物流企业。

五、其他快递信息设备

(一) 测量与称重设备

快件基本都是小包裹,在测量方面主要以称重为主,大体积的包裹则计算体积重量,俗称"泡重"。目前主流的称重设备为电子秤,大部分国内快递公司可以把电子秤与电脑相连,将称重、扫描和数据上传通过有线/无线扫描枪或 PDA 等同时完成,大大缩短了操作时间。UPS、DHL、TNT 和 FedEx 已在其作业流程中使用成型、动态的重量与体积测量设备,如 MT 的 RPP 动态体积与重量检测仪。

(二) 监控设备

近年来,快递行业内盗现象日益严重,内盗的主要环节为取件、派件、分拣及运输途中,其中分拣与运输阶段为可监控环节。因此很多快递公司开始在分拣区安装多角度的摄像头与监控系统;在班车上使用 GPS,通过监控在途位置和在途时间来防范内盗事故。据统计,凡是安装监控系统的场所,快件遗失率大大降低。

(三) X-ray 安检设备

X-ray 安检设备用于对客户的包裹进行透视检查,以杜绝违禁货物和危险品的非法运送。目前,在从事国际快递的大型国际快递公司已大规模使用,国内的快递公司还没有普遍使用。随着行业规范程度的提高,国家相关部门对各行业的安全检查要求越来越高,因此,规模较大的民营快递企业如申通已计划采购安检设备。

第五节　其他相关信息技术

一、电子数据交换技术（EDI）

（一）EDI 的概念

电子数据交换技术（Electronic Data Interchange，EDI）是 20 世纪 60 年代发展起来的，通常指将组织内部及贸易伙伴之间的商业信息或文档，以直接可以读取的、结构化的信息形式在计算机之间通过专用网络进行传输。由于使用 EDI 可以减少甚至消除贸易过程中的纸面文件，因此 EDI 又被人们通俗地称为"无纸贸易"。

EDI 所传递的数据或信息是指交易双方互相传递的具备法律效力的文件资料，可以是各种商业单证，如订单、回执、发货通知、运单、装箱单、收据发票、保险单、进出口申报单、报税单和缴款单等，也可以是各种凭证，如进出口许可证、信用证、配额证、检疫证和商检证等。

（二）EDI 的标准

EDI 标准是指国际社会共同制定的一种用于书写商务报文的规范和标准协议。制定这个标准的主要目的是消除各国语言、商务规定以及表达与理解上的歧义性，为国际贸易实务操作中的各类单证数据交换搭起一座电子数据通信的桥梁。目前全球范围内普遍使用的 EDI 标准主要包括以下两种。

1. 美国的 ANSI/ASC/X.12 标准。20 世纪 70 年代后期，在美国国家标准局（ANSI）的指示下，由美国标准化委员会（ASC）在此基础上制定了 ANSI/ASC/X.12 标准。X.12 标准的正式推出极大地促进了北美大陆的 EDI 进程。

2. 联合国 UN/EDIFACT 标准。为了实现全球范围内各国贸易集团之间数据交换的问题，联合国在 1990 年 3 月正式推出统一的 UN/EDIFACT 标准（ISO9735）。世界贸易数据交换统一标准的出台，使得利用电子技术在全球范围内开展商贸活动成为可能。联合国对该标准给出的定义是：EDIFACT 是"适用于行政、商业、运输部门的电子数据交换的联合国规则。它包括了一套国际协定标准、手册和结构化数据的电子交换指南，特别是那些在独立的、计算机化的信息系统之间所进行的交易和服务有关的其他规定"。

（三）EDI 技术在快递物流中的应用

从企业的角度来看，EDI 的实施涉及企业的计划、采购、生产、经营和销售等全过程；从社会的角度看，EDI 的应用依赖于订货方、供货方、海关、银行、保险、港口、运输等环节的密切配合。它既包括技术（如计算机硬件、软件、网络等）的应用，又必须有各业务部门的参与和协作。

随着互联网技术的发展，Internet 给 EDI 应用提供更便利的网络平台，其应用范围不断扩展,主要体现在以下几个方面。

1. 商业贸易领域

在商业贸易领域,通过采用 EDI 技术,可以将不同制造商、供应商、批发商和零售商等商业贸易之间各自的生产管理、物料需求、销售管理、仓库管理、商业 POS 系统有机地结合起来,从而使这些企业大幅度提高其经营效率。商贸 EDI 业务特别适用于那些具有一定规模的、具有良好计算机管理基础的制造商、采用商业 POS 系统的批发商和零售商和为国际著名厂商提供产品的供应商。

2. 贸易运输业

快速通关报检,经济使用运输资源,降低贸易运输空间、成本与时间的浪费。

3. 运输业

在运输行业,通过采用集装箱运输电子数据交换业务,可以将船运、空运、陆路运输、外轮代理公司、港口码头、仓库及保险公司等企业各自的应用系统联系在一起,这样就可以有效提高货物运输能力,实现物流控制电子化,实现国际集装箱联运。

4. 通关自动化

在外贸领域,通过采用 EDI 技术,可以将海关、商检、卫检等口岸监管部门与外贸公司、来料加工企业、报关公司等相关部门和企业紧密地联系起来,从而简化进出口贸易程序,提高货物通关的速度。

二、移动通信技术

现代快递行业的发展,不仅取决于运用专用机械,如手动叉车、升降装卸机等取代搬运或装卸货物过程中的手工操作,更主要的在于通过组织管理过程中移动通信技术和网络技术的应用而使快递信息交流通畅、快递物流效率提高、运营成本降低。随着全球经济一体化和物流国际化的发展,移动通信技术对物流业的发展也越来越重要。

(一)移动通信技术概述[①]

移动通信是移动体之间的通信,或移动体与固定体之间的通信,移动体既可以是人,也可以是汽车、火车、轮船、收音机等在移动状态中的物体。

第一代移动通信主要采用的是模拟技术和频分多址技术,有多种制式,我国主要采用的是欧洲的 TACS 系统。由于受到传输带宽的限制,第一代移动通信有很多不足之处,如不能进行移动通信的长途漫游,只能是一种区域性的移动通信系统。容量有限、制式太多、互不兼容、保密性差、通话质量不高、不能提供数据业务和自动漫游等。

与第一代模拟蜂窝移动通信相比,第二代移动通信系统采用了数字化技术,具有保密性强、频谱利用率高、能提供丰富的业务、标准化程度高等特点,使得移动通信得到了空前的发展,从过去的补充地位跃居通信的主导地位。我国目前应用的第二代蜂窝系统为欧洲的 GSM 系统以及北美的窄带 CDMA 系统。

---

① 袁雨飞. 移动商务[M]. 北京:清华大学出版社,2006.

第三代移动通信系统(IMT-2000)，在第二代移动通信技术基础上进一步演进的以宽带 CDMA 技术为主，并能同时提供话音和数据业务的移动通信系统。TD-SCDMA 技术方案是我国首次向国际电联提出的中国建议，是一种基于 CDMA，结合智能天线、软件无线电、高质量语音压缩编码等先进技术的优秀方案。

按照服务距离的长短，移动通信网络可分为三种类型，分别是长距离无线网络、中距离无线网络和短距离无线网络。

表 4-1　按有效范围划分的无线网络技术

有效范围	代表性技术	说　明
长程	卫星网络	包括卫星通信系统、GPS 定位系统等
中程	移动通信网络	包括 GSM、GPRS、3G 和 PHS，以及正在发展中的各种无线通信技术
短程	无线局域网	提供组织内部通信和信息资源的无线访问
	蓝牙技术	实现小范围内数字设备的无线通信
	红外技术	低成本、跨平台、点对点高速数据连接
	RF 技术	非接触式射频识别技术

(二) 移动通信及服务系统架构

整个移动通信系统通常由三个重要的部分构成，分别是移动通信网络、服务平台和移动终端，可以通过简单的比喻说明这三个部分之间的关系。移动通信网络是基础设施，它的作用好比高速公路，服务和应用平台就好比行驶在高速公路上的各种车辆，而移动通信终端则是这些车辆上的方向盘控制仪表。下面对三个部分进行简单介绍。

对公共用户而言，使用最多的是中距离无线网络，其中的固定部分称为公众陆地移动网络(PLMN)，可以支持绝大部分中低速和高速移动的用户群。它与公众交换电话网络相连，从而支持固定网络与移动网络间用户的通信需求。此外，目前的 PLMN 也支持数据网络的连接(比如通过 GPRS 的数据业务)，还可以访问互联网。

有了移动通信网络以后，用户可以使用其基本的语音通信服务，但仅有语音服务显然无法满足用户多层次的移动通信需求，也不可能带来移动商务的繁荣。由于这个原因，产生了各种移动服务平台，以提供各类丰富的移动服务内容，主要包括短消息平台、移动网接入平台和 IVR 平台。其中短消息服务平台一般位于移动通信网络内部，WAP 服务平台是移动网接入平台的主要类型，通过一个 WAP 网关，用户就可以使用各种移动终端访问互联网。WAP 不依赖于具体的移动网络类型，它可以与各种移动通信网络相连。IVR 即自动语音应答，IVR 平台通常架设于提供 IVR 服务的企业内部，并通过 PSTN 或 ISDN 系统，以及与之相连的移动网络为固定用户和移动用户提供自动语音服务。

移动通信终端是用户访问各类移动服务的工具，是一种人机交换设备。按照通信功能的不同，有各种不同的移动终端，比如 BP 机、手机、掌上电脑、PDA 和 GPS 定位终端。各种无线通信终端的共同之处是都可以通过无线的方式与 PLMN 等移动网络相连。

(三) 移动通信技术在快递服务中的应用

移动通信技术引领了联络手段的潮流,快递与移动通信技术的完美结合是现代经济发展的"绝配"。正是有了移动通信技术,才能使移动中的货物得到全程掌控和调动。移动通信技术为物流业带来的无线移动通信网络,既能满足快递作业各项业务系统的要求,又能实现物流重点区域远程视频监控的需要。移动通信技术在铁路、公路、海运、航空、港口、邮政及配送等领域都扮演着重要的角色。

移动通信技术带来的远距离数据通信,可以实现控制室与作业现场的实时信息双向传输。港口构建的WLAN无线传输网络信息系统,使无线信号完全覆盖到整个作业场地,可以实现作业现场与控制中心之间各项数据信息的实时交互,满足了大量信息的传输要求,同时也满足了作业机械及人员移动通信的要求。如向作业现场远程发送作业设备调度指令、货柜调动指令、货柜集卡的提箱场位安排指令、装卸作业指令等;现场理货人员通过无线网络,可实时传输作业现场信息到管理控制中心和中央控制室,实现对现场作业机械的实时动态跟进。

先进的移动通信技术为快递带来不可估量的影响,插上移动信息化翅膀,快递行业可以实现真正的腾飞。移动通信技术进步对快递行业进步的影响主要体现在四个方面。

1. 移动通信技术提高了快递企业的信息化水平

近20年来,随着移动通信技术的进步及其在物流领域的广泛应用,以顺丰、申通、招商物流等为代表的一大批第三方快递企业的信息化水平不断提高,继而带动了整个物流业的信息化水平。

2. 解决了快递行业中移动通信技术的供求矛盾

目前,我国大部分快递企业电子化水平低,信息加工和处理手段落后,信息处理水平只相当于世界平均水平的2.1%。从市场供应方来看,由于大量通信技术设备与服务供应商对快递物流行业的业务流程特点的了解不够以及快递行业对通信真实需求的把握程度低,所研发的智能信息终端产品应用成本高,不符合快递业务的特点及行业需求。从市场需求方来看,快递企业缺乏快递移动信息管理平台成熟的软件和运行经验,对移动通信技术的需求又千差万别,并希望能够一揽子解决问题,对移动通信技术开发商以及运营商提出尽可能多的需求。移动通信技术的进步以及中国移动提供的一系列快递物流信息化解决方案,一方面使快递物流信息化方案得以不断改进和完善,另一方面也大大缓解了快递行业中移动通信技术的供求矛盾。

3. 推动了快递企业的观念变革和管理变革

快递行业中普遍存在着传统的"大而全"的思想观念,多数企业目前仍沿用历史形成的落后的部门分割储运体制,市场分散,同时第三方快递服务商功能单一,增值服务薄弱,85%以上的收益来自快件递送等基础性服务,增值服务及快递信息服务与支持快递服务的财务服务收益还不到15%,离现代快递的发展要求还有很大的距离。现代移动通信技术的引入,促使快递企业构建全国性的运营网络,推动市场从分散走向集中,并逐步培育了全球大快递的理念,从而在观念和管理方面不断走向变革和成熟。

4. 推动了移动通信技术与其他快递信息技术的融合

移动通信技术是快递信息化所需要的重要技术之一,要真正实现全面快递物流信息化,还需要加强移动通信技术与其他快递信息技术如 GPS 以及 RFID 的融合。国外快递企业普遍融合采用了包括 GPS、互联网技术、条形码技术、EDI、RFID 等在内的多种技术。因此,移动通信技术在快递行业的广泛应用,促进了通信技术与其他快递信息技术的融合,从而推动了整体快递技术的进步。

表 4-2　移动通信技术在快递服务中的应用

阶段		通信技术	在快递行业的主要应用
模拟通信阶段	第 2 代	数字蜂窝、GSM、数字移动通信	信息采集传递;运输车辆监控、定位、调度及货物配载
数字通信阶段	第 2.5 代	GPRS、CDMA、WAP、SMS	信息采集传递;目标实施定位;车辆、货物实时监控和指挥调度;目标管理调度、目标轨迹回放、区域路线报警、地图操作等
	第 3 代	TD-SCDMA、WCDMA、CDMA2000	信息采集传递;目标实施定位;车辆、货物实时监控和指挥调度;目标管理调度、目标轨迹回放、区域路线报警、地图操作等、文字信息加密、多媒体流视频监控、高网速信息传递、多方实时交流;语音数字编码解码技术指挥调度;数据专网传输、短信专网收发等

表 4-3　移动通信技术在不同物流领域的应用

应用领域	具体应用内容
铁路	无线列车调度、铁路站场调车通信、铁路区间移动通信、车次号传输、列车尾部风压数据传输、道口预警等数据无线传输任务等
公路	运输车辆间、车辆与客货运站之间、运输站场间、委托人与用户间的运输传递通信联系等
海运	通信联系、数据传输、导航、遥控遥测、海航调度管理、新闻报道等
港口	远距离数据通信,控制室与作业现场实时信息双向传输,作业设备调度指令,作业现场、货场、近海海域等重点区域远程视频实时监控等
邮政	邮政短信服务门户(短信投递通知业务)、邮政企业内部办公短信,邮运车辆定位监控调度,集团彩铃,集团数据专线,GPRS/EDGE 移动办公接入
配送	工单派发、收件信息管理、货物状态监测、货物中转信息管理、到货检验、签收同步等

本 章 小 结

本章对快递服务的相关信息技术和设备进行了介绍,主要包括:条码、射频、智能卡识别等数据采集技术,GIS、GPS 等自动跟踪和控制技术,自动分拣技术、自动化立体仓库技术及相关设备、自动识别与数据采集设备,以及 EDI、移动通信等其他相关快递信息技术。

在介绍各种快递信息技术及设备工作原理的基础上,结合快递行业的特征对这些技术和设备在快递服务和整个快递业务处理流程中的实际应用情况进行了具体分析。

思考与练习

1. 简述主要的自动识别和数据采集技术。
2. 简述 GIS、GPS 技术的基本原理及其在快递物流管理中的应用。
3. 目前主要的数据采集设备有哪些?如何应用于快递生产活动?
4. 简述移动通信技术给快递服务带来的变化。
5. 举例分析信息技术及设备的应用对快递作业管理流程的影响。

电子商务快递服务平台

【内容提要】

本章主要内容:电子商务服务平台的基本概念;系统平台的开发过程;电子商务快递服务平台的体系结构;电子商务快递服务平台的架构设计。重点是:电子商务快递服务平台概念的含义、电子商务快递服务平台的功能结构、电子商务快递服务平台的特征。难点是:如何设计、建立电子商务快递服务平台、以及平台相关功能结构的应用。

第一节 电子商务快递服务平台概述

快递服务是门到门的个性化精益物流服务,其重视的主要是速度。在发达国家,快递行业已成为道路运输业技术含量高、附加值高、市场潜力大的社会再生产过程中不可缺少的重要产业部门。而我国快递行业主要面向的是散单,其特点是物品相对较小、物品品种多、中间经过的环节也多,另外快递作为一个新兴的朝阳产业,其发展扩张的速度很快,从而导致管理严重滞后,从业人员的素质也参差不齐,这大大影响了快递企业的信誉和形象。因此,快递企业的信息化、系统化、网络化和电子商务化,成为现代快递企业的发展方向和趋势。

为了实现快递行业的高速度,它必须综合运用各种运输方式(以航空为主,配合地面公路中转、派送),辅以网络化的区域机构。这要求从下订单到跟踪管理到结算,各个环节的信息都能快速准确地处理,这需要拥有一个高效的、先进的、稳定安全的快递服务平台。随着信息化技术的发展,带动企业积极开发或引进基于互联网的电子商务快递服务平台,可以把快递企业的业务活动提高到新的水平并且尽快地融入全球一体化的快递服务网络。

一、系统平台的基本概念

(一)快递服务信息概念

信息是客观世界中各种事物及其特征的反映,是事物之间相关联系的表征。它包括各种消息、情报、资料、信号,更包括语言、图像、声音等多媒体数据。流通过程中的信息活动主要指的是信息的产生、加工、检索、存储及传递。

快递服务信息指的是在快递活动进行中产生及使用的必要信息,它是快递活动内容、形式、过程以及发展变化的反映。在快递活动中,快递服务信息流动于各个环节之间,并起着神经系统的作用,因此,对快递服务信息的有效管理是现代化管理的基础和依据。

从狭义范围来看,快递服务信息是指与快递活动(如运输、包装、装卸、流通等)有关的信息。在快递活动的文字处理与决策中,如运输工具的选择、运输路线的确定、在途货物的追踪、最佳运输路线的确定、订单管理、如何提高顾客服务水平等,都需要详细和准确的快递服务信息,因为快递服务信息对运输管理、库存管理、订单管理、仓库作业管理等快递活动具有支持保证的功能。

从广义范围来看,快递服务信息不仅指与快递活动有关的信息,而且包括与其他流通活动有关的信息,如货物交易信息和市场信息等。货物交易信息是指与买卖双方的交易过程有关的信息,如销售和购买信息、订货和接受订货的信息、发出货款和收到货款信息等。市场信息是指与市场活动有关的信息,如消费者的需求信息、竞争者或竞争性商品的信息、交通通讯等基础设施信息等。在现代经营管理活动中,快递服务信息和商品交易信息、市场信息相互交叉、融合,有着密切的联系。广义的快递服务信息不仅能起到连接整合从销售商到消费者的整个供应链的作用,而且在应用现代信息技术(如 EDI、EOS、电子商务、互联网等)的基础上能实现整个供应链活动的效率化,具体来说,就是利用快递服务信息对供应链各个企业的计划、协调、组织和控制活动进行更有效的文字处理。总之,快递服务信息不仅对快递活动具有支持保证的功能,而且具有连接整合整个供应链和使整个供应链活动效率化的功能。

正是由于快递服务信息具有这些功能,使得快递信息化在快递企业中占有越来越重要的地位。建立电子商务快递服务平台,提供迅速、准确、及时、全面的快递服务信息是现代快递企业获得竞争优势的必要条件。

(二) 系统平台的定义

关于系统的定义有很多。按照韦伯斯特(Webster)的定义:系统是"一个相互联结的整体事物的聚合体,或一个复杂但是有条理的整体,其主体是一种运行的个体,一种计划或方案、方法"。从这个意义上说,可以认为系统是一个可执行体(有血有肉的可执行体),平台是系统的架子(具有通用性),模型是平台的抽象(具有抽象性),而网站则是系统的窗口即门户(直接面向客户)。

电子商务快递服务平台是以加工处理信息为主的系统,它由人、硬件、软件和资料资源组成,其目的是及时正确的收集、处理、存储、传输和提供快递服务信息。电子商务快递服务平台可以看作是快递企业信息系统中的一类,是通过对快递服务信息的收集、存储、加工处理、共享等来达到物流和资金流的有效控制和管理,为企业提供快递活动中信息分析与决策支持的人机一体化系统。

电子商务快递服务平台是快递企业完成电子商务活动的各种业务活动所通过的全部过程和设备的总和。这个总和,并不是简单的相加,而是在一定的条件下,保证能使其可靠而有目的地从一个地点传递货物到另一个地点。也就是说,一个有效的电子商务快递服务平台,必须借助电子商务的形式,通过各种设备,在科学的管理手段下,完成快递服务的过程。电子商务快递服务平台包括电子商务快递业务处理系统、电子商务应用系统和快递企业管理信息系统三部分。

电子商务快递服务平台的实质是使快递活动中的信息交流不仅是现实活动中的信息反映,更重要的是通过信息的分析、判断和决策控制实现快递活动的电子化指挥系统。其主要功能包括订单管理,在途的货物运送的及时监控,在途状况的追踪查询,货物运送各个环节的自动预警机制和整个流程的自动化。通过平台的使用,可以实现系统之间、企业之间及资金流、物流、信息流之间的无缝连接,而且这种连接同时还具有预见功能,可以在上下游企业间提供一种透明的可见性功能,帮助企业最大限度地控制和管理。同时,由于全面应用了客户关系管理、商业智能、计算机系统集成、地理信息系统、全球定位系统、互联网、无线互联技术等先进的信息技术手段,以及配送优化调度、动态监控、智能交通、仓储优化配置等管理技术和模式,电子商务快递服务平台提供了一套先进的、集成化的服务管理系统,从而为企业建立敏捷的快递服务提供了强大的技术支持。

二、系统平台的特点

作为辅助快递企业进行事务处理、为管理决策提供信息支持的信息系统平台,该平台与企业其他部门的信息系统在基本面上没有太大的区别,但是,由于快递业务活动本身具有的时空上的特点,使得电子商务快递服务平台有以下一些基本特征。

(一) 开放性

为实现快递企业管理的一体化和资源的贡献,系统平台应具备可与公司内部其他系统如财务、人事等管理系统相连接的性能,不仅要在企业内部实现数据的整合和顺畅流通,还应具备与企业外部的供应链的各个环节进行数据交换的能力,实现各方面无缝的连接。尤其是我国加入WTO后,系统还需考虑与国际通行的标准接轨的需要。电子商务快递服务平台应具备与国际标准接入的开放性特征。

(二) 可扩展性和灵活性

电子商务快递服务平台应具备随着企业发展而发展的能力。在建设信息系统平台时,应充分考虑企业未来的管理及业务发展的需求,以便在原有的系统基础上建立更高层次的管理模块。现在整个社会经济发展非常快,特别是新兴的电子商务,发展的速度更是突飞猛进,企业的管理及业务的变化也很快,这就要求系统能跟着企业的变革而变革。如果快递企业进行了流程再造,采用了新的流程,则原先的系统已不能适应新的流程;企业还需再进行投资,重新对新的流程进行系统设计,这将造成资源的极大浪费。因此,在建设系统平台时,应充分考虑系统的灵活性。

(三) 安全性

内联网(Intranet)的建立、互联网的接入使得快递企业触角延伸更远、数据更集中,但安全性的问题也随之而来。在系统开发的初期,这个问题往往被人们所忽略。但随着系统开发的深入,特别是网上支付的实现,电子单证的使用,安全性逐渐成为电子商务快递服务平台的首要问题。

首先是内部安全性问题。资料的输入、修改、查询等功能应根据实际需要赋予不同部门的人适当的权限,如果资料被越权的人看到或者修改,容易造成企业商业机密的泄露或数据的不稳定。如果公司的客户资料被内部非业务人员看到并泄露给企业的竞争对手;或者运输费、快递费等费用被别有用心的员工篡改,都会对企业造成极大的损失。内部安全性问题可通过对不同的用户授以不同的权限、设置操作人员进入系统的密码、对操作人员的操作进行记录等方法加以控制。

其次是外部安全性问题。系统在接入互联网后,将面临遭受病毒、黑客或未经授权的非法用户等攻击而导致系统瘫痪的威胁,也可能遭受外来非法用户的入侵并窃取公司的机密,甚至数据在打包通信时在通信链路上遭受截获等,因此系统应具备足够的安全性以防这些外来的侵入。外部安全性问题可通过对数据通信链路进行加密、监听,设置Internet与Intranet之间的防火墙等措施实现。

(四)协同性

第一是与客户的协同,系统可以与客户的ERP系统、库存管理系统实现连接。系统可定期给客户发送各种快递信息,如运输信息、催款提示等。

第二是与企业内部各部门之间的协同,如业务人员可将客户、快件的数据输入系统,并实时提供制作报表、商务发票等功能,财务人员可根据业务人员输入数据进行记账、控制等处理。

第三是与供应链上的其他环节协同,如与第三方物流公司、拖车公司、公路、航空等企业通过网络实现信息传输。

此外还涉及与社会各部门的协同问题,即通过网络与银行、海关、税务机关等实现信息即时传输。与银行联网,可以实现网上支付和网上结算,还可查询企业的资金信息;与海关联网,可实现网上报关、报税。

(五)动态性

系统反映的数据应是动态的,随着快件运输状态的变化,能实时地反映各个快件的各种状况,支持客户、公司员工等用户的在线动态查询。这就需要公司内部与外部数据通信的及时、顺畅。

(六)快速反应

系统应能对用户、客户的在线查询、修改、输入等操作做出快速和及时的反应。在市场瞬息万变的今天,企业需要跟上市场的变化才可以在激烈的市场竞争中生存。电子商务快递服务平台是快递企业的数字神经系统,系统的每一神经元渗入到供应链的每一末梢,每一末梢受到刺激都能引起系统快速、适当的反应。

(七)信息的集成性

快递业务过程涉及的环节多,分布广,信息随着快递业务在供应链上的流动而流动,信息在地理上往往具有分散、范围广、量大等特点，信息的管理应高度集成，同样的信息只需一次输入，以实现资源共享，减少重复操作，减少差错。目前大型的关系数据仓库通过建立数据之间的关联可帮助实现这一点。

（八）支持远程处理

快递业务过程往往包括的范围广、涉及不同的部门并跨越不同的地区。在现有的网络时代，企业间、企业同客户间的物理距离都将变成鼠标距离。电子商务快递服务平台应支持远程业务的查询、输入、人机对话等事务处理。

（九）检测、预警、纠错能力

为保证数据的准确性和稳定性，系统应在各模块中设置一些检测小模块，对输入的数据进行检测，将一些无效的数据排斥在外。如运单号在编制时有一定的编码规则（如前两位是字母，最后一位是检测码等），在输入运单号时，系统可根据这些规则设置检测模块，提醒并避免操作人员输入错误信息。

（十）智能化

智能化是发展的一个新趋势，是自动化和信息化的一种高层次应用，旨在解决快递作业过程中大量运筹和决策问题，是自动化进程中的重要技术。

三、系统平台的分类

通常系统平台可以根据功能结构、功能性质、系统配置、处理对象、业务等分成多种类型。

（一）按功能结构分类

按系统平台的功能结构来分，可以分成单功能系统和多功能系统。单功能系统只能完成单一的工作，例如合同管理。多功能系统能够完成一个快递企业或者一个部门的全部信息管理工作，例如财务管理、运输管理等。

（二）按功能性质分类

按系统平台的功能性质分类，可以分为操作型系统和决策支持型系统。操作型系统是按照某个既定模式对数据或者信息进行固定的处理和加工的系统，这类系统的输入、输出和处理方式是不可变的。决策支持型系统可以辅助管理人员就某些管理问题进行决策。

（三）按计算机系统配置分类

按照计算机系统的配置情况来分类，可以分为单机系统和分布式系统。单机系统仅能在一台计算机上运行，有时虽然有多个终端，但主机只有一个，属于集中式结构。分布式系统使用多台地理位置上分隔的计算机系统，相互之间采用通信网络连接，各台计算机既可以处理不同内容的信息,又可以进行信息共享和交流。

(四) 按处理对象分类

按照处理对象的不同,可以把系统分为作业层面和管理层面两类。

作业层面的系统平台主要是处理快递业务过程中的相关快递运作业务、控制快递运作过程和支持快递运作的办公事务,实时采集有关的数据,并更新、查询使用和传递、存储维护这些数据。包括业务处理系统、自动化设施系统、办公自动化系统等。

管理层面的信息系统是对快递企业进行全面管理的由人、信息资源和计算机结合组成的系统,其目标是辅助企业管理者进行各种管理运作的监控、管理和决策。主要包括管理信息系统和决策信息系统。

(五) 按业务分类

按照快递业务分类,可以划分为:配送管理系统、运输管理系统、电子商务系统、订单管理系统等。

四、系统平台的建设基础

(一) 系统平台的开发条件

电子商务快递服务平台的开发建设及正常运行并取得效益,必须具备一定的条件。这些条件主要有如下几点。

1. 领导重视,业务人员积极性高

国内外的经验证明,企业主要领导的重视和亲自参与,是成功建立系统平台的首要条件。一方面,系统平台是为管理服务的,只有最高领导最了解企业的目标和信息需求;另一方面,建立系统平台是一项复杂的系统工程,工期长,投资大,涉及面广,它的建立和应用可能涉及某些业务流程、规章制度,甚至组织机构的调整和改变,这些涉及全局性的问题,只有最高领导亲自过问才能解决。

除领导重视外,业务人员的积极性也是一个重要因素。在系统开发阶段,需要他们积极配合,介绍业务流程,提供数据。系统建成之后,他们是主要的使用者和操作者。他们的业务水平、工作习惯和对新系统的态度,直接影响系统的使用效果和生命力。往往有这种情况:一个设计得很好的系统在一个企业失败了,但另一个类似的设计得不很好的系统却在另一个单位成功了,其关键的因素是人。

调动领导和业务人员的积极性,一方面要通过教育,普及信息系统的知识,提高他们的信息意识,消除误解。另一方面要吸收他们参加系统的开发,鼓励他们提出方案和建议,参与和交流是最有效的教育。

2. 有一定的科学管理基础

计算机的应用与管理水平的提高是相辅相成、互相促进的。管理水平的提高产生了对计算机的要求,计算机的应用又要求管理向更高水平发展。因此,建立系统平台,先要下决心研究管理问题,甚至下决心进行某些管理制度,乃至某些管理机构的改革。信息系统平台有各种形态,企业应根据实际管理水平,建立实用的系统平台,不要盲目追求整体性、综合性。一个战略目标不明确、管理制度不健全、数据不完整不准确的单位,建立信息系统平台之前首先要明确目标,建立制度,完善管理系统,使其科学化、完善化。否则,即使建立了信息系统平台,也不可能取得效益,反而为计算机的应用造成阻力。

3. 能组织一支拥有不同层次的技术队伍

信息系统平台的开发和维护需要一支由各类专业人员组成的系统队伍,仅有计算机技术人员是不够的,还应有经济管理方面的专家。

在系统平台的开发过程中,系统分析是最困难的工作。系统分析员的知识水平和工作能力决定了系统质量。缺乏称职的系统分析员是目前制约系统开发的重要因素之一。通常可由一些具有计算机技术初步知识的管理专家与懂得管理业务的计算机专家组成系统分析小组,共同承担系统分析的重任。

4. 具备一定的资源

系统平台的建立和维护是一项投资大且有一定风险的系统工程。在工程正式开始之前,应有一个总体规划,进行可行性论证,对所需资源有一个正确的估计,制定投资计划,保证资金、设备按期到位。开发过程中要加强资源管理,防止浪费。

(二)系统平台的开发组织

开发前的准备工作是建立领导机构。前苏联提出了"第一把手原则",即一个组织要开发信息系统,必须要该组织的主要负责人亲自领导。西方许多专家也认为必须由企业的主要负责人、公司总裁或总经理领导系统的开发。我国的实践证明,主要领导人的重视和参与是系统成功的关键因素。只有主要领导人亲自组织,系统的开发才能顺利实现。

为了领导信息系统平台的开发工作,领导人应有运用现代管理科学提高企业管理水平的设想,具备信息系统的一些基本知识,了解信息系统的开发过程,善于组织队伍。推动系统平台开发的第一步是建立信息系统委员会。信息系统委员会是领导者的主要咨询机构,又是系统开发的最高决策机构。信息系统委员会的成员应包括有关部门的负责人、有经验的管理专家、系统分析员。委员会的主任由企业主要负责人担任。

在信息系统委员会下建立一个系统开发组。这是进行具体工作的机构。其成员包括各类管理专家、系统分析员、程序员、操作员等。这种机构可根据具体情况而定,人员可由各部门抽调,也可以外聘,或者内外结合。如何正确处理各类人员的直接关系,使开发建设工作按时、保质、在经费许可的范围内完成,是系统开发组织与项目管理的重要内容。

系统平台开发建设的组织主要包括以下几点。

1. 系统平台开发建设领导小组

系统平台开发建设领导小组是由快递企业的领导和有关职能部门负责人组成的,不负责开发建设的具体技术工作,其组成成员有的可能并不具备计算机应用的知识和经验。领导小组的主要任务是制定系统平台的规划,负责整个项目的计划、开发和实施,包括:

(1)提出建立系统平台的总体目标、规划和总的开发策略;

(2)审定、批准长远规划和项目建设计划;

(3)审核项目投资机会和经费预算;

(4) 审定和批准重要的技术方案；
(5) 组织开发机构,任命相应的负责人；
(6) 聘请技术顾问；
(7) 批准合作开发的公司或机构；
(8) 其他项目工作。

2. 专家小组

聘请公司内部和社会上知名的快递企业管理和信息技术专家组成专家小组,负责提出各种技术方案、计划,并指导项目开发组工作。

3. 项目开发组

负责项目的建设,承担系统平台的开发。项目开发组由快递企业业务代表、信息技术人员及合作开发公司和机构的人员共同组成。项目开发组应设置一些重要岗位,并分成若干小组工作。

(1) 总工程师：全面负责系统开发的技术工作。
(2) 项目管理组：负责项目开发管理、技术标准、进度、质量、财务管理和控制等。
(3) 业务分析组：负责业务流程分析、业务流程再造、设计决策模型等。
(4) 数据库设计组：负责数据建模、数据库设计、数据库转储、装入、数据仓库建设方案等。
(5) 各子系统软件开发组：负责各子系统的功能实现。
(6) 网络组：负责网络方案的设计、建设。
(7) 机房建设组：负责机房建设。

4. 技术队伍组

电子商务快递服务平台的建设是一项人才密集型工程,需要各层次的信息技术人才组成团结合作的技术团队,分工负责相关建设任务。他们主要保证系统平台的安全性或快递企业自身所要求的某些特殊功能的实现。不同类型的系统平台需要不同方面的技术支持人员。技术队伍组成的建议方案如下：

(1) 高级系统分析师

熟悉快递业务,精通信息系统的设计方法和理论,有长期从事信息系统开发和主持全面工作的经历,要有较强的组织才能和领导艺术,较好的交流技能,还要有很强的分析、设计能力。

(2) 软件工程师

负责功能模块的设计、编写详细设计说明书、测试计划、测试分析报告、指导程序设计员编程调试。

(3) 程序设计人员

熟悉相应的编程语言,从事编程工作两年以上。在系统分析人员的要求下开发和修改系统,负责系统的程序设计和代码的编写。

(4) 网络工程师

业务上熟悉网络技术。有建网经验,有从事互联网或局域网工作两年以上的经历,熟悉常用的网络操作系统。

(5) 数据库管理人员

应熟悉 Oracle、Sybase 等典型的 DBMS,有负责数据库建模和数据库维护的经历。

(6) 数据录入人员

要求有熟悉的键盘指法,有终端工作的经历。

(7) 系统维护工程师

负责系统软件、硬件的维护工作,保证系统的安全可靠运行。

除技术人员外,开发的各个阶段需要有业务人员的参加配合。开发的前期需要用户配合系统分析人员做好系统分析工作;后期需要用户承担切换、测试工作,如图 5-1 所示。为了使用户配合好开发工作,需要对用户进行培训,提出对他们的培训要求。

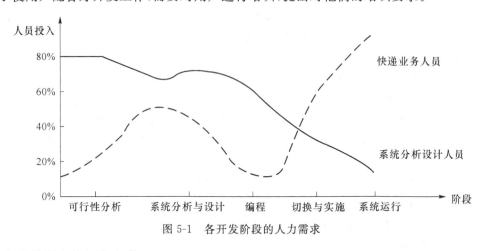

图 5-1 各开发阶段的人力需求

(三) 系统平台的开发方式

电子商务快递服务平台在开发建设过程中,可以采用委托开发、独立开发、合作开发和购买现成软件四种方式。

1. 委托开发

委托开发方式适合于资金较为充足但系统平台的开发队伍力量薄弱的单位。委托开发方式具有省事、省时、开发的系统技术水平较高的优点;缺点是费用高,系统维护需要开发单位的长期支持,需要企业的业务骨干参与系统的论证工作,开发过程中需要企业和开发单位双方经常沟通,及时进行协调和检查。

业务外包是委托开发的形式,这不需要依靠企业内部资源建立信息系统,可以聘请专门从事开发服务的外部开发商负责信息系统的建设,甚至进行日常管理。可见,委托开发多是就一次性项目来签委托合同,而业务外包则有可能是签订一个长期的服务合同,对企业有关信息技术的业务进行日常支持。

业务外包的流行是因为有企业发现业务外包方式建立信息比企业维持内部计算机中心和信息系统工作人员更能控制成本,因为负责系统开发服务的外部开发商能从规模经济中(相同的知识、技能和能力由许多不同的用户共享)降低成本,从而获得收益,并能以富有竞争力的价格收费。因为一些企业内部的信息系统人员对知识的掌握无法与技术变化同步,所以企业可以借助业务外包进行开发。但是,也不是所有企业都能从资源外包中获得好处,一旦不能对系统很好地理解和管理,那么业务外包的缺点也有可能给组织带来严重的问题。

2. 自主开发

具有较强的信息技术队伍的企业适合自主开发,又称最终用户开发。自主开发有开发费用少、开发的系统能够适用本单位的需求且满意度最高、便于维护的优点;缺点是由于不是专业开发队伍,容易受业务工作的限制,系统优化不够,开发水平较低,且由于开发人员是临时从所属各单位抽调出来进行信息系统的开发工作,这些人员在其原部门还有其他工作,所以精力有限,容易造成系统开发时间长,系统整体优化较弱,开发人员调动后,系统维护工作没有保证的情况。因此,一方面可向专业开发人士或公司进行咨询,或聘请他们做开发顾问;另一方面需要大力加强领导,实行"一把手"原则。

专门的第四代软件工具和信息系统生成器的发展使越来越多的企业进行自行开发成为可能,尽管这些工具与常规的编程语言相比运行速度较慢,但由于目前硬件的成本越来越低,完全可以弥补软件运行速度的不足,使该方法在经济上可行。

3. 联合开发

有一定的信息技术人员,但不太了解信息系统开发规律,或者是整体优化能力较弱,希望借助信息系统的开发完善和提高自己的技术队伍,利于后期的系统维护工作的企业适合采取联合开发方式。该方式相对于委托开发方式具有节约资金,可以培养、增强企业的技术力量,便于系统维护工作的优点。但存在双方在合作中易出现扯皮现象的特点,因此需要双方及时达成共识,进行协调和检查。

4. 购买软件包与二次开发

为了避免重复劳动,提高系统开发的经济效益,也可以购买信息系统的成套软件或开发平台。此方式具有节约时间和费用,技术水平较高的优点;缺点是通用软件的专用性较差,需要根据用户的需求,凭借一定的技术力量做软件改善和接口工作等二次开发工作。

这四种方式各有优点和缺点,但不论哪一种方式都需要快递企业的领导和业务人员参加,并在系统平台开发建设的整个过程中培养和锻炼快递企业的信息技术队伍。四种开发方式具体的比较如表 5-1 所示。

表 5-1 各种开发方式比较

要求及说明	独立开发	委托开发	联合开发	购买现成软件
开发费用	少	多	较少	较少
分析设计能力的要求	较高	一般	逐渐培养	较低
编程能力的要求	较高	不需要	需要	较低
系统维护难易程度	容易	较困难	较容易	较困难
注意事项	可得到适合本企业的服务平台,并培养自己的系统开发人员,但开发时间较长。该方式需要强有力的领导及进行一定的咨询	开发费用高,省事,但必须配备精通业务的人员,需要经常进行简单检查和协调	双方的沟通非常重要。通常在具有一定编程理论的基础上进行联合开发,合作方有培训义务且成果共享	现成软件即使完全符合本企业业务处理要求,仍需要编制一定的接口软件。因此要有鉴别与校验软件包功能适应条件的能力

(四) 系统平台的开发原则

为了保证电子商务快递服务平台的成功开发,在开发中应遵循一定的原则,主要包括:

1. 完整性

电子商务快递服务平台是由各子系统组成的整体,具有系统的整体性特征。手工方式下,由于处理手段的限制,信息处理采用各职能部门分别收集和保存、分散处理的形式。计算机化的信息系统必须从系统的总体出发,克服手工信息分散处理的弊病,各子系统的功能要尽可能规范,数据采集要统一,语言描述要一致,信息资源要共享,保证各子系统协调一致地工作,避免信息的大量重复(冗余),寻求系统的整体优化。

2. 相关性

组成信息系统平台的各子系统有独立功能,同时又相互联系,相互作用。通过信息流把它们的功能联系起来,某一子系统发生变化,其他子系统也要相应地进行调整和改变,因此,在系统开发中,不能不考虑系统的相关性,即不能不考虑其他子系统而孤立地设计某一子系统。

3. 适应性

信息系统平台应对外界条件的变化有较强的适应能力。不能适应环境变化的系统是没有生命力的。由于电子商务快递服务平台是一个很复杂的系统工程,故要求系统的结构具有较好的灵活性和可塑性。这样,当组织管理模式或计算机硬件等发生变化时,系统才能容易地进行修改、扩充等。

4. 可靠性

只有可靠的系统才能得到用户的信任,因此在设计系统时,要保证系统软硬件设备的稳定性;要保证数据采集的质量;要有数据校验功能;要有一套系统的安全措施。只有这样,系统的可靠性才能得到充分保证。系统的可靠性是检验系统成败的主要指标之一。

5. 经济性

经济性是衡量系统值不值得开发的重要依据。开发过程中,应尽可能节省开支和缩短开发周期。新系统投入运行后,应尽快收回投资,以提高系统的经济效益和社会效益。

(五) 系统平台开发的计划与控制

电子商务快递服务平台的开发建设是一项涉及众多因素、耗资大、时间长、风险大的工程,必须进行计划和控制,即项目管理。

项目管理的目的是保证工程项目在一定资源情况下如期完成,即控制计划的执行。项目管理体现在四个方面:

1. 资源保证

人力、财力、物力等方面的资源是实现计划的基础,应当首先保证这些资源的提供。

2. 进度保证

在计划执行过程中,对各项任务的进度进行检查,拟定具体办法和措施。当某项任务不能按时完成时,应及时调整计划,保证整个计划按时完成。

3. 审核批准

一项任务完成后,要进行审核批准,以保证质量,防止事后返工,影响后面计划的完成。

4. 进度和费用统计

及时统计工程进度和经费开支情况,以便更好地控制计划的执行和调整预算。

第二节　系统平台的开发过程

一、系统平台规划

系统平台规划是电子商务快递服务平台的起始工作阶段,是系统开发的基础准备和总体部署阶段。通过对企业的初步调查和客观分析,以整个系统为研究对象,概要审查系统的目标与需求,估计系统实现后的效果,确定系统的总目标和主要功能。

(一) 系统平台规划的主要内容

1. 系统平台的总目标、发展战略与总体结构

信息系统平台战略规划应根据快递企业的战略目标和内外约束条件,确定系统平台的总目标和总体结构。系统平台的总目标规定了系统的发展方向,发展战略,并提出衡量具体工作完成的标准,总体结构则是提供系统开发的框架。

2. 了解当前信息系统平台的状况

现有的系统平台的状况,包括软件设备、硬件设备、人员、各项费用、开发项目的进展及应用系统的情况,是制定战略规划的基础之一,应充分了解和评价。

3. 对相应信息技术发展的预测

信息系统平台战略规划必然受到信息技术发展的影响。因此,对规划中涉及的软、硬件技术,方法论的发展变化及对信息系统的影响应做出预测。

4. 近期的发展计划

战略计划涉及时间跨度较长,应对近期的发展做出具体的计划,它包括硬件设备的购置、项目开发、系统维护的时间安排以及人力、资金的需求计划等内容。

(二) 系统平台规划的步骤

系统平台规划首先需要与用户进行充分的沟通,明确用户提出的系统目标,然后进入调研阶段,通过对收集信息的分析,评价所需要的资料,在此基础上,对企业的现状进行分析研究,并得出评价结果。根据企业的实际情况和信息技术的实现条件、约束等提出系统的建设目标。该目标还需要从资金情况、人员情况、技术情况等各方面评价其可行性。如果可行,需要制定项目的实施计划。该实施计划需要与用户方和系统相关人员进行探讨,在多次修改以后,最终要汇报给领导批示。如果通过,该阶段工作告一段落,若没通过,则需要进行修改,直至达到完善为止。系统平台规划的具体步骤如图 5-2 所示。

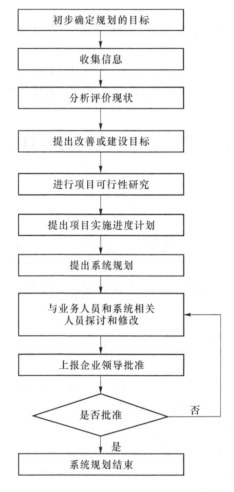

图 5-2 系统平台规划的步骤

(三) 系统平台规划的方法

制定系统平台规划的方法有很多种,这里只介绍 3 种常用的信息系统平台规划方法:关键成功因素法、企业系统规划法和战略目标集转化法。

1. 关键成功因素法

关键成功因素法(Critical Success Factors,CSF)是一个帮助组织最高领导人确定重要信息需求的有效方法,主要思想是抓住主要矛盾。它是一种对组织的信息需求进行分析的方法。

组织信息需求分析的方法主要有两个大的类型,一类是全面的调查法,如企业系统规划法;另一类是重点突破法,即首先抓住影响系统成功的关键因素进行分析,以此确定组织的信息需求。关键成功因素法就属于这种类型。不同的行业和企业有各种不同的关键成功因素。关键成功因素在组织的目标和完成目标所需要的信息之间起着一种引导和中间桥梁的作用。通过对关键成功因素的识别,可以找出和弥补所需要的信息。

关键成功因素法就是要识别联系与系统目标的主要数据类及其关系。通常可以采用树枝因果图来识别和分析这些关键因素。如图 5-3 所示。

1. 识别目标 2. 识别CSF 3. 识别指标 4. 定义DD

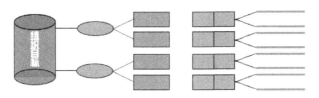

图 5-3 关键成功因素法步骤

2. 企业系统规划法

企业系统规划法（Business System Planning，BSP）是为指导企业信息系统开发而建立起的一种结构化方法。20 世纪 70 年代初，IBM 公司使用企业系统规划法进行企业内部信息系统开发。此后，该方法在管理信息系统得到了广泛的应用。企业系统规划法帮助企业进行规划，确定企业信息系统建设的信息需求，以满足企业长期发展的需要。

企业系统规划法认为，信息系统应支持企业的目标；同时，信息系统应表达并满足企业中各个管理层次（战略计划、管理控制和操作控制）的信息需求；信息系统应向整个企业提供一致的信息；信息系统应该在企业管理体制和组织机构发生变化时保持一定的稳定性和工作能力；信息系统的战略规划应从总体信息系统中的子系统开始实现。

企业系统规划的步骤如下：

（1）定义企业目标。

识别企业的战略，主要工作是对当前组织的功能、应用环境和现状进行评价，从而识别组织的目标和战略。

（2）准备工作。

成立由最高领导牵头的委员会，下设一个规划研究组，并提出工作计划。

（3）调研。

规划组成员通过查阅资料，深入各级管理层，了解企业有关决策过程、组织职能和部门的主要活动和存在的主要问题。

（4）定义业务过程（又称企业过程或管理功能组）。

定义业务过程是 BSP 方法的核心。业务过程指的是企业管理中必要且逻辑上相关的、为了完成某种管理功能而进行的一组活动，例如产品预测、订单管理等业务处理活动或决策活动。

（5）业务过程重组。

业务过程重组是在业务过程定义的基础上，找出哪些过程是正确的，哪些过程是低效的，需要在信息技术支持下进行优化处理，还有哪些过程不适合计算机信息处理的特点，应当取消。

（6）定义数据类。

数据类是指支持业务过程所必需的逻辑上相关数据。对数据进行分类是按业务过程进行的，即分别从各项业务过程的角度将与该业务过程有关的输入数据和输出数据按逻辑相关性整理出来,并归纳成数据类。

(7) 定义信息系统总体结构。

定义信息系统总体结构的目的是建立未来信息系统的框架和相应的数据类,其主要工作是划分子系统,具体实现可利用 U/C 矩阵。

(8) 确定总体结构中的优先顺序。

即对信息系统总体结构中的子系统按先后顺序派出开发计划。

(9) 完成 BSP 研究报告,提出建议书和开发计划。

3. 战略目标集转化法

战略目标集转化法(Strategy SET Transition,SST)是 1978 年由 William King 提出的一种确定管理信息系统战略目标的方法。该方法把整个组织的战略目标看成一个"信息集合",该集合由组织的使命、目标、战略和其他影响战略的因素,如管理的复杂性、组织的发展方向、变革习惯以及重要的环境约束因素等组成。战略集合转移法的过程就是将组织的战略集合转化为信息系统的战略目标。

4. 三种系统平台规划方法的比较

下面对关键成功因素法、企业系统规划法和战略目标集转化法 3 种常用的信息系统规划方法作一个比较。

(1) CSF 法能抓住主要矛盾,使目标的识别突出重点。但这种方法只是在管理目标的确定方面比较有效,而在目标的细化和实现方面则作用较小。

(2) BSP 法通过定义业务流程引出系统目标,可以定义出新的系统以支持业务流程,即把企业目标转化为系统的目标。

(3) SST 法从组织的各类相关者的利益角度识别管理目标,比较全面。但是在突出重点方面不如 CSF 方法。

将上面 3 种方法结合起来使用称为 CSB 方法。它首先用 CSF 方法确定企业目标,然后用 SST 方法补充完善企业目标,并将这些目标转化为信息系统目标,最后用 BSP 方法校核两个目标,并确定信息系统的结构。但这也使得整个方法过于复杂,灵活性降低。

二、系统平台分析

系统平台分析是调查用户对新开发的信息系统平台的需要和要求,结合组织的目标、现状、实力和技术等因素,通过深入细致的分析,确定出合理可行的信息系统需求,并通过规范的形式描述需求的过程。系统平台分析虽处于系统开发过程的开始阶段,但它对整个系统开发过程及系统的实现质量是至关重要的。

(一) 需求分析

需求分析过程包括初步调查阶段和详细调查阶段。

1. 初步调查阶段

需对现行信息系统的整体状况及环境进行粗略调查,重点在于论证建立新系统的必要性和可行性,在用户提出开发任务和要求的基础上,提出几种新系统的设想方案,为总体设计和可行性研究提供定性和定量的依据。

初步调查阶段的主要内容包括：

(1) 企业或组织的概貌,包括企业规模、组织结构、经营状况、发展战略,与外界资金、业务往来关系,以及组织目前的管理水平。了解这些有助于确定系统边界、外部环境和接口。

(2) 现行系统的运行情况,包括系统发展历史、功能、人员技术水平以及管理体制等。

(3) 企业资源状况,包括人力、物力、设备、资金及其他资源。

(4) 本企业领导者、管理部门对系统的态度、支持的程度(包括人力、资料和数据),对新、老信息系统的看法以及对信息的需求。

2. 详细调查阶段

通过初步调查,已对组织结构和系统功能等有了大概的了解,但对具体的快递业务处理过程和方法仍不十分清楚,需要作进一步的详细调查。详细调查的目的在于完整地掌握现行系统的现状和运营环境,发现系统的薄弱环节和存在的问题,收集有关数据和资料,为下一步系统化分析工作和建立目标系统的逻辑模型做好准备。详细调查阶段的主要内容包括：

(1) 组织结构及职能

调查组织结构时,应弄清楚企业部门设置及行政隶属关系,绘制组织结构图。弄清每个部门的业务范围及人员职责分工情况,画出系统功能结构图。

(2) 系统目标、主要功能和用户需求调查

系统分析人员应了解现行系统的目标和主要功能,并与用户反复交流沟通,明确用户的总体需求,当然包括未表达出来的潜在需求,初步确定一个较为具体的、可行的系统目标。

(3) 业务处理流程

根据系统功能结构图,详细调查每个业务处理过程。按照业务活动中信息流动的过程,弄清楚各环节的处理业务、处理内容、处理顺序和处理时间,以及每个环节所处理的信息需求,并绘制业务流程图。

(4) 数据及数据流程

从业务流程中抽象出信息的流动、加工、存储等过程,得出组织中信息流的综合情况,并绘制出数据流程图。在描述数据流程的基础上,再通过编制数据字典、数据存储情况分析及用户查询要求分析,进一步分析流程图中数据和信息的属性,同时用决策树、判断表、结构化语言描述流程图中的各个处理逻辑。

(5) 系统运营环境分析

它包括现行系统的管理水平,原始数据的精确程度,规章制度是否齐全和切实可行,各级领导对开发新系统持什么样的态度,用户单位能否抽出精通本行业管理业务、深刻了解本单位存在问题并热心改革的工作人员。

(6) 可用资源与限制条件

系统可用资源包括人力、物流、资金、设备及其他资源,了解现行系统的基本情况、存在的问题等。限制条件包括现行系统在人员、资金、设备、业务处理方式、时间、地点、国家有关政策、信息系统建设的有关政策等方面的规定和限制条件。

(7) 现存问题和改进意见

调查过程中要特别注意收集用户的各种意见和要求，找出现行系统中存在的问题，并分析其产生的原因。现行系统的各个薄弱环节是新系统要解决和改进的主要问题。

(二) 组织结构与功能分析

1. 组织结构分析

一般来讲，几乎所有的快递企业都担负着货物流通的职能，但各自工作侧重点不一样，基本可以分为业务经营部门、职能部门和行政事务部门。

业务经营部门是直接参与和负责组织货物流通经营业务活动的机构；职能管理部门是为业务经营部门服务的部门，主要是对经营业务进行指导和监督；行政事务部门是间接为经营业务活动和职能管理活动服务的部门，它为经营和管理工作提供事务性服务、人事管理、安全保卫和法律咨询等。

2. 系统的功能分析

不同的快递企业的产品类别、业务范围和业务侧重点都是不一样的，涉及的快递活动也有很大区别。系统主要包括以下功能：订单管理、仓储管理、运输管理、作业管理、配送管理、货物跟踪、统计分析、客户关系管理等，如图 5-4 所示。

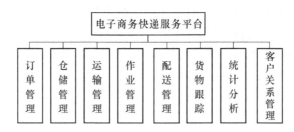

图 5-4　电子商务快递服务平台功能分析图

(三) 业务流程分析

业务流程分析是具体分析的第一步，为详细调查的结果进行整理和分析，需要按照业务功能将业务处理过程中的每一步骤用一个完整的图形——业务流程图（Transaction Flow Diagram，TFD）表达出来。

业务流程图使用一些简单的符号和连线表示某个具体业务处理过程，它基本上按照业务的实际处理步骤和过程来绘制，比较适合于事物处理类型的业务过程。业务流程图可以帮助系统分析人员全面了解业务的具体处理过程，发现问题、分析不足、理顺和优化业务过程。同时，它也是系统分析员、管理人员、业务操作人员相互交流思想的工具。

(四) 数据流程分析

数据流程分析通常是运用分层数据流程图（Data Flow Diagram，DFD）来实现的。具体的做法是：按照业务流程图理出的业务流程顺序，将相应调查过程中所掌握的数据处理过程，绘制成一套完整的数据流程图，一边整理绘图，一边核对相应的数据和报表、模型等。如有问题,则会在这个绘图和整理过程中暴露无遗。

绘制流程图的主要步骤:

1. 确定系统边界,即系统人员要识别不受系统控制但影响系统运行的外部项、系统的数据输入源和输出对象。

2. 确定系统正常运行的输入、输出数据流,确定系统的主要信息处理功能,从而画出数据流程图的顶层图,简称 TOP 图。

3. 根据自顶向下、逐层分解的原则,对上层图中全部或部分环节进行分解,直到逐层分解结束。

4. 检查草图,征求用户意见,修订草图。

(五)系统分析说明书

系统分析说明书是系统分析员在系统分析阶段结束时最后提交的工作成果。系统分析说明书不仅能够展示系统调查的结果,而且还能反映系统分析的结果——新系统的逻辑模型,是下一步设计与实现系统的纲领性文件。系统分析说明书形成后,必须组织各方面的人员(包括组织的领导、管理人员、专业技术人员、系统分析人员等)一起对已经形成的逻辑方案进行论证,尽可能地发现其中的问题、误解和疏漏;对于问题和疏漏要及时纠正,对于有争论的问题要重新核实当初的原始调查资料或进一步地深入调查研究,对于重大的问题甚至可能需要调整或修改系统目标,重新进行系统分析。总之,系统分析说明书是一份非常重要的文件,必须非常认真地讨论和分析。

一份完整的系统分析说明书一般应该包括以下几个部分。

1. 系统概述

它主要包括:新系统的名称、目标和主要功能;背景、系统的用户、开发人员以及本系统与其他系统或机构之间的联系;参考资料和专门术语说明。

2. 现行系统的调查情况

它包括:现行系统现状调查说明;系统需求说明。

3. 新系统的逻辑模型

它包括:系统功能分析、组织/业务关系分析,描述系统的功能目标,对于较复杂的功能可分为若干个子功能模块;建立系统逻辑模型,弄清系统的业务流程和数据流程,并绘制相应的业务流程图和数据流程图,建立数据字典,并对涉及的处理逻辑进行详细分析。

4. 系统设计与实施的初步计划

它包括:工作任务分解;工作进度安排;开发费用预算。

5. 领导审批意见

系统分析说明书应该能使用户在新系统建成前就可以看到它的逻辑模型,说明它的主要功能。在系统分析说明书中,数据流程图、数据字典和处理逻辑这三部分是主体,是系统分析说明书中必不可少的组成部分。而其他几部分内容,可根据所开发目标系统的规模、性质等具体情况酌情选用。总之,系统分析说明书必须简明扼要、抓住本质,全面反映新系统的概况和开发人员的设想。它是系统开发过程中的一份重要文档,必须完整、一致、精确且简明易懂,还要易于维护。

三、系统平台设计

(一) 设计概述

1. 任务

系统分析阶段的任务回答了信息系统"做什么"的问题,而系统设计阶段则要回答信息系统"怎么做"的问题。这一阶段的主要任务是根据系统分析阶段的新系统逻辑模型的各项功能要求,结合实际的设计条件,详细地设计出新系统的处理流程和基本结构,这一阶段又称为物理设计阶段,它一般分为系统的总体设计和详细设计两个阶段。这一阶段要为系统实施阶段的各项工作准备好全部必要的技术资料和有关文件。

2. 目的

信息系统平台的基本目标就是要使所设计的系统满足系统逻辑模型的各项功能要求,同时要尽可能地提高系统的性能。系统设计的目标是评价和衡量系统设计方案优劣的基本标准,也是选择系统设计方案的主要依据。评价和衡量系统设计目标实现程度的指标主要有以下几个方面:系统的可靠性、系统的可变更性、系统的效率、系统的通用性、系统质量等。

(二) 总体结构设计

系统总体结构设计是要根据系统分析的要求和组织的实际情况对新系统的总体结构形式和可利用的资源进行大致设计,它是一种宏观的、总体的设计和规划。

1. 子系统的划分

为便于今后的系统开发和系统运行,系统的划分应遵循如下几点原则。

(1) 子系统要具有相对独立性

子系统的划分必须使得子系统在内部功能、信息等各方面的凝聚性较好。在实际中我们都希望每个子系统或模块相对独立,尽量减少各种不必要的数据调用和控制联系,并将联系比较密切、功能近似的模块相对集中,这样对以后的查询、调试、调用都比较方便。

(2) 子系统之间的数据依赖性尽量小

子系统之间的联系要尽量减少,接口要简单、明确。一个内部联系强的子系统对外部的联系必然很少,所以划分时应将联系较多者列入子系统内部。如果相对集中的部分均已划入各个子系统的内部,剩余的一些分散、跨度比较大的联系,就成为这些子系统之间的联系和接口。这样划分的子系统,将来进行调试、维护和运行都是非常方便的。

(3) 子系统划分的结果应使数据冗余较小

如果我们忽视这个问题,则可能会使相关的功能数据分布到各个不同的子系统中,大量的原始数据需要调用,大量的中间结果需要保存和传递,大量计算工作将要重复进行。从而使得程序结构紊乱,数据冗余,不但给软件编制工作带来很大的困难,而且系统的工作效率也大大降低了。

(4) 子系统的设置应考虑今后管理发展的需要

子系统的设置光靠上述系统分析的结果是不够的,因为现存的系统由于这样或那样的原因,很可能没有考虑到一些高层次管理决策的要求。

(5) 子系统的划分应便于系统分析阶段实现

信息系统的开发是一项庞大的工程,它的实现一般都要分期分步进行,所以子系统的划分应能适应这种分期分步的实施。另外,子系统的划分还必须兼顾组织机构的要求,以便系统实现后能符合现有的情况和人们的习惯,更好地运行。

(6) 子系统的划分应考虑到各类资源的充分利用

各类资源的合理利用也是系统划分时应该注意到的。一个恰当的系统划分应该既考虑有利于各种设备资源在开发过程中的搭配使用,又考虑到各种信息资源的合理分布和充分使用,以减少系统对网络资源的过分依赖,减少输入、输出、通信等设备压力。

2. 网络设计

现代快递企业的信息量大、时空跨度大、处理复杂,企业高效运作必须建立在功能完善、操作方便、安全及时的信息系统平台基础上。随着计算机技术与计算机网络技术的飞速发展,基于局域网和广域网技术发展起来的企业网络得到迅猛发展,特别是企业计算机网络开放系统集成技术更受到人们普遍重视。

网络设计的内容包括:根据用户的要求选择网络的结构;安排网络和设备的分布;根据企业的布局考虑联网布线和配件;根据业务的要求确定网络节点的级别、管理方式、数据读写的权限,选择相应的软件系统。

网络体系结构涉及技术目标、网络逻辑拓扑结构、网络应用、网络安全、网络管理等多个方面,而它们都受企业业务结构分布和数据分布的影响。因此在信息系统开发过程中,考虑使用局域网和广域网结合的方式。

3. 模块设计

快递企业信息系统平台的各子系统可以看作是系统目标下层的功能,可以通过功能结构图来表示。所谓功能结构图就是按功能从属关系画成的图表,图中的每一个框称为一个功能模块。功能模块可以根据具体情况分为大小不同的模块,分解得到的最小的功能模块可以是一个程序中的某个处理过程,而较大的功能模块可能是完成某一任务的一组程序。这样经过层层分解,可以将一个负责的系统分解成多个功能单一的模块,这种方法称为模块法。

(三) 详细设计

1. 代码设计

代码指用以代表系统中客观存在的事物名称、属性或状态的符号。快递企业信息系统平台的主要任务是对快递企业管理活动中产生的大量数据进行加工整理,以满足各种职能部门和管理层对快递信息的需求。由于现在快递活动产生的数据量大,所需要的信息种类也很多,因此必须经过分类整理后才能更有效地利用,而代码设计就是信息分类的具体体现。

代码设计问题是一个科学管理的问题。设计出一个好的代码方案,对于系统的开发工作是一件极为有利的事情。它可以使很多机器处理(如某些校对查询、统计等)变得十分方便,另外还把一些现阶段计算机很难处理的工作变成很简单的处理。代码设计通常分成两个步骤：分类和编码。

2. 输入/输出设计

系统平台的输入/输出是系统与用户的接口，用户对系统的评价内容除了运行效率、可靠性、可修改性外，很大程度是针对输入和输出进行的。

（1）输入设计

信息系统平台的输入所完成的功能是将计算机外的信息转换成计算机内的信息，它是对信息进行处理的出发点，是信息处理的源头。一个好的输入设计可以为用户和系统双方带来良好的工作环境。输入方式设计具体内容包括：输入设备的确定，输入数据内容的确定，输入数据记录格式的确定，输入数据的正确性校验。

（2）输出设计

输出设计主要是利用已有的输出设备，给出用户所需要的结果。系统只有通过输出才能为用户服务。一个好的输出设计可以为管理者提供简明扼要、有效、实用的管理和控制信息。输出设计内容包括：输出内容的确定，输出设备和介质的选择，输出格式的确定。

3. 用户界面设计

用户界面是系统与用户之间的接口，也是控制和选择信息输入输出的主要途径。用户界面设计坚持简单、实用、友好、易于操作的原则，尽量避免过于烦琐和花哨。界面设计包括菜单方式、会话方式、操作提示方式，以及操作权限管理方式等。

4. 数据文件存储和数据库设计

数据文件存储和数据库设计是系统设计的主要内容之一，其设计质量的好坏对整个系统的功能和效率的影响是巨大的。因此，在进行数据文件和数据库设计时，必须充分考虑数据库存储的完整性、可异性、安全性和便于操作等方面的问题。

数据存储的设计主要包括两部分的内容：一部分是设计工作文件，这部分文件主要用于存储程序工作本身所需的环境和过程数据，如程序的初始化参数文件、密码文件、中间结果文件等；另一部分是业务数据文件（即数据库），它主要存储用户的业务数据，这部分数据是整个系统的核心，所有的处理过程都围绕着它进行。数据库对用户和企业来说是至关重要的。

四、系统平台实施

系统实施是系统开发工作的最后一个阶段。所谓实施指的是将系统设计阶段的结果在计算机上实现。将原来纸面上的、类似于设计图纸的系统方案转换成可执行的应用软件系统。

（一）系统实施的内容

系统实施的内容主要包括：建立软硬件环境，选择开发环境和开发工具；实现物理系统；进行系统调试，排除错误并完善功能；装载数据，系统试运行，做局部调整；用户技术培训和操作培训；进行系统交接；制定系统管理和操作制度，正确运行系统；维护系统，实现设计目标，发挥最大效益。

(二)系统测试

系统测试的主要内容包括单元测试、组装测试、确认测试、系统测试、验收测试。系统测试的方法包括黑盒测试和白盒测试。

1. 黑盒测试

也称功能测试。将软件看作是一个黑盒子,在完全不考虑程序内部结构和特性的情况下,测试软件的外部特征,即程序满足哪些功能。测试在接口上进行,看输入能否被正确地接收,并能输出正确的结果。

2. 白盒测试

也称结构测试。将软件看作是一个透明的白盒子,按照程序的内部结构和处理逻辑来选定测试用例,对软件的逻辑路径及过程(在一些检查点上检测程序的状态)进行测试,检查它与设计是否相符。

(三)系统转换

1. 系统转换前的准备工作

(1) 数据准备

数据准备是指从老系统中整理出新系统运行所需的基础数据和资料,即把老系统的文件、数据加工成符合新系统要求的数据,其中包括历史数据的整理、数据口径的调整、数据资料的格式化、分类、编码和数据的增删改等。

(2) 文档的准备

在系统开发结束后,应有完整的开发文档资料,它记录了开发过程的开发轨迹,是开发人员工作的依据,也是用户运行系统、维护系统的依据。文档资料要与开发方法相一致,且符合一定的规范。在系统运行之前要准备齐全,形成正式的文件。

(3) 用户培训

对操作人员、管理人员和系统管理人员进行培训。

2. 系统转换的方式

(1) 直接转换

简单、费用低,但风险大,应有一定的保护措施。

(2) 并行转换

可保证系统的延续性,可进行新老系统的比较,平稳可靠的过渡。但是转换的费用高,易延长系统转换的时间。

(3) 分段转换

避免了直接转换的风险和并行转换的双倍费用,但会出现接口问题。适用于大型系统,可保证平稳、可靠。

五、系统平台评价与维护

新系统投入正常运行,并有效运行一段时间之后,必须对新系统作全面的系统评价和维护。系统评价的目的是为了估计系统的技术能力、工作性能和系统的利用率等。系统评价度量了系统当前的性能并为系统未来改善提供依据,而系统的维护是为了保证信息系统能持续地与用户环境、数据处理操作、政府或其他有关部门的请求取得协调而从事的各项活动。

(一)系统评价

系统评价的目的是检查系统的目标、功能及各项指标是否达到设计要求;检查系统的质量、使用效果;根据评审和分析的结果,找出系统的薄弱环节,提出改进意见。

系统评价的内容包括:

1. 性能评价

性能评价主要包括完整性、可维护性、可靠性、适应性、方便灵活性、安全保密性、设备利用率、响应时间、系统吞吐量等。

2. 经济效果评价

经济效果评价可以从两个方面来衡量,即直接效果和间接效果。直接效果指的是可以定量计算的效果,通常用以下 4 个指标来反映:一次性投资、经营费用、年生产费用、节约额机会成本。间接效果表现在企业管理水平和管理效率的提高程度上,是综合性的效果。它包括:提高管理效率、提高管理水平、提高企业对市场的适应能力。

3. 其他方面评价

主要包括:文档、程序、开发周期和存在的问题。

(二)系统维护

交互使用的信息系统有"样品即产品"的特点。它不像其他工业产品,可以先生产一个样品,经过试验、改进再正式投入批量生产,它需要在使用中不断完善。一方面,精心设计、精心实施、经过调试的系统,也难免有不尽如人意的地方,如有的地方效率还可提高,或者使用不够方便,甚至还有错误。这些问题只有在实践中才能暴露。另一方面,随着环境的变化,也会对信息系统提出新的要求。信息系统只有适应了这些要求才能生存下去。因此,系统维护是系统生存的重要条件。

1. 系统维护的内容

主要包括程序维护、数据文件维护、代码维护、机器维护、设备维护。

2. 维护的类型

依据信息系统需要维护的原因不同,系统维护工作可以分为更正性维护、适应性维护、完善性维护和预防性维护四种类型。

第三节 平台体系结构

一、平台体系结构的基本组成

当前,信息系统平台已经不仅仅是快递的工具和辅助,它已经从后台走向前台,成为快递企业的核心竞争力,并成为提升服务和管理的发动机,越来越多的企业通过互联网连接,成为大的虚拟企业。因此,通过网络平台,新兴的电子商务服务,帮助快递企业打造国内的强势品牌,这就需要建立相应的电子商务快递服务平台。

(一) 电子商务快递服务平台的总体目标

信息化技术水平高低是现代快递企业的生命线,体现了快递企业现代化的程度,能有效地将快递物流活动中的收寄、分拣、封发、投递、信息处理等进行有机结合,在现代化快递企业中起着举足轻重的作用。

电子商务快递服务平台的总体目标是有效整合上下游资源,形成规模效应,获得竞争优势。对外提升企业形象,改善服务质量,提高客户忠诚度。对内提升管理和决策水平,增强部门间以及与分支机构间的协同。通过构筑一个经济实用、功能基本完善的信息平台,形成快递企业内部的"高速公路"。通过使用 Web 服务技术,实现供应商、销售商、快递企业的信息共享,架起快递企业与客户资源、供应链资源和计算机网络的桥梁,保证商流、物流、资金流的顺畅。

具体业务目标如下:

1. 构建一个从局域网到广域网到互联网的综合业务网络,以支持内部业务和对外客户服务。

外部客户可以通过多种设备,例如 PC、PDA 等访问外部平台进行如下操作:

(1) 在线提交快递申请。在提交申请的时候需要提供货物具体信息和接收时间。
(2) 根据单一的客户 ID 或者高级查询来查看货物实时状态。
(3) 可以提交货物报表申请,产生特定语言和格式的货物报表。
(4) 提供在线工具可以用于计算体积重量,查看各地时间和货币转换等。
(5) 提供互联网查单服务。

另外还提供内部平台,供快递公司内部职员使用,能够通过该内部平台实现公司内部交流,提高内部员工的工作效率和处理突发事件的能力。具体来说,一个快递公司职员能够通过浏览器访问内部网站进行如下操作:

(1) 根据不同用户角色处理日常工作。
(2) 根据单一的员工号或者高级查询来查看货物实时状态,并且能够在其未完成前修改货物信息。
(3) 通过 E-mail 和及时消息进行内部交流。
(4) 使用内建的文档编辑器来将货物信息文档化。
(5) 举行网上会议,并允许参与者使用白板和共享他们的桌面。
(6) 实现从收件、中转、海关、到件、回单、财务的全部业务环节。
(7) 实现过程的全程控制、全程跟踪、即时核查、智能报警。

2. 系统能支持集中与分布有效统一,既可以支持分布式机构的分布式网络,又实现数据的集中管理,保证各单元机构既可以与总部联机运行又可以单独脱机运行,因此,需要搭建高效的通信平台。通过通信平台,实现区域中心间的数据共享,真正实现资源高效整合，并实现全程的货物跟踪监控。充分利用互联网、电信、移动等IT技术手段，构造安全、容错体系，借助"巴枪"、电子秤等工具，提高理货效率，并通过事前控制等技术，减少差错率。

3. 系统能向客户提供主动服务、智能服务、个性化定制服务、人性化服务等，从而提升客户服务质量，提升区域服务品牌。

4. 建设领导决策支持平台，有效地支持领导决策查询。通过相关的财务分析报表，各级领导能实时掌握企业状况，另外，对重大的问题、风险会自动及时地通知相应的领导。

（二）电子商务快递服务平台的组成

电子商务快递服务平台是为快递企业服务的，由应用于快递领域的计算机软硬件技术、各种快递信息资源及人员所组成，它是快递企业实现自动化快递业务活动过程和快递信息资源的采集、加工处理、使用和传递过程，从而辅助实现电子商务快递服务平台的目标。表5-2给出了一般电子商务快递服务平台的层次组成结构，它与一般的信息系统在社会环境、网络基础平台、计算机硬件设施平台及计算机软件开发环境平台等各方面的层次结构大致是相同的。

表5-2　电子商务快递服务平台的层次结构和应用的信息技术

层次结构	信息技术
系统应用层 （办公事务、订单管理、运输跟踪、仓库配送、财务管理、客户关系管理等）	条形码技术 射频技术
计算机软件及开发环境层 （操作系统、网络协议、开发语言等）	无线射频识别 地理信息系统
计算机硬件层 （主机、外部设备、通信设备、局域网、广域网等）	全球定位系统 电子数据交换
社会环境 （法律法规、政策、道德等）	Web技术 电子商务相关技术

电子商务快递服务平台从广义角度说，受社会环境的约束和影响（如法律、道德等），同时还受国家网络基础设施的影响（如广域网的建设和网络互联互通的程度）。从企业内部来说，它需要企业的网络基础设施（局域网、互联网）、计算机硬件、软件设施及其开发环境平台的支撑，才能建立适应企业运作的信息系统的应用功能。

由于应用的需要，在电子商务快递服务平台中，各个层次都有一些特定的信息技术应用，主要包括两方面：设施自动化和快递经营网络化。设施自动化是指货物的接收、分拣、配送、监控等环节以自动化的过程来完成。其中涉及的信息技术非常多，如条形码（Bar Code,BC）技术、射频（Radio Frequency,RF）技术、全球定位系统（Global Positioning System,GPS）技术、地理信息系统（Geographic Information System,GIS）技术等，通过这些自动化的技术设施，可以实现货物的自动识别、自动分拣、自动装卸、自动存取，从而提高快递的运作效率。快递经营网络化是将网络技术和电子商务技术运用到企业运行的各个方面,它包括企业内部管理上的网络化和对外联系上的网络化。只有拥有了完善的企业内联网(Intranet)和外联网(Internet),货物运行的各种信息才能及时反馈到内联网上,这样,电子商务快递服务平台就可以对数据进行自动分析和安排调度,自动排定货物的分拣、装卸以及运送车辆、路线的选择等。企业的外联网一般都与互联网对接,用户在互联网上就可以下订单,进行网上支付,并且随时可以对自己的货物进行查找跟踪。而要做到这点,就必须将其与信息的收集、存储、加工、传递、显示等方面有关的技术、方法和规程进行标准化的设计,从而保证信息在整个快递服务过程中畅通。这里常采用的技术是电子数据交换(Electronic Data Interchange,EDI)技术和 Web 技术。这些信息技术的发展应用,为实现系统目标提供了基础。

二、平台体系结构的主要功能模块

快递企业可以利用电子商务服务平台来规范各快递业务运作过程、优化运力配置,完善订货单证、存货信息、仓库作业命令、货运单证、各种发票内容,并向客户及时反馈快递信息,提供实时的统计汇总和辅助决策。同时,客户可以通过外部网络信息平台及时了解各类快件动态信息,建立与快递企业的联系。通过电子商务服务平台,客户可以在网上下定单,随时通过网络查询物流信息,如果与银行联网,客户还可以进行网上支付。在电子商务服务平台,通过互联网可以进行供应商的调度,并对大客户提供个性化服务,另外还可以通过互联网进行网上质量反馈、市场调查等,并与各上游服务商通过互联网沟通信息。

整个电子商务服务平台的数据都存放在统一的数据库中,各系统与各系统间均是相互关联的,各数据库本身是数据进入储存的库房,也是各系统需求数据领取的库房,各系统的数据汇集或处理后所产生的数据或信息也是另一系统所需数据源,引出系统直接彼此存在数据传递、数据使用需求。通过数据库中的数据,还可以进行智能的决策支持。具体结构图如图 5-5 所示。

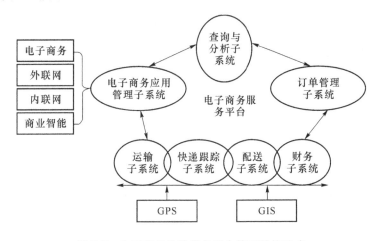

图 5-5　电子商务快递服务平台体系结构组成

从图 5-5 可以看出,该服务平台为客户提供从发货到收货的整个快递业务服务。其中,订单管理子系统是其业务活动的起点;快递跟踪、运输、配送和结算是其最主要的业务活动;查询与分析子系统为业务活动的灵活处理和实时分析提供了便利;商务应用管理子系统包括内部部门之间沟通的办公自动化网和与外部客户、合作伙伴及其中介等组织进行信息交互的外联网,对外界进行宣传及和客户进行商业交易的电子商务网络,最后还有支持进行深层次分析决策的商业智能系统。每个子系统的功能具体的描述如表 5-3 所示。

表 5-3　信息系统平台的功能组成

一级模块名称	二级模块名称	实现功能描述
电子商务快递业务处理系统	基本信息查询 区域地理信息查询 快递服务价格查询 客户资料查询 报表查询	包括系统的基本或公用的信息资料查询,如区域地理信息、快递服务价格信息、客户资料及仓库资料、各种历史或当前的报表资料等
	订单管理 客户管理 订单处理 快递任务分派 订单查询	客户可浏览快递企业提供的快递服务,并通过各种方式(如电话、互联网)通知接单员,收件员把快件送到市场部门,市场部人员对订单进行处理,如审核客户信用度,并进行快递服务的任务分派或查询等
	运输管理 运输单证查询 运输计划调度 路线智能优化 货物动态跟踪 运输成本控制	通过查询从订单管理模块传递过来的订单信息,制定相关的运输计划和调度,并根据订单需求和区域地理信息,来确定优化的运输路线和配送方案。实现客户和快递组织对货物运输的动态跟踪和监控,从而实现运输成本的最大效益
	快件跟踪管理 收件处理	收派员收件,交付仓库管理员,仓库管理员输入条码记录作为入仓记录。输单员录入收件运单资料,营业部发件时,仓库管理员输入条码作为出仓记录
	派件处理	办事处到件后,首先是入仓扫描,然后是仓库管理员条码扫描准备派件,把快件分发给各个收派员,进行派件。收派员成功派件后,交派件回单,手工录入相关的信息如签收人。扫描回单,通过扫描成图像
	中转管理	入仓扫描 分拣处理后,出仓扫描
	配送投递管理 商品集中、分类 配送车辆调度 配送车辆装配 配送路线规划 在途跟踪管理	配送管理子系统可以有效提高快递配送的效率,使得快递企业可以有针对地提供各种配送服务,降低成本,提供服务质量和水平,满足用户不断发展的多样化需求,使快递运输更合理

续 表

一级模块名称	二级模块名称	实现功能描述
快递企业管理信息系统（内联网）	财务管理 账单管理 快递计费管理 利润结算管理 财务统计报表	和快递服务业务同步，信息系统平台对发生的每一项业务进行成本和利润核算，通过资金流体系来控制物流的运作。财务管理功能主要用于管理快递业务中和费用相关的各种数据，并建立信息系统与专业财务系统的接口
	客户关系管理 客户/VIP管理 客户服务管理 客户合同管理 客户信誉评估 客户资料查询 客户反馈管理	客户是快递组织生存的基础。信息系统平台需要注重对客户及信息的跟踪管理，制定出合理的销售策略，帮助快递组织获取客户，赢得市场。客户管理集中把客户的一个订单当作项目全程跟踪，包括对客户提供的服务类型、与客户签订的合同、对客户信用的评价及客户在服务过程中的反馈等各个方面
	业绩管理 人力资源管理 部门绩效管理	系统通过提供预算分析、业绩评估及按各种标准进行的业绩统计，使经营者充分了解企业的总体运营情况，并迅速地获取企业的各项统计指标。主要管理模式有：销售人员业绩统计、部门业绩管理、整体业绩管理
	办公自动化 通用办公系统 辅助办公系统 信息维护系统	主要包括个人事务的处理；收发文处理系统；档案管理查阅系统；内部电子邮件；工作计划管理；考勤管理；人事档案管理；即时消息处理；手机短消息系统；机构设置信息维护
	商业智能 市场趋势分析 销售状况分析 降低库存成本	快递企业的目标是降低成本和提高客户服务水平，实现这个目标的关键在于快速权衡局部利益，协调各方资源。利用数据仓库、数据挖掘技术，实现决策、过程控制、信息管理和查询任务
电子商务应用系统（外联网）	信息服务 远程办公 支付结算中心 CA认证中心 在线报税报关	为快递企业提供一个访问企业各种信息资源的入口，可以进行信息查询、信息共享，认证中心提供网络身份认证服务，支付中心为交易的双方提供支付和结算业务的数字化系统工具，在线报关报税功能提供和税务机关和海关等部门的接口

三、快递业务处理子系统

快递企业的生产以快件在企业中的流动为主线，划分各个生产过程，一般分为收寄、出口、进口、投递四个过程。具体的流程如图5-6所示。

（一）系统的具体流程

快件的处理从收寄环节开始，通过业务揽收人员揽收或营业柜台收寄（对于签约客户，采用批量录入的方法，可以有效地减低工作量），及时录入收寄信息，保存到数据库中。此时数据库可得到收寄快件的初步信息，客户即时可通过电话等多种形式进行查询。

收寄快件后，通过运输部门运输，将快件集中到快递公司的快件处理中心进行处理，快件的交接都必须使用条形码进行扫描入机处理，这样数据库可以记录下快件当前所处的位置,根据位置的不同可以确定快件的流动情况。在接收快件后,快递公司的工作人员将根据快件的寄达地等情况对快件进行分拣处理,并将分拣后的快件信息通过条码录入到数据库中进行封发处理,生成封发总包。此时,数据库中即可得到快件的封发路由资料。快件的信息流将先于实物流到达投递公司。客户同样可以通过查询得到快件所处的位置。

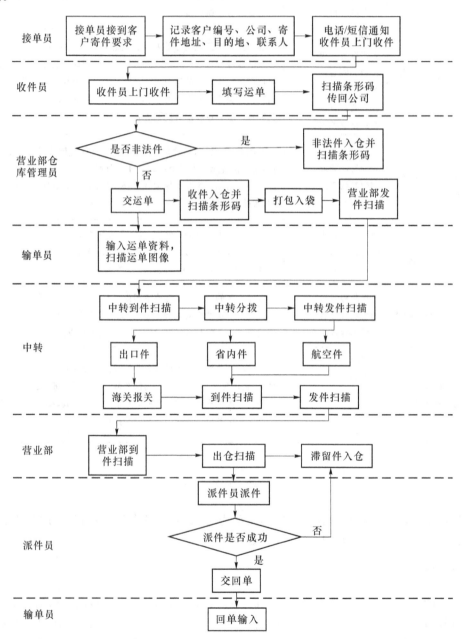

图 5-6　快递业务处理流程

在实物快件到达投递公司后,工作人员接收快件,通过扫描条形码,对快件进行确认及分区投递处理,将快件的分区信息录入数据库中,并交投递人员外出投递。投递人员投递回班后,根据条形码编号录入快件的投递情况信息,此时客户可通过查询第一时间知道快件的投递情况,极大地方便了客户。

对于由其他快递公司收寄,并由本公司投递的进口快件,在接收之后,直接进行分区投递处理,在投递完成后将投递信息录入系统中。如图5-6所示。

在快件流动处理的同时,快递公司可根据条码对快件的信息进行统计或查询,生成各种报表,及时掌握生产数据,进行缴款、催交款、账务结算等处理,可以有效、准确地对业务收入进行处理。将条形码技术应用于快件流动的全过程,使邮件的处理过程得到全程监控,规范作业流程,方便客户查询,简化管理,从而有效地降低生产成本,开拓业务来源。

(二) 系统的主要参与者

根据业务具体的流程,参与业务过程的人员主要有以下几种。

1. 客户

包括收件客户和寄件客户,根据付款方式的不同也分为现金客户和月结客户。客户可通过电话或网站下订单,查询订单状态,查询快件的状态。月结客户需要每月结算一次款项。

2. 接单员

接听客户下订单的电话,发短信给收件员。确认网上订单,发短信通知收件员。

3. 收派员

分为收件员和派件员。收件员接收短信后到客户处收件,扫描和上传收件运单的条形码。派件员派件时扫描和上传派件运单的条形码。

4. 录单员

将收件运单和派件运单的详细资料录入到系统中,并扫描运单的图像。涉及出口件时及时报送报关资料。

5. 报关人员

汇总各营业部的报关资料,传送到海关,办理相应的通关手续。

6. 查询员

接听电话查询或投诉,告知客户查询的问题的结果,记录客户意见。处理网站上客户的投诉。

7. 仓库管理员、中转操作员

仓库管理员在营业部负责与收派员的货物交接,及与中转车辆的货物交接工作。中转操作员负责中转场货物的分拣,与上一级中转场或营业部中转车辆的货物交接。每次交接都要扫描一次货物上的条形码,上传到系统中去。这些信息是货物跟踪的重要依据。

8. 财务人员

确认每天的营业收入情况,处理异常的运单,从收派员处收齐款项。月底打印月结客户的业务清单和收款通知单,跟踪货款回收的情况。

9. 市场营销员

查询客户资料,查询业务数据。

10. 管理人员

查询业务整体运作的情况，了解接单、中转和应收款回收的各项指标的情况，如接单率、限时收件、业务票数和金额、增长率、问题件率、应收款不同账龄的回收率等。

11. 系统管理员

建立和维护系统。各用户部门认可后在系统中增减系统账号，更改用户资料和使用权限。

（三）订单管理子系统

快递企业在服务客户的过程中，从托运人处接受订单或从网上受理订单便开始了业务处理过程，如托运人通过互联网或其他通信手段（如传真、语音信箱、电话等）向快递企业委托货物托运。快递企业接到客户订单后，订单处理过程逐步演变为单证处理，并贯穿整个快递服务过程，具体的业务处理流程如图 5-7 所示。

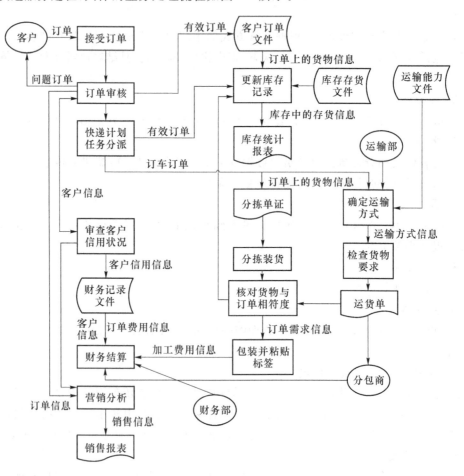

图 5-7　订单管理子系统业务流程图

在图 5-7 中，椭圆形框表示订单管理子系统的外部实体，矩形框表示业务处理的过程，文件记录存放在库存数据框中，输出的单证或报表等用多文档框（卡片形框）来表示。

箭头线上的文字表示流转的信息。表 5-4 给出了图 5-7 中订单业务流程中涉及的所有信息流、信息处理等关系情况。

表 5-4 订单业务管理流程中涉及的信息处理、信息流、信息存储查询及信息输出关系

外部实体	信息处理	信息流	信息存储查询	信息输出
客户（市场部） 仓库部 运输部 （分包商） 财务部	订单接收，检验，任务计划分派，市场调研定价，销售分析，库存记录更新，库存统计，简单加工，搬运出货，确定运输方式，出具运输单证，服务费用结算	订单信息，客户信用信息，价格信息，出货信息，存货信息，加工信息，运输设备、数量、路径选择等信息，运输方式信息（包括外包信息，合同、监控和费用等信息）	客户订单文件 财务记录文件（客户信用文件） 库存存货文件 加工能力文件 运输能力文件（交易合同文件、服务项目价格文件等）	备货单 拣货单 订车单 加工单 库存统计报表 财务报表 销售报表

从表 5-4 可以看到，来自于客户（市场部）的订单信息，联系着仓库、运输部门（分包商）、财务部门等各个组织结构，通过订单信息的流转，引起一系列信息流的生成、更新、输出等操作，如仓库部门的存货信息更新、运输方式的生成操作等。显然，订单管理子系统和仓库、运输、财务等管理子系统的主要共享信息流是：客户订单文件、存货记录文件、客户信用文件（财务记录文件）、运输能力文件、加工能力文件等，这些信息流既可以通过网络进行实时传输，也可通过输出各种单据，如加工单、订车单或备货单等信息作为触发业务处理的凭证来实现。

其主要功能包括订单提交、订单处理、订单查询、客户管理、快递任务分派五个功能。

1. 订单提交

订单可以通过电话或者网络方式提交。如果是电话订单，则要由接单员输入客户提供的收件地址、联系人、电话、物品大小、重量等信息，原有客户则只需要提供客户卡号，由系统自动调出相关资料。将订单信息按约定的格式生成短信，发给相应区域相应班次的收件员。当客户催促时，发催收件短信或打电话通知，当客户变更重要的收件信息时，发短信更改，当客户由于种种原因取消订单时，发取消短信。如果是客户通过互联网登录在网上提交订单，接单员限时确认网上订单，如果资料不全时要电话回复询问清楚具体情况，没法联系的需要留言，确认订单后安排相应的收件员，发短信通知。

2. 订单处理

根据订单的处理情况，修改订单的各种状态。

3. 订单查询

订单查询也可通过两种方式，一种是网络在线查询，可以通过订单号查询快件的状态，另一种是电话查询，由客服中心的工作人员接听，查询订单情况，如果无法即时处理则在规定时间内追发查询短信。

4. 客户管理

输入客户的相关信息，并可对客户进行不同等级、不同类型的设定。

5．快递任务分派

根据不同的订单指定不同的派送方式和派送人员。

（四）运输管理子系统

大多快递公司都不拥有如运输工具或仓储等实体性的资产，但其可以依靠系统平台将整个功能集成起来，为客户提供从发货到收货为止的整个快递服务过程。当托运人委托快递公司进行货物运送时，快递公司经过周密的规划，选择合适的运输伙伴，如汽车运输分包商、火车或海运、空运承包商等，其业务处理流程如图 5-8 所示。

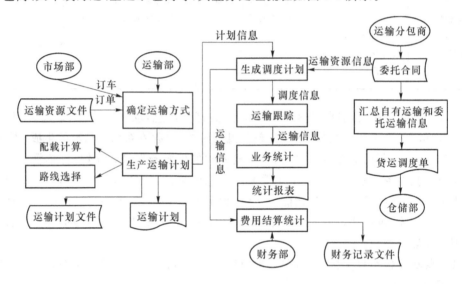

图 5-8　运输业务流程图

从图 5-8 可以看出，市场部传递过来的订车订单信息触发运输管理子系统的功能，运输部门需要对订车订单中的运输需求进行分析，包括自有运输工具、协作运输工具和确定运输方式。通过配载计算和路线选择等分析，生成运输计划，安排得出运输调度计划。自有运输工具不能承担的调度任务或本身不具有相关运输工具等实体资产，如铁路、水路、空路运输等任务，就需要根据运输调度计划和运输分包商协作，基于委托合同转给运输分包商来进行运输。在货物运输途中，运输部门需要通过 GPS 和 GIS 实现运输工具的跟踪、监控和调度，并能给客户提供网上实时货物跟踪查询功能。运输部门和财务部门定期对运输的作业情况进行统计汇总，从业务和财务角度编制统计报表工作。

运输是快递成本中耗费比较大的一个环节，有效的运输管理可以为客户和快递公司节省大量的成本，如运输路径的选择优化、运输工具的选择和配载及货物的有效跟踪，但这些都需要依靠信息平台的支持才能有效地实现，表 5-5 给出了运输业务管理流程中涉及的信息处理、信息流、信息存储查询及信息输出的关系。运输管理子系统中的主要处理功能就是运输计划和运输调度的生成，其中涉及客户订单信息、运输资源信息（包括运输工具、路径和地理信息、交通信息等）和运输分包商信息。运输部门需要和市场部、仓储部、财务部及运输分包商进行信息共享和沟通。

表 5-5　运输业务管理流程中涉及的信息处理、信息流、信息存储查询及信息输出关系

外部实体	信息处理	信息流	信息存储查询	信息输出
市场部 仓储部 财务部 运输分包商	确定运输方式 生成运输计划 运输调度安排 运输跟踪查询 运输报表统计 运输费用结算	订单信息（客户信息、货物信息） 运输资源信息（包括运输工具信息、路径和地理信息、交通信息） 运输分包商信息	运输资源文件 运输计划文件 委托合同文件 财务记录文件	运输计划 运输调度单 运输业务统计报表 运输费用报表

（五）快件跟踪子系统

快件跟踪子系统主要是对快件的具体递送过程进行控制，包括快件的进口管理、出口管理、收寄管理、中转管理、分拣封发等。

分拣中心担负着分发处理各类出口、转口、进口、本口快件的任务，它在整个快递过程中以及在快递企业中，起着分拣枢纽的作用。一方面，分拣部门要把出口、转口快件集中起来，分发至全国各地的分区中心；另一方面，要把进口、本口的快件集中起来分发至各网点。因此，分拣中心是出口、转口、进口、本口快件的集散中心，是快递企业的心脏部门。

分拣中心和快递的各网点、分区中心均配备手持条码采集器，条码采集器兼顾条码扫描和数据存储功能，完成快件的接收、封发处理，然后由 GPRS 经互联网将数据文件发送至具有固定 IP 地址的 Web 服务器。

条码采集器完成生产处理的信息采集功能后，对采集到的数据进行处理的过程均由业务处理系统的生产数据处理模块完成。利用该设备完成生产处理过程的信息采集，可体现以下优势。

1. 移动灵活，无须有线网络。

因是便携式的，可随处走动采集，不受地点限制，方便随时随地采集信息。

2. 数据传输快捷，随时发送。

利用 GPRS 功能，能及时将录入的快件信息发送到数据中心。

3. 操作简便，节省录入时间。

条码数据和文字信息在一机同时操作。

条码采集器完成的功能主要有：

1. 网点快件处理

快递企业的分区中心通过条码采集器接收所管辖的工作网点揽收的快件。条码采集器录入的数据包括：运单号、接收时间、原寄地代码。同时，分区中心封发至所管辖工作网点投递的快件也可通过条码采集器录入。其录入的数据包括：运单号、封发时间、寄达地代码。所有的录入数据都写入相应网点的快件信息文件中，便于用户的查询和相应的数据统计，以及商务智能处理中的数据支持。

2. 中心快件处理

中心快件处理包括快件接收和快件封发两部分。

(1) 中心快件接收处理

分区中心(分拣中心)接收其他中心(包括分拣中心、分区中心)封发至本管区投递的快件,通过条码采集器录入:运单号、接收时间、原寄地代码、总包号,同样录入的数据写入相应的中心快件接收文件中。

(2) 中心快件封发处理

分区中心封发至其他区中心(包括分拣中心、分区中心)的快件,或者是分拣中心封发至区中心的快件,通过条码采集器录入:运单号、封发时间、寄达地代码、总包号,录入数据写入相应的中心快件封发文件中。

条码采集器完成生产处理的信息采集功能,对采集到的数据进行处理的过程均由业务处理系统的生产数据处理模块完成。为了实现两个中心之间数据传递的勾挑核对,可以采用总包条码方案。具体操作过程如下:

分区中心到分拣中心的快件,在封发时形成一个总包,并实际粘贴有别于运单的总包条码单录入总包信息。在分拣中心接收该总包后,首先扫描总包号,做接收处理后,由业务处理系统的生产数据处理模块做平衡合拢。

快递行业的运营是实物流和信息流有机地结合,通过信息流的控制检查实物流的正确性和有效性。对实物流处理过程的控制主要体现在对数据的平衡合拢处理。具体的平衡处理方式有以下几种。

(1) 分拣中心接收平衡合拢

分区中心将跨区中心的快件送至分拣中心。分拣中心在对某分区中心送来的快件做接收处理后,应与该分区中心的出口封发数据进行核对勾挑,以便检查从区中心至分拣中心的路途中是否有快件的丢失。在此的平衡合拢实际意义是 EMS 所讲的勾挑。

(2) 区中心的进口接收平衡合拢

分区中心作为投递点接收从分拣中心分发过来的快件,在进口接收处理完成后,应与分拣中心的封发数据进行核对勾挑,以检查从分拣中心到分区中心的路途中是否有快件的丢失。

3. 滞留件处理

滞留件处理包括滞留件录入、再投处理、退回处理三部分,用于对未投递成功的快件进行录入和处理。滞留件录入信息写入相应区中心的滞留录入信息文件。再投和退回处理信息写入相应区中心的再投和退回信息文件。

(六) 配送及投递子系统

一般配送集装卸、包装、保管、运输于一身,通过一系列活动完成将货物送达的目的。但是,对于快递企业来说,配送的主体是运输和分拣配货并投递给顾客。分拣配货是配送的独特要求,也是配送中有特点的活动,以送货为目的的运输则是最后实现配送的主要手段。

从经济学资源配置的角度看,配送是以现代送货形式实现资源最终配置的经济活动。配送是资源配置的一部分,是经济体制的一种形式。配送的资源配置作用是"最终配置",因而是接近顾客的配置。接近顾客是经营战略至关重要的内容。配送的主要经济活动是送货,这里面强调的是利用现代的信息技术,科技进步实现"配"和"送"有机结合的一种方式。

配送的实质是送货,但和一般送货有区别。一般送货可以是一种偶然的行为,而配送却是一种固定的形态,甚至是一种有确定组织、确定渠道,有一套装备和管理力量、技术力量,有一套制度的体制形式。所以,配送是高水平送货形式。

配送中心是以组织配送式销售和供应,执行实物配送为主要功能的物流节点。配送中心的建设是基于物流合理化和发展市场两个需要而发展的。配送中心就是从事货物装配(集货、加工、分货、拣选、配货)和组织对用户的送货,以高水平实现供应服务的现代流通设施。

配送中心是一个系统工程。尽管现代物流配送中心正趋向多样化和全面化发展,但构成其核心竞争能力或有助于其获取竞争优势的还是其核心业务,如汇集客户的订单信息、货物的入库、配货、分拣、存储、出库、配送等。配送中心的信息系统模型,也应依照其核心业务流程来进行设计和规划。配送中心的基本作业流程如图5-9所示。

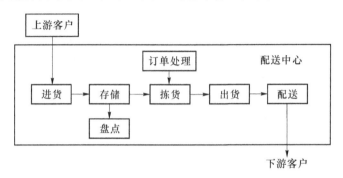

图 5-9 配送中心的基本流程

整个作业过程包括:

1. 进货:进货作业包括把快件做实体上的接收,从货车上将快件卸下,并核对快件的数量及状态(数量检查、品质检查、开箱等),然后记录必要信息或录入计算机。

2. 搬运:将不同形态的快件,在平面或垂直方向加以提起、放下或移动,使快件能适时、适量移至适当的位置或场所存放。在配送中心的每个作业环节都包含着搬运作业。

3. 储存:储存作业的主要任务是把还没有派送的快件暂时保存,储存时要注意充分利用空间,还要注意快件的管理。

4. 盘点:因快件不断地进出库,为了有效了解快件数量,需要对各储存场所进行盘点作业。

5. 订单处理:包括有关客户、订单的资料确认、单据处理以及出货配发等。

6. 拣货:将客户运单或派送单的快件由配送中心中取出集中在一起,此即所谓的拣货作业。拣货作业的目的也就在于正确且迅速的集合顾客的商品。

7. 出货:将分类拣取完成的快件做好出货检查,装入合适的容器,做好标示,根据车辆趟次或地理位置等指示将快件运至出货准备区,最后装车配送。

8. 配送作业:配送是指将用户运单的快件,使用运输工具从配送中心送至顾客手中的活动,也就是投递。

快递业务处理子系统从总体上可分为基本信息查询系统、订单管理系统、运输管理系统、快件跟踪管理系统、配送投递管理系统。通过计算机和互联网,EDI和条形码技术等提高快递业务处理的速度,及时而准确地了解业务运营情况。

四、快递企业管理信息系统

快递企业内部可以建立管理信息系统,通过信息系统,对企业内部的各种资源设备统一规划,以确保资源的最大利用率、系统各部分的协调一致性和高效、低成本地完成企业日常的信息处理业务。通常可以包括财务管理、办公自动化、客户关系管理、商务智能四个部分。

(一) 财务管理子系统

财务管理子系统主要包括账务管理、应收账、应付账工资核算、现金管理、材料、销售核算等企业日常业务。订单管理子系统、配送投递管理子系统及运输管理子系统中也都存在财务核算的功能模块。通常财务管理子系统分成财务管理和成本管理。

财务管理中,成本控制是企业的一项重要工作内容,也是整个系统中的一个重要管理模块。成本管理子系统与库存、销售和财务等子系统密切相关,系统中设置了三种成本类型:标准成本、实际成本和模拟成本。标准成本是基于历史数据的反复测算、分析模拟后确定的;而实际的生产成本是在生产运作过程中随着物流、资金流、事务流等发生相应生成的成本数据;模拟成本是在制定计划或决策时通过分析模拟得出的近似成本。成本管理子系统通过标准成本和实际成本、实际成本和模拟成本等之间的差异来进行生产过程的控制和决策。

成本预算管理就是确定标准成本。标准成本法是预先制定企业生产中各种产品应该发生的各项成本标准,是企业成本控制的目标;同时,成本预算控制还包括成本预算的审核,确保成本预算的准确性和科学性。

成本监控管理就是在企业生产运作过程中,基于标准成本和实际发生的成本,实现成本监控、成本差异调整和偏差纠正措施等成本控制的管理过程。最后的成本核算分析按照差异分析法解释成本差异,分析原因,并明确责任归属,以约束和激励职工在日后的工作中予以改进。

成本管理功能伴随着快递企业的实际物流、资金流、事务流等同步发挥作用。如各项应付及预收账款都是在生产经营过程中形成的,应付账是快递企业在生产经营过程中因购置商品、材料和劳务而发生的各种债务,如应付账款、应付票据、预收账款等;应收账是指快递企业因赊销产品或劳务而形成的应收款项,是快递企业与其他有关单位之间相互提供的信用,根据应付应收账款进行总账的计算。总账是会计核算的核心,通过总账的汇总集合,生成企业的财务报表,包括资产负债表、利润表等。企业通过对这些报表的分析,可以及时汇总企业财务信息,并动态分析、评价财务经营状况。

财务资料管理子系统:审核运单财务信息;录入和确认应收应付款项,包括对客户的应收款收入的确认,和网点间应收派件费、中转费的录入和到付款的确认。对现金应收款可做已收款核销标识。

对于快递企业来说,财务管理子系统主要包括以下功能。

月结客户账单管理:对月结客户可按账期生成月结运费对账单。每个客户账单产生立账的账单编号,并打印规定格式的账单,还可记录账单欠款全额,支持客户欠款的账龄分析和欠款追缴,对月结账单的坏账和折扣进行登记。

网点对账子系统:对网点之间的应收应付款项进行自动对账,可打印对账单,将对账信息导出,对账内容手工维护,包括到付款、中转费、派件费,每种费用可独立对账。

财务报表:网点营业收入日报、月报表、客户月结账单、网点收派明细表、网点结算对账单、网点收入总表。

代收货款管理子系统:支持多种模式的代收货款管理和结算功能。

1. 寄件网点直接与派件网点对账结算;
2. 中心结算模式1:对账余额结算;
3. 中心结算模式2:收付模式(中心代收款手续费自动扣除)可支持非现金方式的银行转账结算,保障资金安全。

网点业务员提成管理:制定业务员的提成策略,可按票数、重量、利润等各种方式进行提成计算,提供相应的提成日报、月报等。包括收件提成统计表、派件提成统计表。

客户报价管理子系统:包括客户通用报价、客户个性报价,支持首续重、公斤段多种方式报价,并能支持录单时自动计算运费。

管道报价管理子系统:可按走货渠道维护结算报价,在录单指定走货渠道,自动计算转运成本。可管理维护分拨中心收中转费、付派件网点派件费、管道转运成本的报价信息。能支持分拨中心审单、扫描时自动计算中转费、派件费。

网点收款管理子系统:可对收款进行登记和核销,可以支持实收自动核销账单欠款功能,并配有相应的收款报表。支持较大网络财务规范收款登记、核销应收款、并出收款报表、核销明细表。

成本分摊及利润管理:对变动成本、固定成本的成本明细进行管理,并支持不同的成本分摊策略,可支持分段成本,可计算毛利率。

中心对账锁定及结算核销:对于网点对账确认后的对账记录可锁定,不能再修改和确认。对于已经支付的费用项,可逐笔费用核销。支持分拨中心有线电子称扫描到件即时收取中转费。

财务管理子系统基本业务功能模块如图5-10所示。

(二) 客户关系管理

如何留住老客户,争取新客户,已经是现代企业经营的重要手段之一。因为市场激烈竞争的结果使得许多商品的品质区别越来越小,产品的同质化倾向越来越强,其结果是品质不再是客户消费选择的唯一标准,越来越多的顾客更加看重商家能否为其提供个性化服务,以及服务的质量和及时程度。为此,客户关系已成为满足这种市场竞争新需求的战略资源。

客户关系管理是以客户为中心,综合多种与客户沟通的手段,如业务现场、呼叫中心、

Web等,同时集成了一系列业务运作规则,包括销售、市场、客户服务与支持等内容的一组软件。主要功能包含客户的基本资料记存、信用管理、交易管理、代付款管理、账单打印。具体的功能有以下几个方面。

查询咨询服务:通过电话、传真、互联网等方式查询运单状态,咨询相关业务;

投诉处理:受理客户对服务的投诉、赔偿要求等;

接受定单:通过电话、传真、互联网等方式接受客户定单委托、预约等;

主动通知服务:客户可以定制服务要求,如货到后通过电话或 E-mail 通知发货方;

客户关系管理:客户的基本资料、历史交易情况、服务约束等;

互联网服务:用 Web 方式提供信息服务、咨询查询、公告、预约等服务。

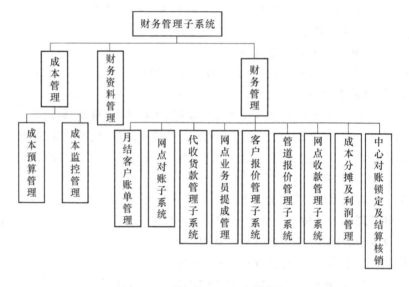

图 5-10 财务管理业务功能模块

(三) 办公自动化

快递企业的办公自动化系统是以办公为目标的办公自动化平台,和其他企业的功能大致相同。办公自动化系统主要包括公文流转、任务计划、档案管理、公司公告、考勤考核、车辆管理等。

(四) 商务智能

也就是以决策为目标的领导决策支持系统,具体包括如下内容。

领导查询:原则上,普通员工能看到的信息领导都可看到,领导桌面的信息可定制;

历史数据分析:用多种直观的方式,如图、表等反映历史交易情况;

客户情况分析:对客户情况做各种分类统计分析,得出有价值的结论;

财务分析:提供应收、应付、各种财务报表等数据;

业绩考核:根据设定的管理指标,实时反映员工业绩情况;

差错分析:对各种差错做定量、定性分析。

五、电子商务应用系统

电子商务应用系统是以互联网为手段的综合电子商务平台。快递企业的分布式、分散式特点决定了互联网对其业务的推动作用将是根本性的,具体来讲可以通过互联网提供以下服务:进行网上下定单、网上物流信息查询、网上支付(与银行联网)、供应商的调度、为大客户提供个性化服务,另外还可以通过互联网进行网上质量反馈、市场调查等,并与各上游服务商通过互联网沟通信息。

从系统构成角度上看,一个电子商务应用系统往往包含以下几部分功能。

(一)商品动态展示和管理功能

将快递服务种类信息、快递服务价格信息、快递服务范围信息、市场动态等及时传递给用户,方便用户查找、查看信息;要提供简单、直观、友好的操作界面;信息管理员能对信息进行管理、审核和发布。

(二)交易功能

用户能在线下单,通过订单将快递信息提交给快递企业,快递企业对订单进行相应的处理后进行收件、配送;用户能查看、修改、撤销订单;同时还需提供一定的网上支付功能以及快递配送确认的功能。

(三)用户/商家管理功能

提供在线注册、确认用户身份、登录、查询、修改、注销等功能;同时用户管理员能对用户进行管理,可以奖励或惩罚,设置用户的信用等,从而保证商务活动的正常有序进行。

(四)在线反馈沟通功能

用户能方便地对快递企业的各种信息或其他事项进行在线询问,客服能在线回复用户的询问,确保信息交流顺畅、及时。

(五)汇总统计功能

可以按照多种条件对相关数据进行统计和汇总,供用户、企业参考。

电子商务应用系统主要包括信息服务、远程办公、支付结算中心、CA认证中心、在线报税报关。该系统为客户提供一个访问企业各种信息资源的入口,可以进行信息查询,信息共享,认证中心提供网络身份认证服务,支付中心为交易的双方提供支付和结算业务的数字化系统工具,在线报关报税功能提供和税务机关和海关等部门的接口。

第四节 平台的系统架构设计

架构一词是舶来品,是 architecture 的中文翻译,其英文的本意是来源于建筑行业的建筑艺术、建筑风格和结构,引入到软件领域后尚未形成一个大家公认的精确、统一的定义。所谓架构设计就是关于如何构建系统的最重要的设计决策,这些决策往往是围绕将系统分为哪些部分、各部分之间如何交互展开的。

一、平台的系统架构概述

快递业电子商务服务平台是一个以程序为基础的网络应用平台。它解决了企业应用过程中系统建设、维护和管理技术要求高、时效性差和费用高等问题,为企业电子化办公、电子商务、信息管理提供了良好的应用管理支持。

(一)架构设计应考虑的因素

1. 平台的功能需求的正确性、完整性。
2. 总体性能强。主要包括内存管理、数据库组织和内容、任务并行性、网络多人操作、与其他系统接口的兼容性对性能的影响。
3. 运行可管理性。主要是便于控制系统运行、错误处理、日志管理,模块间的通信简单。
4. 系统安全可靠。系统能正确运行,满足功能需求,并且当系统出现意外故障时能尽快恢复正常运行,且数据不受破坏。
5. 代码的可管理、可维护、可扩充、可移植性。

系统平台设计应达到的最终目标是系统的可靠性、安全性、可升级性、可定制化、可扩展性、可维护性。

(二)平台的架构设计

电子商务快递服务平台的架构设计可以从两个层面来进行设计,包括逻辑架构、物理架构。

1. 逻辑架构

整个电子商务快递服务平台的逻辑架构可以分成三层框架结构,底层是基础设施平台,是信息传送的载体和用户接入的手段,它包括各种各样的物理传送平台和传送方式;中间是电子商务基础支撑平台,包括 CA(Certificate Authority)认证、支付网关(Payment Gateway)等,电子商务真正的核心是 CA 认证;而第三层就是各种各样的电子商务应用系统,客户服务中心、企业 ERP 数据库系统,电子商务支付平台是各种电子商务应用系统的基础。电子商务系统平台逻辑架构如图 5-11 所示。

应用程序在平台端统一开发,减少了构件维护成本,加快了联机过程;客户机、服务组计算模块与 Web 密切结合,使 Web 系统可以呈现多样化的内容,并可使服务器方便地与各种数据库系统相连。

电子商务快递服务平台将企业内部和外部有机地结合在一起,形成一个统一的企业综合应用管理系统,将企业各种规则的或者不规则的应用系统整合到一个统一的平台下集中应用与管理,以保证企业各种不同类型的应用数据的完整性。另外,电子商务快递服务平台也是一个工具,通过对平台提供的各种中间件的灵活运用,合理搭配,将可以用来搭建企业的各种应用,包括企业的各种电子协作应用,与数据交换相关的各种类型的应用系统。

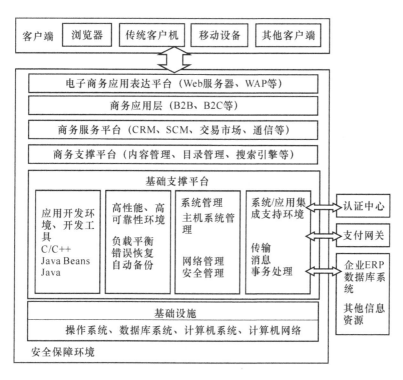

图 5-11 系统平台逻辑架构图

2. 平台的物理架构

平台的物理架构描述的是系统内外网数据之间数据交换的物理架构,如图 5-12 所示。图中的组件都是物理设备,包括文件服务器、数据库服务器、应用服务器、WWW 服务器、路由器、交换机、集线器、各种主机、客户端等。

数据库服务器:可以通过托管方式建立,用于存储所有快件数据,并提供数据备份。

Web 服务器:提供各个快递网点的 Web 访问。

分拣中心:完成中转快件的信息录入。硬件设备包括 PC 和便携式条码采集器。PC 机用于快件查询、系统数据维护及管理、统计分析等。条码采集器用于生产处理过程,实现快件接收处理、封发处理以及 GPRS 数据传输等功能。

大区中心:为了保证操作的可靠性以及查询和数据及时上传的要求,分区中心要配备 PC、条码采集器和交换机。条码采集器主要完成快件的接收、封发出来和数据上传。通过 GPRS 实现数据上传至中心数据库。PC 用于查询和数据传输,若采集器 GPRS 功能发生故障或者移动网络通信不畅,数据无法通过无线网传输,可将采集器中的数据导入 PC,通过交换机连接互联网,将数据上传,保证不影响生产的进行。

一般网点:配备 PC、交换机或 Hub,用于快件信息查询和详情单的录入。

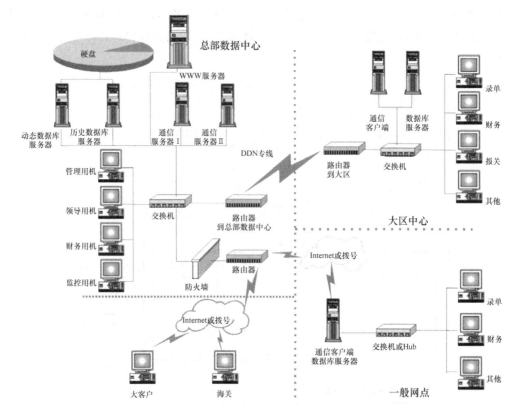

图 5-12 系统平台物理架构图

二、基础设施平台

系统基础设施环境主要是分析外部实体与该商务系统的关系以及联系内容,确定这种联系的具体接口信息;分析系统的运行环境;规划网络基础设施,确定商务系统运行所依赖的网络的基础拓扑构架、地理分布及网络接口等信息;最好确定系统的支付与认证方式的有效性和准确性,从而保证提供一个安全的运行环境。主要包括:操作系统、应用服务器、数据库系统、计算机系统、计算机网络等。

(一)操作系统

由于应用服务器产品均是针对某类网络操作系统设计的,相互之间不具兼容性,而动态网页由应用服务器解释执行,动态网页设计技术由应用服务器决定。因此,电子商务快递服务平台应用环境的建设依赖于所选定的网络操作系统。对于电子商务环境下选择操作系统,通常是建立在一定的网络体系基础之上的,对整个网络系统的各种资源进行协调、管理的软件。通常管理的资源包括:可供其他工作站访问的远程文件系统;服务器系统的内存;多个进程间 CPU 的调度;共享应用程序的加载(装入)和输出;共享网络设备的输入和输出。

在互联网环境下,UNIX、Windows NT/2000/2003、Linux 是三大主流网络操作系统。UNIX 是老资格的网络操作系统,其性能稳定,是许多高档服务器产品的专用操作系统,因而占据了高端产品的市场份额。微软的 Windows 系列和 Linux 则发展迅速。Windows 系列价格适中,使用简单,并随着 Windows 桌面系统的高市场占有率而稳稳占据了中小型企业的市场份额。Linux 则以其开放的源代码和低廉的价格这两大优势异军突起,迅速扩大了客户群体。

在选择网络操作系统时,应从以下几个方面来加以考虑。

1. 符合工业标准和国际标准。只有符合这些标准的网络操作系统才具有发展的潜力,用户才能在今后的技术维护中得到厂商的技术支持和服务。标准化程度越高,与其他的网络系统的兼容性越好。

2. 支持多种网络硬件设备。组成的网络硬件设备是多种多样的,因此,只有能支持多种网络硬件设备的网络操作系统才能实现更广泛的网络互连。

3. 良好的安全性和可靠性。网络安全性是网络性能的重要方面,各种对于网络安全性的威胁,包括外界闯入的恶意攻击、内部人员的恶意破坏、非授权的资料存取、假冒合法用户、病毒等。网络操作系统应能提供有效的用户访问的安全管理机制,并具有病毒防范的能力。另外,网络操作系统还应具有很高的可靠性,保证网络系统的稳定运行。

(二)应用服务器

电子商务快递服务平台是一个多层结构系统,应用软件需要一定的系统软件平台支持,除了操作系统外,还有一个重要的部分就是应用服务器。应用服务器是一个系统软件平台,该软件在操作系统之上将一些通用的、与企业核心商务应用无关的环境和软件包集成在一起,作为一个软件包向开发者提供,这样,在软件包中可以预装部分功能,从而简化用户的接口,减少开发的难度。

从目前应用服务器产品的基本结构看,应用服务器软件包包括两部分,一部分是增强功能的 Web 服务器,另一部分是专门为应用提供服务的应用服务器。这两部分在现有的大多数应用服务器产品中都是合并在一起提供的。目前常用的应用服务器有:Microsoft IIS、WebSphere、WebLogic、Apache 和 Tomcat。

应用服务器的选择可以参考以下几个因素。

1. 性能和技术指标:性能是最关键的因素之一。

2. 可扩展性:可扩展性也是选型的很重要的因素之一。

3. 外部工具的支持:选择应用服务器时,不仅需求考虑应用服务器,同时还应该考虑能够获得的额外的工具或者框架支持。比如 BEA 的 Workshop、Oralcle 的 jDeveloper 等,这些工具能帮助开发人员整合开发环境,写出良好的编码,从而加速开发过程。

4. 独立性:选择合适的应用服务器,这个应用服务器应该具有独立性以及拥有相当的可移植性。应用服务器不应该被绑定在某个特定的数据库或者开发工具上,这限制了用户的选择权利,同时也为将来的移植带来了困难。

5. 价格:价格总数上需要参考系统应用需要最高并发处理多少事物,计算需要多少个 CPU,然后根据每个 CPU 价格再计算价格总数并进行比较。当然售后服务的收费也要考虑。

(三) 数据库管理系统

电子商务快递服务平台对数据存取设备的容量、性能、安全性以及灾难恢复能力方面有更高、更快、更强的要求。数据库是系统平台中不可缺少的核心组成部分。作为电子商务框架的核心,数据库的选取无疑是电子商务平台软件选择中极为关键的一项内容。数据库系统存储管理着企业的业务数据,这些数据来自企业办公自动化平台和各个业务管理系统,通过一定的逻辑模式和权限许可,让有关用户调阅或者组合分析,形成业务管理或者管理决策信息。

对于数据库管理系统的选择,企业可以考虑应用本身的情况来决定。目前能够稳定、可靠运行的大型 SQL 数据库系统产品主要有 IBM 的 DB2、Oracle 的 Oracle 11g、Microsoft 的 SQL Server 7.0、Sun MySQL 的 MySQL 以及 Informix 与 Sybase 的相应产品。

选择数据库管理系统时应从以下几个方面予以考虑:

1. 构造数据库的难易程度。需要分析数据库管理系统有没有范式的要求,即是否必须按照系统所规定的数据模型分析现实世界,建立相应的模型;数据库管理语句是否符合国际标准,符合国际标准则便于系统的维护、开发、移植;有没有面向用户的易用的开发工具;所支持的数据库容量(数据库的容量特性决定了数据库管理系统的使用范围)。

2. 程序开发的难易程度。有无计算机辅助设计工程工具 CASE;有无第四代语言的开发平台;有无面向对象的设计平台;有无对多媒体数据类型的支持。

3. 数据库管理系统的性能分析。包括性能评估(响应时间、数据单位时间吞吐量)、性能监控(内外存使用情况、系统输入/输出速率、SQL 语句的执行、数据库元组控制)、性能管理(参数设定与调整)。

4. 对分布式应用的支持。包括数据透明与网络透明程度。数据透明是指用户在应用中不需指出数据在网络中的什么节点上,数据库管理系统可以自动搜索网络,提取所需数据;网络透明是指用户在应用中无须指出网络所采用的协议,数据库管理系统自动将数据包转换成相应的协议数据。

5. 并行处理能力。支持多 CPU 模式的系统(SMP、CLUSTER、MPP)、负载的分配形式、并行处理的颗粒度和范围。

6. 可移植性和可扩展性。可移植性指垂直扩展和水平扩展能力。垂直扩展要求新平台能够支持低版本的平台,数据库客户机/服务器机制支持集中式管理模式,这样可以保证用户以前的投资和系统不致浪费;水平扩展要求满足硬件上的扩展,支持从单 CPU 模式转换成多 CPU 并行机模式(SMP、CLUSTER、MPP)。

7. 数据完整性约束。数据完整性指数据的正确性和一致性保护,包括实体完整性、参照完整性、复杂的事物规则。

8. 并发控制功能。对于分布式数据库管理系统,并发控制功能是必不可少的。因为它面临的是多任务分布环境,可能会有多个用户点在同一时刻对同一数据进行读或写操作,为了保证数据的一致性,需要数据库管理系统的并发控制功能来完成。

9. 容错功能。指异常情况下对数据的容错处理。评价标准包括硬件的容错、有无磁盘镜像处理功能软件的容错、有无软件方法异常情况的容错功能。

10. 安全性控制。包括安全保密的程度(账户管理、用户权限、网络安全控制、数据约束)。

11. 支持汉字处理能力。包括数据库描述语言的汉字处理能力(表名、域名、数据)和数据库开发工具对汉字的支持能力。

12. 软件厂家的技术服务

13. 经济、可靠、实用。

(四) 计算机网络

任何电子商务平台都是以具体网络为依托的,它必须建立在互联网网络环境之上,通过网络来实现各种商务活动,例如商品信息、网上订单、网上交易等。因此,建立电子商务快递服务平台,必须首先组建一个与互联网相连接的内部网络,也就是企业内部网络系统。

企业内部网又称为 Intranet,是将互联网技术应用于企业或组织内部信息网络的产物,其主要特点是企业信息管理以互联网技术为基础,它是企业内部信息传输的媒介。企业在组建电子商务系统时,应该考虑企业面对的客户是谁,如何采用不同的策略与这些客户进行联系。一般说来,可以将客户分为三个层次并采取相应的策略。对于特别重要的战略合作伙伴,企业允许他们进入企业的 Intranet 系统直接访问有关信息;对于与企业业务相关的合作企业,企业同他们共同建设 Extranet,实现企业之间的信息共享;对普通客户,则可以通过互联网进行联系。

互联网作为一个蕴藏巨大商机的平台,需要有一大批专业化分工者进行相互协作,为企业、组织与消费者在互联网上进行交易提供支持,电子商务服务商就起着这种作用。电子商务服务商主要有以下四种:

1. 接入服务商(Internet Access Provider,IAP),它主要提供互联网通信和线路租借服务。

2. 内容服务提供商(Internet Content Provider,ICP),它主要为企业提供信息内容服务,如财经信息、搜索引擎。

3. 应用服务提供商(Application Service Provider,ASP),它主要为企业、组织建设电子商务系统提供解决方案。

4. 服务提供商(Internet Service Provider,ISP),它主要为企业建立电子商务系统提供全面支持。一般企业、组织与消费者上网时只通过 ISP 接入互联网,由 ISP 向 IAP 租借线路。

所建立的电子商务快递服务平台接入互联网的方式是多种多样的,包括:拨号方式、专线方式、有线电视网接入方式、虚拟主机和主机托管方式等。企业可以根据自身的需求选择不同的电子商务服务商和具体的接入方式。

三、商务基础支撑平台

商务基础支撑平台是信息系统的安全卫士,阻止一切非法、未经授权的闯入,保护企业的商业数据和技术数据。一个功能完整的安全平台要包括网络安全、主机安全、操作系统安全、应用安全和数据安全。系统遵循国家标准和规定,集成应用多种安全技术,为综合管理信息系统构建一个可管理、可监控、可测评的安全屏障。并且,商务基础支撑平台还面向系统性能,侧重于保障系统的运行效率、可靠性和优化,例如动态负载平衡、系统管理维护等。

(一) CA 认证

由于电子商务是用电子方式和企业网络营销推广服务进行商务活动,通常参与各方是互不见面的,因此身份的确认与安全通信变得非常重要,解决方案就是建立中立的、权威的、公正的电子商务认证中心——CA 认证中心,它所承担的角色类似于网络上的"公安局"和"工商局",给个人、企事业单位和政府机构签发数字证书——"网上身份证",用来确认电子商务活动中各自的身份,并通过加解密方法实现网上安全的信息交换与安全交易。

所谓 CA(Certificate Authority)认证中心,是采用 PKI(Public Key Infrastructure)公开密钥基础架构技术,专门提供网络身份认证服务,负责签发和管理数字证书,且具有权威性和公正性的第三方信任机构,它的作用就像我们现实生活中颁发证件的公司,如护照办理机构。

但是,需要强调的是,由于国情的特殊性,CA 认证中心似乎需要政府的授权,但实际上,CA 认证中心只是根据政府机构已签发的身份、资质证明文件进行审核,并没有增加新的内容,实际上是一种更为安全的会员制,因此 CA 认证中心的商业运作性质要大过政府行为,除非以后真正由 CA 认证中心来发放电子身份证、电子营业执照等。

(二) 支付网关

支付网关的角色是信息网与金融网连接的中介,它承担双方的支付信息转换的工作,所解决的关键问题是让传统的封闭的金融网络能够通过网关面向互联网的广大用户,提供安全方便的网上支付功能。

支付网关可确保交易在互联网用户和交易处理商之间安全、无缝的传递,并且无须对原有主机系统进行修改。它可以处理所有互联网支付协议,互联网安全协议,交易交换,信息及协议的转换以及本地授权和结算处理。另外,它还可以通过设置来满足特定交易处理系统的要求。离开了支付网关,网络银行的电子支付功能也就无法实现。

支付网关的主要功能是将互联网传来的数据包解密,并按照银行系统内部的通信协议将数据重新打包;接收银行系统内部传回来的响应消息,将数据转换为互联网传送的数据格式,并对其进行加密。即支付网关主要完成通信、协议转换和数据加解密功能,以保护银行内部网络。

具体地说,银行使用支付网关可以实现以下功能:

1. 配置和安装互联网支付能力;

2. 避免对现有主机系统的修改；
3. 采用直观的用户图形接口进行系统管理；
4. 适应诸如扣账卡、电子支票、电子现金以及微电子支付等电子支付手段；
5. 提供完整的商户支付处理功能，包括授权、数据捕获和结算及对账等；
6. 通过对互联网上交易的报告和跟踪，对网上活动进行监视；
7. 通过采用 RSA 公共密钥加密和 SET 协议，可以确保网络交易的安全性；
8. 使互联网的支付处理过程与当前支付处理商的业务模式相符，确保商户信息管理上的一致性，并为支付处理商进入互联网交易处理提供机会。

（三）公钥基础设施（PKI）

为了保证参与电子商务交易的各个角色身份的真实性和交易的安全性，防止欺诈的发生，人们进行了多年的研究，初步形成了一套完整的电子商务安全解决方案，即公钥基础设施。公钥基础设施（Public Key Infrastructure，PKI），即公钥体系，是一种利用非对称密码算法（即公开密钥算法）原理和技术为电子商务的开展提供一套安全基础平台的技术和规范，它由公开密钥密码技术、数字证书、证书发放机构（CA）和关于公开密钥的安全策略等基本成分共同组成，它是一种遵循标准的利用公钥加密技术为电子商务、电子政务、网上银行和网上证券的开展提供一整套安全保证的基础平台。

一个安全、有效的公钥基础设施系统主要提供认证、数据完整性、数据保密性、不可否认性、公正及时间戳等方面服务，所以它应该具有的功能包括：公钥数字证书的管理、密钥的备份和恢复、证书撤销表的发布和管理、自动管理历史密钥、自动更新密钥、支持交叉认证。

为了完成以上的功能，公钥基础设施系统至少应该由认证中心 CA、证书和证书库、Web 安全通信平台、安全的 WWW 服务器、X.500 目录服务器等几部分组成。在这些组成部分中，认证中心是 PKI 的核心执行机构，是 PKI 的主要组成部分，它是一个交易各方都信任的权威性和公正性的第三方机构。

一个典型、完整、有效的 PKI 应用系统至少应具有以下五个部分：

1. 认证中心 CA

CA 是 PKI 的核心，CA 负责管理 PKI 结构下的所有用户（包括各种应用程序）的证书，把用户的公钥和用户的其他信息捆绑在一起，在网上验证用户的身份，CA 还要负责用户证书的黑名单登记和黑名单发布，后面有 CA 的详细描述。

2. X.500 目录服务器

X.500 目录服务器用于发布用户的证书和黑名单信息，用户可通过标准的 LDAP 协议查询自己或其他人的证书和下载黑名单信息。

3. 具有高强度密码算法（SSL）的安全 WWW 服务器

SSL（Secure Socket Layer）协议最初由 Netscape 企业发展，现已成为网络用来鉴别网站和网页浏览者身份，以及在浏览器使用者及网页服务器之间进行加密通信的全球化标准。

4. Web（安全通信平台）

Web 有 Web Client 和 Web Server 两部分，分别安装在客户端和服务器端，通过具有高强度密码算法的 SSL 协议保证客户端和服务器端数据的机密性、完整性和身份验证。

5. 自开发安全应用系统

自开发安全应用系统是指各行业自开发的各种具体应用系统,例如银行、证券的应用系统等。完整的 PKI 包括认证政策的制定(包括遵循的技术标准、各 CA 之间的上下级或同级关系、安全策略、安全程度、服务对象、管理原则和框架等)、认证规则、运作制度的制定、所涉及的各方法律关系内容以及技术的实现等。

(四)性能优化工具

主要是改善网站服务质量,包括流量管理、动态数据缓存、网络动态负载、知识管理等。

(五)安全服务器

安全服务器是为了保证电子商务系统的数据安全、应用安全和交易安全。

四、商务应用平台

商务应用平台主要为企业的核心商务逻辑提供服务,是综合信息系统的主体,应用平台主要包含了办公自动化平台及加载其上的业务管理系统,例如订单管理、基本信息查询、运输管理、财务管理、客户关系管理等等,以及建立在业务信息基础上的领导决策支持功能。应用平台可以在办公自动化平台上进行动态加载,以满足随着业务发展,业务管理信息化范围增加的需求。

商务应用平台按照具体的应用模块开发出来,各应用模块独立地进行分工合作,各个独立模块具有很强的扩展性。各个应用模块符合企业级的应用规范,采用组件技术进行开发。每个应用组件的运行、策略、事务处理都在应用服务器上,而且相互独立,具有很好的可移植性。商务应用平台接收来自客户端的客户请求,并进行处理,通过应用模块调用数据库数据,驱动进行对数据库的访问,并将最终结果返回给用户。

通常商务应用平台采用分布式的结构设计,可以按照实际需要进行分布式的部署。商务应用平台也是逻辑事务层,各种应用的逻辑都包含在应用模块中。例如查询功能,需要先经过用户身份认证,符合资格的用户才能按照查询的流程完成功能。

商务应用平台要解决两方面的问题,一方面是要方便用户使用系统,另一方面方便用户把系统和桌面办公系统进行集成便于数据交换。由于互联网的强大功能和应用普及,Web 浏览器已经成为所有用户事实上默认的客户端标准配置。通常系统采用 B/S 技术结构,用户通过 Web 浏览器访问服务器,进行相关操作。

另外在设计时还要考虑用户使用习惯,以用户熟悉的文档、表格、图形、图标、影音等方式交换数据和显示数据,以保证用户的工作效率。在使用商务应用平台时,不可避免要通过系统平台进行文件的下载和上传,实现数据交换与展示。为此,系统平台应提供各种文件文本保存、转换功能。

(一)快递企业管理信息系统(ERP)

管理信息系统是一个用系统思想建立起来的,以人为主导的,以计算机硬件、软件、网络通信设备以及其他办公设备为手段,进行信息的收集、传输、加工、储存、更新和维护,支持组织高层决策、中层控制、基层运作的集成化的人机系统。简单来说,管理信息系统是一个由人和计算机等组成的,能进行管理信息的收集、传输、存储、加工、维护和使用的系统。大多数情况下,企业在建设电子商务系统时企业内部已经有了自己的管理信息系统,在这种情况下,企业管理信息系统应该作为电子商务快递服务平台的一个重要组成部分。

不同管理信息系统的功能、目标、特点和服务对象是不同的,所以从层次上它可以分为业务信息系统、管理信息系统和决策支持系统。

根据系统的功能和服务对象不同,管理信息系统可分为国家经济信息系统、企业管理信息系统、事务型管理信息系统、行政机关办公型管理信息系统和专业型管理信息系统等。企业管理信息系统是为了实现企业的整体目标,对管理信息进行系统的、综合的处理,辅助各级管理决策的计算机硬件、软件、通信设备、规章制度及有关人员的统一体。现代企业组织结构复杂,管理工作按职能、决策层次、产品或服务内容以及地域分门别类,管理信息量大、种类繁多,因此,企业管理信息系统是一个规模庞大、结构复杂的大系统。

快递企业管理信息系统是适应当前基于互联网/内联网的信息结构,以网络经济为发展方向,根据现代快递行业的发展特点,开发出广度上和客户相连,深度上具有决策支持功能的信息系统。通常快递企业内部管理信息系统的基本功能包括:基本信息查询、订单管理、运输管理、财务管理、业绩管理、智能决策支持等。通过该信息系统,可以合理配置储存、运输、设备、人力等各种资源,保证快递企业各个环节的有效衔接和高效运转,建成网络化的运作体系,可以规范快递企业的业务流程,减少中间损耗,达到节约成本的目标。

(二) 客户关系管理

客户关系管理(Customer Relationship Management,CRM),主要协调所有的围绕企业和客户联系的企业过程,如销售、服务等,以期达到最佳收益、顾客最满意和留住顾客的目的。理想的 CRM 系统提供从接受订单到货物送达全过程的点对点的所有顾客关心的事项。

其中客户关系管理主要功能是客户服务中心,也称呼叫中心,与传统的呼叫中心的分别在于不但支持电话接入的方式,也能够支持 Web、E-mail、电话和传真等多种接入方式,使得用户的任何疑问都能很快地获得响应与帮助。另外客户关系管理还包括客户的基本资料记存、信用管理、交易管理、代付款管理、账单打印(应收账款明细账)。

(三) 支付结算平台

一个完整的电子商务交易,它的支付也应该是在网上进行的。但由于目前网上交易尚处在演变过程中,诸多问题尚未解决,如信用问题及网上安全问题,因而许多交易并不是完全在网上完成支付的。

(四) 搜索引擎模块

电子商务快递服务平台提供的各类信息非常繁杂,为了方便用户使用,应该根据平台提供服务的特点,开发出一套站内搜索引擎模块,以免用户在信息和服务的海洋中迷失方向。该模块应该具有的功能和特点主要是:在 WWW 方式下,对平台的内容实现实时搜索,搜索速度快、搜索命中率高;可以提供由用户设置的功能等,其中包括关键字精确搜索、模糊搜索、连锁搜索等;可以在后台设置与数据库内容相关联的关键字导航索引,让浏览者方便选择搜索的关键字,完成自动搜索;数据的更新速度与网站的更新速度同步等。

(五) 邮件和消息服务器

邮件服务器是指在服务器硬件安装支持 SMTP/POP3/ESMTP 等标准互联网邮件服务器协议的邮件服务器软件,进行有关的配置和操作,实现在 Internet/Intranet 发送和接收邮件等功能的通信架构。它的主要用途是发送或中转用户发出的电子邮件。

消息服务器由单个代理或一组协同工作的代理(代理群集)组成,用以执行消息路由和传送服务。代理是执行下列任务的一个进程:

1. 验证用户及其想要执行的授权操作。
2. 建立与客户机的通信信道。
3. 从产生者客户机接收消息,然后将消息置于其各自的物理目标中。
4. 将消息路由并传送到一个或多个消费者客户机。
5. 确保传送可靠。
6. 提供用来监视系统性能的数据。

邮件和消息服务器主要是为企业员工、合作伙伴和客户提供商业级的通信架构。

(六) 个性化信息服务

在网络环境下,个性化服务是一种网络信息服务的方式,这种方式的实现主要是根据用户的设定,借助于计算机及网络技术,对信息资源进行收集、整理和分类,向用户提供和推荐相关信息,以满足用户对信息的需求。开展网络个性化服务时提高电子商务快递服务平台服务质量和信息资源使用效益的重要手段,突出了信息服务的主动性,开拓了电子商务快递服务平台信息服务的新思路。从整体上说,个性化服务打破了传统的商业服务模式,能够充分利用网络资源的优势和各种软件支持,主动开展以满足用户个性化需求为目的的全方位服务。

个性化信息服务主要是实时分析用户数据的基础上提供服务,从而对用户行为更好地理解,使得企业能够跟踪、分析、理解用户。

(七) Web 服务器

Web 服务器也称为 WWW(World Wide Web)服务器,主要功能是提供网上信息浏览服务。Web 服务器可以解析 HTTP 协议。当服务器接收到一个 HTTP 申请会返回一个 HTTP 响应,例如送回一个 HTML 页面。为了处理一个请求,Web 服务器可以响应一个静态页面或图片进行页面跳转,或者把动态响应的产生委托给一些其他的程序,例如 CGI 脚本、JSP 脚本、Servlets、ASP 脚本、JavaScript(服务器端),或者一些其他的服务器端技术。无论这些脚本各自的格式如何不同,服务器端的程序通常产生一个 HTML 的响应来让浏览器可以浏览。

在选择 Web 服务器软件时,可以参考以下几个方面。

1. 响应能力。指 Web 服务器对多个用户浏览信息的响应速度。响应速度越快,单位时间内可以支持的访问量就越多,用户单机的响应速度也就越快。

2. 与后端服务器的集成。Web 服务器除直接向用户提供 Web 信息外,还担负服务器集成的任务,这样客户机就只需要一种界面来浏览所有后端服务器的信息。Web 服务器可以说是互联网中的信息中转站,它将不同来源、不同格式的信息转换成统一的格式,供具有同一界面的用户浏览器浏览。

3. 管理的难易程度。Web 服务器的管理包含两种含义,一是管理 Web 服务器,二是利用 Web 界面进行网络管理。

4. 信息开发的难易程度。信息是 Web 服务器的核心,信息是否丰富直接影响 Internet 的性能,信息开发是否简单对 Web 信息是否丰富影响很大。

5. 稳定性。Web 服务器的性能和运行都要非常稳定。

6. 可靠性。如果 Web 服务器经常发生故障,将会产生严重影响。

7. 安全性。这一点可以从两个方面考虑,一是 Web 服务器的机密信息是否泄密,二是要防止黑客的攻击。

8. 与其他系统的搭配。应选择最合适的 Web 平台。一个简单的方法是视 Web 服务器的硬件平台而定。

本 章 小 结

本章介绍了系统平台相关概念,主要包括系统平台的定义、特点、分类、建设基础。在此基础上,阐述了系统平台的开发过程的五个步骤:分别是系统规划、分析、设计、实施、评价与维护,提出电子商务快递服务平台的体系结构,主要分析了业务处理、管理信息系统、应用系统三个功能模块,最后对系统的架构进行了介绍,分别从物理架构和软件架构进行了介绍,让读者对电子商务快递服务平台有一定总体的认识。

思考与练习

1. 电子商务快递服务平台的开发过程包括哪些步骤?
2. 电子商务快递服务平台的可行性研究报告主要包括哪些内容?
3. 在电子商务快递服务平台设计中,对系统运行平台设计的基本原则是什么?
4. 如何实施和发布电子商务快递服务平台?
5. 在电子商务快递服务平台开发过程中,应采取哪些措施提供系统的可维护性?
6. 为什么要对电子商务快递服务平台进行维护?如何进行维护?

第六章 电子商务快递服务运营管理

【内容提要】

本章主要内容:电子商务快递服务的生产运作管理;电子商务快递服务的质量管理与品牌管理;电子商务快递服务的营销管理;电子商务与快递的合作共赢策略。重点是:电子商务快递服务质量指标体系及其应用;电子商务与快递的合作策略。难点是:如何建立电子商务与快递服务之间的合作策略。

第一节 电子商务快递服务的生产运作管理

一、电子商务快递服务系统概述

(一) 电子商务快递服务系统组成要素

快递企业作为独立的生产经营单位,负责组织管理生产经营活动,完成快递营运任务,实现电子商务快递服务。在不断与外界进行业务信息交换的同时,其市场经营行为需要接受邮政监管部门的监督,电子商务快递服务系统及其主要外部环境具体如图 6-1 所示。要从事生产经营活动,必须具备一定的生产条件,拥有特定的快递生产要素,电子商务快递服务系统的生产要素主要包括以下内容。

1. 快件

即快递活动的操作对象,包括各类信件和包裹。

2. 人员

快递从业人员,包括业务人员、生产人员、技术人员、服务人员、管理人员和其他人员。

3. 资金

包括固定资金、流动资金等。

4. 设备

即开展电子商务快递活动的劳动工具,包括网点、设施、场地、设备、生产工具、生产辅助材料和能源等。

5. 规程

即电子商务快递系统全网统一的作业规则、作业方法和作业程序,快递企业下属分公司必须依照执行。

6. 时间

即快递企业的时间资源。

7. 管理

即快递企业的管理手段,包括企业管理体制、管理方法、管理措施和规则制度等。

8. 信息

即在快递企业生产和经营管理活动中收集、生成的各种信息,包括各种相关的政策、法律、法令、规章制度、市场信息、业务数据和竞争情报等。

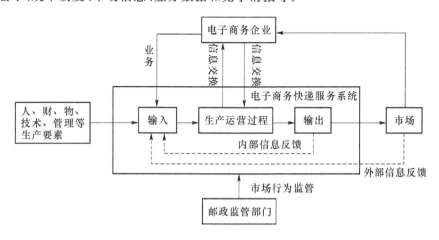

图 6-1 电子商务快递服务系统与外部环境

(二)电子商务快递服务系统结构

电子商务快递服务系统的组织就是要对快递企业的各项生产要素进行优化组合,使之形成特定的生产经营体系,具有相应的生产经营能力,构成合理的快递企业生产过程。电子商务快递服务系统主要包括以下五个部分,如图 6-2 所示。

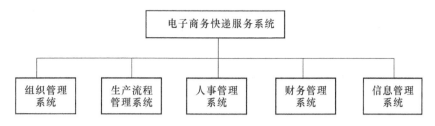

图 6-2 电子商务快递服务系统结构

1. 组织管理系统

快递网络组织是所有网点公司赖以生存的基础,是网点发展的根本保证,网络组织运转的健康与否将直接关系到所有网点公司的经济利益。为使整个快递网络的管理更趋合理,网络运营更稳健,同时也为了更好地保证大多数网点公司的利益,需要建立严格的组织管理制度,对下属各部门进行统一的管理和规范。

2. 生产流程管理系统

生产流程是快递企业在全网作业规程即作业处理规则的约束下，对快件进行处理和传递的生产方法、生产程序和生产安排，是快件、人员、设备、时间、资金、管理、信息等各项快递生产要素相互结合的产物。合理的生产流程应使快件的处理手续最少、处理速度最快、处理方式最合理、空间运动距离最短、生产效率最高，以实现最好的经济效益。按服务功能具体又分为基本信息查询、订单管理、运输管理、仓储管理、配送管理和商务应用管理六个模块，具体参见第五章电子商务快递服务平台。

3. 人事管理系统

电子商务快递服务活动的整个流程都离不开人员的参与，因此，在整个生产过程中必然涉及到人事的管理，包括人员招聘、培训、调配、使用、工资、福利、奖惩及教育等一系列人事活动，对人的管理也显得尤为关键。快递行业是一个人员流动性非常强的行业，无论是从事快件揽收派发的底层员工，还是负责企业营运、系统规划的高层管理者，都可能出现频繁的调整和变化。对于这一企业中最复杂也最活跃的因素，如何建立有效的领导和激励机制、规范岗位职责，是快递企业管理者面临的共同问题。合理的人事管理制度是快递企业高效运转的根本保证。

4. 财务管理系统

在电子商务快递服务系统中，伴随着生产流程，有资费的收取、上缴、结算、回收、分配、使用、耗费以及获得资金成果等资金流动过程。由于资金运动往往以货币的形式反映了快递的生产经营情况，反映了快递企业系统的效率和效益，因此，加强企业内部财务的监督和管理是提高快递企业经营管理水平的重要手段之一。电子商务快递服务系统的财务结算需要结合电子商务企业财务结算的要求，设计合理规范的资金转移交付方法、流程和制度。

5. 信息管理系统

电子商务快递服务系统区别于传统快递系统的重要特征是信息流在整个生产运作和经营管理活动中所起到的更为突出的指导、调度、控制、优化和监督功能。对其他要素的管理以信息管理为基础，包含了伴随企业生产经营活动产生的一切外部和内部信息，既有自上而下的任务下达，也有自下而上的情况汇总，其中相当一部分数据涉及与外部电子商务企业的数据交换。不夸张地说，电子商务环境下快递企业的全部生产、经营和管理活动都是通过信息的收集、处理、传输和控制来完成的。

（三）电子商务快递服务生产组织的任务

在一般工业企业中，生产过程是指劳动者使用一定的劳动工具，按照一定的作业程序作用于劳动对象，使之转变成特定产品的过程。电子商务快递服务生产不同于一般工业企业的生产，它不直接生产实物产品，而是通过处理和传递快件，为社会提供电子商务配送服务。因此，这里的生产过程是指快递人员使用一定的快递设备，按照特定的生产程序处理和传递快件的过程。

快递企业需要根据电子商务快递服务的特征，对各类快件的处理和传递过程进行一系列的生产安排，其具体内容包括：

1. 根据用户需求和企业生产条件，合理布置服务网点；

2. 选择适宜的地点建立快件转运及分拣中心,并围绕转运分拣中心为中心组织规划企业范围内的递送路线,使之形成连接各转运中心和服务网点的合理网络体系,并与干线递送线路相衔接;

3. 根据快递企业的规模大小和生产专业化程度,设置企业内部的组织结构和生产单位,并对各组织的职能和生产单位的场地设施等进行总体规划布局;

4. 根据快递企业自身的具体情况和条件,合理选用生产技术和设备,优化企业生产流程,组织相应合理的作业程序;

5. 合理分配企业内部阶段作业时限,核定和安排内部生产单位间和各道工序间在作业量、处理能力和作业时间等方面的相互衔接和配合,作好生产过程在时间方面的组织;

6. 预测各类快递业务,掌握其变化规律,并在此基础上根据各个环节生产作业的特点和劳动组织的基本原则,采取不同的作业组织形式;

7. 编制和执行全网综合作业计划和网点作业计划,通过统一而灵活的指挥调度,保证在规定的网内阶段作业时限内完成生产任务。

二、组织管理

目前我国快递企业的经营主体主要包括国营、民营及外资三大类,国营和外资企业的组织结构大多属于集中式统一管理,而民营快递则大致可分为直营模式、加盟模式及混合模式(即采用部分直营、部分加盟相结合的形式)三种,直营模式在组织管理上相对简单,这里不做讨论,下面主要针对在经营中涉及加盟形式的快递企业的组织管理进行讨论。

快递服务的根本是网络,没有覆盖面广的网络,快递业务将裹足不前。随着民营快递企业在国内的高速成长,快递加盟模式在国内市场走出了一条符合目前中国国情的扩张道路。相比国营快递公司与跨国快递公司,作为资金实力不够雄厚却又需要扩张网络占领市场的民营快递公司而言,加盟制投资少、扩张快的优势,为他们打开了一扇充满希望的窗。到目前为止,申通、圆通、天天等国内主要借助加盟力量进行扩张的快递公司,其网络规模都在1 200个网点以上,覆盖全国各省,地级市以上的城市覆盖率达到了70%以上。加盟制独立经营、自行承担营运成本的模式促使加盟网络不断地优胜劣汰、推陈出新,展现出了强大的生命力。但加盟制的缺点也很明显,就是总公司对加盟公司的管理控制力度较小,在发展中容易出现各自为政的被动局面。其结果是,特许加盟模式的企业架构以各自利益为中心,难以建立标准化体系,而这也正是导致低端服务过剩,一体化经营无法实现的根本原因。

为确保加盟的分公司与分公司之间、分公司与直营机构间保持良好的协调与合作关系,需制定明确、系统的组织管理制度。具体应包括:网络加盟制度、转让制度、退出关停制度、各下属机构和加盟店职责、奖惩制度、协调制度及反馈制度等。其中网络加盟制度是快递企业发展扩张的基本制度,对包括加盟条件、加盟相关要求、加盟流程、加盟网店应尽职责和享受权益等在内的具体要求作出规定;转让、退出关停制度则对加盟网点的出让、停运的具体流程和要求等相关问题做出规定;奖惩制度和协调制度则主要用于公司内部的激励监督和部门之间的协调沟通。快递企业组织大致包括:分拨转运中心、直营/加盟网点、IT技术部、人力资源部、财务部、客服部,其各部分的主要职能如下。

（一）加盟网点

其核心职能在于保证网络正常运转，完成快件的揽收派送等日常基本工作。此外，还需要建立和健全各类信息档案的编制、管理及保存工作，定期进行业务分析，加强管理，不断提高服务质量。

（二）分拨转运中心

分拨中心通常属非经营性单位，由公司总部直接管理，不参与以盈利为目的的快件揽收及相关业务活动，主要负责做好各网络成员之间的业务协调工作，确保快件中转的正常运行。分拨中转中心应具备操作、协调和管理三大功能，负责总部运营中心的领导，遵守公司各项规章制度；合理利用分拨场地，组织安排操作，确保主、支干线及航线的正常发出；完成本分拨中心的收费及结算工作；及时按总部的要求上报经营情况，确保各项数据的准确性。

（三）IT部门

为确保各网点网络信息系统的通畅，IT部门需要做好系统的维护和管理工作，确保系统的正常运行，主要包括IT维护和IT开发两部分。其中IT维护为全国各网点公司提供日常软件、硬件及网络等故障的处理和培训，物流相关设备的测试、推广和培训，分拨中心维护，总部办公大楼局域网、计算机、电话及线路的维护，计算机及相关物流设备的维修。IT开发则主要负责外部网站及内部网站的建设与维护，网站一般程序的开发，VIP客户的项目开发和维护，同时根据行业发展的要求，开发适合行业运作、客户要求且管理方便的程序。

（四）财务部

主要负责总公司与下属各部间的业务成本和利润核算、资金结算等，包括总公司与各网点、网点与分拨中心、分拨中心与分拨中心等之间的对账结算等，并负责向IT部门提供快递业务和费用相关的各种数据。

（五）客服部

作为服务性行业，快递公司主要以为用户提供优质的实物递送服务赢得市场，客服部则主要负责对客户及其需求进行跟踪，帮助企业获取客户，赢得市场，包括客户咨询、客户投诉、客户查询、客户理赔和客户回访等各个方面。

快递企业的生产经营活动是不同专职、不同技能、不同工种员工的组合劳动，一次完整成功的快递活动是在不同岗位的快递人员的密切配合下协作完成的，高效的生产运作活动需要以结构、数量合理的人员分配为前提。快递作业的生产流程在人员及岗位配置上大致可分为收派员、仓管员、客户服务代表、信息管理员和驾驶员五类。

收派员是整个业务流程中与客户交流最为频繁的岗位，也是快递公司的形象代表，主要负责按照公司要求，安全、快捷、准确地为客户提供上门收送快件服务。收件时，首先由客服代表将客户的寄件消息发送到收派员的手持终端上，收派员根据地址到客户处上门收取快件，并带回点部派件。派件时，则由仓管员将快件交给收派员，收派员根据快件运单上的地址将快件送到客户手中,派件完成后将签收信息反馈回公司业务系统。除做好收派工作外,收派员的职责还包括:做好客户快件的运输及包装工作,确保客户快件不受损失;负责及时回收散单货款和月结款项,并在规定的时间内如数上缴财务入账;维护公司在客户心中的良好声誉,确保公司利益不受侵害;负责客户的开发和维护工作;负责帮带新同事等。

收派员将快件收取回来交至分拨转运中心后主要交由仓管员处理,仓管员主要负责做好出入仓库快件的交接、验收和分拣等工作。仓管员的工作烦琐而零散,要求对每个收派员的服务区域和分部的各项操作环节非常熟悉,且具备一定的计算机应用知识。其具体职责主要包括:对进出港快件的分拣,建解包、笼操作;对快件进行"巴枪"扫描,解封车操作,并对相关信息进行登记;做好分部内物料的管理工作,滞留件等异常快件的登记、上报、跟踪和处理工作;做好快件质量、包装及重量核对的检查工作等。

客户服务代表是客户与公司间的纽带和联络人,主要通过履行岗位职责,处理各种客户问题,兑现"一站式"解决问题的服务承诺。

信息管理员主要负责公司信息系统的管理和维护,是维持企业技术系统正常运转的关键环节。

驾驶员主要负责短距离快件的运输工作,并认真完成车辆的登记统计工作。

三、运作流程管理

快递业务的整个操作流程,需要所属网点及各部门的共同配合、密切协作和连续作业方能完成。为确保快递质量、使各操作环节都遵循统一的标准和要求,需严格执行规范化的运作流程制度,加强全网络营运的正常工作,实现全网络各分拨中心统一的操作标准。

快件递送大致可分为快件揽收、快件中转运输和快件派送三个环节,其具体业务运作流程如图 6-3 所示。其中收寄网点以到户揽收和窗口交寄两种形式接收寄件人的快件,在网点内通过分拣扫描完成同城件的投递派送工作,异地件则交由转运中心,同时将订单数据上传客户服务系统;转运中心负责通过干线运输将快件送至派送网点,并完成扫描以保证数据同步更新;派送网点再按规定将快件送达收件人并将签收结果上传核实。

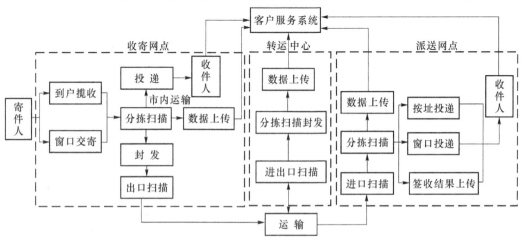

图 6-3 快递业务动作流程图

(一)快件揽收

快件揽收,作为业务流程的第一个环节,需要做好以下几方面的工作。首先,为加强揽件的安全管理,业务员首先应该确保收寄的文件和物品符合国家法律法规,负责快件的验收和确认工作,严格执行揽件验视,对客户递交的快件应100%当面验视内件,对确认为国家规定的禁寄物品一律不予收寄,并视情况向有关部门通报。其次,揽收员在揽收快件时应确认派送网点是否在公司网络服务范围内。再次,揽收员应帮助或引导客户按规定详细、完整、如实地填写详情单,对寄递物品进行封装,严格计重收款并将数据扫描上传,扫描的数据主要包括揽收员编号、揽收城市、派送城市及扫描时间等。最后,揽收网点按区分拣并打包,再对包进行建包扫描和发出扫描并上传数据。具体流程如图6-4所示。

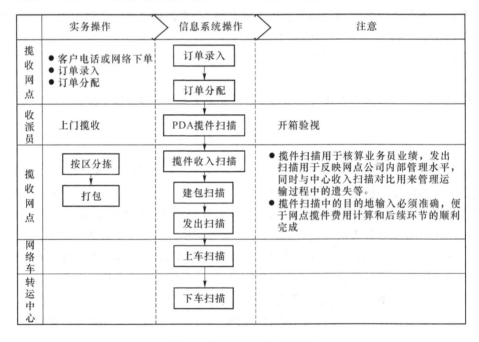

图6-4 揽收发件模块流程图

基于电子商务的快递服务平台的快件揽收,客户可以直接在网上实现电子下单,快递企业可以通过平台上的数据显示,直接和客户联系,进行快件上门揽收,以及缴费等活动。

(二)快件中转运输

快件从发件人到收件人中间需要经过若干次网络中转运输操作,中转运输是完成快件寄递的核心环节,也是决定快件能否及时安全送达的关键,其具体操作及信息流程如图6-5所示。

网络运输又分为干线运输、支线运输和辅助线运输,干线运输是网络运输的基础,承担网络的主要运输任务;支线运输由各网点自行组合,是网络运输的重要组成部分;辅助线运输则是由网点自己运营的部分,灵活性较高。运输过程中驾驶员和押运员需具有强烈的责任心和使命感,认真、及时、安全地完成运输任务,并配合转运中心工作人员做好上、卸货的扫描工作,保证快件准确、完整,并有处理突发情况的应变措施。

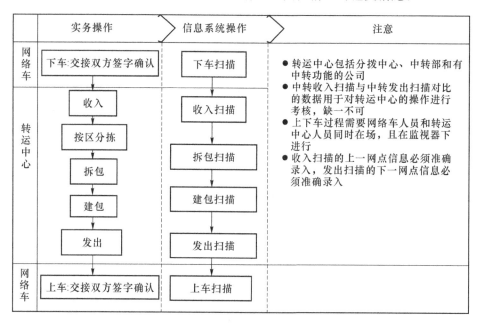

图 6-5　分拨转运中心进出口模块流程图

各转运中心及网点需要严格按照快件的中转管理制度完成快件的中转操作。网点按规定准时将已分拣归类的快件送至指定的转运中心中转,并按照转运中心的有关规定操作交接,为了控制摔货并对转运中心进行监督,加强对快件的保障,网点需派工作人员对转运中心的装卸车操作进行监督,并完成交接扫描。转运中心严格执行扫描上车的操作制度,逐票出库上车扫描,上车完毕按规范上锁封签,并及时上传中转信息。

基于电子商务的快递服务平台的快件中转,各转运中心可以在网上进行快件查询,在货物还没到达之前就可以安排相关的运输服务,到达后,完成分拣归类,并实时上传快件的信息,便于客户随时的快件查询以及企业自身的运作管理分析。

(三) 快件的派送

快件派送是整个快件处理流程的最后一个环节,对快件全程时限完成情况起着重要作用,各派送网点必须严格按照快件派送的要求认真操作,保障快件准确送达。派送具体可以分为用户自提和派送员派送两种,其具体操作及信息流程如图 6-6 所示。快件到达派送网点公司后,首先对到达的快件作包条码的拆包扫描和单件面单条码扫描,并检查打包有无破损、错发现象,保证包的完整、正确。拆包后的快件按派送区域归类分拣,逐份称重做派送扫描给派送员派送,派送员按照规范的派送程序操作,根据收件人需求,配合其开箱验视,做好记录并与客户当场确认,派件网点无条件接受客户的开箱验视工作。各网点至少保证对快件提供两次免费派送,派送完成后将派送回单进行签收上传与核对,以确保快件最终安全、及时、周到、快捷地送达收件人手中。未送达或因故无法签收的,需在扫描系统的未送达原因中进行说明。

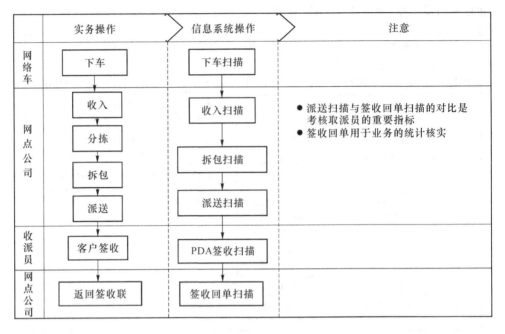

图 6-6　派件模块流程图

基于电子商务的快递服务平台的快件派送,网点公司可以在网上进行快件查询,在货物还没到达之前就可以对相关的人员进行派送安排,到达后,完成拆包后就可以进行派送,从而节约派送时间。

四、信息管理

工欲善其事,必先利其器,将先进的信息管理技术和系统应用到快递业务操作和服务中,是电子商务环境下快递企业取得成功的根本要素。信息管理好比快递公司的"神经中枢",信息系统的优劣常常决定着服务水平的高下。在硬件设施相差无几的今天,快递公司之间的竞争更主要地体现在数据流程设计、信息管理水平等软实力的较量上。快递信息管理技术已经不仅仅是快递的工具和辅助,它已经从后台走向前台,代表了快递企业的核心竞争力,并成为提升服务和管理的发动机,越来越多的企业通过互联网连接,成为大规模的虚拟企业。

快递企业的信息管理需要体现出鲜明的行业特色。针对快递行业网点分布广泛、数量众多、每日快件量和中转量庞大等业务特点,其信息管理系统以实际运作快捷简易为原则、先进的应用技术为保证、雄厚的硬件资源为基础,要求涉及传统行业和增值服务行业等多个领域。其主要职能表现在:加强网络系统运行的稳定性,保证网络系统数据的安全性,提升网络系统的反应速度,及时研发快递信息管理软件,整合并解决作业应用系统的兼容问题。其主要功能包括下列几个方面[①]。

---

① 李力谋,乔燊. 快递实务[M]. 北京:中国商务出版社,2005.

（一）基本信息管理

主要用于完成系统相关信息的维护和设置，包括：系统初始化相关工作、常见信息的维护、数据库的备份和恢复。同时对系统通用参数进行设置，包括：员工档案管理、员工权限管理、公司组织管理、客户档案管理和供应商管理等。

（二）运单管理

1. 运单录入

对客户运单的信息维护，包括：运单编号、货品编号、接收人、运单类型、付款信息、付款人、配送方式、付款方式、发票或支票号的信息录入。

2. 运单查询

为操作员或客户查询某一票件的具体信息而设置，包括：快件当前状态、揽件日期、揽件人、代收金额、操作员、派送员及派送日期等。

3. 文件接收

为用户提供的原始数据接口，从用户原来已有的数据文件中，把运单信息直接存储在数据库中，无须使用者多做其他操作。

（三）在线服务

提供在线客户服务的信息平台，采用 B/S 结构，以 Web 方式对外发布的系统接口。客户可通过互联网进行下单、结算、查询和对账等业务操作，有效增强了对客户的服务能力，同时提供一个接受客户反馈、与客户进行互动交流的沟通平台。此外，快件公司内部也可通过网络对业务进行查询和统计。

（四）车辆调度管理

应用 GIS/GPS 技术对运输线路的总体优化管理。对车辆在途时进行有效监控，已知需要运输的几个点，在矢量地图的基础上采用数学方法计算多点之间的最短距离。以车辆行驶的最小距离或最小费用来运输所有货物，有效克服车辆在途时的运输盲点，实现对货运成本的有效控制。

按需求查看现有车辆的忙闲状态，合理调配资源。包括从车辆编号查询当前车辆位置以及当前运输货物，或从快递编号查询所承运车辆以及随车物资。

（五）生产作业管理

包括快件处理中日常的生产调度和生产信息的统计维护。其中生产调度对揽件、取件、派送信息进行统计和监控，包括对分拣结果、人车调度、派送结果、收款信息、客户回执等信息的管理。生产信息统计则主要对包括产品档案、入库、出库和库存统计等在内的库存信息和揽收、取件、派送工作量等在内的日常业务量信息进行统计。针对每个服务站点和每个业务员的工作量分别作出统计汇总，并以此作为财务核算的依据。此外，还有按日按月或任意时段进行表单设置等。

上述的信息管理功能在电子商务快递服务平台下实现是很容易的,因为在快递企业运作的各个活动中,都会产生各种不同的快递服务信息,我们只需要对于平台中的各类信息进行分类、整理、分析、统计,就可以得到各种信息及决策。

第二节　电子商务快递服务的质量及品牌管理

中国的消费和服务市场已逐步进入品牌消费,在品牌消费时代,是否注重企业服务质量的管理,能否培育并塑造出知名品牌,将决定快递企业在市场上的竞争力。加强质量管理和品牌建设已成为时代的要求,也是电子商务环境下快递企业现代化和成熟程度的重要标志。

一、电子商务快递服务质量概述

(一) 电子商务快递服务质量的含义及构成

电子商务快递服务质量是指电子商务活动中实物商品快递配送环节的整体服务质量,是电子商务企业与快递企业相互配合、共同作用的结果。具体表现为电子商务平台的服务质量和实物递送的服务质量,有关电子商务平台的服务质量在第一章第三节中已有论述,这里的电子商务快递服务质量将主要讨论电子商务活动中所涉及的实物商品快递配送的服务质量。

在实际操作过程中,电子商务快递服务质量表现为产品质量、服务水平质量和工作质量三方面综合作用的结果。

1. 产品质量[①]

产品质量是指快递企业递送有益效用的使用价值所具备的可能满足社会对快递需要的那种自然属性,客观地反映快递产品在生产过程方面的质量。

(1) 时效性

快件的投递应有规定的时限,不应超出快递服务组织承诺的服务时限,并且要尽可能地缩短传递过程的时间,不积压、不拖延。这里的时限是指从快递员揽收快件起到派送完成的最大总时长,具体受每阶段作业时长的影响。快件递送若超过一定的时限标准,其使用价值会大大降低,甚至变得毫无价值。如要求当日送达的生日蛋糕,因快递公司的延误没有及时送达,会给用户带来很大影响,快递公司也会因此信誉扫地。

(2) 准确性

所谓准确性要求是指快递服务组织应将快件按用户委托的要求准确地投递到约定的收件地址和收件人,在快件的递送过程中要保持原有物品完好无损,主要考核快件传递过程中的准确程度。传递准确无误,是对快递质量最基本的要求,不过,在实际生产工作中,面对各种业务,各个环节都有可能发生差错。

---

① 吴洪,黄秀清. 通信经济学[M]. 北京:北京邮电大学出版社,2003.

(3) 安全性

所谓安全性要求是指在快件的传递过程中,要保持信息内容的完整和快递的完好无损,做到不丢失、不损毁、不失密,这一指标事关用户的切身利益。主要包括:快件不应对国家、组织和公民的安全构成危害;快递服务组织应通过各种安全措施保护快件和服务人员的安全,在向顾客提供服务时不应给对方造成危害;除依法配合国家安全和公安等机关需要外,快递服务组织不应泄露和挪用寄件人、收件人和快件的相关信息。

(4) 多样性

所谓多样性是指快递企业所能提供快递服务的业务种类。

2. 服务水平

所谓服务水平是指快递企业生产的快递产品满足用户递送需求的程度,反映快递企业的组织与服务水平,主要体现在:快递企业在网点、设备和人员等方面的组织水平以及用户对快递服务工作的评价。

(1) 方便性

方便性指快递服务组织在设置服务场所、安排营业时间、提供上门服务等方面应便于为顾客服务。

(2) 可感知性

可感知性指快递服务人员的着装和仪表、服务态度、服务设施设备、促销资料等有形证据。

(3) 反应性

反应性指快递服务人员愿意帮助用户,为用户提供及时、有效的服务。

(4) 保证性

保证性指快递服务人员的技能和礼节能使用户产生信任感。

(5) 移情性

移情性指快递服务人员设身处地为用户着想,关心用户,为用户提供个性化的服务。

3. 工作质量

工作质量是指快递企业的技术工作、组织工作和管理工作对达到产品质量和服务质量标准的保证程度,是快递企业用来衡量一些不与用户直接接触的、属于企业内部工作人员工作的、职能部门负责人管理工作质量的指标。快递工作质量对快递活动整个过程的产品质量和服务水平都会产生影响。为了确保快件在规定时间内交付到收件人手中,快递企业可以把全程时限分解为内部各服务环节的工作时限指标。全程时限直接反映产品质量,而阶段作业时限则是指快件传递过程中某一阶段的作业时限,是全程运递时限的基础。只有有一套准确的阶段作业时限指标,才会有准确的全程运递时限。

目前,不少快递企业还没有对工作质量建立具体的考核指标,只是通过总结工作取得的成效和发生的问题来进行衡量和评价,或是从企业的产品质量和服务水平来间接反映。为了促进和提高快递服务工作,应当建立内部的监督检查保证指标。此外,对于保证快递技术设备和运送工具正常运转的技术工作和组织工作,建立相应的考核指标也很有必要。

(二) 电子商务快递服务质量评价指标体系

根据之前对电子商务快递服务质量的分析,同时参照《快递服务标准》和《快递市场管理办法》,我们可以给出电子商务快递服务质量评价的具体指标体系,如表6-1所示。

表6-1 电子商务快递服务质量评价指标体系

一级指标	一级指标	二级指标	指标说明
产品质量	时效性	递送时限	各类快递产品约定的最大送达时限
产品质量	时效性	延误率	超出最大送达时限送达的比例
产品质量	时效性	延误时间	超出最大送达时限的时间
产品质量	准确性	差错率	递送出错的比例
产品质量	安全性	遗失率	遗失件控制在万分之一(快递企业在承诺的查询期限内不能准确答复消费者的视为丢失)
产品质量	安全性	损毁率	快件损毁的比例
产品质量	多样性	业务种类	快递产品及服务的种类
产品质量	经济性	收费合理	收费与计价方式的合理性、运费与计价方式的弹性
服务水平	方便性	网点分布	网点分布密度、地点选择合理性
服务水平	方便性	寄件或收件程序的便利性	寄件或收件流程设置
服务水平	方便性	付款方式的方便性	付款方式的多样性,付款流程的设置
服务水平	方便性	追踪查询方便性	提供网络、电话、短信、信件等多种查询方式
服务水平	方便性	揽收、投递频次	各类产品每天的平均揽收、投递次数
服务水平	方便性	平均等待时间	接受各项服务的平均等待时长
服务水平	可感知性	营业场所	具有固定的、易识别的营业场所,有组织标识
服务水平	可感知性	服务承诺	应制定服务承诺,并对外公布
服务水平	可感知性	收寄封装规定	应有禁限寄规定、封装规定和收寄快件的验视制度
服务水平	可感知性	着装标识	揽收和投递人员应着标志服、佩带工号牌,专用运载车辆应整洁、具有企业标识
服务水平	可感知性	价目表明确	具有明确的服务产品价目表
服务水平	可感知性	服务态度	服务过程中使用礼貌用语
服务水平	可感知性	出具凭证	揽收人员收快件后应给寄件人出具票据、凭证
服务水平	可感知性	电子称合格	网点电子秤具有合格证
服务水平	反应性	揽收及时性	揽收人员应在约定的时间内及时上门服务
服务水平	反应性	客服应答及时性	工作时间内服务受理电话或线上呼叫(QQ或旺旺)应做到在1分钟内接通、受理人员应答
服务水平	反应性	查询及时性	应按照承诺时限答复消费者查询
服务水平	反应性	对抱怨的处理态度	响应及时,态度亲切,耐心
服务水平	反应性	遗失或毁损的处理态度	响应及时,态度亲切,耐心,及时解决问题
服务水平	反应性	应急能力	应对突发情况的能力
服务水平	保证性	业务素质	揽收和投递人员应熟练掌握业务
服务水平	保证性	投诉处理	设有专门的投诉处理制度、机构、设施和人员,设置多种投诉渠道,同时随时保证渠道畅通
服务水平	保证性	遗失或毁损的赔偿方式	快递企业应按照承诺的赔偿标准、期限进行赔偿
服务水平	保证性	查询应答	回答查询内容应清楚、完整、确定
服务水平	保证性	损毁处理	快件部分或全部损毁时立即按程序交接和承担责任
服务水平	移情性	投递落实	收件人原因未妥投时,应电话联系收件人或留下领件通知单
服务水平	移情性	破损验视	快递投诉人员应满足收件人的破损快件当面验视要求

续表

一级指标	二级指标	指标说明
工作质量	作业场所	具有封闭、面积适宜的作业场所、配备监控设备和消防设施
	频次	分拣封发频次、发运频次、快件交接频次、城乡投递频次
	生产技术管理水平	具体流程的操作规范、问题处理办法
	快递网络整体功能的发挥	各网络、部门间相互协调、配合
	时限	开箱时限、市内转趟时限、出口与进口件处理时限、车站码头机场的交接、核点和装卸时限等
	设备的运行要求	包括生产设备和信息系统,定期跟踪检查

二、电子商务快递服务质量管理的意义及难点

(一)电子商务快递服务质量管理的意义

作为构成现代生产生活流通的基础要素,电子商务快递服务影响着人们生活的方方面面,随着电子商务配送业务在整个快递业务中的比重稳步上升,并逐渐成为民营快递行业的核心业务,提高电子商务快递服务质量对快递行业本身乃至整个社会都有着非常重要的意义。

1. 电子商务服务质量是提高社会效益和企业效益的重要条件

一方面,提高电子商务快递服务的质量将为整个社会带来直接或间接的物质财富和精神财富;另一方面,快递产品质量的提高同时也给企业自身带来巨大的经济效益。

2. 电子商务服务质量是提高快递企业竞争能力的重要保证

要想在激烈的市场竞争中取胜,就要不断提高电子商务快递服务的质量,快递企业只能以质量开拓市场,以质量巩固市场。

3. 电子商务服务质量是实现快递企业不断发展的杠杆

通信质量是企业的生命,确保并提高电子商务快递通信质量会使企业充满生机,经营充满活力,社会信誉日益提高,企业也会不断向前发展。

4. 从快递行业外部经营环境看,确保电子商务服务质量有着其特殊的现实意义

我国邮政通信管理体制已在政企分开、打破垄断和引入竞争这三个方面迈出了实质性的改革步伐,新形势下快递市场的开拓和发展要靠服务质量的提升。

(二)电子商务快递服务质量管理的特点及难点

1. 电子商务快递服务质量管理的特点

由于电子商务快递服务的特殊性,电子商务快递服务质量管理主要体现出以下特点。

(1)电子商务快递服务质量管理是全员性管理

快递是一个完整的工作系统,具有全程全网、联网作业的特点,各级快递组织和广大快递员工必须牢固树立全程全网观点和质量第一的思想,全心全意保证各自岗位的服务

质量。因此,各级快递组织要组织广大员工努力学习,增强事业心、责任感和质量意识,认真执行各项规章制度,提高业务水平。各级管理人员和生产人员都要对自己负责范围内的服务质量做到心中有数,管理有效。各级管理部门要切实提高管理水平,用各自的工作质量来保证全程全网的通信质量。

(2) 电子商务快递服务质量管理是全过程的管理

快件的处理和传递由多个生产环节、多道处理手续构成。电子商务快递服务质量管理必须贯彻到收寄、分拣、封发、运输和投递的全过程和全部作业中去执行。一个环节的质量问题都会使前面各工序的工作前功尽弃、使后边各工序的工作失去意义,这不仅造成了无效劳动的浪费,也会影响快件的传递速度,给用户造成精神和物质上的损失,损害用户的利益。

(3) 电子商务快递服务质量管理是预防性管理

由于快递具有生产过程与消费过程密不可分的特点,因此,电子商务快递服务质量管理必须坚持预防为主,严格控制,及时发现和避免任何可能出现的质量问题。

(4) 电子商务快递服务质量管理并非完全由快递企业所掌控

由于受资金及其他因素的影响,目前国内绝大部分快递公司都不具备完整运作国内长途递送运输工具的能力,通常都需要借助于铁路运输部门和航空公司的力量,因此,其服务质量也受相关承运单位服务质量的影响。因此,更需要快递企业做好相互间的沟通协调工作,确保快递服务的最终质量。

2. 电子商务快递服务质量管理的难点

服务质量比产品质量更难管理,这是由于服务比有形产品有更多难以把握、难以标准化的特性,此外,一项服务的组成部分远比产品的组成部分更多且更容易为用户所注意。

一般来说,用户更易于记住服务过程中最令他不满意的因素,而且比令他满意的因素印象更深刻;因此,对服务的高满意度评价特别难得到。如果某项服务有十条服务判断标准,对每条标准1%的差错率就会导致11%的用户有不同程度的不满意;如果差错率为5%,不满意的用户会上升至41%,其所采用的不满意率公式为:

不满意率=100%-(满意的用户/全部用户)x(其中 x 为该项服务的服务判断标准数)

其中,"满意的用户"是指在被服务过程中没有遭遇差错的用户,可以认为这样的用户即满意的用户。根据这些例子我们发现,影响服务质量的因素越多,出错的可能性就越大,令用户不满意的风险也就越大。快递服务由多个部门协助完成,是若干环节综合作用的结果,而中间环节越多,影响服务质量的因素也就越多。尤其是某些干线运输环节由航空公司或铁路运输部门代为完成,不在快递公司控制范围之内,这也是造成快递企业难以对快递服务完全实施全方位监控和管理的原因之一。

与用户接触时间的长短也是影响差错率的直接因素,时间越长,令用户不满意的可能性越大。服务具有暂时存在的特点,人们不能够"维修"服务质量,而只能"补救"。但差错一旦发生,服务的那一时刻已经过去了无法重新来过,唯一的解决办法是预料可能出现的差错并采取防范措施。当差错产生了再采取补救措施时,企业服务质量的声誉已经在一定程度上受到了影响。

三、电子商务快递服务质量管理策略

(一)感知服务质量管理

1. 感知服务质量模型

感知服务质量,是 1982 年瑞典著名服务市场营销学专家克·格鲁诺斯在"顾客感知服务质量模型"中提出的概念。该模型认为,顾客对服务质量的评价过程实际上是对其接受服务的实际感觉与接受服务前的心理预期进行比较的结果,若实际感受满足甚至超出了顾客期望,则感知质量就是满意的,若期望未能实现,即使客观的实际质量较好,顾客的可感知质量仍然是不满意的。

如图 6-7 所示,用户对服务质量的期望受企业的市场沟通活动、市场形象、其他用户的口头宣传、用户的需要和愿望等一系列因素的影响。服务企业可控制广告、推销等市场沟通活动,却无法直接控制用户的口头宣传和企业的市场形象。尽管企业可以通过市场沟通活动影响在用户心目中的形象和用户口头宣传,但用户主要还是根据自己从前在服务企业接受服务的实际经历向亲友介绍服务情况,并形成、加强或改变自己对企业形象的看法。此外,用户的需要和愿望也会对他们的期望产生重大影响。

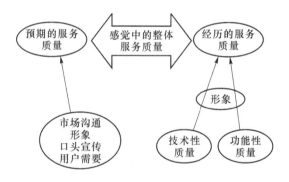

图 6-7 感知服务质量模型

2. 服务质量差距分析

服务质量低劣归根结底在于企业对服务特殊的属性不够了解,在服务过程中没有很好地结合服务质量的特点加以改善。企业需要分析并理解是否存在以及为什么存在质量问题的实际原因,具体可以通过控制服务工作中的四种差距达到改善服务质量的目的。

图 6-8 说明了服务质量差距形成的原因,有助于快递管理人员理解如何改进服务质量。

差距 1:管理者对用户期望的认识与用户期望之间的差距,这个差距指管理者对期望质量的感觉不准确。产生的原因可能有如下三点。

(1)对用户的需求不够重视,没有采取具体的调查分析措施;

(2)对用户需求的调研分析方法或具体调研实施不够科学有效,导致所获得的信息不够准确;

(3)因调研结果传递系统不够保真,或组织层次障碍,以至于用户反馈传递到管理者时失真。

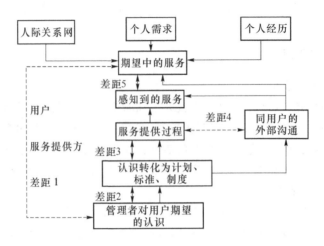

图 6-8　服务质量差距产生的原因

差距 2：有关服务的计划、标准或制度与管理者的认识不一致。产生的原因可能有如下两点。

（1）有关用户信息的重要性没有被充分认识到，并未将其作为优先因素在制定具体计划、标准、制度时加以考虑；

（2）有关制定工作不够全面细致和充分，尤其对一些重复性的非技术性服务往往没有制订出具体标准。

差距 3：服务的具体实施与服务标准之间的差距。产生的原因可能有如下两点。

（1）员工缺乏正确实施服务的能力和素质；

（2）员工对自己的角色没有明确认识，或对用户的需要和自身任务没有正确的理解，遇到某些问题时不能做出果断决策；

（3）相关监督控制体系不够完善，导致服务管理混乱；

（4）工作条件不具备，其他员工不能提供很好的支持或缺乏必要的系统或技术设备。

差距 4：对外宣传中所做承诺与实际服务之间存在差距。产生的原因可能有如下两点。

（1）用户服务部等负责对外宣传的部门和具体服务部门之间缺乏沟通，不了解服务提供的实际情况；

（2）对过分承诺可能带来的消极影响没有预料，为追求短期效益故意夸大其词。

差距 5：经历的服务与期望的服务不一致。该差距的产生是前述各种差距中一个或多个的组合，往往导致很多消极后果，尤其是消极的质量评价和口碑，影响企业信誉。

以上差距分析模型有助于指导快递企业管理者发现引发质量问题的根源，并寻找适当的消除差距的措施。

（二）电子商务快递服务质量管理规划

电子商务用户感觉中的服务质量不仅与服务结果有关，而且与服务过程有关，要提高用户感觉中的整体服务质量，企业管理人员必须做好服务质量的管理规划工作，确定为用户提供哪些服务以及如何提供这些服务，以便采用恰当的服务策略应对日趋白热化的竞争。

对消费者而言，网上的商品大多大同小异，价格也相差无几，通常促使消费者到哪家网站购买的直接因素就是其服务质量的好坏，而网购的服务质量很大程度上取决于物流服务的质量。质量实践有助于提高客户的满意度和忠诚度，降低管理成本，提高产能，从而创造利润。

1. 用户期望管理计划

外部的营销与促销活动不应当孤立进行，应当与内部的服务能力和服务资源有机结合起来，使企业所作出的承诺能够顺利实现；否则质量隐患总会存在，各计划之间的协调性也无法保证。因此，快递企业对其电子商务配送业务的外部营销与宣传也应当是整个质量规划中的一个有机组成部分。

2. 服务结果管理计划

电子商务快递服务由于其出现时间相对较短，用户群发展迅速，且呈现多样化趋势，随之出现的用户需求也复杂多变。电子商务快递配送服务过程的结果是用户总的服务体验的有机组成部分，快递企业应及时了解市场动态，深入调研不同细分市场的用户需求，保证服务生产的结果与界定的服务概念相互协调，以满足用户的特殊要求。

3. 内部营销计划

功能质量对于用户优异感知服务质量的形成、对于创建企业的竞争优势，都具有极其重要的意义。决定电子商务快递服务功能质量的要素主要由与用户接触的快递员工的真诚、服务的弹性和强烈的服务观念所决定，与用户接触的员工的能力和为用户服务愿望对服务功能质量水平也起到重要作用。所以，企业的员工，尤其是与用户接触的员工、管理者和其他各类人员都必须纳入到内部营销的范畴，首先成为服务提供者内部市场中的客户。持续有效的内部营销工作，是质量管理规划至关重要的组成部分。

4. 有形环境（服务环境组合）和有形资源管理计划

企业通常会根据内部效率的标准来对有形资源、技术、计算机服务系统等作出规划，但管理者对这些系统的失败给外部环境造成的影响却考虑得很少。必须明确的是，这些要素会对用户感知服务质量的形成有相当大的影响，因此，应当纳入整个服务质量规划之中。

5. 信息技术管理计划

在接受电子商务快递服务的过程中，用户对快递信息系统的利用频率越来越高。例如，用户常常利用电子商务网站跟踪商品的物流情况，或是直接登录快递公司网站查询运单详情。这些变化都对快递企业的信息技术支持系统提出了更高的要求，服务提供者必须建立起能够满足用户需要的信息技术系统，并使其成为服务质量管理流程中的一个有机组成部分。

6. 用户参与管理计划

电子商务快递服务的提供者还应当培训用户如何接受服务，以获得满意的服务结果。如果用户对服务流程一无所知，不了解电子商务快递服务的规定和标准，不知道如何接受服务,或者是不愿意按照服务提供者的建议来接受服务,那么,服务过程将会是失败的。应当避免由于部分用户对服务流程不熟悉所造成的排队现象。同时,要将个别用户对服务不满意而形成的消极影响从用户群中剔除出去。

(三) 电子商务快递服务质量管理的主体及策略分析

1. 电子商务快递服务质量管理的主体

电子商务快递服务作为快递业务的一种,主要用于实现实物商品在不同空间中的传递转移过程;同时作为电子商务的主要物流配送形式,又是完成一次完整的电子商务活动不可或缺的有机组成部分。电子商务快递服务的特殊性,使得对其服务质量进行监督管理的主体也具有特殊性,作为一种限时递送服务,快递公司负责电子商务快递业务的直接实施及监管,作为电子商务活动的末端配送环节,服务质量同时也受电子商务交易平台的监督。为了实现提升电子商务快递服务质量这一共同目标,快递企业与电子商务企业如何在服务质量管理的问题上统一认识、相互协调、有效衔接,携手构建一个合理高效的电子商务快递服务质量管理体系,就成为双方迫切需要解决的问题。不同监督主体将从不同的角度对电子商务快递服务活动提出不同的质量认定标准及相应的管理策略。

(1) 快递企业

电子商务快递服务质量的直接监管主体,主要负责组织快递生产活动。随着网络经济的发展和电子商务市场的繁荣,电子商务快递配送已成为快递公司的主要业务增长点和重要的利润来源,快递企业应根据线上业务的特点及不同细分市场用户的需求制定相应的服务质量管理标准,同时跟踪在线用户的需求,动态调整具体的服务质量标准及措施。

(2) 电子商务企业

作为电子商务活动的主要参与方,电子商务企业在整个交易活动中往往扮演着至关重要的角色。从搭建网上交易平台吸引买卖双方参与交易,到提供支付接口完成支付,再到最后监督物流配送,电子商务企业都全程参与并保障其顺利完成。尤其是在C2C交易模式中,由于卖家非常分散,相对于快递公司话语权较弱,因此对物流活动的监督行为大多由作为第三方的电子商务中介平台代为行使。电子商务企业代表了电子商务快递市场中由无数网商构成的供方。因此,电子商务企业的职责,除担任交易中介外,更重要的在于维持在线市场的正常交易秩序,其中包括对电子商务的快递配送环节进行二次监管。

2. 快递企业的电子商务快递服务质量管理策略

(1) 严格执行各项业务规章制度,加强作业现场管理

建立规范文明的快递作业秩序,杜绝质量隐患。处理、储存快件的场地,要根据条件尽量做到封闭作业;中间休息和下班后对存放快件的场所要予以封闭或派专人看管;对暂时存放在机场、码头的快件,设专人看管,减少因快件遗失、损毁带来的客户投诉。

(2) 加强网点建设,增加服务频次

为了进一步接近客户,很多快递公司都在积极地进行网点下沉,进一步在二、三线城市布局。为了对接淘宝,圆通网点建设的路径与淘宝网网商分布尽可能地做到吻合;申通则把进社区、进学校提上了重要日程,为方便上班族寄取快件,还在社区周围开设了营业

点。此外,为进一步服务提速和增强便利性,增加频次也是策略之一。频次是指在一定时间内发生的主要操作环节的作业次数,主要包括揽收频次、派送频次等。一般而言,频次越多,质量越好。但也要考虑经济上的合理性,频次过多会造成企业本身资源的浪费。

(3) 加快技术标准制定,利用先进的技术提升业务操作能力

先进的信息技术是现代快递服务的有力支撑,高效、便捷的自动化设备和数据实时流转的信息系统可以大大提升快件揽收、封装、分拣、转运、派送的效率,缩短送达时限,增强服务的便利性和灵活性,增加用户的满意度。以 DHL 为例,DHL 为在全球网络内推行统一的作业标准化管理项目(TSP),建立了 TSP 考核认证制度,要求各口岸作业中心限期达标。作为现代化国际快递的作业管理项目,它从作业环境、作业流程、服务体系、信息系统等方面入手,对数百个作业环节制定了严格的量化技术标准,并以现场实际考核为审计依据,使 DHL 全球物流质量与效率得以全面提升。

(4) 建立明确的质量责任制度和奖惩制度

横向上,各个生产作业环节要划清责任段落,明确质量要求,规定检查把关措施,做到有问题能及时找到责任者。纵向上,从生产人员到分公司经理,对出了问题谁负责任要作出明确规定,把通信质量的直接责任同管理责任紧密结合起来。积极发挥质量管理岗位、监控岗位的作用,变事后监督为事前、事中控制,及时发现通信质量和服务管理中的薄弱环节,采取切实有效的措施,将问题解决在萌芽状态。定期进行质量考核,不定期进行质量抽查。考核方式可分为三种:一是组织层面,定期发通报在全公司进行批评和表扬;二是经济方式,在各级经营承包责任人的得分中扣减质量得分;三是奖惩方式,定期奖励质量先进部门和个人。对质量数据上报不实或弄虚作假者,要根据情节轻重给主管负责人以行政处分和经济处罚。

(5) 加强用户沟通,建立质量信息反馈系统

企业领导要抓好三个质量信息源:查询及快件赔偿反映的情况、检查人员发现的问题、用户的投诉(包括网上投诉、电子商务中介监督和电话投诉)。要规定各种信息搜集的方法和反馈制度,并指定专人分析研究,以便定期提出改善质量的措施。快递质量的监督检查和信息反馈建立在质量数据的统计之上,快递质量数据统计上报,快件损失、快件时限逾限、快件处理不合规格等数据由各级部门逐级上报,同时从电子商务中介获取网上申诉数据,及时掌握来自中介和用户等多方的反馈信息。

(6) 加强员工培训,提升人员素质

快递业务作为终端物流服务,快递人员要直接面对面地与客户打交道,快递人员综合素质的高低对企业开拓新客户、巩固老客户无疑是至关重要的。重视提高快递人员的素质,加大对员工培训的投入,在对员工的培训上力求从品德、仪表到对客户说话的语气甚至走路速度等都形成相应的规范。

3. 电子商务企业的电子商务快递服务质量管理策略

(1) 建立快递企业考评机制,严格甄选推荐物流供应商

电子商务企业作为整个电子商务交易的中介方,有责任监督整个交易活动的顺利完成。为保证成交商品能在最短的时间内从卖方递送到买方手中,同时又尽可能为买方节约物流成本,提高物流服务的满意度,电子商务企业在为发货方推荐物流供应商时,应建

立严格的考评机制,对快递物流企业进行认真甄选,以确保买卖双方的利益。

(2) 组织制定电子商务快递物流服务质量标准

针对物流配送这一交易过程中问题最多、投诉最频繁的环节,电子商务企业应负责牵头组织买卖双方和快递企业共同参与制定电子商务快递服务质量标准。在充分调研发货方和收货方服务需求的基础上,结合快递公司的业务实际,对双方的意见进行协调沟通,最后确立既能让用户满意又切实可行的服务质量标准,包括送货时限、包装形式及遗失件理赔等具体问题的处理。

(3) 建立明确的责任界定标准和奖惩制度

行使监督管理职能的前提是建立明确的责任界定标准。电子商务由于其交易范围广、交易对象构成复杂,随之而来的问题也是五花八门。电子商务企业需要在尽可能全面地分析问题的基础上,对责任范围进行界定,并制定严格的奖惩制度。对于不达标的快递企业,可限制其线上接单或实施经济惩罚;对不合作的发货方,则可以暂停其线上交易或列入黑名单。

(4) 建立并维护物流服务数据库

作为物流供应方和需求方的协调者和监督者,电子商务平台除对推荐物流供应商的基本信息及评价、投诉等信息进行一一记录外,还有责任记录在平台上所有完成交易的实物配送信息,保存并维护物流服务的相关细节信息,并以此作为评价快递公司或责任界定的依据。

(5) 加强交易各方的相互沟通

电子商务快递是虚拟与现实的结合部,电子商务中介有责任承担起交易各方桥梁的角色,促进发件方、收件方以及快递公司之间的交流和沟通,及时发现问题、解决问题,以保证电子商务快递服务的顺利完成。

四、快递企业的品牌管理

(一) 快递企业的品牌信誉观

品牌是资本价值的核心,作为国内电子商务物流配送提供商的快递企业是否也意识到了品牌信誉对企业未来发展的重要性,从公司对外宣传的网站上可以找到一些参考。通过对目前国内主要快递企业对外宣传的企业文化的调研发现,其中大多对服务质量从不同角度进行了阐释,部分快递企业也或多或少地涉及了品牌、信誉、价值、理念等关键词,部分领先的快递企业还策划开展了以品牌提升为目的的主题活动。2007年邮政EMS开展了EMS品牌文化内容征集活动,2009年7月申通举办了以"珍惜快件维护品牌"为主题的培训活动。但总体感觉近年来国内民营快递忙于应对电子商务迅速增长带来的市场扩张,争夺的焦点放在了如何拓展网络、抢占市场,而对企业品牌信誉的重视程度显然不够,提出的口号和理念也较为模糊,未能给人留下较深的印象,仅有天天快递在公司宣传的企业文化中提到了构建良好信誉而必须具备的社会责任。

此前,阿里巴巴集团于2009年7月9日到8月14日对1万多位网商进行的调研显示,网商对快递公司的服务已经到了相当重视的程度,91%的网商认为快递公司提供的服务会影响到客户对自己商品或店铺的满意度。此外,网上商家也开始越来越理解物流在电子商务中的重要地位,意识到物流公司送货员的举止和态度就代表着网站的形象和品牌。以运动鞋、潮流休闲鞋为主的垂直电子商务网站乐淘族(letaozu.com)就表示,目前国内物流参差不齐的送货方式和服务态度无法满足对品牌珍惜和看重的优秀 B2C 公司的需求,因此乐淘族不会为了降低配送成本而选择没有保障的小快递公司。为了保证货品质量和消费者的满意度,乐淘族选择了信誉度较高的配送公司,以充分保障货品运送中的安全。无独有偶,亚洲最大的网络零售商淘宝网在与推荐物流的合作中推出了"网货物流推荐指数",用以评价快递公司的信誉,消费者可以根据"信用度"来选择快递公司,而那些"信用差"快递公司将会面临被淘汰的考验。

(二)构建快递企业品牌的四个阶段

品牌构建鼓励企业通过改变自身的行为方式来提高信誉,深化现有的信誉管理模式,改变只重沟通、不重内容的较低层次的工作方式。图 6-9 揭示了获得良好信誉的公关因素。这是一个不断完善的过程,要求企业对自身的现状和未来进行正确的评估,并为实现自己的目标找出正确的方法,包括对信誉进行有效保护,做些改变使企业被用户所关注;采用有建设性的方式给人留下深刻印象等。具体实施可分为四个阶段,如表 6-2 所示。

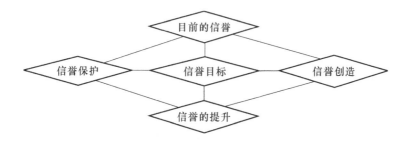

图 6-9 公共关系组合要素

表 6-2 信誉构建的四个阶段[①]

公共关系组合要素	信誉构建阶段
信誉评价	制订信誉构建计划
信誉保护	保证信誉安全
信誉提升	结构性优势
信誉创造	持续完善

阶段一:制订信誉构建计划。企业信誉评价通常需要考虑三个方面:公司信誉、同行信誉和品牌信誉。其中公司信誉是指作为一个企业或组织所拥有的信誉,主要包括产品或服务、工作环境、财务绩效和社会责任感等;同行信誉是指在企业所处特定行业或运作领域中的信誉,主要包括合理的价格、服务的连续性和稳定性;品牌信誉是指人们对于企

---

① 克里斯·杰纳斯.赢取信誉:如何成为优秀的公关专家[M].宋庆云,杨桦,译.北京:人民邮电出版社,2003.

业所提供的服务或是所持观点的看法,主要包括产品创新性、是否服务于地方经济、新市场开拓等。利益相关团体与组织信誉的要素之间存在着一致性,因此,对快递企业进行信誉管理时,必须用一种整体的、全盘的方法来理解和管理企业信誉的各个方面。

阶段二:保证信誉安全。快递企业在经营过程中面临着方方面面的问题,实行完整的信誉风险评估很重要。来自外部环境的影响和内部缺陷都有可能导致企业的名誉风险,例如快递到客户手上的月饼被发现被人咬了两口或少了两个,这极有可能威胁到企业的信誉,因为这会吸引媒体和公众的目光。对此,快递企业需要对可能出现的风险提前做好准备,包括预计可能出现的问题及如何做出合理的解释。

阶段三:结构性优势。在现有信誉基础上,做好全方位的提升工作。具体包括着手收集成功的公关案例并存档,记录成功活动的细节,以便在整个企业中传播使用或是被应用在其他地方进行推广。

阶段四:持续完善。信誉管理是一个动态发展、不断完善的过程,快递企业的信誉管理策略应随着电子商务市场环境的改变和竞争对手的变化及时作出调整,以应对可能出现的信誉风险。

信誉是在现实生活中逐步积累获得的,对于企业成功也越来越重要。从事商业活动,良好的信誉是不可或缺的前提条件,更是企业的另外一种营业执照。快递企业应该以一种透明的、足够吸引人的方式来表现自己,提高影响力,仅仅在社会中存在是远远不够的,它还必须成为社会的一部分并且在社会生活中起到积极的作用。

(三) 打造快递企业的在线品牌

在与电子商务企业的合作中,快递企业进行信誉管理的同时,还急需打造在线品牌,进一步提升企业在电子商务环境下的品牌价值。

1. 在线品牌的特征

(1) 在线品牌是一种承诺,所以服务比产品更重要

媒体的互动能力使在线品牌更容易递送他们的承诺,快速、可信、更具回报价值。这意味着快递企业的承诺必须被转化成特定的互动功能和网络设计特征,共同为客户提供严密的知识经验。这一设计特征,可能是一次点击下单的良好体验,也有可能是在线客服的亲切问候。

(2) 在线品牌是一种忠诚,所以网站实用性比点击率更重要

当前拥挤的互联网市场上,仅仅吸引用户的眼球是不够的,更重要的是让尽量多的眼球尽量长时间地"黏"在自己的网上,对快递企业则意味着更强的实用性和可用性。简洁大方的设计风格、清晰明了的导航指南、周到贴心的细节设计不仅为用户节省大量时间,系统设计的合理性、数据传递的便捷性甚至可以帮用户减少填写发运单的工作量,从而节约成本。

(3) 在线品牌是以消费者为导向的,所以个性化比大众化更重要。

(4) 在线品牌是一种沟通,所以互动比单向更重要。

(5) 在线品牌是竞争力的结果,所以第一比第二更重要。

2. 在线品牌培育策略

(1) 建立独特的品牌文化与品牌个性

随着市场竞争愈加激烈,层次不断提高,品牌之间的竞争已经变成一种文化的竞争、理念的竞争。因此,快递企业要想在电子商务市场的争夺中取胜,首先要确定独特的品牌文化与品牌个性。

(2) 全面的服务质量管理

品牌首先向公众承诺的是保持并不断改善的服务质量,是服务内在品质的外在表现。对于快递服务品牌来说,质量控制是关键,要做到这一点必须从服务员工、有形设施和服务流程三方面入手。

(3) 建立在线信誉评价系统,实施差异化信誉管理

信誉管理的好坏对快递企业的影响非常微妙和复杂,越是个性化的社会,对信誉专业化管理要求的水平就越高,快递企业需要寻求分散目标用户的承认和接受。面对电子商务环境下日益差异化的用户需求,对不同的目标用户必须采用不同的信誉管理方法,实施在线信誉管理。好的信誉可以帮助企业建立良好的信用记录,最终给企业带来与其信誉相匹配的发展空间。

(4) 塑造服务企业的品牌形象

品牌形象可以帮助消费者认识不同品牌之间的差异,方便购买决策。因此,对于快递企业来说,向消费者传达一种明确、稳定的品牌形象是建立市场竞争优势和取得品牌成功的关键,品牌形象成为关系到企业品牌建设成效的一个核心要素,主要包括品牌形象策划和品牌传播策略。

2009年6月18日宁波海关率先推出了针对信誉良好的AA/A类企业的"专窗审放"与"实时审放"服务,即凡是印有代表良好信誉的"AA/A类企业"的企业报关单都可以在第一时间"插队"审放,享受海关的"VIP服务",此举在增强企业参评的积极性、提升企业信誉上起到了很大的推动作用。快递企业在经历快件递送的"红海"拼杀后,必将把重点放在增值服务的"蓝海"开拓上,海关的这一举措,无疑再一次提醒了作为报关代理的快递公司,构建良好的品牌信誉对企业未来发展的重要意义。

第三节 电子商务快递服务的营销管理

一、电子商务快递服务营销概述

(一) 营销的基本理论

营销作为一种计划及执行活动,其过程包括一个产品、一项服务或一种思想的开发制作、定价、促销和流通等活动,其目的是经由交换及交易的过程达到满足组织或个人的需求目标。随着市场的发展,营销理论也不断发展,具体体现在营销策略的变化上,先后经历了从4P到4C,再到4R、4V的发展。

1. 4P 策略

其本质是让营销过程理性化,以便于更好地操控营销行为,包括产品(Production)、价格(Price)、地点(Place)和促销手段(Promotion)。

2. 4C 策略

强调企业首先应该把追求顾客满意放在第一位,包括消费者(Customer)、成本(Cost)、便利性(Convenience)和沟通(Communication)。

3. 4R 策略

即与顾客建立关联(Reliance)、提高市场反应速度(Response)、运用关系营销(Relationship)、回报是营销的源泉(Reward)。

4. 4V 策略

即差异化(Variation)、功能化(Versatility)、附加价值(Value)、共鸣(Vibration)。

(二) 电子商务快递服务营销的特点

快递的本质是提供递送服务,快递行业也属于服务业的范畴,因此电子商务快递营销属于服务营销,区别于制造业的产品营销,有着自身的特点。严格来说,两者之间存在较大的差别。

产品营销观念是以产品为导向,企业的营销活动是围绕市场需求来做的,虽然也重视产品的售后服务,但通常只是将售后服务看作是产品销售后的维修工作,做好售后服务也是为了推销出更多的产品。

服务营销观念以服务为导向,企业营销的是服务,电子商务快递服务是快递企业从快件揽收、分拣、运输,到广告宣传、快件查询、投诉处理、财务管理及系统维护等各个部门的事,甚至是每一位员工的事。售后服务也不是成本消耗部门,快递服务在经过每一个环节时都被赋予了新的增值。在服务营销观念下,快递企业关心的不仅是快件最终是否递送成功,更看重的是用户在享受快递企业通过高效衔接、严格管理所提供的递送服务的全过程感受。因此企业将更积极、主动地关注用户体验、用户满意度和用户反馈等信息并及时反馈到相关环节,以便提供满足甚至超出用户预期的优质服务。实际上给用户留下的良好体验将使企业与用户建立长久、良好的客户关系,为企业积累宝贵的用户资源。

此外,电子商务快递市场营销的一个重要特点,就是快递企业所提供的物流服务的质量水平并不完全由企业本身所决定,而同顾客的感受有很大的关系。即使被企业自认为是符合高标准的质量,也可能不为顾客所喜爱和接受。

(三) 电子商务快递服务营销现状

1. 跨国快递企业营销现状

跨国快递企业进入中国的时间都不算长,在我国快递业务的争夺也主要集中在国际快递市场,目前 DHL、TNT、UPS 和 FedEx 等跨国快递公司在我国国际快递市场的份额合计已达到了 90%。同时,各外资快递巨头也在通过并购民营企业等方式抢占网内资源,以此扩大其在中国的快递业务。2005 年 TNT 获得华宇物流 100% 的股权,UPS 以 1 亿美元收购中外运合资公司 50% 的股权,FedEx 斥资 4 亿美元收购大田集团。国际快递企业在国际快递业务上的最大优势之一就是国外的客户和渠道,进入中国后也非常注重其品牌的宣传,运用各种促销方式,加强公共和社会公益活动赞助,努力提高品牌知名度,尤其是近年来四大国际快递在国内投放的大量广告让人印象深刻。

央视作为国内知名企业最希望投放广告的传播媒介之一,其传播效果和对业绩的促进作用在广告业内久负盛名,甚至已经成为衡量是否全国知名企业的参照标准。近年来外资快递的广告投入均在千万元级别,四大国际快递2006年在央视的广告投入近8 000万元,是国内快递广告投入(1 500万元)的5.3倍,两者投入相当悬殊,如不是EMS的独力支撑,差距还会更大,具体如表6-3所示。央视广告只是品牌建设与传播的手段之一,品牌的传播还包括电视、报纸、杂志及广播等其他宣传方式。四大国际快递在中国的广告宣传如同演戏,一出接一出,除在央视投放广告外,在户外广告、移动媒体(公交车移动电视)广告和车身广告等方面都不遗余力,其宣传资料在环渤海、珠三角和长三角地区铺天盖地、随处可见。以上海为例,FedEx和UPS还唱起了"二人转",上海静安寺附近的墙面上是UPS大幅奥运广告,UPS广告斜对面的高架桥上则是FedEx巨幅限时服务宣传广告,桥下是印有FedEx广告语"不仅是递送包裹,更是在递送承诺"的车体广告。DHL作为2006年世界杯赞助商,在央视平台上以新闻资讯作为广告内容载体,短平快的新闻信息传递与快递的概念配合得天衣无缝,起到了良好的营销效果。

表6-3 2006年各快递公司在央视的广告投入 （单位:万元）

快递企业	广告投入金额	快递企业	广告投入金额
EMS	1 300	民航快递有限责任公司	51
UPS	780	圆通速递	12
DHL	3 500	申通快递有限公司	16
FedEx	2 400	佳吉快运	117

四大快递中,又以FedEx的营销最具代表性。FedEx自1999年10月起就在国内推出了业内首个简体中文网站,翻开了国内快递市场在线营销的第一页;2005年与中国羽毛球队建立合作,成为其2006年至2008年期间的主赞助商;2006年在央视投入广告达2 400万元;其他一些传播媒体(移动媒体、户外广告和车身广告等)一年的广告投入也不低于5 000万元。继借助体育项目营销打开中国市场后,FedEx开始进行针对性的直接公关营销。2006年在中国民航大学启动了一个奖学金计划,并接纳学生到联邦快递实习;2009年9月10日又向中国民航大学捐赠了一架波音727飞机。自2000年起,FedEx已经向全球范围内各种航空技术院校、博物馆和其他机构捐赠了40架727型货机,用于帮助教育和培训下一代航空专业人才。出色的公关营销也带来了回报,FedEx争取到了广州白云机场亚太转运中心,首次打破了执行数十年、由官方制定的统一民航收费体系,在起降费、航路费和航油费上争取到了部分政策。

2. 国内快递企业营销现状

国内快递企业长期以来都不够重视市场营销,包括国有邮政速递和民营快递企业,营销模式单一化,且缺乏国际快递集团多元化的经营视角和观念,尤其是加盟性质的民营快递企业。从表6-3中的数据可以看出,目前国内快递企业的营销投入是很不够的,品牌的建设和传播力度严重不足,这与国内快递的发展水平有着直接关系。目前国内快递企业基本没有设立专职的营销岗位,甚至连市场营销部门都没有设立,营销职能更是无从谈起。很多企业没有营销计划和预算,不做任何形式的广告宣传和活动,业务的发展主要是靠网络自发性延伸,即在派件过程中完成业务和品牌的宣传和业务开拓。加上目前国内企业融资能力有限,资本市场发展缓慢,所以国内快递发展到现在,还是没有出现像美国FedEx这样的超大规模的快递集团。

(1) EMS营销现状

对于中国的传统客户来说,在中国经营的EMS相对其他竞争对手有着更高的知名度,而且EMS有着遍布城乡、覆盖全国的邮政系统,这对于提高知名度和扩展客户渠道是非常有利的因素。但受体制僵化和管理意识落后的影响,邮政速递在市场营销方面也表现迟钝,没有专职营销人员,仅依靠取派件业务员进行业务宣传。由于其信息管理及电子商务系统均依附于邮政集团的大平台,在营销思路和营销规划的实施上受到一定的影响。EMS以前业务的扩张很大程度是依靠垄断的行政资源,2005年后,随着四大国际快递公司的全面进入和民营快递的迅速成长,EMS感受到了来自多方面的威胁和压力,营销模式被迫进行转变和提升。首先是广告的投入力度不断加大,请刘翔做形象代言的宣传片开始在各大电视台和移动传媒中大量出现;同时整体营销的思路也逐渐清晰,包括思乡月、次日达、次晨达、吉时礼、全夜航等在内的传统产品不断得以完善、创新。近年来,EMS在市场定位、产品设计、服务推广和品牌传播等方面都进行了大胆的尝试,相比国内其他快递公司,在营销理念和思路等方面都已经具备了营销型快递企业的基本特征。在现有国内快递企业里,EMS无疑是最具有营销观念和营销策略的公司,但相对国际快递而言,差距仍然很明显。

(2) 民营快递营销现状

相比之下,民营快递并无实质性的进步。我国大多中小民营快递企业限于"有限势力范围"的短期利益,甚至在行业、区域内部恶性竞争,缺少长期的战略规划,很少制定与业务相关的营销战略,没有树立起自己的品牌,近两年来其营销模式还在延用旧的模式。由于深陷低价竞争泥潭已久,长期的价格消耗使大部分国内快递企业缺乏发展后劲。快递老板都不愿意再进行固定资产、人员和广告宣传的投资。尽管部分民营快递也做过广告宣传,但力度远远不够,申通、圆通、天天和韵达四家的年广告支出不超过500万元,占FedEx在央视一年投入的四分之一还不到。企业管理人员从上到下看到了很多"低价竞争、加盟体制"下的各种弊端,诸如缺乏营销能力、客户服务质量差及运营质量差等,但苦于体制固定、资金缺乏等原因无力改变现状。部分像圆通速递这样新崛起的快递公司试图改变现状,但实际收效甚微。

部分公司希望能通过进入物流市场改变经营困境,在向物流行业进军的过程中,往往连增加一个专职的营销岗位,企业经营者都要慎重考虑。多一个人不仅仅是多一双筷子,后继的成本负担也是显而易见的。目前物流行业的价格竞争也非常激烈,无数小货运站的存在导致了运输市场的混乱,并削弱了行业利润。快递企业进入物流行业,往往是从一个"红海"跳到另一个"红海"。因此,在是否改变现有经营模式的问题上,大部分民营快递还在十字路口徘徊,在"存在即合理"的思想指导下,很多经营者选择了维持现状。

总体来说,目前国内电子商务快递营销普遍存在以下问题:

1. 对快递企业与客户之间的相互关系缺乏合理的评价方法,使得快递企业营销部门缺乏对客户资源的有效管理。

2. 市场细分不够实时准确,缺乏对不同类型客户特点的准确把握,使得目前很难实现个性化的营销,"一对一"的营销策略无法展开。

3. 对营销业绩的变化趋势缺乏科学合理的预测评价体系。

二、电子商务快递服务的营销策略

(一) 电子商务环境下的营销方向:网络营销

1. 网络营销的概念

随着电子商务在我国发展的日益深入,市场争夺的焦点逐渐开始从线下向线上转移,仅依靠传统的营销手段,企业要想在市场中取得竞争优势越来越难,网络营销的出现彻底地改变了原有市场营销理论和实务存在的基础,营销和管理模式也随之发生了根本的变化。

网络营销(On-lineMarketing 或 Cybermarketing)全称是网络直复营销,属于直复营销的一种形式,是企业营销实践与现代信息通信技术、计算机网络技术相结合的产物,指企业以电子信息技术为基础,以计算机网络为媒介和手段而进行的各种营销活动的总称。它贯穿于企业营销活动的全过程,涉及网络调研、网络新产品开发、网络促销、网络分销、网络服务和网络沟通等各个环节。

2. 网络营销的特点

(1) 网络信息的全球传播性决定了网络营销效果的全球性

网络的全球互联共享和开放性,决定了网络信息无地域、无时间限制的全球传播性,由此也决定了网络营销效果的全球性。而之前的任何一种营销方式,不管是传统的纸媒还是电视,都只能在一定的范围内传播产品,进行区域性的营销。

(2) 网络资源的整合性

网络的开放性决定了从业者的广泛性,由此也决定了网络营销资源的整合性,不仅可以将传统营销的多种营销手段和方法进行整合后体现在网络上,还可以对网络上传播的资源进行整合,如广告联盟、友情链接交换等。

(3) 网络营销的低成本性

网络的开放性和全球传播性同时也决定了网络营销的低成本性。如业务开发的费用降低,网络广告价格相对传统媒体低廉,有时可能只需要一篇博客就可能无成本地带来很多客户。

(4) 网络营销的交互性

E-mail、留言、论坛以及 QQ、MSN、博客、SNS 等 Web 2.0 工具的出现突破了传统媒体单向交流的束缚,提供了一个无障碍、全方位、双向交流的平台,使顾客可以在产生某种产品需求欲望的时候就能有针对性地及时了解产品和服务信息,商家也能快捷地了解消费者需求,并通过良好的在线客服增强客户信赖感,提高成交率。

(5) 网络营销的个性化特征

充分展示和张扬自己的个性是这一时代的主旋律,进行网络营销创新、利用别人从未利用过的网络资源来进行网络营销有时会取得更好的效果。

3. 网络营销的方式

网络营销的基本职能具体通过不同的网络营销方式来实现,同一个职能可能是多种网络营销方式共同作用的结果,主要的网络营销方式如图 6-10 所示。

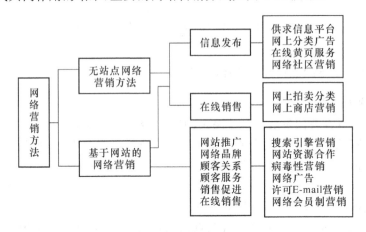

图 6-10　常用的网络营销方式

(1) 搜索引擎营销

搜索引擎推广是指利用搜索引擎、分类目录等具有在线信息检索功能的网络工具进行网店推广的方法。前者包括搜索引擎优化、关键词广告、竞价排名、固定排名、基于内容定位的广告及在分类目录合适的类别中进行网站登录等形式。

(2) 网站资源合作

通过交换链接、交换广告、内容合作、用户资源合作等方式,在具有类似目标的网店之间实现互相推广的目的,其中最常用的资源合作方式是网店链接策略,利用合作伙伴之间的网店访问量进行资源合作、互为推广。

(3) 网络广告

在所有与品牌推广有关的网络营销手段中,网络广告的作用最为直接,包括旗帜广告、分类广告、插播式广告、按钮广告、动态广告等多种形式,承载的信息量越来越大、交互性也更强。

(4) 许可 E-mail 营销

基于用户许可的 E-mail 营销比传统的推广方式或未经许可的 E-mail 营销具有更明显的优势,包括减少广告对用户的滋扰、增加潜在客户定位的准确度、增强与客户的关系、提高品牌忠诚度等,其前提是拥有潜在用户的 E-mail 地址。

(5) 病毒式营销

利用的是用户口碑传播的原理,在互联网上,这种口碑传播更为方便,可以像病毒一样迅速蔓延,是网络营销中一种常见而又非常有效的方法,常用于进行网站推广、品牌推广等。由于这种传播是用户之间自发进行的,因此几乎不计成本。

（二）电子商务环境下的快递营销创新

1. 营销理念上的创新

（1）从传统的同质化大规模营销转向异质化集中性营销

传统市场营销通过在电视和报纸等大规模消费广告上投入大量资金，抢占市场份额，赢得利润。网络的出现加快了从大规模市场向细分市场的过渡，使世界步入了小型化、多样化和复杂化交融的新时代，消费者有自主选择的权力，他们通过各种新兴的网络工具寻找符合自己特殊要求的快递服务，快递企业要赢得网购市场就必须根据网络用户的特定需求提供"量体裁衣"的服务。为适应购物者的需要，网络购物正在向小批量、多品种、差异化的方向发展，作为物流服务终端的快递公司，应适时把握用户动向，进行差异化的营销。

（2）从单向的市场营销转向互动的市场营销

传统营销中，消费者始终处于被动的地位，只能被动地接受由媒体广告、展览及产品目录等提供的单向信息输送，营销部门也常常因无法及时获得用户反馈信息而不能有效地调整营销战略。网络环境下快递企业可以通过网站留言、在线客服、及时通讯工具等多种方式与用户或潜在用户进行互动交流，充分利用网络高度互动性的特点，使快递企业从市场调研、产品设计、产品宣传、快件送达到最后的服务评价等一系列过程都与用户保持密切的沟通和联系，与用户一起共同创造新的市场需求。

（3）从分散独立的工作过程转向统一协同的营销管理

电子商务环境下，快递企业的营销部门内部及其与相关部门之间能更好地实现互动。营销的各环节原来通过分工由不同的部门和人员负责，部门之间的信息沟通和相互协作就成了问题，同时还增加了传递和协调成本。电子商务技术突破了营销管理分工和合作的相互制约性，使两者得以有效结合。首先通过网络进行市场调研，寻找为企业带来最大利益的消费群体，设计专门的产品或服务，保留这些最有价值的客户；网络反馈的信息经分析后，通过企业内部网传送到服务第一线；服务定价可及时通过网络告知消费者，销售人员通过公司内部网可对公司的具体项目提供建议和意见，从而使分散营销变为协同营销，更充分有效地发挥营销的整体功能。

2. 营销组合上的创新

电子商务环境下，4C 的营销策略代替了传统的 4P 营销策略。首先，瞄准用户需求。快递企业首先要了解用户的真实需求，做好主页和建立电子商务系统以方便用户表达需求，而不是先考虑企业能提供什么样的快递服务。电子商务市场上的卖家无论从性质、规模还是资金、经营种类上来说都有着很大的差异性，这也决定了其在需求上的多样性。其次，弄清用户愿意支付的成本。这就要求快递企业要了解用户愿意为快递服务付出的成本，而不是先给自己的快递服务定价。此外，加强快递企业与用户间基于网络的方便、快捷和友好的沟通渠道的建立。

3. 营销手段上的创新

互联网络以其独特的优势，正在为企业开展营销活动提供新的工具和手段，企业所有的营销活动都可以通过在线方式实现。快递企业可设立网页或电子邮箱，购买搜索引擎关键字，在较大的电子商务中介平台上有针对性地投放广告，或是在新浪、网易等综合门户或中国快递网、物流网等专业门户上进行品牌推广等。

第四节 电子商务与快递的合作管理

一、电子商务快递服务的服务链概述

(一) 服务链与服务链管理

1. 服务链的内涵

服务链的研究是最近几年从国外开始兴起的,其定义仍然处在争论阶段,尚未有一个统一的定义。总结起来,共有5种比较常见的定义。

第一种观点是从产品服务化的不断兴起中得到启发并被定义的,这种观点认为,服务链是产品服务化过程中发生的一系列先后服务活动,其本质思想是从基于产品服务化角度定义服务链。

第二种观点认为服务链是指服务行业中不同生产主体之间的供应需求关系,认为服务链的行为不同于供应链,没有库存堆积以补充订单,而是间接通过服务能力来解决订单堆积。

第三种观点认为服务链应该从服务产品采购的角度进行理解,其本质思想是采购专业服务。Ellram(2004)提出,服务链是指在专业服务中从最早的供应商到最后的客户中发生的信息管理、流程管理、能力管理、服务绩效和资金管理。

第四种观点认为,服务链是指服务行业中应用供应链的思想管理与服务有关的实体产品。Jack S. Cook(2001)等在医院健康护理方面通过采用供应链管理中的药品库存管理和信息集成的思想,提高服务的综合绩效。

第五种观点认为,服务链是接受顾客需求,进行生产转化并再输出到顾客的一种供应链。该定义是从服务企业给客户提供服务的前后运作过程角度来理解的,其本质思想认为顾客既是需求者也是供应者。

在电子商务快递服务中,流程输入的主要供应商是客户本身,他们提供他们的思想、需求和信息等,然后输入到服务流程中。客户既是服务发起的始端,又是服务送达的终端,具有较为突出的"两元性",即客户本身既是顾客又是供应商。可以看出,以上定义中的第五种观点更接近电子商务快递服务中服务链的概念,这种定义能够比较准确地反映出快递行业服务链的特点,同时反映出快递服务的特点。

2. 服务链管理的概念及目标

所谓服务链管理,是指以服务为主导,在服务的产生和交付过程中所形成的,从最初的服务供应商到最终顾客之间的对信息、服务过程、服务能力、服务绩效、服务资金进行集成化管理的模式。服务链是相对于供应链而言的,一定意义上,服务链延续了现代供应链管理中以客户为中心的理念,以资源整合和服务集成为主导,用服务拉动整条供应链的管理和运作,通过服务的整合满足客户多样化的需求。

服务链的管理目标可以概括为,针对特定的客户服务需求集成所有相关的企业资源

同时、同地协同运作。具体体现在以下两点。

(1) 适应纵向一体化向横向一体化的转变趋势

传统企业出于管理和控制上的目的,对与自身核心产品制造有关的活动和资源采取自行投资或兼并的纵向一体化模式,企业力求与为其提供原材料、半成品、零部件及售后服务的企业成为一种所有权关系,在企业内部形成一条从原材料到最终产品及客户服务的流水线。随着物流发展和需求的迅速变化,这种模式在市场响应能力上存在致命缺陷,企业开始向横向一体化转变,其原材料、半成品在全球范围内择优选择供应商。在服务链中,企业的售后、咨询、培训等服务部门也被剥离到供应链上的合作企业中,企业更关注系统集成和自身特长。例如服务外包,从一开始就是服务产品的生产,根据每一地点的比较优势和竞争力,在远离公司母国的其他地点实现国际间的资源配置,从而提升公司的整体战略。其主要方式就是将服务外包给一个第三方甚至第四方服务供应商,其跨国生产方式或国际分工方式不同于传统的跨国生产模式或传统制造业模式,从倾向于产业的纵向一体化生产转变为横向一体化提供服务。

(2) 提高核心竞争力

根据 Prahalad 和 Hamel 的核心竞争力理论,企业存在三个竞争层面:核心竞争能力、核心产品与最终产品,服务业同样是在这三个层次上展开竞争。服务业也需要形成核心产品来体现核心竞争能力、增强服务竞争能力;服务企业是否具有长期竞争优势,很大程度上取决于核心服务专业技能和运作技能是否具有异质性和独特性的特征。优化、增强核心竞争力是服务链企业的共同目标,是避免产品、服务同质化,实现核心优势的共同要求。

(二) 电子商务快递服务链的结构与特点

1. 电子商务快递服务链的结构

传统快递服务中,用户一般是通过电话、传真等传统线下下单的方式与快递公司发生业务联系,快递公司再结合自身网络建设情况,通过物流代理与货运公司进行联系。电子商务环境下,快递作为解决 B2C 或 C2C 电子商务模式中小规模物流的主要形式,其用户更多的来自于包括淘宝网、拍拍网、当当网、卓越网等大型的电子商务服务平台,这些电子商务平台通常为用户提供了灵活方便的下单接口,因此越来越多的用户习惯于通过电子商务服务平台直接下达派发件业务。目前电子商务快递服务链主要由六类参与方构成:发件方、收件方、电子商务平台、快递公司、货运代理及货运公司,其关系如图 6-11 所示。下面简单介绍一下服务链中的各个环节。

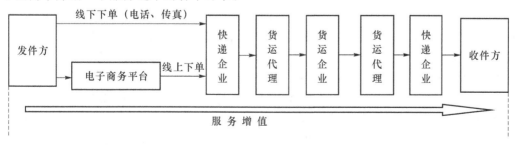

图 6-11 电子商务快递服务链结构

(1) 发件方

发件方是指那些有实物递送需求的委托方。电子商务快递服务链中的发件方专指利用电子商务平台提供有形商品的企业或个人,即网商,常利用电子商务交易平台提供的数据接口直接向快递公司下单。

企业用户通常是指 B2C 或 B2B 电子商务模式中的 B,由于 B2B 模式的电子商务交易大多涉及大批量有形物资的运送,通常以物流方式解决为主,只有产品样本或文件等小件物品借助快递通道。因此电子商务快递业务中的发件方又以 B2C 中的 B 为主。个人用户则主要指 C2C 电子商务模式中的前一个 C,国内包括淘宝、拍拍、易趣和有啊等在内的 C2C 电子商务交易市场为广大个体卖家提供了良好的经营平台和庞大的市场空间,他们只要有一台能上网的电脑,在 C2C 交易平台上进行认证注册,成为在线商家后就可以在线经营了,其中大多没有实体门店,有的甚至没有库存。

(2) 收件方

收件方是指实物递送到达的目标对象。电子商务快递服务链中的收件方主要是指电子商务交易活动中的买方,即网络买家。

网络买家通过登录电子商务交易平台,选购商品,确定支付方式后即可等待收货。由于快递区别于物流,以提供门到门或桌到桌的服务取胜,每一单快件都对应着不同的收件方和收件地址,加上电子商务交易全球性的特点,网络买家可能分布在全国乃至全球任何一个接入互联网的地方,这使得电子商务快递的送达对象地理分布非常广泛,同时也给快递公司服务网络的建设提出了更高的要求。

(3) 电子商务平台

专指提供在线交易、在线支付、信息服务及应用服务的网络接入平台。作为发件方展示商品、收件方浏览和选购商品的基础,电子商务交易平台承担着电子商务活动中信息流和线上资金流的转移,同时负责监控商品递送过程中物流的转移和商品交付后商流的转移。其中淘宝作为 C2C 电子商务中介商的代表,为广大零散的、以个人为单位的交易主体提供了商品交易的平台,许多交易主体既是买家,又是卖家;即既可能是发件方,同时又是收件方。这成为电子商务快递业务的一大特色。从目前电子商务市场产生的快递业务数据量来看,作为 B2C 代表的当当和卓越的日交易笔数总计约 10 多万单,而淘宝的日交易量为 200 万单。显然,快递公司来自 C2C 电子商务交易平台的业务量远远超出了 B2C 电子商务交易平台的业务量。

(4) 快递企业

整个服务链结构的核心,负责连接发件方和收件方,联系货运代理,协调货运企业,组织实现电子商务交易中实物商品的末端转移,也是物流环节的最终实践者。

近年来,随着电子商务市场的繁荣,国内快递公司的业务量急剧上升,尤其是自 2008 年金融危机以来,更具有成本优势的网络贸易形式吸引了更多的买家和卖家,快递行业成为金融风暴大环境中业务量不降反增的少数行业之一。严格来说,快递企业具有货运代理的性质,受用户委托将文件或包裹从一个地方送到另一个地方。为将其与后面出现的二次货运代理区分开来,这里,我们将直接与发件方或收件方联系的快递企业作为独立的一类实体进行讨论。快递企业在服务链中前后会出现两次,两次承担的角色基本相同:作为物品递送服务的直接执行者,快递公司负责从发件方揽收快件,经货运企业完成干线运输后,再回到快递公司,由快递公司的配送网络接着完成派送末端的支线运输,并保证最终将快件送达收件方。此外,部分快递企业还为用户提供了代收货款、仓储保管等增值业务,大型综合快递企业甚至承担了货运代理、仓储企业甚至货运企业的角色。

(5) 货运代理

简称货代,主要负责承担零散货源的集中、整合,寻找合适的货运企业,运输单证处理、地面收货及货物暂时存储。货运代理在整个服务链结构中也会两次出现,主要完成单证审核、货物出入港安全检验、货物暂时储存、货舱配载及货舱装卸等职能。

货运代理按运输工具可分为公路货代、铁路货代、海运货代和航空货代等形式。目前,我国经商务部批准的货代企业已超过 5 000 家(含分公司),如果考虑到挂靠在这些正规货代企业的二代、三代,保守估计实际数量在 3 万家左右。由于快递行业对于递送时效的严格要求,航空运输以其自身的速度优势在国际国内快递行业干线组织中起着至关重要的作用,电子商务快递也多以航空件为主,因此快递公司与航空货代接触最为频繁。尽管电子商务的发展带来了快递业务的不断增长,但目前除 DHL、UPS 等国际快递巨头以及深圳顺丰快递在部分省会城市拥有自己的包机航线外,国内绝大部分快递公司的业务收入都还不足以维系全国范围内所有航线的经营,这就必须借助于货代的力量。航空货代依靠其代理多家航空公司航线的优势,整合来自各大快递公司的货源,灵活调度货舱配载情况,利用与航空公司间的协议关系,可以获得较好的运价,尽可能降低了运输成本。目前,我国的航空货代受到政策保护,可以提供全国性的货运服务,代理几乎所有航空公司的航线,在整个服务链结构中占有重要地位。国内主要的货运代理有华宇、锦程等。

(6) 货运企业

货运企业主要负责干线运输及单证的审核工作。在当今全球化经济的背景下,跨区域乃至跨疆域的经济活动极为活跃,相距上千千米,甚至数千千米的货物快递的传送需求也越来越普遍。在快递的远程运输中,主要依靠铁路运输和航空运输,其中又以航空运输为主。航空货运业承担了快递跨地区业务中最大量、最高效、同时也是最高附加值快件的干线运输任务,同时电子商务快递也为货运业的发展提供了更为广阔的市场,并贡献了较高的利润率。货运公司大多无法与货主直接接触,货物进入始发地机场或站台之前的操作都是由货代负责,其服务质量受货代影响。

目前在电子商务快递服务的操作过程中,存在众多的瓶颈和不透明环节,而且由于服务链本身的复杂和庞大,这些因素直接导致营运收入被运输过程中的各个环节所瓜分。

2. 传统快递服务链的基本特征

(1) 为社会提供有益效用,而不是生产新的物质产品

快递服务是对实物作空间的转移,而不是生产新的实物产品,向社会提供广泛的实物递送服务,使用户从中获取有益效用。

(2) 生产过程与用户的消费过程密不可分

快递行业生产的过程实际上也是服务过程,即为用户传递实物的过程。实物传递的过程就是生产过程的终结,实物空间转移的使用价值也随之实现,生产过程和消费过程两者不可分割。

(3) 以实物为载体

不论传递的是信函、报纸、汇票还是包裹,整个快递服务链上传递的都是具有实物形式的快件。需要把实物的信息形式加以有秩序的移动,并自始至终充分保持信息本身的完整性,这正是快递服务所独有的一个特点。由于这一特点,快递服务企业必须要有足够的生产场地,以保证生产活动的顺利进行。

(4) 以交通运输路线和工具为载体,联合作业

在我国,所有快递递送的对象,都是经各地交通路线和各种运输工具由一个地点转移到另外一个地点,是以交通运输路线和工具为媒体的。整个快递服务链是一个完整的递送系统,通过多种运输方式的有效配合与衔接实现,生产过程一般要由三个或三个以上的企业共同参与才能完成。

(5) 快递服务链的敏捷性、广泛性

快递企业由于其发展历史较短,组织结构灵活,在产品设置和机构扩张中都体现出相对于邮政通信更加敏捷、灵活的特点。此外,随着快递业务量的逐年上升,快递网点遍布全国,凡是有人生活的地方就有实物递送的可能,快递服务广泛性逐渐加强。

3. 电子商务快递服务链的特点

网络经济时代,电子商务是必由之路,因此,电子商务快递业务潜力巨大,是未来快递业务市场竞争的焦点。快递企业应当抓住先机,把握电子商务快递服务的特点,做大做强线上快递业务,尽快占领电子商务物流市场。

(1) 对网络平台的依赖性

电子商务快递最大的特点就是所有买家和卖家从下单、划拨资金、确认物流运营商等整个交易过程都在网上实现。淘宝网作为阿里巴巴旗下的 C2C 交易中心,提供卖方展示商品和买方选购商品的平台,并支持完成在线支付和物流推荐。从最初的选购、支付、下单,到递送过程中的跟踪、查询,再到最后的确认、评价,整个交易过程有赖于网络交易平台的正常运转,支持相关数据的顺利流转。

(2) 价格、时间敏感度高

网络购物低成本、虚拟性的特点决定了整个交易只有在具备价格低、送货快的前提条件下,才具备较高的成功率。相对于传统商务模式而言,电子商务交易的驱动力相当大部分来自于其更有竞争力的价格优势,只有当"网购商品价格+运费<传统购物价格"时,订单才会产生。另外,网购消费者通常最初都具有三分钟热度,在体验网购乐趣的同时巴不得所购商品能很快送达,若送货周期太长,则网民虚拟购物的积极性很可能会受挫。有调查表明,消费者对网上购物的送达时间要求一般为同城一天,国内 3~5 天,国际 7~10 天。因此快递递送的价格和速度将直接影响在线销售的业绩。

(3) 电子商务平台参与利润分成,且监控整个流程顺利完成

电子商务平台作为交易的主要场所,为整个交易的顺利进行提供了支持和保障,当然也参与整个服务链的利润分成。快递企业从网上接单,需要与电子商务平台间实现数据对接,以便及时准确获取用户运单信息,因此也需要向电子商务平台支付相应的平台使用费等相关费用。可以看出,在电子商务环境下,电子商务的平台作用体现得越来越明显,对整个渠道的控制也越来越突出。

(4) 发件方地域集中化、收件方地域离散化

在线网商的发展与地域经济发展程度存在着密切相关性,地域经济越发达,在线网商的数量也就越多。目前,国内从事在线经营的卖家通常集中在我国货源充足的小商品集散地,其中又以上海、广州、深圳、北京、天津为核心的长江三角洲、珠江三角洲和环渤海经济圈以及内陆地区的大中型城市为主。网上商家的地域集中性决定了快递企业最初的发展也必然呈现出地域上的高度集中态势,国内大部分民营快递最初都集中于三大经济圈及部分经济发达的大中城市,对快递的需求程度越高,快递企业就越多,竞争也就越激烈,民营快递企业也由此呈现出以这些中心城市为聚集点向周边地区辐射的拓展趋势。而网购的买家则基本上都是零散用户,在快递收件方的地域分布上则呈现出无规律、离散化的特点。以淘宝为例,虽然淘宝卖家70%以上集中于北京、上海和长三角、珠三角这样的一线城市和经济发达地区,但是他们的买家却分散在全国各地,其中尤以二、三线城市为甚,达70%以上。

(5) 发件方由商业客户向住宅用户转移,再回归商业客户

在介入电子商务物流市场之前,几乎所有的国内民营快递企业主攻方向都是商业客户,"扫楼"是那个时代快递公司的真实写照。一直以来,由于住宅用户对于快递的需求量得不到保证,几乎所有的快递公司都没有在这方面投入精力。免费的淘宝带动 C2C 先一步成为了网购的主流,现阶段 C2C 网站的卖家成为快递企业的主要客户,与坐在写字楼里的商业客户不同,他们大多数都坐在家里收发快递。随着电子商务市场的进一步发展,B2C 作为更规范、质量更有保证的网购来源,必将成为未来电子商务快递市场的主要客户,发件方将出现由住宅用户向商业客户回归的现象。

(三) 电子商务快递服务链整合的基本思想

在网络购物迅速增长的拉动下,全球快递行业呈现出前所未有的繁荣景象,越来越多的消费者和企业开始青睐交易迅速、手续简单的网络购物方式,其中服装、电脑软件、玩具等商品的在线销售增幅均超过 30%。据了解,2008 年中国个人网上购物销售额达到 1 320 亿元,占社会商品零售额的 1%,其中淘宝网的日交易额甚至达到 4 亿元,其中 75% 的交易商品需要通过实物递送,网络购物拉动了全球快递行业。现在越来越多的企业为节约成本,通过快递将网上订购的商品直接送到消费者手中。此次规模性的繁荣同样波及到中国,易趣网和淘宝网等 C2C 电子商务市场目前都拥有数百万的单日成交量,绝大部分交易商品都通过邮局平邮、中小快递公司和 EMS 这三种方式送到消费者手中。

业务量的上升促使企业快速扩张,同时也对电子商务快递服务链的整合和优化提出了迫切的要求,仅仅依靠快递企业的高效率是不够的,它需要企业协调与其他企业以及顾客、运输业者之间的关系,实现整个服务链活动的效率化。也正因为如此,追求成本的效率化不仅仅是快递企业的事,同时也是服务链中所有合作参与者的事,需要将降低快递成本的目标贯彻到企业所有职能部门之中。同时,国内快递企业应尽快突破区域性同城业务的单薄局面,打造全方位、综合性、跨区域的物流服务网络,实现快递服务价值链的整体提升。

1. 加大与国内外知名网站合作

由于快递行业在同一经济圈内或同一城市内的业务属于劳动密集性行业,且技术含量不高,运营中无须发达的交通工具及强大的信息监控技术,因此网络运营和管理技术相对简单。较低的技术含量导致了较低的行业进入门槛,较低的进入门槛又意味着高度分散、高度竞争性的市场结构。近年来,随着进入该行业的企业增加,竞争日趋激烈,价格迅速下降,两年中价格降幅达到了40%,电子商务快递运作的重点在于进一步加大与国内外知名网站合作的深度与广度。由于电子商务快递面对的基本上都是零散用户,因此需要从切实提高揽投服务水平入手,真正实现门对门、桌对桌的服务,让买卖双方都满意是业务突破的重中之重。目前,电子商务快递亟待加强同城揽投能力,加快揽投速度,做强本地业务,尽早形成规模。

2. 全网全程,联合作业

快递服务链是一个完整的递送系统,是通过多种运输方式的有效配合与衔接实现的,生产过程一般要由三个或三个以上企业共同参与才能完成,其服务网络覆盖区域的大小及服务质量是客户选择的重要因素。单个企业资源的有限性决定了企业要实现对快递服务的全程控制及低成本运营,合作联盟是必然的选择。增强快递服务的广泛性,其成败对于企业运营具有至关重要的影响;充分利用合作联盟实现点多、面广、线长的业务优势,并不断拓展新业务,为快递行业的自我发展创造更为有利的条件。同时由于目前我国快递企业利用的交通路线和运输工具,大部分并非快递企业所有,快递企业在很大程度上要借助外界交通运输部门提供的运输能力来实现实物信息和物品的转移,这就决定了快递企业不仅要有部门内的协作配套,还必须要与外界交通运输部门实行专业化协作,尽可能取得交通运输部的配合和支持,才能保证快递服务的顺利完成。

3. 双向最优化管理

双向最优化管理是指在服务企业做到最优的同时做到对顾客最好的可能性。在服务生产过程中,顾客经常和服务企业共同生产,直接的顾客参与促进了双向最优化,使某种服务的供给和需求同时达到最优,这种为顾客提供的高度个性化服务可以提高企业的成本效用。服务链管理应使用预测数据为每一个员工构造最初的日常计划,例如在一个特定的地区内,对所有服务员工采用基于一个优化解决方案的预测优化计算,将顾客的偏好和服务需求(如语言、服务人员技能及车辆供应等)结合地理信息,为顾客提供更多选择,包括快递员在刚完成特定顾客的服务后应该优先为哪里的顾客提供服务。

4. 易逝性的管理

对易逝性的管理可以在生产能力范围内优化服务劳动力配置,从而使闲置时间最小化。服务工人的生产能力受顾客需要和偏好、自身技术和知识、顾客所在地、服务时间长短的限制。在使用动态时间最优化软件的服务链管理系统中,日程表是结构化的,并且在派出员工去完成工作之前可以修改。服务系统需要在每个工作日开始为每一名流动员工提供固定的日程表,具有动态数据通信的系统则可以生成一个实时的日程表,工作的动态分配使闲置时间最小化。管理易逝性主要包括员工培训、精炼的过程和员工技术及能力的扩展。

5. 知识管理战略

知识管理是指企业尽可能利用可获得的信息、经验和专门知识形成竞争优势的一种战略。技术创新使得服务企业的知识管理战略可以及时掌握顾客的需求和偏好,每位顾客都有独一无二的期望、需求、偏好和要求,这些因素是购买决策、质量感知、获得重复购买机会和品牌价值的基础。这些价值参数是营销的传统功能,并且为服务产品的设计提供具体内容,一个能使特定顾客需求和偏好成为生产流程常规内容的企业将具有较高的竞争地位。

二、电子商务与快递的合作管理

电子商务与快递是新经济时代发展密切相关、业务互为支撑的两个行业,与百姓的生活息息相关,已经成为现代生产生活流通的基础要素。在电子商务快递服务链中,与快递企业关系最为密切的是处于其上游的电子商务企业,与之合作也最为深入、全面。作为服务于现代实物流通的两大基本要素,电子商务与快递协同发展的空间十分巨大。对快递企业而言,如何更好地与电子商务企业协作,以更好的姿态服务于来自互联网的用户,共建电子商务与快递和谐生态链,成为迫切需要关注的问题。

(一) 电子商务与快递的关系分析

1. 快递是实现电子商务活动的必要保障

电子商务活动包含了信息流、资金流、商流和物流,物流又是其中最为特殊和关键的一环,决定了整个电子商务活动的成败。电子商务交易中除了少数商品和服务,如电子出版物、计算机软件及信息咨询服务等可以通过计算机网络以直接传输的方式完成配送之外,绝大部分以实体形式存在的商品和需要顾客亲历的服务都必须通过传统的物理方式传输,因此,如果没有高效的物流,电子商务不过是一句空话。据统计,2009年中国网购人数超过1.3亿,其中90%的用户的配送服务选择了由普通包裹和快递服务完成。电子商务的实现离不开快递物流的支持,其发展也是以物流的发展为前提的,快递成为网络购物生态系统中最重要的组成部分。

2. 电子商务配送成为快递发展新的增长点

电子商务作为新的商务模式在减少流通环节、加快流通速度、降低交易成本、便捷百姓生活方面的作用日益突出。网络购物的突出优势为快递提供了重要的市场机遇,为用户节省了时间和精力、降低了成本,为企业提供了性价比更高的网络渠道、压缩了店面及人员开支,尤其在经济危机蔓延的时期体现更为明显。在全球经济劲吹冷风的情况下,这部分递送业务量非但没有减少,反而在不断增加。2008年我国由电子商务带动的包裹量超过5亿件,占快递服务中三分之一的业务量。例如,圆通作为淘宝选中的第一家民营快递企业,2003年开始与淘宝合作,当时每天来自于淘宝的业务量也就4 700单左右,而现在每天来自淘宝的业务大约有47万~50万单;申通来自淘宝的订单数也从2007年的每天6万单增长到现在的每天50万单。部分快递企业,尤其是民营快递企业的业务量60%以上来自淘宝网电子商务配送,有的甚至超过了80%。

3. 快递服务是网络服务的有形体现

由于电子商务交易活动的特殊性,快递企业作为实物流末端配送的实践者,起到了连接买家和卖家的作用。消费者之前在网上通过浏览商品、与卖家在线交流、通过支付宝付款等环节都是通过虚拟的网络空间完成的。在这一系列的过程中,买家对卖家和所购商品的印象还只停留在商家的帐号和商品图片上,只有当所购商品最终通过快递公司的快递员送到手上时,消费者才真正意义上接触到有形的电子商务服务。可见,快递派送环节是消费者与卖家、电子商务平台交互唯一的网下节点,快递也因此常被称为"最后一公里",所以,消费者很容易将这次实实在在的接触与卖家或电子商务平台的服务联系甚至等同起来,当作评价卖家服务的依据。目前,网商们也意识到了这一点,他们也开始重视快递活动环节并对其提出要求,进行约束和控制。据淘宝网对网商进行的调研表明,目前,淘宝网上的大部分网商已经与快递公司之间已经形成了相对固定的合作关系,70%的网商不会随意更换快递公司,尤其是经营规模较大、业务量较多的大卖家。

4. 电子商务个性化需求是快递差异化服务的驱动力

随着淘宝等C2C业务量成倍的增长以及B2C的大举加入,国内众多快递公司看到了快递市场来自于网购客户聚沙成塔的庞大力量。为了适应日趋多元化的电子商务业务,快递服务的领域也随之不断拓宽,产品种类日趋丰富。电子商务平台上激增的业务量作为众多快递公司最重要的业务来源之一,成为直接促进快递实施多元化、差异化服务的助推器。目前快递产品按地域范围分为同城、异地、国际业务;按递送时限分为当日达、次晨达、次日递、隔日达等各类产品。无论是产品种类还是送达时限,都远远超出当初普通快递7日件、5日件的服务范围和服务水平。例如,圆通速递与淘宝网合作推出了华东区域当天到的淘宝时效件,韵达快运与淘宝网合作推出了"网货同城购"项目。

(二)合作现状及问题

1. 合作现状

在新的形势下,快递服务与电子商务合作日趋密切,范围不断拓展,水平不断提升,电子商务企业也与快递企业间建立了较为稳定的合作关系。

一方面,电子商务依托快递实现了跨越式发展,在消费流通领域的作用日益突出。对以淘宝网、拍拍网为代表的C2C电子商务网站和以当当网、卓越网为代表的B2C电子商务网站而言,线上不断攀升的成交量需要与之配套的物流体系来支撑,为解决实物商品物流配送的问题,电子商务企业急需与快递公司建立长期稳定的合作关系,依靠快递公司遍布全国的经营网点来完成商品的交付环节。另一方面,来自电子商务的配送成为快递业务增长的重要甚至主要来源,为了更好地留住电子商务市场这块大蛋糕,快递公司也迫切地等待电子商务企业早日抛来橄榄枝。我国互联网经历了2000年的寒冬后逐渐复苏,经过近十年的发展,十年中成长起来的民营快递不在少数。根据快递企业登记备案数据,目前我国登记备案的企业共有5000多家,开展跨省经营的网络型快递企业43家,其中相当大一部分是借着电子商务发展的东风逐渐成长发展起来的,典型的包括2000年成立的圆通速递、2002年成立的中通速递及2003年成立的汇通快运等。下面,我们将对电子商务的C2C和B2C两个市场与快递企业之间的合作情况进行简单介绍。

(1) C2C 电子商务与快递

目前给快递企业带来业务量增长的主要是 C2C 电子商务市场,有些快递公司的电子商务业务甚至完全来源于 C2C 市场。由于 C2C 电子商务网站作为网上交易的第三方交易平台形式出现,负责为买卖双方提供在线商品展示、搜索比价、商品下单、支付中介等服务,这种被电子商务人称为"轻公司"的经营模式决定了其本身没有必要去做物流。所谓的"轻公司",是指那些以互联网为渠道基础,依托网络开展业务,向下游组织用户需求、向上游组织销售的公司,它的最大优势不在于固定资产和人员,而是有价值的商业点子、品牌,以及对于后来者的领先优势。C2C 电子商务企业恰好充分体现了"轻公司"的核心特点。在物流配送需求急剧扩大、本身又不具备支撑的实物配送网的同时,与规模较大、网点分布广泛的专业快递配送公司合作就成为其必然也是目前唯一的选择,典型的成功合作案例如淘宝网的推荐物流。从目前的市场来看,淘宝仍以 80% 以上的市场份额占据整个 C2C 交易的头把交椅,而分别依托于腾讯和百度两个互联网企业巨头的拍拍、有啊等其他 C2C 网站则只占据小部分交易量。

与 C2C 网站合作并出乎意料地获得惊人的回报后,快递企业对电子商务业务的增长也表现出相当的重视。部分依托网络发展业务的快递企业都专门针对来自线上的这部分业务成立了相关的电子商务事业部或电子商务小组,负责对来自网络的业务进行跟踪和查询;负责客户服务的网上咨询小组、呼叫中心也专门设立了针对网购用户的客服团队,负责线上和线下的客户咨询、查件、投诉、理赔等事务。例如,韵达快运自 2007 年 7 月开始与淘宝建立合作以来,成立了专门的电子商务部,并与淘宝合作开发了客户服务管理系统;圆通速递专门开发了淘宝项目服务平台,在与淘宝合作前半年的时间里就相继投入了几百万元用来购买服务器,对服务平台软件系统进行多次优化升级,以便与淘宝平台进行对接;天天快递推出专为淘宝买家准备的"天天快递快 e 发"服务项目,申通针对淘宝推出的申通 E 物流等。据统计,业务量较大的快递企业仅总部负责应付网购客服的线上和线下人员就达数百人之多,中国邮政速递也特别开发了电子商务速递系统,用于与电子商务网站对接。

(2) B2C 电子商务与快递

相对来说,B2C 电子商务网站与快递企业的合作相对 C2C 电子商务而言较为迟缓,很大程度是由于 B2C 与 C2C 模式自身的差异性决定的。

B2C 模式中的 B 类型多样,公司种类差异较大。有以做生产加工起家的制造型企业,如海尔电器;有拥有实体店面、专做经营销售的商业企业,如国美电器;也有只做在线销售、没有实体经营的网络型企业,如当当网。不同类型的企业实体在进行网上销售时对物流活动的具体实施和开展可能有着完全不同的要求和目标。制造型企业为完成生产任务前期需要购买原材料、燃料、生产设备等必要的生产资料;生产过程中涉及到物料的搬运、装卸、储存等;后期需要将产品向各销售网点进行运送,物流活动在企业经营生产活动中占相当大的比例,因此通常采用自营物流的形式。经营实体销售的商业企业在开展网上业务时,有的企业拥有自己相对成熟的物流分销网络,但也有部分中小企业在业务核心城市外的其他网点选择与快递企业合作完成物流活动。

上面提到的最后一类网络型 B2C 企业,具有"轻公司"的特点,由于销售产品的多样性、物流需求的差异性,不同的公司也选择了不同的物流模式,例如,国内老牌的两家 B2C 网站卓越和当当。卓越建成之初就坚持采用自办物流,物流配送一直是卓越的优势,但在被亚马逊收购后曾经一度取消了自建的配送队伍,转而与邮政物流和铁路快递合作,后又因物流不畅导致业务量下降而重新在全国 355 个城市组建了自己的配送队伍。而当当则一直将物流配送外包给快递公司。值得一提的是近年来迅速成长的另一类 B2C 电子商务公司,如衬衣行业的 PPG、Vancel(凡客诚品),它们通过建立在线营销和销售平台,利用自建呼叫中心获得订单,借助快钱、首信易和支付宝等日益成熟、多元化的在线支付工具完成网上收款,然后将订单汇集,找代工厂商为它们加工产品,最后再贴牌送货给客户。这类企业由于其质量稳定、价格实惠,一出现就受到了网民的热烈追捧。以 Vancel 为例,2008 年短短几个月内,订单数从每天几百件到 5 000 件,销量增长速度惊人,甚至连续几个月都是 100% 的成长。业务量的巨大增长使得 Vancel 在商品配送上也选择了"自办物流+快递公司"的混合模式,中心城市自己配送,而其他部分则交由快递公司完成。

从业务量上看,目前 B2C 市场给快递企业带来的成交量也相对较低。一方面,部分 B2C 企业选择自办物流,分流了销售中相当大部分核心物流配送业务;另一方面,对一些规模较小的企业或商家而言,由于淘宝网在网购市场不可替代的超人气可以带来更好的销售业绩,他们通常都选择在淘宝网上开设店铺,而不是自建网站,或者在自建网站的同时也在淘宝网上销售。这样一来,计入 B2C 的快递业务量就大大减少。据统计,到目前为止,发展近十年的当当和卓越的日交易笔数加起来大概只有 10 多万单,而仅六年历史的淘宝的日交易量达 200 万单,差距可见一斑。

2. 淘宝网推荐物流

作为 C2C 电子商务的领跑者,淘宝网的发展固然与其免费经营策略吸引的巨大人气与商流有关,但对物流的重视也成为其快速发展的一个法宝,淘宝的成功从某种程度上说就是物流的成功。在以免费策略吸引大量商家到网上开店后,淘宝意识到了自身作为互联网企业在物流环节的缺失,把卖家买家吸引过来之后,接下来的配送活动必须得到妥善的解决才能保证交易的顺利完成、交易量的平稳上升。因此,淘宝最大限度地将社会物流资源最大化的有效利用起来,正是申通、圆通、天天等民营快递公司遍布全国的派送网点,才使得淘宝这些年来甚至是未来几年中继续保持高速发展成为可能。在物流外包、供应链扁平化的大背景下,尽管淘宝网上的不少卖家希望淘宝网建立自己的物流体系,但其期望难以实现。虽说淘宝没有自己的物流体系,但却以自己的方式做出了努力,淘宝 2006 年推出的"推荐物流"项目是电子商务企业与快递企业协同发展、共同成长的成功典范。

推荐物流是以淘宝的名义将庞大的卖家联合起来与快递公司谈合作,为的是建立一个全国性的物流中央处理系统,提供了银行保险之外的物流领域的第三方服务。具体通过淘宝与物流公司签约,签约的物流公司进入淘宝的推荐物流企业行列后,这些物流企业便可直接通过与淘宝对接的信息平台接受用户的订单。淘宝网在挑选合作物流公司时,主要考察对方能否提供最具竞争力的价格、能否覆盖尽可能大的服务区域以及能否提供稳定可靠的服务质量。物流公司要想进入淘宝的推荐物流行列,必须是网络成熟、排名靠前的企业,而且服务范围需要尽量覆盖全国范围。在进入淘宝的推荐物流之时,物流公司与淘宝签订相关协议,约定服务价格、内容和方式,以及非常优惠的赔付条款,并规定由淘宝监控和督促物流公司对投诉和索赔进行处理。目前淘宝的推荐物流企业共14家，分别是中国速递服务公司、申通E物流、圆通速递、中通速递、天天快递、宅急送、韵达快递、汇通快运、联邦快递、华强物流、百世物流科技、德邦物流、风火天地（上海同城），其中中国速递服务公司又包括E邮宝和网上EMS两类产品。

推荐物流模式的出现为C2C交易的买方、卖方、快递企业以及淘宝网本身都带来了看得见的实惠。

(1) 卖方

通过对相应物流公司的物流配送情况进行监督，推荐物流可以为用户提供更好的服务和更优惠的价格。首先，作为发货方，卖家可以享受更优惠的价格，推荐物流为其提供了各物流公司的价格对比。其次，优越的赔付条件，享受自己联系物流无法享受的各类赔付条件，一旦出现差错，淘宝接到投诉后，便会监督物流公司对投诉和理赔进行处理，这样也会降低淘宝用户索赔的难度。此外，操作更加简单方便，淘宝与推荐物流公司之间的信息平台对接已初步完成，发货方不用打电话也可联系物流公司，真正实现全部网上操作。最后，服务更周到，服务渠道更加多样化，发货后物流状态一目了然，交易双方可随时查看货物的位置，各个物流公司都有旺旺在线客服和论坛咨询答疑，支持批量发货预约上门、上门时间预约，日发货量超百票时还可提供特别的定制服务。

(2) 买方

作为收货方，买家也是淘宝对配送环节实施控制的直接受益者，推荐物流保证了更快的送货时间和更优越的赔付条件。最直接的体现是用户可以随时在网上查询所购商品的位置和状态，而当货物发生破损、丢失等情况时，淘宝会监督理赔。由于与淘宝合作的物流企业的素质不均衡，淘宝还引入了"物流保险"，以保障商品在配送领域的安全。此外，从2006年与圆通签约，到2007年与申通联姻，再到2009年与汇通结盟，淘宝先后与多家快递公司建立了合作关系，其中包括国际四大快递公司之一的FedEx。更多的快递盟友，意味着淘宝购物平台在国内甚至全球各地的可送达范围得到不断拓展，也就是说，过去由于不在送货范围内而无法实现交易的网民现在也可以尽享在线生活的乐趣了。

(3) 快递企业

尽管淘宝对于推荐物流合作企业的选拔和管理都非常严格，有时甚至近于苛刻，但能成为淘宝网的合作物流伙伴之一仍然是众多快递公司求之不得的美事。原因很简单，这个依托全球最大B2B企业阿里巴巴成长起来的C2C平台已聚集了国内绝大部分买家和卖家的资源，成为电子商务领域不可替代的金矿，加入推荐物流就意味着相当可观，甚至占总业务绝对比例的业务量。

(4) 淘宝网

作为推荐物流的倡导者，淘宝网其实才是这一项目的最大受益者。一直以来，淘宝都在逐步完善自身的网上交易体系。淘宝评价体系的建立，提高了交易的诚信；支付宝的推出，确保了交易安全；而推荐物流模式的实行则使得淘宝网的物流更加规范，赢得了网购用户更多的信任和支持，进而也吸引了更多的买家和卖家，进一步巩固和稳定了自己在网购领域的领跑者地位。

据2009年9月12日淘宝网首席财务官张勇在首届电子商务与快递物流大会上公布

的数据显示,淘宝网推荐物流包裹数从2008年一季度的871万票增长到2009年二季度的2988万票,增长率达343%,而2009年淘宝物流平台赔付金额则从1月份的504.95万元降至7月份的437.61万元。此外,淘宝物流平台所提供的物流业务覆盖区域已达2999个县级市及区,其中揽收区域2127个,派送区域2824个。

尽管淘宝用户可以自由选择物流服务商,既可以使用推荐物流,也可以自由寻找其他物流服务商,但如今,淘宝网上使用推荐物流的用户已经达到了70%,这一比例也初步证明了推荐物流模式的成功。对于淘宝来说,推荐物流模式更好地规范了其物流管理和服务,保证了业务量的稳步增长。

3. 存在问题

随着电子商务与快递企业的合作不断深入,双方都感受到了"电子商务平台+物流外包"这种资源整合、分工协作模式带来的甜头。一方面,更多的人参与到网购大军中,成为支撑淘宝成交量持续攀升的生力军;另一方面,快递公司的业务量也是成倍增长,给金融危机环境下逐渐萎缩的市场带来了新的生机和希望。但同时,问题也随之而来,下面就目前双方在合作中存在的主要问题进行简单分析。

(1) 信息流不够畅通

实物流的畅通是以信息流的畅通为前提的,尽管电子商务企业与快递企业之间大多进行了不同程度的信息平台对接,但目前双方在合作过程中信息流不畅的现象仍然十分严重,具体体现为卖家、买家、快递公司三方的衔接不畅、转换困难、更新不及时和信息流失真等。买方完成支付后等待卖家发货,而卖家何时发货、卖家会选择哪家快递公司,发货后何时能到买方都不清楚;卖家选定快递公司安排发货,快递公司具体什么时候来取货、用户什么时候收到货卖家也是不清楚的,只有当用户在网上确认收货后卖家才知道,即卖家了解的是用户确认的时间而不是他们拿到商品的时间。以淘宝为例,淘宝一直以来都将物流作为电子商务流程中的重要一环,采取了通过线上交易的方式对物流进行严加把关,即使这样,其线下交易难题也没能得到缓解。目前,淘宝网物流线下交易量已经达到了总交易量的3/4以上,这与物流公司和淘宝的下单体系对接不畅不无关系。卖家通过淘宝的平台对物流需求下单后,在与物流公司平台对接时还需要双方通过线下的联系来确认。这样周转对双方都费时费力,物流公司还很有可能由于订单增多无暇顾及而影响服务质量。正是烦琐的对接过程,让很多买家选择了线下交易,往往一个电话就可以搞定。

(2) 物流配送服务质量有待提高

作为淘宝的"腿",物流曾一度助推了网商的发展,然而,在消费体验中,物流的服务质量也常常会成为消费者诟病的主要部分。在淘宝的论坛上,声讨快递公司的帖子比比皆是,可以说无一幸免。据调查,大多数网商仍然认为,物流是目前网络销售中的最大瓶颈。首先,在速度方面,快递变慢递。在淘宝上,发货速度是网络客户最为注重的消费体验之一,一边是卖家希望自己的服务百无挑剔,使新客户变成老客户;另一边则是快递慢吞吞,让买家等了又等,从而影响了卖家的服务印象。事实上,快递变慢递与行业发展过快不无关系。随着淘宝业务量的激增,随之增长的业务量对快递公司本身的管理能力提出了挑战,几乎所有的环节都是满负荷运转,但即使这样仍然无法解决快件堆积的问题。其次,人员素质亟待提高。快递公司的业务都是由业务员最后完成的,过于快速的发展使得快递公司顾不上培训终端业务员,这就使得终端业务员的素质良莠不齐,尤其是二线城市,买家抱怨快递员态度差已经成了一种常态。

(3) 快递产品同质化竞争严重

不可否认,电子商务的快速发展确实给快递行业带来了极大的发展机遇;但随着电子商务不断被业内所认可,进入这一领域的快递企业也不断增多,包括许多专业物流公司,对于电子商务卖家的争夺也日益激烈。由于快递产品本身并没有太大差异,服务功能也相对单一,使得快递行业的同质化竞争日益激烈,递送价格也被压得越来越低。异地派送从最初的 20 元到后来的 15 元、10 元甚至 8 元,个别快递公司甚至出现了类似移动话费的包月制,即每月付 2 000 元快递费则不限发单数。日益加剧的价格战,很有可能使得电子商务物流市场从当初的"香饽饽"变成了如今的"鸡肋"。一方面,不断壮大的市场规模使快递公司丝毫不敢怠慢,许多民营快递只要有一点点利润都愿意去做;另一方面,价格战导致不断摊薄的利润也开始让不少快递公司处于吃力不讨好的尴尬营收状态,量上去了,但是利润却下滑了。

(4) 电子商务与快递企业间缺乏有效的协调机制

信息流不畅、服务质量堪忧等问题很大程度上是由于电子商务企业与快递企业间缺乏有效的协调机制造成的。目前,电子商务企业负责物流的部门与快递企业负责电子商务业务的部门是直接建立业务合作的两个部门,但整个网购活动的完成是由买方、卖方、电子商务平台、快递企业以及银行等多方共同协作完成的,尤其是在商业企业或电子商务企业内部构成复杂、流程烦琐的情况下,任何一个环节衔接的失误都有可能影响整个销售活动,甚至直接造成交易的失败。用户在网上选中满意的商品并与卖家达成了购买协议,但最终订单没有生效,交易失败,其原因何在,是由于没有适用的支付手段,用户临时改变主意;还是没有恰当的物流渠道?用户购物体验满意度不高,是由于商品质量不高,还是对快递配送服务不满意?缺乏有效的协调机制,不能充分发挥各部门的作用、利用各部门的资源,服务效果也就很难得到保障。

(5) 责任界定尚不明确

小陈已在淘宝网上开了三年网店,最近在网上卖出一款产品,由于使用的推荐物流在发货近十天后才将货送到,买家因快递时间过长,最后给了小陈一个差评,这是他 3 年来的第一次差评。由于快递公司的延误造成卖家的信用度降低,造成这种问题的主要原因在于消费者对整个购物活动过程中各环节承担主体的责任划分不明确,以及网购评价体系本身的不完善。在买家看来,卖家除了收取商品本身的费用外,还一并将快递送货的费用也收走了,没想到送货时快递变慢递,网购的满腔热情从十天前的望穿秋水变成了现在的满腔怒火,结果自然可想而知。尽管淘宝在规则制定方面已经做了相当多的工作,先后出台了包括淘宝规则、网站秩序和举报投诉处理规定等在内的一系列站内规范,其中就涉及专门对物流环节进行考评的"网货物流推荐指数",但网货物流推荐指数也只是由发件方对快递公司进行评价,而对收件方对快递服务的印象则未列入考评因素。

此外,目前拍拍、有啊等大型 C2C 网站基本上采取的都是卖家与快递公司线下联系的策略,电子商务网站本身并不过问,这样的做法在出现纠纷时很容易产生快递公司与卖家、买家之间责任不清的问题,作为平台的电子商务网站本身也无从分辨,难以行使监督的权利。B2C购物过程的监督评价现状更不容乐观,大部分还停留在对收货时间进行确认及商品质量评价阶段,对最为直观的送货质量则更是几乎没有涉及。

(6) B2C市场的合作发展缓慢

B2C电子商务由于市场主体的差异性,有的选择自办物流,有的选择物流外包,也有的两者并用,形式较多。在两者的合作中,商家处于强势地位,而物流企业则处于弱势地位。为了保护和实现自身的利益,商家通常单方面制定游戏规则,对快递活动提出了相对较高的要求,包括服务态度、本人签收、签收登记身份证号码、开箱验货后付款、签单返还和部分交易等,导致配送成本直线上升,而另一方面却又不断压缩支付给快递公司的物流费用。其实,这种做法使得B2C商家也并未因此获益,快递公司在现有成本下提供的服务质量不能保证,直接影响用户购物体验,回过头来最终损害的还是商家自身的信用。为应对市场竞争,大部分B2C商家采取购物满一定金额免运费的促销手段,为物流买单则必然面对居高不下且可能持续上升的配送成本,在一家B2C网店20%的毛利中,甚至有10%~15%都曾经消耗在第三方配送上。同时,商家还必须承担丢失货物的风险,忍受客户对物流的抱怨,承担这一切造成的客户对自己满意度下降的后果。此外,B2C用户常用的货到付款方式也由于回款周期太长、货款安全问题等给其经营带来了沉重的负担,多方面的因素导致B2C与快递的合作发展相对缓慢。

(三) 合作共赢策略

面对新的政策和市场环境带来的巨大机遇,电子商务与快递企业应如何进一步乘势而上,解决突出问题,推动合作深化,充分、全面协作,实现协同共赢、共同繁荣的发展目标,显得十分迫切而重要。

1. 加快信息交换标准的制定

目前,电子商务企业与快递企业就如何更好地服务于用户这一共同目标进行了多方面的合作,包括为实现信息共享进行部分信息平台的对接等,一定程度上解决了双方信息、数据流通的问题。但由于合作双方分属于不同的经营实体,信息化水平可能存在较大差异,双方在合作前都可能拥有各自独立的信息平台,对信息处理的流程和需求也不同。鉴于电子商务企业在合作过程中的相对强势地位,通常都是以电子商务企业现有的系统为主,由快递企业对自己的系统进行调整来与之适应。即便是这样,快递企业仍然面临两难的局面。要么,在公司原有信息系统的基础上按照电子商务企业的要求进行调整,以适应其物流数据对接的需要,这样一来,快递企业就必须要在原有稳定的系统上作较大动作的修改和转换,而且还不能保证能百分百完全对接;要么,干脆针对网购平台重新开发一个新的业务系统,这样传过来的网购业务数据就顺畅了,但这部分数据与公司内部原有系统的共享又成了问题。当快递企业与不同的电子商务企业建立物流合作时,情况就变得更复杂,顾东就顾不了西的尴尬局面在所难免。

解决这一问题的最佳途径即是建立统一的信息交换标准,保证双方在不改变各自系统架构、数据格式的基础上实现信息的互联互通,从根本上解决信息流不够畅通的问题。尽管目前信息交换的标准包括EDI、XML等多种形式,但都属于通用标准,不能切实满足快递物流信息交换的特点。快递企业与电子商务企业应该相互配合,在分析快递物流信息内容特征和交换要求的基础上,参照现有成熟的信息交换标准,制定出适用于双方信息有效对接的标准。另外,对于快递公司而言,来自线上交易的盈利比线下交易更有保障,线上价格是公司与淘宝签订的,砍价空间不大,对于公司利润更有保证。更何况打电话再次确认的环节完全可以通过线上沟通来予以确认,因此快递公司往往更希望快件能通过线上交易予以完成,从而大大减少因烦琐的对接而使用户由线上转到线下造成的利润损失。

2. 共同制定电子商务快递服务标准

对快递企业而言,快递服务是连接买家和卖家的桥梁,也是网商品牌价值的延续。尽管电子商务快件与普通快件相比没有本质的不同,但在业务流程、派送标准、服务水平等方面应该有不同的要求。快递企业应专门针对电子商务配送业务设置单独的客服人员和服务标准,包括网上接单、问题件跟踪、投诉处理和理赔方面都应考虑到网购业务的特殊性。在服务手段方面,快递企业为有效提高服务质量和服务水平,应提供网点服务、上门服务、电话服务、网络服务及手机短信息服务等多种服务手段,创新营销模式,逐步形成以客户为中心的营销服务体系。此外,提高人员素质,整合网络资源配置,对为电子商务物流服务的快递企业而言也十分必要而迫切。目前,C2C 网站上的卖家往往鱼龙混杂,商品质量无法保障,买方在收件时对签收的商品和网上见到的商品有较大差异时往往会牵责于快递企业,而快递企业作为单纯的传递服务提供者又觉得委屈,这就需要快递企业在服务标准和承诺上作出明确规定及解释,以确保服务质量。

对电子商务平台而言,目前快递公司在淘宝的配送价格主要是与卖家单独约定,淘宝并没有一个指导价,而买家在购买产品时所支付的快递费,也不完全归快递公司,而是要与卖家分成,这就使快递公司损失了很大一块应得的利润。现在进入这一领域的快递公司越多,利润空间就越小,完全不如递送普通的商务快件利润大,淘宝应对普通的快递业务设立指导或参考价格,由各快递企业根据情况参考执行;同时对不同类型的卖家提供不同的系统平台服务,涉及到仓储管理的,可考虑是直接由快递企业提供库存等仓储管理信息,还是由淘宝负责传递。

3. 服务模式创新、共谋价值最大化

面对日趋激烈的同质化竞争,快递公司相当无奈。之所以仍然有快递公司愿意与电子商务合作,执行"精准服务,垃圾价格",主要还是看中了淘宝巨大的交易量,这对一些小地方的网点维持生存来说很重要,如果能够保证一天 300 票的量,就可以维持网点一天的开销。像当当网等 B2C 网站,主要就是找一些中小快递公司来递送,由于其自身业务量不太大,递送价格也就更低。面对来自电子商务企业和卖家的双重压力,处于夹缝中的快递公司在忍受利润一再被剥夺的同时,还要接受电子商务平台和卖家的多方评价,稍有不慎,就有可能失去更多。各自为政的快递物流公司之间由于利益纷争很难坐在一起进行系统平台的对接,导致规模化无法形成,在服务链中始终处于弱势。这样的局面想必是大多数快递公司的管理者都不愿意看到的。

其实,在电子商务环境下,快递企业的成功更多的需要根据网购业态不断发展的新特征,在平台、卖家、买家、物流的四方互动中,进行服务模式的创新,灵活地调整产品结构,优化服务手段,根据不同的用户需求实施差异化经营战略,加快向现代服务业转型的步伐。这里的用户有两层含义,一层是指个人用户,另一层是指网商,其中网商是大客户,需要为他们提供全方位的服务。在服务模式创新时也应该考虑到这两个层面,卖家除了发货外可能正因为仓储的难以控制而烦恼(经营不同商品类型对物流细节的需求不同,例如包装环节外包等)。差异化经营在快递行业中已有体现,比如顺丰将自己的业务经营范围限制在轻便的文件包裹市场,申通则提出了"仓储服务＋配送服务"的整体电子商务物流供应链服务解决方案。电子商务中介商应协助快递企业更好地了解卖家和消费者的需求,尤其是卖家的物流需求,做好详细、深入的需求调研,为快递企业实施差异化经营战略提供基础,以谋求双方在合作中实现价值最大化。

4. 双方建立良好的协调沟通机制

电子商务企业与快递企业基于共同的在线交易活动建立合作,各自扮演不同的角色,承担不同的功能,双方在业务交接上建立连接是比较容易的,但仅仅停留在连接层面、没有有效的协调机制是很难从根本上解决问题的。美国高级采购研究中心指出,供应链管理有两大挑战,一是协调,二是连接,协调是指在商务关系层面上,连接是指在执行层面上;连接是标,协调是本。电子商务快递服务链的管理也一样,没有良好的协调沟通机制,单纯的信息共享只能是治标不治本。所以,解决服务链管理的问题,应从关系着手,关系理顺了,先有负责协调的人和协调的机制,接下来才是连接的问题。由于不同的环节由不同的参与方和不同的部门负责实施,而企业间的协调又以各企业不同部门间的协调为基础,因此,在参与交易的各方之间、企业的各部门之间都要建立有效的协调机制,明确任务和职责,以使各环节有规可依,便于工作的沟通和配合。

5. 明确双方责任界定

前面出现的因物流不畅而被买家差评的小陈之所以觉得冤枉,主要是因为责任界定不明确,卖家为快递公司的低效率背了黑锅,这与目前电子商务企业所制定的结算体系不无关系。无论是 B2C 平台还是 C2C 平台,电子商务企业通常选择在收取商品货款的同时一并收取物流的费用,然后再由电子商务企业与快递公司进行结算,因此选择快递公司的权利几乎都落到了卖家手中,无论是企业卖家还是个体卖家。它产生的必然结果就是,尽管作为买家的消费者支付的是正常的快递价格,但由于卖家在与快递公司的谈判中有更大的话语权,可以以此降低快递公司每单的送货费用,这样一来不可避免地降低了快递公司的利润。换言之,买方支付的物流费用其中有一部分已经成为了卖家的重要利润来源。当然,代为收款的卖家也因此承担了物流服务质量不高带来的客户抱怨、信用度降低等不利后果。目前,这个问题已经引起了卖家和快递企业的重视。部分快递公司已经提出,将物流渠道的选择权交还到买方手中,由买方来选定快递公司,并直接通过支付宝等在线支付工具将物流费用付到快递公司的帐户,收货后再由买方、卖家共同对快递包括揽收及时性、派送时效性等服务质量进行综合评价。这样一方面可以避免卖方压低物流成本,保证了快递公司的利益;另一方面通过进一步明确各方的责任和权利,提升了买方在整个交易中的话语权,卖方的信用也不会再因为物流的质量受影响。

严格来说,监督是相互的。交易各方应互为监督,消费者对网商、快递公司进行监督,网商对快递公司进行监督,快递公司对网商进行监督,电子商务中介则对网商、快递公司及消费者进行共同监督。目前的监督制度主要停留在电子商务中介或网商对快递公司的监督上,而快递公司对于网商、消费者对快递公司等方面的监督则有待完善。例如,快递公司也时常因为遇到恶作剧的网商而烦恼,上门揽收时却发现根本无货可派,结果空手而归,建议电子商务平台对网商也建立考评机制,如引入黑名单制度等。

本 章 小 结

本章对快递企业在电子商务快递服务经营管理的相关方面进行了较为全面和深入的分析和讨论,主要涉及电子商务快递服务的生产运作管理、质量管理、品牌管理和营销策略等几个方面。在分析目前国内电子商务快递服务经营管理状况的基础上,结合电子商务行业与快递行业的合作现状,提出了电子商务企业与快递企业在电子商务环境下共谋发展的方向,以及快递企业改善经营管理以适应电子商务快递业务需求的发展策略。通过本章的学习,读者可以了解到快递企业在电子商务快递服务的经营管理中所采取的管理原则和管理策略等,并对快递企业经营管理的发展趋势有更新的认识。

思考与练习

1. 简述快递企业信息管理的主要内容。
2. 什么是电子商务快递服务质量?应该如何实施有效的服务质量监督?
3. 试述如何提高快递企业的品牌信誉。
4. 简述电子商务环境下快递企业的主要营销手段。
5. 试分析传统快递服务链与电子商务快递服务链的区别与联系。
6. 试分析电子商务企业与快递企业合作中存在的主要问题及解决措施。

电子商务快递发展战略与政策

第七章

【内容提要】

本章主要内容:电子商务快递发展的基本趋势;产业链、快递产业链、电子商务快递产业链的含义;电子商务快递产业链发展的三个阶段及其特点;快递企业战略选择分析的基本内容、电子商务快递行业发展政策的基本内容。重点是:电子商务快递发展趋势、快递企业战略选择和电子商务快递行业发展政策。难点是:如何制定电子商务快递企业的发展战略和电子商务快递行业发展政策。

第一节 电子商务快递的发展趋势

电子商务是20世纪信息化、网络化的产物,虽然已引起了人们的广泛注意,但是人们对电子商务所涵盖的范围却没有统一、规范的认识。和传统商务过程一样,电子商务中的任何一笔交易,都包含着以下几种基本的"流",即信息流、商流、资金流和快递物流(本章以后简称快递)。过去,人们对电子商务过程的认识往往只局限于信息流、商流和资金流的电子化、网络化,而忽视了快递的电子化过程,认为对于大多数商品和服务来说,快递仍然可以由传统的经销渠道解决。但随着电子商务的发展,快递对电子商务活动的重要性日益突出。出现了顾客在网上发出购物请求后,所购货物迟迟不能送到手中的情况。如果不加快推进电子商务快递发展的步伐,顾客只能放弃电子商务,选择更为安全可靠的传统购物方式。因此快递的电子化已构成了电子商务发展的瓶颈。在这种背景下,越来越多的快递配送公司顺应电子商务的要求,开展了面向电子商务企业的商品快递服务,推进了电子商务快递服务发展的进程。

目前,越来越多的快递企业与电子商务平台企业合作开展电子商务快递服务。电子商务快递服务是一个新概念,目前学术界还没有统一的定义。本书把快递公司为来自B2C、C2C电子商务交易平台的货物提供的配送服务称为电子商务快递服务。所有的电子商务快递服务的总和构成了电子商务快递行业。电子商务快递行业的示意图如图7-1所示。

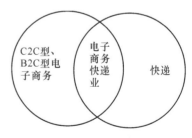

图7-1 电子商务快递业务示意图

随着电子商务的高速发展,由电子商务而引发的快递业务在快递行业总业务量中所占的比重越来越大。据有关资料显示,申通快递的电子商务快递业务大约占据了该公司快递业务的80%。与此同时,电子商务企业不断向快递领域拓展,传统的快递企业也纷纷建设或运用电子商务平台增强自己的实力,可以说电子商务和传统快递的结合乃至融合成新的电子商务快递行业,已成为一种趋势。涉及电子商务和快递的技术运用、业务开发、市场拓展、企业整合等,已有许多典型的案例(如前面章节所示),可供业界研究讨论。可以大胆设想,不讨论快递物流的电子商务企业和不涉及电子商务的快递物流企业在未来是不存在的。

一、信息化、数字化趋势

物流成本中心的特点,决定了物流服务必须高效畅通和节约成本。因此物流企业非常重视对物流服务的科技投入。作为现代社会供应链服务的首选,快递企业更重视现代技术的投入。其中信息化和数字化的趋势非常明显。

从 DHL、TNT、FedEx 等著名国际快递公司的经营实践来看,网络服务与电子商务系统、电子结算系统、信息实时追踪与控制系统的普遍采用,而且全部属于专用系统,以形成自己的特色和差异化优势。这些措施大大提升了服务效率,提高了服务质量,对于控制成本和扩大客户产生了深远影响。

国内的大通快递、中铁快运、宅急送、佳吉快运等企业,也宣称服务过程的网络化和信息追踪手段的全方位使用,并不断加强快递服务信息化的投入力度。在数字化和信息化建设、尤其是网络化的建设方面,我国的许多快递企业都非常重视。但国内快递企业这方面专业人才缺乏,主要由专业的信息服务公司提供服务,随着国内快递市场的日见膨胀,积累了资金实力的快递企业将会在网络化和信息系统建设方面有更大的投入。

迅速、按时、准确、节省和信誉是快递的五大质量目标,充分利用现时的电子信息技术,不仅能够保证上述五大质量目标任务在快递过程中的实现,而且能够产生联动效益。日本的三大综合商事住友、三井和三菱就共同合作构筑电子物流信息市场达成了合作协议。

这一系统的构思思路是将网上的商品电子贸易与物流运输两大项业务同时在互联网上完成,达到一石二鸟的目的。电子物流信息市场理论论证认为,可发挥出以下经济效益:提高车辆的运输效率,节省企业的物流费用,缩短物流费用支付结算的时间;同时可实现电子结算和电子保险签约,还可以对物流过程中的各种货物的运输流动轨迹加以准确了解和把握;另外,还会产生联动效应这大大压缩运送的次数,将空载率压缩到最小限度,实现空载率接近于零。由于车辆流动次数减少,减少了废气排放量,对环保也非常有利。

二、市场联合与购并的趋势

现代企业的竞争,主要取决于对成本的控制,一个企业控制成本的能力越强,就越具有强大的竞争能力。快递企业的成本控制主要体现在网络覆盖和业务发展两个方面。一个快递企业可以通过市场联合与并购的方式,实现在扩大网络覆盖和业务规模的同时降低业务成本,尤其是单位业务成本。

优胜劣汰的竞争法则,决定了快递市场必然进行资源的整合,使资金、市场和人才等资源向优势企业集中。FedEx、DHL、UPS等跨国巨头在国际市场上能有今日的成就,都离不开联合与兼并战略的成功实施。相关事件有:

FedEx 收购飞虎航空

DHL 与国内的绿邦快递等数十个国内单位签订代理协议

佳极快运、宅急送的加盟战略

UPS 雄心勃勃的全球兼并与联盟计划

Danzas 收购 Florcarga S.A 物流公司

DHL 宣布与思科系统(Cisco Systems)建立伙伴关系

日本近铁国际货运与佐川急便联盟

法国邮政收购 DPD(德国第二大包裹服务公司)35%的股份成为欧洲三大邮政快递集团之一

英国邮政集团以 3 亿英镑收购德国第四大包裹公司德国包裹

美联邦法院批准美航收购环航

中国民航企业重组

在所有的联合中,与邮政的联合被各大快递企业普遍重视和采用,比如德国邮政兼并 DHL、荷兰邮政兼并 TNT 当地分公司、FedEx 与美国邮政多年合作的运输与零售协议等。我国邮政建有自己的网络,实行独立经营,但在国内普通邮件市场、国内快递市场和国际快递市场上,仍实行与我国铁路、航空等公司的联合。可以说,由于快递市场激烈竞争的影响和要求,联合、联盟、兼并和收购等已成为快递企业发展的常用策略和手段。

三、快递企业倾向与目标客户联合

统计表明,大部分企业 80%的利润来自占客户总数 20%的重点客户,因此对重点客户的争夺成为焦点,而与战略客户结成战略联盟成为一种趋势。宅急送与国内松下公司签订了合作协议,中国邮政与海尔、戴尔电脑等 11 家客户也签立了协议,结成战略联盟以共同发展。

在国内,也有专业厂商与快递公司主动签约的,物美与和黄天百战略合作就是一例。和黄天百物流有限公司是和记黄浦有限公司与英国著名物流公司 Tibbett & Britten Group 共同出资组建的具有国际化标准的物流公司,和记黄浦是香港的著名企业,其业务涉及电信、港口、房地产、物业等众多领域;英国 Tibbett & Britten Group 公司是一家物流服务覆盖 32 个国家和地区的跨国公司,业务完全集中在物流方面,其中 64%来自零售业,36%来自制造业,每年营业额为 20 亿美元。

物美与和黄天百的合作,在国内零售业中尚属首次,它不但是物美不断创新发展的重要举措,而且意味着物美集团将可以通过第三方(和黄天百物流有限公司)获取最先进的物流技术,不断改进自己的运作模式,对企业现有资源进行整合,通过与国际先进技术的接轨,极大地提高商业连锁化的程度,从而有效节约运营成本,提高市场竞争力。

最重要的是，合作可大大减少物美物流资产的投资，提高物美营运标准化、规范化和专业化水平，并使其集中采购变成现实，使异地开店更为便捷，从而加快连锁扩张的进程。大型企业零售集团物美公司，利用和黄天北的第三方物流解决自己的配送，大大降低了自己的运营成本。与和黄天北合作后，其供应商每星期只拿三份订单，而不再是 600 份，每个供应商每星期拿三份发票，这可以大大节约管理成本，尤其是避免了缺货赔偿的麻烦。这样一来，对需求量预测的准确率将大大提高，更多品种的商品可摆在店铺销售，服务水平也由原来的 40% 增长到了现在的 95%，配送中心执货的准确度超过 99%，货品也将按照计划的时间送到店铺，这样店铺可以安排适当的时间把货物摆上货架。由此，降低的成本将在零售商及供应商之间分配。而对零售商而言，降低的成本已足够作为物流运作的费用。

另一个例子是首信集团与宅急送的合作①。为适应电子商务时代对物流企业的需求，有效地突破第三方物流这一瓶颈，宅急送公司与首信公司签署了合作建设基于因特网上物流配送系统的协议，系统将成为国内领先的电子商务物流配送体系，并自即日起进入应用阶段。

作为国内大型的专业物流配送公司，宅急送具有专业的物流技能和网络化发展的战略眼光。它在国内建有 19 家分公司，30 余家分支机构，业务范围覆盖全国。但庞大的业务需要先进的网络技术的介入和支持。为此宅急送加大企业信息化建设力度，早在 1996 年即自主开发了当时处于国内领先地位的企业内部 MIS 系统，随后又全面导入 ERP/LRP 系统。此次率先开通投入使用的"宅急送网上速递配送系统"就是宅急送全面实现企业信息化的重要组成部分。它不仅为宅急送的广大客户增加了网上业务委托和货物查询服务功能，同时它作为首都电子商城的配套设施也为入住商城的 3 000 多家商户和消费者提供便捷的物流配送服务。

由首都信息发展股份有限公司建设和运营的首都电子商城（www.beijing.com.cn），是一个综合性的电子商务平台，提供多样化的第三代电子商务支撑平台。首信公司建设有全国最大的在线支付平台，同时为企业和个人提供专业的 CA 认证体系，互联互通、高速稳定的网络资源，电子商务法律环境，企业电子商务解决方案及网络安全解决方案，由此聚集了一大批国内外开展电子商务交易的 B2B 和 B2C 网站，并带动产生了更多的技术资源和社会资源。

网上速递配送系统开通后，客户可通过宅急送的网络平台在网上实现业务委托、货物查询和网上支付等基本功能。客户只需轻点鼠标，选择所中意的配送方式，即可在家中坐享送货上门的服务。

与此同时，宅急送率先在同行业中采用 GPS 全球卫星定位技术，对公司货运车辆实行全国范围内全程监控。客户经宅急送公司授权可在自己的办公室上网监控运送自己货物车辆的具体位置。

---

① 由于经营环境的变化，宅急送经历了几次大的转型，2008 年 10 月以后的宅急送已较原来发生了较大的变化，但在快递业，宅急送公司曾实行的与目标客户联合的举措对快递企业的战略决策仍具有参考价值。

四、网络、服务、技术是核心竞争力

作为一家主营国际快递服务的公司,DHL 的主要特点表现在三个方面:一是专营国际业务,瞄准国际市场;二是门对门的按时、快捷服务;三是大部分为航空运输。与 UPS 及 FedEx 相比,其第一特点更为明显:DHL 国际快递业务的市场占有率为 42%,FedEx 为 12%,而 UPS 仅 8%。DHL 拥有全球最大的航空速递网络,服务遍及 228 个国家和地区,雇员超过 63 000 名;同时配备 18 000 多辆车和 252 架飞机。目前,DHL 已在新加坡、巴林、布里斯班、迈阿密、布鲁塞尔、约翰尼斯堡等地开设了 6 家快递物流中心。在新加坡,该公司拥有 3 个服务中心,其中业务量最大的一个服务中心,每天要处理 20 万件货物。工作程序分为以下几个步骤:首先向客户取件,顾客致电到客户服务处,由服务员将取件、收件地址等信息输入计算机,全球联网,公司即会统一派人到户取件;第二步是送货,在电脑中列出指令,对第一货件进行扫描,计算机会自动进行分类,同时产生工作单,大致 4 张,其中写有收件人姓名、地址、货重、日期、编号、产品细项等。单是扫描器系统,DHL 就花费了 2 400 万美元的投资。使用该系统,只需用 15 分钟货物信息就进入全球主机,对准备发送的货品、到达的货品及到达时间等都有准确记录。目前其他竞争对手还没有这样的先进技术。同时 DHL 并不满足于当前的这种技术领先地位,还力求做得更好。他们现正在研制一种便携式屏幕,各种快递业务中的细节,诸如送货地简称,如新加坡为 SIN,北京为 PEK 等,哪些货件需要报关,费用结算等,都可以通过该屏幕来获取信息,客户通过上网,输入由 DHL 提供的编码,进入系统,然后自己输入业务资料。这样既方便使用,又提高了资料的准确度。另外,为了提高送货效率,DHL 与海关在信息方面进行了 EDI 联结,因此,在每架飞机到达时,机上货物同时即可通关的高达 80%,当天的通关率为 90%~100%,极大地简化了程序,节省了客户的时间。在车辆选型方面,DHL 大多使用两类车,第一类是 1 吨半小型车,主要购买丰田,由于业务需要,现准备转向购买 2 吨半的车型;第二类是 3~5 吨的大型车,主要由业务伙伴提供,按件收费,车辆采取承包租赁制,承包商每人一点,采取一对一方式,有利于公司控制整体的服务质量。

每名速递员每天须完成 8~10 点,每点 3~4 件,送货同时安排取货。他们的工作,不仅是劳力的付出,更是经验和智慧的体现。客户服务是 DHL 最关注的重要工作之一。DHL 为此精心设计了很多有针对性的训练课程,来增强员工的团队精神,同时公司还建立了相应的监督机制,1 名监督员要跟踪管理 6 个快递员,通常每周一次抽样调查,以确保他们规范地进行每一项程序。

客户服务处也是一个极其重要的部门,主要处理三方面的内容:大部分是客户的业务电话,其次为普通咨询,另外还需帮助解决货件在运送过程中遇到的问题。公司设立一定的服务指标,对每位服务人员进行考核,最主要的指标有以下三个:一是电话没有接通就被挂断的比例数;二是电话接听的质量;三是接受投诉后,24 小时内未跟进反馈的次数,其他还包括每天接听电话的次数、效率等。

DHL 下一步还计划要加强与重大客户的业务联系,充当他们的业务代表,利用目前的服务中心网络,通过电话,为客户的顾客提供各种咨询服务,诸如代表电脑开发商解决掌上电脑的故障问题等。对于固定客户,DHL 还特别提供一张 CD-ROM,一经安装,便可发出指令与DHL联网,极大程度地体现了大客户优先的原则。

DHL保持竞争优势的另外一项措施,就是时刻关注客户需求,主动寻求业务创新,从而赢得客户的更大支持。随着电子商务的蓬勃发展,跨国企业的不断崛起,国与国之间的运输业务越来越多。如何管理跨国贸易间繁复的运输费用转帐问题,已成为全球物流企业运营管理的重要课题。DHL针对台湾企业的需求,1996年正式推出"DHL九六全球通"服务,以专业的结算服务,提供全球国际快递费用统一管理付费的完整服务,推行至今,已获得近5 000家进口厂商签订合约,有资料显示台湾产业对此类服务需求迫切。

国际快递行业有对方付费服务(收货方付费),通常其议价的主控权在寄件人手上,DHL于1995年在台湾首创的DHL进口快递服务则将其转换至台湾收件人手中,台湾厂商只要申请一个专属账号,即可计算来自世界各地货件的开支,并以台币付费,不受汇率变动影响来控制营运成本;此外,DHL还会提供所有的运费明细,简化企业厂商的账务管理流程。

鉴于电子商务潮流的兴起,全球物流管理模式已直接由工厂出货至经销商或使用者之手,台湾企业设厂于全球各地的情况也愈盛,"DHL九六全球通"服务延伸了原有DHL进口快递服务,以其广大的服务网络,为企业厂商提供第三地付款的服务,台湾厂商设在世界各地的工厂出货至参与该服务方案任一国家的运费,均可由DHL台湾公司事先提出报价,在台湾以月结方式开立发票。

以台湾厂商设于泰国、越南或印尼等地工厂的出货为例,如运费由工厂直接支付,将无法提列该公司在台湾的营运支出,而且无法控管各厂的运输成本,"DHL九六全球通"服务的推出,将可直接在台湾统一付费,于年终减免营业支出,达到节税的目的,除了少数外汇管制的国家及地区外,目前已有近200个国家参与该方案的推进,这是目前业界第一个推出此项完整服务方案的国际快递从业者。

同时传统空运的运送服务是委托空运公司进口后,另请报关行负责清关,再由货运行以卡车送件的,而"DHL九六全球通"提供的则是DHL一贯的户对户服务,以DHL全球228个国家完整的国际网络为顾客处理跨国贸易所带来的繁复的运输费用转账问题,对于有心推广电子商务及工厂设于海外的企业厂商而言,该服务有控制成本及简化帐务的双重优点。截至目前,该方案已获得近5 000家跨国厂商的认同与运用。

DHL曾多次被评为国际最佳快递企业,其国际快递业务持续增长的原因,在于准确的国际市场定位、全球网络、优良的服务、先进的技术设备,以及时刻关注客户需求,努力创造客户新价值的创新精神。今后竞争的重点,将在网络、技术与服务之间展开,中国企业的服务意识,需要大力培养。

五、快递离不开电子商务平台

如前面案例所述,FedEx每天都要把分布在全世界200多个国家和地区的客户的货物,按时间、地点、品种等方面的要求进行准确无误地递送,没有一套先进的信息系统进行自动化管理,是无法完成的。FedEx在建立、改善和提高信息系统水平方面,也不吝惜投资。该公司之所以能取得如此巨大的成功,与其建立的既能大大便利顾客又能大大降低费用、向客户开放的信息系统是分不开的。

（一）在线系统的变迁

对于货物配送状况进行跟踪，目前已是快递公司普遍采用的措施。货物配送跟踪服务的创始者就是 FedEx。早在 1982 年，FedEx 就将本公司的名为 FedExPowerShip 的网络向大客户开放。PowerShip 是一套由客户在专用的计算机上进行送货方式、发送目的地和配送状况等管理的系统，经过不断改进，现在利用该系统的客户已经超过 10 万。随后，FedEx 又于 1995 年推出了面向中小骨干客户的专用系统 FedExShip。客户只要采用 Windows 浏览器、操作调制解调器就能联入 FedEx 的系统。这种服务在当时是绝无仅有的。一年之后，更大程度地使用 Web 的 InterNetShip 便开发成功了，无论是大中小企业客户还是个人用户，也无论利用频率高低，谁都能方便地得到服务，它是一种在网络业界成为热门话题的 Web 系统。在短短一年半的时间内，InterNetShip 的使用者就达到 8 万人以上。现在，使用 FedExShip 和 InterNetShip 的客户已经有 100 多万人，采用 Internet 进行跟踪活动的每月不下 100 万件（次）。

（二）双方有利的方式

FedEx 对自家的网络 FEDEXCOSMOS 不断投入大量资金加以改进，目前 COSMOS 的日处理数量已达 6 000 万件。从客户选择方式和跟踪输入开始，直到集配中心的分货作业和飞机与车辆组配等所有作业，都依靠 COSMOS 实现了全部自动化。在一般运送企业，其电子化所显现的合理化效果，往往只局限在企业的内部作业上。这就意味着，要将顾客拿来的亲手写的传票再输入，货物送到目的地后还要对领取人加以确认，从而大大增加了末端的工作负担。而 FedEx 面向客户开放的电子系统，要求尽量减少对配送目的地地址输入的差错，这样才能降低费用。COSMOS 为 FedEx 带来了多大收益，尚无确切数字，但是如果仍沿用 FedExShip 的话，完成与现在同等的作业量需要增加 2 万名工作人员。应用 InterNetShip 系统后，提高了物流配送目的地地址的正确率，使顾客的查询量减少，通过向顾客打电话调查发现，顾客查询比例较之过去下降了一大半。InterNetShip 系统的应用使 FedEx 公司一天处理的电话减少为 60 万个左右，顾客通过在线方式得到了 24 小时昼夜不停地配送和跟踪服务，FedEx 也因此减少费用并扩展个人客户，客户与企业双方都从网上得到了好处。

（三）超过 5 000 站的网链

FedEx 的 Web 站是 1996 年 6 月开通的，到 1998 年 3 月，在 FedExShip 和 InterNetShip 上登记的顾客合计已经超过 100 万人。根据一年半的使用经验，FedEx 在此时又对网站进行了改进。主要的改善内容是将网页的画面和操作设计得更吸引人和更方便，例如针对不同国家顾客设计了国籍网页，还增设了便于登录住址和专用下降站（Drop of Site）的下降定位器（Dropof Locater）等。FedEx 的副总裁加尼斯认为，这种改进体现了公司对用户的意见和要求的重视，新设计将会使操作更快速、更方便。FedEx.com 的任务不仅是为一个一个的顾客进行跟踪和费用计算等，还能通过网链将其它公司的 Web 站链接起来，让后者也能提供同样的功能。例如，Cisco 系统的 Web 站一经 FedEx 链接扩张后,FedEx 的跟踪信息将自动向 Cisco 的顾客提供。现在,与 FedEx 网站链接并为 FedEx 服务的其他企业、机构的网站已有 5 000 多个,从而形成了 FedEx 重要的在线服务特点。

(四) 企业物流系统代行

链接方式仅仅是 FedEx 电子商务战略的一部分,它的面向顾客而展开的 ERP(EnterpriseResourcePlanning)战略也已正式推出。面向顾客的 ERP 的功能之一,是能够完全代行企业的物流系统。举例来说,美国国家半导体公司就把它在亚洲的 3 家分厂的生产物流工作,全部委托给 FedEx。具体来说,就是由各家分厂及下属单位加工的所有产品,均运到 FedEx 设在新加坡的物流中心,FedEx 根据美国国家半导体公司每天的订货情况,制定送货计划,并向亚洲各国的顾客实施配送。据美国国家半导体公司统计,交由 FedEx 代理物流以后,交货周期由过去的 4 周缩短到 1 周,运送费用由过去的占销售额的 2.9% 下降到 1.2%。另外一个典型例子,是 FedEx 承接了 Dell 电脑公司在亚洲等地的配送任务。Dell 公司是以邮购电脑,特别是通过 Web 销售电脑而闻名于世的。据报道,Dell 在 Internet 的电脑销售额最高时达每天 500 万美元的规模。FedEx 承接的是 Del 设在马来西亚的工厂生产的电脑配送相关的各种工作(包括办理海关手续和产品核查等),成绩显著,如向日本的发货时间由过去的 10 多天减少到 1 周左右。

电子商务发展代表了对快递服务需求的最新趋势。对快递企业而言,电子商务平台带来的是服务效率的极大提升、运营成本的大量节约,以及随之而来的更多客户服务订单。因此跨国快递巨头无不大力建设自己的电子商务平台,其中 FedEx 更是全力推行其电子商务平台与全球用户、其他电子商务专门供应商的链接与业务往来。国内企业正在经历全球化和电子化的过程,今后这一趋势会更为迅猛,快递企业必须定位于全球竞争,把握发展趋势。

第二节 电子商务快递产业链

一、产业链概述

(一) 产业链的含义

产业链,是同一产业或不同产业的企业,以产品或服务为对象,以投入产出为纽带,以价值增值为导向,以满足用户需求为目标,依据特定的逻辑联系和时空布局形成的上下关联的、动态的链式中间组织。

(二) 产业链的特点

1. 形成产业链的企业,既可以是同一产业的企业,也可以是不同产业的企业。例如汽车产业链,它的企业有来自橡胶工业的轮胎生产商,有来自机械工业的发动机生产商,有来自电气工业的电线生产商,还有来自第三产业的维修服务提供商。

2. 产业链是企业的集合,企业是产业链的载体。

3. 产业链是以产品为对象,即以生产的对象为对象形成的,这里的产品可以是看得见摸得着的物品,也可以是服务,如教育服务、金融服务等。

4. 产业链以投入产出为纽带,上一企业生产的产品一定是下一企业的投入,直到完成整个产品的生产为止。

5. 产业链以价值增值为导向,产业链中的企业从上游到中游再到下游是一个不断增值的过程,直到用户买走产品,实现了产业链的价值为止。

6. 产业链以满足用户需求为目标。产业链从原材料供应直到生产出用户需要的产品,整个过程都是按用户需要来组织生产的,如果生产出的产品,用户不需要,则产业链的价值就无法实现。

7. 产业链包含有生产、交易两大过程。链内不同企业的专业化分工和企业部门间的垂直协作关系在生产功能上是完全一致的,众多企业围绕某一核心企业或某一产品系列在垂直方向上形成了前后关联的一体化链条。产业链的交易既含链内企业间的交易,也含链内企业与链外企业的交易。

8. 产业链的关联关系有时间的次第性和空间的区位指向性。

9. 产业链的组织性质是中间性组织形式,是"有组织的市场"和"有市场的组织"双重属性的合作竞争型准市场组织。

10. 产业链有很多种类,从不同角度划分有不同的类型。

11. 产业链中的企业的逻辑关系是产品工艺分工关系或功能分工关系。

12. 产业链起始于初始资源终于消费市场,但由于初始资源和消费市场具有相对性,因此,产业链的起止点是相对的,是因研究问题的内容和范围而变化的。

13. 从不同角度考察,产业链有不同的表现形式。从价值创造的角度看,产业链是指在同一产业内所有具有连续追加价值关系的活动所构成的价值链关系。从产品结构的角度看,产业链是指以某项核心技术或工艺为基础,以市场前景较好、科技含量较高、产品关联度较强的优势企业和优势产品为链核,以产品技术为联系,以投入产出为纽带,上下联结、上下延伸、前后向密切联系而形成的产品链。从产业间结构链的角度看,产业链是指组成产业结构的第一、第二、第三产业的细分部门之间的前后向产业联系。产业结构链关注的是一个产业的前向和后向关联,上游和下游产业匹配,即我们通常所讲的产业关联和配套。

14. 从总体上考察,这些"价值链"、"产品链"、"结构链"是内含在产业链中的一个子链,我们称之为产业链的"内含链"。所以,产业链是一个内含有不同子链的复合链。

15. 构建产业链包括接通产业链和延伸产业链两个层面的内涵。接通产业链是指将一定地域空间范围内的产业链的断环和孤环借助某种产业合作形式串联起来;延伸产业链则是指将一条已经存在的产业链尽可能地向上游延伸或下游拓展。产业链向上游延伸一般使得产业链进入到基础产业环节或技术研发环节,向下游拓展则进入到市场销售环节。构建产业链的最终目的是在产业链拓展和延伸的过程中,一方面接通了断环和孤环,使得整条产业链产生了原来断环或者孤环所不具备的利益共享、风险共担方面的整体功能;另一方面衍生出一系列新兴的产业链环,通过形成产业链,又增加了产业链附加价值。

二、产业链种类与快递产业链

产业链种类很多,从不同角度划分可分成不同类型的产业链。主要有六种分类方法,它们是形成机制分类法、行业分类法、层次范围分类法、关联结构分类法、生态特性分类法、龙头企业地位分类法。与快递关系密切的主要是形成机制分类法、行业性质分类法、层次范围分类法和关联结构分类法。

(一)按形成机制划分

按形成机制产业链可分为市场交易式、等级式、网络式三种类型。市场交易式产业链是自组织形成的产业链,产业链的形成完全是企业的自发行为,没有外界因素的作用,产业链中节点企业之间的关系为简单的交易关系。节点企业在产业链中的地位完全平等,没有核心企业,也没有企业从产业链中赚取垄断利润。自组织产业链条短,链接力不强,不能发挥产业链的功能效应,是产业链发展的低级阶段。等级式产业链是它组织形成的产业链,是指上游(下游)企业通过购买下游(上游)企业的产权获得被收购企业的控制权。一般来说,钢铁、石油、煤碳、汽车等进入壁垒高、容易产生垄断的产业形成一体化式产业链。网络型产业链是指产业链的核心企业对节点企业进行行为限制和价格限制,以便赚取高额垄断利润。行为限制有独占交易、独占区域、共同代理、拒绝交易、搭售等形式,价格限制主要有场位费、抽成、转售价格等形式。

快递产业链条具有复杂性,由于快递企业可以通过公路、铁路、航空等路径运输,而且可以采取多式联运的方式,在快递的产业链条里,既有市场交易式特征,更具有网络式特征,有的甚至具有等级式的特征。从总体上看,比较偏向于网络式类型的产业链条。

(二)按行业划分

按行业性质分,产业链可具体分为农业产业链、林业产业链、畜牧业产业链、农工贸产业链、猪肉产业链、蔬菜产业链、中药产业链、化肥产业链、造纸产业链、煤炭产业链、机械制造产业链、汽车产业链、钢铁产业链、电信产业链、服装产业链、高新技术产业链、IT产业链、Internet产业链、教育产业链、体育产业链、旅游产业链、金融产业链、媒介产业链等等。这种分类方法适用于开展行业产业链研究,制定行业产业链政策,考察不同行业之间的产业关联时使用。

快递行业是一个新兴产业,其产业链的行业性质尚未予以明确,但从产品属性看,应该属于服务业的产业链;从业务特点看,应该属于物流业的产业链。

(三)按作用的层次划分

按作用的层次分,产业链可分为宏观产业链、中观产业链、微观产业链。宏观产业链是指全球或全国范围内某行业产业链。中观产业链是指区域内部或区域之间的产业链。微观产业链是指区域内某个经济主体或行业的产业链。按作用范围分类,产业链可分为全球产业链、全国产业链、区际产业链、区域产业链、园区产业链。全球产业链是指站在全球视角考察产业链,产业链的龙头企业在一个国家,而节点企业分布在其它国家。跨国集团或大型中外合资企业或外贸出口型企业必须站在全球视角来研究产业链,并确定加入全球产业链的方式和拓展全球产业链的方向。区际产业链是指跨省(市)域的产业链。区域产业链是某区域内的产业链,这个区域既可以是一个省,也可以是一个市,园区产业链是特指一个产业园区的产业链。这种分类方法适用于宏观研究全球或区际、区域产业链时使用。

在作用的层次和范围上,既可以把快递产业链视作微观产业链,也可以视作园区产业链,还可以视作中观产业链和区域产业链,随着快递行业的发展,还可以视作宏观产业链和全球产业链。不同层次和服务范围的快递企业在不同层面经营,既可以从企业层面界定其产业链范围,也可以将它纳入更广范围界定其属于某一更大产业链的一个组成部分。

(四)按形成过程中企业与企业之间的关系划分

按形成过程中企业与企业之间的关系分,产业链可分为技术推动型、资源带动型、需求拉动型、综合联动型四种。技术推动型产业链的特点是:当上游企业向中游企业提供技术和设备时,其投入的技术、设备就由上游企业向中游企业转移,上游企业顺利地实现了产品价值,中游企业吸收上游企业的技术、设备,生产产品并通过其产品向下游企业或消费者转移以实现产品价值。资源带动型产业链的特点是:中游企业对上游企业的资源依赖性强,上游资源型企业基本处于垄断地位,上游企业只有少数几家或一家,而中游企业有很多家,中游企业处于激烈竞争环境中。需求拉动型产业链的特点是:以消费者需求为中心,强调对消费者的个性化服务,强调与消费者的交流和消费者的满意度,整个产业链的集成度较高,信息交换迅速,发展导向明确,企业见效快,但缺乏发展后劲。综合联动型产业链兼顾了技术推动型和需求拉动型的优点,同时具有发展后劲足、发展导向明确的优点。

根据快递产业链上企业之间的关系,基本上可以将快递产业链定性为需求拉动型产业链,启动产业链流程的不再是制造商,而是最终用户—供货商或者消费者。

三、快递产业链与电子商务快递产业链

电子商务快递产业链具有快递产业链的基本特征,但是在一些方面也区别于传统的快递产业链。

第一个区别是,在形成机制上,它更倾向于网络类型的产业链条,而且网络也有两个层级。第一个层级是在快递产业链内部。由一家快递业务(完整产品)的核心企业,通过价格限制和行为限制(更多的是相互的谈判和协议),对参与该业务的节点企业进行控制,约束节点企业间的行为,共同完成快递服务。第二个层级是在快递行业和电子商务行业之间,一般以电子商务企业作为产业链的核心企业,对电子商务快递产业链上的相关企业进行价格限制和行为限制,约束相应快递企业的行为,实现电子商务行业、快递行业的共同发展。

第二个区别是,在行业性质上,由于它必须与电子商务在技术、经营管理等方面实现对接,它也必须电子商务化。因此,电子商快递产业链就同时具有两个方面的行业性质,

一是物流领域的快递服务性质,二是电子商务领域的电子商务服务性质。

第三个区别是,在作用的层次和范围上,应更偏向于从宏观和全球的角度来理解电子商务快递产业链。因为,电子商务无限拓展了交易的对象、时间、交易主体、地域范围等一系列限制交易的因素,从而无限拓展了交易市场。因此,应从更宏观和更广范围的角度来理解电子商务快递产业链,才能更好地把握国家层面的宏观政策对快递产业的影响,以利于企业层面的经营决策。

第四个区别是,在电子商务快递产业链的形成过程中,企业与企业之间的关系比较综合,属于综合联动型产业链。比如,从技术层面来说,电子商务企业可以帮助快递企业在技术上的需要,同时,也是电子商务的快速发展催生了对快递服务的大量需求,因而属于综合型的产业链。

电子商务快递产业链与传统快递产业链相比,最大的特点在于产业链的起点的构成的变化。传统快递行业的产业链起点大多起于零星的、偶尔的需求,而电子商务快递产业链的起点除此之外,更多的起于大量的、经常的对快递服务的需求,而且,电子商务快递产业链更依赖于电子商务平台,不仅是电子商务交易平台,还有物流信息的联结平台等。

四、电子商务快递产业链分析

(一)产业价值链理论概述

产业价值链理论是建立在波特价值链理论基础上的,波特(Porter,1985)认为,"每一个企业都是在设计、生产、销售、发送和辅助其产品的过程中进行种种活动的集合体。所有这些活动可以用一个价值链来表示",当这些活动在一个企业内部进行时构成企业价值链。在产业链上,产品的价值被分解到不同的经济单元,各经济单元的经营活动不仅决定着个别环节的价值,还决定着整个产品的总价值。这些价值单元环环相扣,必将导致产业中价值的"链"化,从而形成产业价值链(李平,狄辉,2006)。因此,产业价值链是价值链在产业层面上的延伸,是产业链上企业价值链的整合,是产业中不断转移、创造价值的通道。同时,随着产业环境的发展变化,产业中的价值分配可能会随着产业价值链中企业的环境适应能力、企业动态竞争能力、企业综合经营能力的变化而重新分配(王文亮,冯军政,2005)。

(二)电子商务快递产业价值链的特点

从产业价值链理论可知,最终产品(服务)价值的形成和价值的分配为产业价值链理论的两大主要内容。本书电子商务快递产业价值链仅讨论前者且主要讨论电子商务快递产业链的价值传递和构成电子商务快递产业链相关环节(企业)对电子商务快递服务(产品)价值的影响。由前文中关于电子商务快递产业链特征分析,可知电子商务快递产业链分为快递产业内部的产业链条和横跨快递产业与电子商务产业之间的产业链条两个层次,通过这两个层级的链条所提供的电子商务快递服务(产品)的价值的形成及转移过程如图7-2所示。

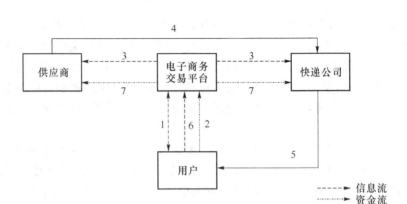

图 7-2　电子商务快递服务过程中价值的转移

在图 7-2 中,用户首先从电子商务交易平台网站上搜寻到需要的物品,再向交易平台发出订购信息,并把所需支付的款项通过指定的方式交付给电子商务交易平台。然后,电子商务交易平台再把用户购买的信息传达给相应的供应商和快递公司。随后,快递公司根据订单指示,去相应的供应商取货,并按时送到用户指定的地方。在用户接受货物,并给电子商务交易平台发送确认指令后,电子商务交易平台企业按照协议中规定的价格把相应的资金划拨给供应商和快递公司。

在实际的电子商务快递服务运作中,虽然用户可能会有多种付款方式,包括图 7-2 中提到的预付款项以及没有提到的货到付款等,但不论哪种方式,电子商务交易平台企业在电子商务快递产业链中的核心地位没有变化:电子商务交易平台企业掌握着快递公司电子商务产品的货物渠道,掌握着供应商的配送渠道,掌握着用户的资金渠道。对产业链中渠道的掌握,就意味着电子商务交易平台企业对产业链中各环节的价值分配有相当大的决策权,或者说电子商务平台企业掌握着电子商务快递产业链中其它上下游企业服务(产品)的定价权。

五、电子商务快递产业链发展的阶段

根据本书界定的电子商务快递产业含义及设想的产业链架构与特点,结合电子商务和快递产业的发展的趋势,可以把电子商务快递产业链的发展分为三个阶段。

(一) 第一阶段:产业链孕育期

我国电子商务发展初期,还没有形成真正意义上的电子商务快递产业,很多电子商务企业都是自建物流体系,社会上也没有专业的快递公司给电子商务企业提供专业的物流服务,大部分电子商务企业的货物配送不采用或者部分采用社会物流资源。例如当初当当、卓越采用的自办物流模式,这种自办物流模式在日后被证明是收益不高的。时至今日,10 岁的当当和卓越的日交易量加起来大概也只有 10 多万单(这个数字还是最近一年多时间里当当和卓越选用多家快递公司配送的结果),这比起淘宝的日交易量 250 万单少了很多。这类自建物流配送体系的电子商务企业,在电子商务发展的初期,是很难取得成功的。其主要原因有如下几点。

1. 我国物流配送业基础比较薄弱,发展严重滞后于电子商务。作为一个发展中国家,我国物流业起步晚、水平低,在引进电子商务时,并不具备能够支持电子商务活动的现代化物流水平,尤其是快递物流服务水平低,难以支撑电子商务的发展。我国电子商务发展初期,电子商务企业对于如何运作电子商务尚且处于摸索阶段,根本没有足够的时间、物力、财力去探索如何建设适合自己的物流配送体系。根据管理学上著名的"木桶原理"(Cannikin Law),自建物流体系的电子商务企业的成功,很大程度上取决于他们自身的短板——物流配送体系。这样,自建物流体系的电子商务企业,又不得不同时进行电子商务和物流配送体系的建设。比起一般的专业电子商务企业,自建物流体系的电子商务企业需要承担更大的风险,投入更多的人力、物力和财力。

2. 电子商务发展初期,其业务主要以 B2C 为主。B2C 的物流配送从操作面来讲是比较简单、容易的,这样也就使得有人脉资源的物流贸易商们纷纷介入其中,以至于整个 B2C 物流市场鱼龙混杂,这些物流贸易商只要与任何一家大 B(企业)的高层有一些私人交情就可以接到订单,然后采用与当当、卓越类似的"自办物流"的方式并找到当当、卓越的当地配送公司支付低廉的费用就可以进行配送。当然还有更简单的,简称为"整体物流再外包"模式。例如,作为奥运会的合作伙伴 UPS,在争取到奥运会的物流配送服务业务后,把该业务外包给中国邮政,赚取了大笔的价格差额。因此,诸如当当、卓越这类自建物流配送体系的电子商务企业,把 B2C 企业的物流观念带入了歧途,更多的中小企业是不具备玩这种所谓"自办物流"的游戏的,而只能借助于各类物流服务商来完成其物流服务。这样不但大大增加了自己的物流成本,而且限制了自身的发展,结果只能是社会物流业成本偏高,反过来又制约着电子商务企业的发展,形成了一个恶性循环。

这一阶段的特点是,完整的电子商务快递产业链并未形成,电子商务企业自建配送体系的弊端逐渐显露。

(二)第二阶段:电子商务快递产业链形成期

随着电子商务的发展,特别是 C2C 型电子商务的发展,电子商务公司的货物越来越多地由第三方快递公司来承担。在这类业务中,比较典型的是淘宝网与各快递公司的联合。淘宝作为新生代电子商务企业的代表,致力于电子商务平台的开发和维护,并与多家快递企业建立了战略同盟关系。多家快递企业也专门为淘宝客户量身定制了一套服务规则。淘宝的这种模式,不仅给自己带来了日交易量 250 万单的成功,同时也带动了其物流配送企业——快递公司的发展。例如申通公司的申通 E 物流快递,虽然仅仅成立了 6 年,但现在的日交易量已经每天达到 60 万票,远远超过与淘宝结盟初期的 6 万票/天。这些鲜明的数据对比说明了电子商务企业和快递企业结合,形成战略同盟合作伙伴关系,能够使双方受益。在该阶段,电子商务快递服务产业链逐步形成,其主要原因在于以下两点。

1. C2C 型电子商务企业需要更加专业的电子商务交易平台。C2C 型电子商务一般是针对各种不同种类小批量的货物的交易。这种交易方式就类似于传统商业模式下消费者和商店之间的买卖关系,具有数量小、价格低、交易频繁的特点。这就决定了在这种交易方式下,中小型商家自建电子商务平台既有难度,也不经济。因而需要一些电子商务企业作为交易平台,来充当传统交易模式下的"商业街"的角色:即只要顾客进入了该电子商务企业的交易平台,就进入了"商业街"。顾客可以根据自己的喜好和性价比原则,选择各种各样的商品。

2. C2C 型电子商务企业的特点决定电子商务企业需要外包配送业务。C2C 型电子商务模式是一种个人对个人的网上交易行为,并且它的物流配送网络是发散型的。建设这种发散型的配送网络,对于单个企业来说,成本是很高的。这就需要有专门的配送企业来建设配送网络,以规模效应来降低配送成本。在这种背景下,快递企业越来越多地承担了企业的配送任务。现在很多中小快递企业的配送网络已经延伸到全国的许多中小城市,快递企业的发展也让它们有能力承担起电子商务商品配送的重任。

同时,在这个阶段,有很多 B2C 电子商务企业也选择了将物流配送业务委托给快递公司。在这些电子商务企业中,有一部分是原先采用自建物流体系的电子商务企业;有一部分是由于企业 B2C 业务的产品需要使用快递服务,但自身没有建设配送网络。但是,在该阶段,仍然有一些 B2C 电子商务企业选择自建物流配送网络。这主要是因为,快递配送企业或者物流企业无论其网络规模(网络覆盖状况)、配送速度、质量还是配送服务的管理等方面均难以达到电子商务企业的要求,同时也缺乏与第三方专业物流公司进行合作的成熟商业模式。

在该阶段后期,电子商务企业和快递企业都得到相当程度的发展。各快递公司都有了完善的配送网络,高水平的客户服务以及很低的货物差错率。在整个产业链中(如图7-2 所示),电子商务平台企业居于核心位置,电子商务平台企业掌握着快递公司电子商务产品的货物渠道,掌握着供应商的配送渠道,掌握着用户的资金渠道。在这种形式下,电子商务企业就基本上控制了整个产业链。这就使得它们可以充分利用资源,和上下游企业讨价还价。甚至一些大型的电子商务企业还自建配送网络和采购体系,使得上下游的供应商和快递企业都处于一个特别被动的局面,从而使快递企业面临着严峻的挑战。

(三) 第三阶段:电子商务快递产业链的动态整合

随着电子商务平台企业议价能力的提高,快递企业的利润进一步压缩。在这种形式下,快递公司为了生存下去,就必须提升自己的综合经营能力,提高自身对产业链外部资源的获取、支配与协调能力;提高自身对产业链资源的整合能力;提高自身对产业链外部资源的综合利用能力和整个产业链系统资源的整合能力;提高自身的综合经营管理与控制能力以及对产业链各关键接口的转换控制能力等。快递企业在这些方面能力的提升可以通过电子商务快递服务产业链的动态整合来实现,主要有两条途径。

1. 快递企业将电子商务快递服务产业链内部化

快递企业将可利用的、可支配的资源加以串连和并联整合,在企业内部形成一条完整的电子商务快递服务链条。为了实现产业链内部化,快递企业可以通过对产业链的纵向一体化来实现。在该阶段,电子商务平台技术已经相当成熟,大型的快递企业完全可以搭建自己的电子商务平台,提高自身的综合经营能力,以逐步摆脱在原产业链中对电子商务平台企业的依赖。

2. 快递企业将电子商务快递服务产业链外部化

快递企业通过严谨科学的产业分析,本着降低产业链资源整合成本和提高企业经营效益的目的,实行非核心业务外包。比如,快递公司可以与几个电子商务平台企业建立联盟进行合作,自己仅仅控制产业链上的经营管理费用,把配送流程中非核心的业务外包给更专业的公司来做。

同样的,针对快递公司从纵向一体化、结盟、非核心业务外包这三个方面提升企业综合经营能力的战略,大型电子商务平台企业也会从纵向一体化、外包与结盟这三个方面做出相应的调整,以维护他们自身在产业链中的地位。使得电子商务快递产业链在电子商务平台企业和快递企业的博弈过程中动态发展,不断变化。

随着产业链整合纵向一体化程度的进一步加深,大型的电子商务快递企业和快递企业的电子商务平台,配送网络越来越完善。在纵向的产业链成功整合之后,大型企业势必会向产业链的横向发展:即在提高各自的电子商务平台以及配送网络的专业化程度的同时,增加服务种类,对产业链进行横向一体化整合。一旦大型的电子商务平台企业和快递企业开始产业链的横向一体化整合,电子商务快递服务产业链上小企业的生存空间将被进一步压缩,乃至被收购、兼并或者退出电子商务快递服务领域。

综上所述,电子商务快递服务企业都可能会建立自己的电子商务交易平台,以及比较完善的配送网络。电子商务快递服务产业链从初期的电子商务企业和快递企业协作开展电子商务快递服务变为由产业链中主要的节点企业(大部分建有自己的电子商务交易平台和比较完善的配送网络)相互协作,给上游的供应商,下游的客户提供一站式的电子商务快递服务。如图 7-3 所示。

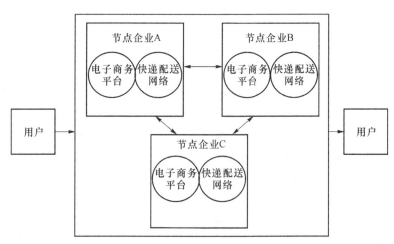

图 7-3 电子商务快递业最终产业链

随着电子商务的发展,电子商务快递服务业务量在快递服务业中所占的比重越来越大。电子商务平台企业和快递企业只有充分把握电子商务快递行业的发展趋势,抓住机会对电子商务快递产业链进行上、下游整合和横向整合,才能在未来的竞争中立于不败之地。

第三节 电子商务快递企业发展战略

根据迈克尔·波特(M. E. Porter)的竞争战略理论,在各种竞争力量的抗争中,蕴涵着三类基本的战略思想,即总成本领先战略、差异化战略、专一化战略。

总成本领先战略要求建立起高效率的生产设施,在经验的基础上全力以赴降低成本,采取各种措施,最大限度地减少管理、服务、推销、广告,甚至研究和开发等方面的费用以控制成本。尽管在质量、服务以及其他方面也不容忽视,但在整个管理过程中,企业的中心工作和目标始终是让成本低于竞争对手。公司成本较低,就意味着当别的公司在竞争过程中已失去利润时,自己依然可以获得利润。

差别化战略是将产品或公司提供的服务进行差别化,在整个产业范围内建立起自身的特点,也可以通俗地理解为:标新立异、人无我有、人有我优。实现差别化战略可以有许多方式,如独特的品牌形象设计、与众不同的技术、超常的性能和顾客服务、商业网络及其他方面的独特性。最理想的情况是公司在几个方面都有其差别化的特点。如果成功地实施了差别化战略,它将建立起防御阵地对付五种竞争力量,成为在一个产业中赢得高水平收益的积极战略。

专一化战略的主攻方向是某个特殊的顾客群、某产品线的一个细分区段或某一地区市场。与差别化战略一样,专一化战略可以具有许多形式。虽然总成本领先战略与差别化战略都是要在整个产业范围内实现其目标,但专一化战略却是围绕着能够更好地为某一特殊目标服务而建立起来的,它所开发推行的每一项战略措施都要服从于这一中心。实施专一化战略的指导思想是:公司业务的专一化能够以更高的效率、更好的效果为某一狭窄的战略对象服务,从而在较广阔范围内超过它的竞争对手。

波特认为,这三种战略各有特点和相应的应用场景。如上分析,如实行差异化战略的目标是使公司在所属产业中的市场份额最大化,因此实施差异化战略的公司必然放弃对低成本的努力,即实施差异化战略的公司,其成本不一定最低,可能相对较高。而采用专一化战略,是以攻下特定的用户群或特定的区域为目标,为公司带来潜在的盈利能力,抵御竞争对手的威胁。专一化战略的实施手段有可能通过差别化或低成本,也有可能采用其他手段,但无论采用何种手段,实现专一化战略目标的同时,伴随公司的往往不是公司在全行业市场份额的最大化,而可能是其它(如盈利潜力最强、销售利润率最高等)。一个公司必须做出明确的战略选择,而不能使战略徘徊其间。否者,必然导致公司市场占有率低、缺少资本投资,从而削弱"打低成本牌"的资本。同时一个公司也不可能同时采用三种战略,因为每个战略的应用场景条件有根本区别,而只能根据自身状况和环境条件确定一个具体的战略,并随着自身条件和环境的变化,结合经营目标调整自身战略。

一、基于SWOT的我国民营快递企业战略分析

SWOT分析法又称为态势分析法,它是由旧金山大学的管理学教授于20世纪80年代初提出来的,SWOT四个英文字母分别代表:优势(Strength)、劣势(Weakness)、机会

(Opportunity)、威胁(Threat)。所谓 SWOT 分析,即态势分析,就是将研究对象放在所处的环境中,将所具有的优势、劣势、和面临的机会与威胁,通过调查列举出来,并依照矩阵形式排列,然后用系统分析的思想,把各种因素相互匹配进行分析,得出相应的结论,以供企业战略决策参考。

用这种方法,可以对研究对象进行全面、系统、准确的研究,从而根据研究结果制定相应的发展战略、计划以及对策等。SWOT 分析法常常被用于制定集团发展战略和分析竞争对手情况,为战略分析中最常用的方法之一。

S、W 主要考虑内部因素,O、T 主要分析外部因素。按照企业竞争战略的完整概念,战略应是一个企业"能够做的"(即组织的强项和弱项)和"可能做的"(即环境的机会和威胁)之间的有机组合。

(一) 我国民营快递企业的外部机遇和威胁分析

1. 我国民营快递企业发展面临的重要外部机遇(O)

(1) 经济增长。按照加入 WTO 的要求,中国将继续开放快递市场,有效利用外资,大力引进新技术和管理人才。通过对我国快递发展的简要分析发现,快递与我国 GDP 的增长有着密切的关系:2001—2004 年,大体上 GDP 增长 1%,快递市场规模增长 2.5%。

表 7-1 数据中,2011 年快递业务量增长率 53.3% 为 1~9 月与 2010 年 1~9 月期间的比值,就增长态势而言,2011 年增长率应该高于 2010 年的 25.9%,与 GDP 增长率的比值也可能高于 2010 年的 2.5。因此,表 7-1 表明,从 2007 年至 2011 年 9 月,我国快递业务增长率和 GDP 增长率的比例,除 2007 年外,均高于 2.5:1 这一数值。这表明,我国经济的增长必然为快递业的发展提供巨大的机遇。

表 7-1 快递业增长率与 GDP 增长率

	2007 年	2008 年	2009 年	2010 年	2011 年 9 月
GDP 年增长率(%)	11.4	9	8.7	10.3	
快递业务量/亿件	12	15.1	18.6	23.4	25.9
快递业务量年增长率(%)	20.4	25.9	22.8	25.9	53.3
快递业务量年增长率/GDP 年增长率	1.8	2.9	2.6	2.5	

中国的 GDP 年增长率保持在 8% 以上,据此估计,中国快递业务的发展速度应在 25% 左右。2006 年我国全年进出口总额 17 607 亿美元,比上年增长 23.8%,2008 年我国对外进出口贸易总额约 2.5 万亿美元,2008 年我国 GDP 达到 23 万亿元人民币。这些均为我国快递的发展提供了巨大的机遇。

(2) 物流业的发展。物流规模的发展速度与快递市场规模的发展速度呈正向关系。2006 年全国社会物流总额达 59.6 万亿元人民币,按现价计算同比增长 24%,仍保持快速增长的趋势。现代物流业与国民经济的运行紧密相关,随着全球制造业向中国转移,工业生产在我国呈现不断扩大趋势。2006 年,我国规模以上工业销售产值增长 25.5%,这势必推动相关物流业务的增长。

(3) 信息技术快速发展。快递发展与信息技术发展特别是互联网发展密切相关。近年来,中国电信业务迅速增长,互联网的普及与上网人数的迅速增长,使得电子商务迅猛发展。快递成为电子商务的重要组成部分,是电子商务实现实物配送的主要途径。各种类型的物流信息系统和其它物流信息技术的应用为快递的发展提供了良好的信息支撑平台。

(4) 交通运输条件的改善。由铁路、公路、水路、民航和管道组成的综合运输体系互相促进、互相补充,形成了更加完善的交通运输网络体系,在促进国民经济和社会发展以及满足人民群众日益增长的消费需求等方面作出了新的贡献。与2002年相比,2006年全社会主要运输方式完成货运量由148.273 7亿吨增加到203.789 2亿吨,年均增长8.3%;货物周转量由5.054 3万亿吨千米增加到8.895 2万亿吨千米,年均增长15.2%。

(5) 电子商务的兴起。近年来,电子商务购物已经成为一种时尚,越来越多的客户选择在电子商务网站上购物。电子商务活动要求四流合一:即要求信息流、商流、资金流、物流合一。末端的物流也成为影响电子商务消费者满意度的核心要素和制约电子商务发展的瓶颈因素。因此,快递行业遇到了前所未有的发展机遇。

2. 我国民营快递企业目前面临的重要外部威胁(T)

(1) 国际快递企业。国际快递企业从1979年登陆中国,依据国务院规定和中国加入WTO的承诺,可以享受到一些优惠政策,这为他们在中国的快速发展提供了条件,同时却对本国的民营快递企业构成了严重威胁,尤其是对民营企业经营国际业务构成的威胁更加严重。因为国际快递企业一直凭借其网络优势和品牌优势,在我国的国际快递市场独占鳌头。

(2) 邮政专营。我国现行《邮政法》第五十五条规定:"快递企业不得经营邮政企业专营的信件寄递业务,不得寄递国家机关公文"。按此要求,一般快递企业不是邮政企业,不能经营信件业务。中国邮政速递(EMS)公司既是快递企业又是邮政企业,可以经营信件业务,还可以寄递国家机关公文。这在一定程度上,造成了快递市场的不公平竞争,限制了民营快递企业市场拓展的空间。

(3) 运输体系的不完善。中国快递行业已经进入规模发展的阶段,但快递企业仅靠自己的能力难以完成全程全网的所有递送服务,需要依靠其它社会运输系统的联合才能完成递送服务,从而极大地影响快件寄送效率和质量的提高,降低了民营企业的信誉度。

(4) 同行竞争。作为同行业的快递企业之间,其竞争非常激烈。各个民营企业的公司规模、关系网、营销网络等方面存在着差异性,还不时出现互挖墙脚抢客户、低价抢客户等不正当竞争行为。

(5) 电子商务购物对物流企业的较高要求。据调研,电子商务企业对快递企业的要求主要体现在以下三个方面:低差错率、准时、高服务质量。而目前这三个方面尚未形成统一规范的标准。这就给快递企业的经营带来了很多不确定的未知因素。

(二) 我国民营快递企业的优势和劣势分析

1. 我国民营快递企业的优势(S)

(1) 低廉的价格。从价格看,EMS标准基本资费不论远近统一为22.5元,而民营快递的收费由路程远近决定,如在"长三角"或"珠三角"区域内,基本价格大多在6~8元之间。

(2) 快捷的速度。民营快递对寄件封装、重量、尺寸等快递要求没有过多的限制,主要以经营区域业务为主,对线路很熟悉,无论是同城快递,还是城际快递,民营快递企业都比 EMS 约快 50%。

(3) 灵活性高。从服务上看,民营快递实行门到门服务,手对手交接,上门收件送件及收款,对大客户还可派驻专人到客户处提供收发快件服务。国内民营企业充分发挥企业机制优势和本土化优势,大力推进全国门到门小件业务,在 2005 年年底国内小包裹市场全面放开之前,就抢得了市场先机。

2. 我国民营快递企业的劣势(W)

(1) 机械化、自动化程度普遍不高。多数企业的技术装备和设施落后,运输工具装载率、装卸设备荷载率及仓储空间的利用率不高。设备标准不统一、包装或书写格式不规范、快件自动分拣率低、处理速度缓慢,甚至使一些港口、海关配置的科技设备很难发挥应有的作用。

(2) 信息化水平低。大部分民营快递企业尚未建立集中统一的信息管理系统,在拥有信息系统的快递企业中,其信息系统的功能也还不够完善,远程通信能力和决策支持功能不强,信息资源的整合能力差,缺乏必要的公共信息平台,与客户企业、合作伙伴、海关等之间缺乏有效衔接,严重制约了运行效率和服务质量的提高。

(3) 网络覆盖率低,递送质量不稳定。许多快递企业在发展初期采取了承包、联盟等模式,网络不完善,服务不规范,质量不稳定。

(4) 经营理念和管理体制不能适应市场发展的要求。沿袭传统的组织模式和管理体制,组织层级多,流程复杂烦琐,绩效考核体系不健全等。

(5) 员工素质偏低。在调研中,我们发现,现在快递企业的从业员工素质普遍偏低。例如申通快递,大专以上的学历只占到从业人员的 15%。某种程度上,企业从业人员的素质就决定了企业的服务水平,以及企业的发展前途。

(6) 家庭式管理制约其发展。我国民营快递企业存在着严重的家族式管理现象,制约着其向规模化经营的发展。有统计表明,在全国 18 强的民营快递企业中,有四家企业老板是浙江桐庐钟山乡歌舞村出去的,且桐庐籍贯的占到 6 位。这些同乡人大量招募亲友、同乡人在各自的企业内担任要职。家族式管理是民营企业起步阶段的合理选择,对民营快递企业也不例外,但当民营快递企业发展壮大后,尤其是当民营快递企业想要做大做强时,家族式管理模式就往往成为其障碍。

(三) 基于 SWOT 的战略组合分析

根据 SWOT 方法"依靠内部优势,克服内部劣势,利用外部机会,回避外部威胁"的战略制定原则,可以用 SWOT 矩阵将上述内外部分析结果组合成 SO、WO、ST、WT 4 类战略。

1. SO 战略(优势—机会战略)

SO 战略是指依靠内部优势与利用外部机会相匹配的战略,对我国民营快递企业来说主要有三种战略。

(1) SO1 战略——弹性定价。民营快递企业可根据各时期货物运输需求的高低以及企业运输能力的忙闲状况,对不同时期(如季节)和不同的货物(如批量)分别调整快递服务的价格,运输需求大时适当调高运价,反之则适当降低运价,在不同运输季节,对运输时效性要求高的货物适当提高运价,反之则适当降低或保持运价水平;对年发送量超过一定数量的企业或货主适当降低运价,以增强公司在相应市场上的竞争力。

(2) SO2 战略——以方便、快捷为标志的高质量服务。民营快递企业可以利用多年积累的经验,在全国范围内尽可能多地建立自己的网点,占领快递市场,扩大公司的影响,提升公司的声誉和品牌形象。提供全年 365 天、每天 24 小时上门取件,送货到门的优质服务,以更好地方便客户。现今的"小产品,大市场"已经成为快递行业的一块大蛋糕,为了更好地抢占这一市场,民营快递企业应发挥自己的优势,提供"全国快递小件门到门"的服务,更好地满足社会零散小包裹快速增长的市场需求,给广大用户享受优质服务提供更多的选择。

(3) SO3 战略——以人为本、不断提高员工队伍素质。快递服务产品是由人来提供的,销售人员的行为和素质直接影响到服务质量的高低。民营快递企业在中国的起步较晚、发展较慢,快递行业又是一个新兴行业,在快递行业从业的员工普遍年龄较低,容易接受新鲜事物。企业要利用这个优势,在员工队伍中加强业务素质培训,让员工掌握市场营销和快递服务等方面的知识和技能,建立高效高素质的队伍。

2. WO 战略(劣势—机会战略)

WO 战略是指利用外部机会与克服内部劣势相匹配的战略,对我国民营快递企业来说主要有两种战略。

(1) WO1 战略——提高企业的自动化水平。提高民营快递企业的搬运装卸过程的自动化水平,快递企业可向两个方向发展:一是快件容器由邮袋向刚性容器和集装箱发展,使快件容器与带轮集装箱处理向机械化方向发展;二是由单环节搬运装卸机械化向系统化方向发展,将系统控制、自动识别、自动传送、自动存储检索等新技术用于快件搬运装卸机械设备中,增加自动分拣设备、装卸设备的配置。不断运用新技术提升快递服务效率是快递企业的发展方向,尤其是具备一定业务规模的快递企业更应该加快其处理设备的技术升级速度。对一些业务规模小的民营快递企业,人工分拣还可以完成相应的要求,但这只是目前的权宜之策。

(2) WO2 战略——建立企业信息系统,充分发挥信息系统的作用。在互联网日益普及的大背景下,快递企业建立自身的信息系统乃大势所趋。目前,很多民营快递企业的快件只能在处理过程及投递过程中进行跟踪,但在运输过程中无法实现及时跟踪。为了改变这种落后局面,快递企业必须配备先进的计算机网络、先进的通信系统、网络 GPS、条形码技术及与快递服务相关的系统软件。在拥有信息系统的情况下,要加强系统的防密技术,提高远程通信能力,快速处理一切突发事件,加强决策功能,提高企业的服务效率。

3. ST 战略(优势—威胁战略)

ST 战略是指发挥内部优势与回避外部威胁相匹配的战略,对我国民营快递企业来说主要有两种战略。

(1) ST1 战略——灵活采用运输方式。在目前的情况下,同城快递企业主要使用汽车运送。随着城市交通的发展,交通拥挤问题越来越突出,特别是上海、广州、北京等特大城市,上下班时间段交通的拥挤程度非常严重。对于突出时限要求的快递服务来说,这是一个很严峻的现实问题。所以,国内民营快递企业可以不同程度的综合使用汽车、摩托车和自行车来递送快件,以保证递送速度和服务质量。但要注意所在城市的交通管制,有些城市禁止使用摩托车,而自行车在所有城市都是可以无障碍行驶的,对于短距离的快件运送,它是一个很好的选择。我国公路运输网络的快速发展,又为选用汽车运送快件提供了条件。

(2) ST2 战略——企业间的密切合作,共同发展。不断壮大的民营快递公司,已经意识到不能仅仅靠价格优势抢占市场。从 2006 年年底开始,宅急送、顺丰、申通等民营快递公司已自发联合起来,抵制互挖墙脚抢客户、低价抢客户等不正当竞争行为,并在快件赔付、快件跟踪、电子揽收、上门揽收等方面,采取了提高服务效率的新举措,制定了保证服务质量的新措施。

4. WT 战略(劣势—威胁战略)

WT 战略是指克服内部劣势与回避外部威胁相匹配的战略,对我国民营快递企业来说主要有三种战略。

(1) WT1 战略——不断改善快递服务质量,提高客户满意度。快递服务质量好坏直接影响到民营快递企业对客户的吸引力,它不仅局限于服务态度,还包括服务方式和手段的改善。民营快递企业要建立办公自动化系统,实现快递信息的公开化,逐渐采用电子显示、计算机查询、网络服务、语音服务等多种服务手段,使客户在家里就可以了解到快件办理的费用、快件受理、发送、到达的情况;同时,要大力发展电子商务,减少快递中间环节和手续,降低交易费用,为实现门到门运输提供强有力的技术支持。

(2) WT2 战略——增强企业实力,创建品牌效应。民营快递企业应在网点设置、运送效率、服务质量以及安全等方面,虚心学习和借鉴国外大型物流、快递公司的经验,倾心打造时效精品,确定"高标准、严要求、讲效益、高水平"的工作方针和"团结、奋进、服务、效益"的企业精神,为客户提供满意甚至高于客户期望的时效及服务质量,全面实施品牌战略,通过不断发展、完善,逐步走出一条创建知名品牌的道路。

(3) WT3 战略——攻占"小件类"快件市场,提高市场占有率。民营快递企业就应该一手抓成本一手抓定位,开拓新市场,走出一条漂亮的成长曲线。从 2005 年 12 月 18 日起国内快递业务全面开放,民营快递企业要利用这个机会,与中国邮政争夺小件市场的业务,以"小产品"实施"大战略",以自由竞争迎接快递市场的巨大外部挑战,开拓市场业务,为提升自身竞争力加大砝码。

(四) 我国民营快递企业发展战略建议

相对于大型快递企业,我国中小快递企业主要是民营快递企业,他们有着价格低廉、管理和服务方式灵活、建设和运营成本较低等方面的优势。但由于资金、技术、人才、政策等方面的原因,我国民营快递企业目前面临两个方面的压力:

一方面面临着来自国外快递巨头和国有快递企业的竞争,另一方面面临服务成本上升和顾客不满意服务质量的挑战。针对国内"民营快递之乡"浙江桐庐数家民营快递企业的发展经验和现状,发展民营快递企业,主要应从以下几个方面着手。

1. 发展供应链金融技术,解决自身技术、资金方面的问题

供应链金融是银行将核心上下游企业联系在一起提供一种灵活运用的金融产品和服务的融资模式。"供应链金融"最大的特点就是在供应链中寻找出一个大的核心企业,以核心企业为出发点,为供应链提供金融支持。一方面,将资金有效注入处于相对弱势的上下游配套中小企业,解决中小企业融资难和供应链失衡的问题;另一方面,将银行信用融入上下游企业的购销行为,增强其商业信用,促进中小企业与核心企业建立长期战略协同关系,提升供应链的竞争能力。中小快递企业可以通过与核心企业签订合作协同关系,创新运营模式,解决自身技术、资金方面的不足,实现和核心企业互动发展。积极发展供应链金融技术,我国民营快递企业可为核心企业提供高效、独特的服务,一方面可以利用银行提供的资金,另一方面可以利用核心企业的技术,实现与核心企业共同发展。

2. 扩大企业规模、加强企业之间的合作,积极开拓新兴市场

我国民营快递企业主体规模较小,分布散乱,竞争力薄弱,过度和恶性竞争比较突出。新《邮政法》和《国内快递服务标准》等相继出台促进了国内快递行业有序、健康地发展。但是,截至目前,我国民营快递企业主要分布在沿海城市和中心城市,主营同城快递。这些地区经过十几年的发展,快递市场已趋于饱和,过度和恶性竞争使得同城快递已经发展为薄利行业。2009年上半年同城快递业务量和业务收入与去年同期相比分别下降2.8%和0.5%,同比之下,国内异地快递则提高了4.4%和4.3%。在激烈的市场竞争中,我国民营快企业应效仿浙江桐庐地区民营快递的做法:果断跳出泥淖,发展异地快递业务和二级城市与西部地区的同城快递业务。一方面,这些地区市场处于增长期,快递需求量大;另一方面,异地快递业务和中西部地区快递业务平均价格较高,利润空间较大。

3. 发展电子商务,促进民营快递企业的信息化发展

电子商务作为一种新的商务模式,在减少流通环节、降低交易成本方面作用日益突出,同时也为快递行业带来了巨大的市场空间。据了解,2008年中国个人网上购物销售额达到1 320亿元,约占社会商品零售额的1%,其中仅淘宝网的日交易规模就达到250万笔,75%的交易商品需要通过实物递送。2008年中国电子商务带动的包裹量超过5亿件,全国快递服务1/3的业务量是由电子商务带动的。"网购"商品快递已经占到部分民营快递企业如圆通快递、申通快递、中通等快递业务量的25%。为适应电子商务业务需求,我国民营快递企业应借助电子商务企业的信息技术优势深化互信、合作共赢伙伴关系,加快推进网络建设,加强与电子商务运营商的信息对接,提供包括仓储、理货、代收货款、收件人付费、代客户报关等多种增值服务,不断提高邮件追踪查询能力和企业的服务质量。

4. 全面提高服务质量,提升企业信誉,创立自己的快递品牌

民营快递企业在扩张规模和范围的同时,还应提高自己的服务意识,树立诚信服务理念和构建优质服务体系。快递企业应在手续的办理上、货物的运输包装上、售后服务环节上提高效率,重视客户的要求,提高企业的形象;并与商家或买家合作,规范验货程序;妥善解决客户的索赔和投诉等问题。民营快递企业通过优化快递服务产品和延伸快递服务领域,实现快递服务的规范化和差异化,积极自创服务品牌,发挥自主品牌效应,打造具有现代服务意识和核心竞争力的品牌快递企业。

5. 建立健全的员工招聘和培养机制

由于快递行业技术含量低,且廉价劳动力市场充足,民营快递企业的从业人员大多数为流动性人口,整体素质不高,提供产品和服务附加值非常低。因此,应当提高员工的招聘标准,实施从业人员培训考试,具备相关资格者才能从业。在人力资源成本不断提高的情况下,通过招聘和业务、技能培训建立高水平的人力资源队伍,对降低我国民营快递企业整体的运营成本,促进其由劳动密集型到技术密集型的转变具有战略意义。

二、基于SWOT的我国邮政快递企业战略分析

(一) 我国邮政快递企业的外部机遇和威胁分析

1. 我国邮政企业发展的外部机遇(O)

(1) 国内经济的高速增长对国内快递市场有着强大的拉动作用,快递市场与全社会商品交易总量、国内生产总值等宏观指标存在着高度正相关关系,国内快递市场规模的增长与GDP的增长密切相关,增长比例约为2.93∶1[①],即如果GDP增长1‰,快递市场规模增长2.93%。

(2) 外贸进出口的增长促进了国际快递业务的发展。十多年来,我国进出口总额一直以世界平均增长率两倍以上的速度增长,由2000年的4 742.9亿美元到2007年2.17万亿美元,由世界第8位上升到第3位。

(3) 交通运输条件的改善为我国快递网络的发展提供了最重要的基础条件。据统计,1990—2004年,全国铁路里程增长速度为1.8%;公路里程增长速度为4.4%,其中高速公路里程增长速度为35.2%;民用航空航线里程增长速度为10.5%;民用汽车拥有量增长速度为23.7%。

(4) 全球信息技术(IT)发展迅速,尤其是电子数据交换(EDI)和互联网的出现、应用和普及,促进了电子商务的发展。在运输领域,电子商务的兴起促进了快递市场的进一步繁荣,同时也改变了快递行业的运作模式,快递作业方式和管理手段向现代信息化方向迈进。

(5) 国家政策和邮政体制改革有利于快递行业的发展。2006年国家通过的"十一五"规划第一次提出推广快递服务,2007年3月国务院通过颁布加快服务业发展的议程,对于快递行业的发展是场及时雨。邮政体制改革有利于EMS进一步按市场化要求进行经营,邮政EMS公司将进一步按照现代企业制度的要求进行运作。

(6) 航空业竞争加剧,有利于邮政快递运输成本的降低。以前,邮政快递在和民航的谈判中处于很被动的局面。一方面,民航内部虽然存在多家航空公司之间的竞争,但民航管理局起着统一协调的作用,这使得航空业的内部竞争被限制在一定的范围内,也使得中

---

① 本数字为深圳快递行业协会根据2008年以前深圳市快递业与GDP之间的统计数据分析得出。

国的快递公司仅仅拥有很少的价格谈判能力。另一方面,由于中国快递市场规模有限,各个快递公司的业务量均难以与货运类客户相匹敌。同时,由于速递业对速度的高要求使得快递公司无法使用汽车运输来取代铁路和民航,而只能接受他们的高价格和低服务。近年来,航空运输业的竞争日益加剧,各大航空公司在中国纷纷开始使用价格手段来吸引客户,这使得邮政快递也相应在价格上获得了优惠。

2. 我国邮政企业发展的外部威胁(T)

(1) 专营权遭到削弱。虽然在新《邮政法》中明确规定,快递企业不得经营由邮政企业专营的寄递业务,不得寄送国家公文。但是,国内快递行业反垄断的呼声始终没有停止,并且越来越高,很多快递公司都提议国家有关部门降低邮政专营的重量。

(2) 外资准入屏障消失。按照中国2001年11月11日加入WTO的相关承诺,2005年12月11日,国外快递公司可以在中国全资设立分支机构或经营机构。于是,强大的外国公司以其资本、技术和效率等优势更多更快地进入中国快递市场,邮政EMS将面临着日趋激烈的市场竞争。

(3) 国家扶持、鼓励非公经济发展的政策。该政策为民营快递企业和非公经济所有制体制的改革发展开拓了更加广阔的空间。这一政策的落实将在一定程度上促进民营、国际快递公司的发展,从而加剧市场竞争。

(4) 替代服务的质量提高。除了实物传递,用户使用邮政快递业务传递的主要内容是重要文件、资料、单据类物品。随着互联网的发展,电子商务技术不断提高,延伸出的替代服务为那些有特殊要求的客户提供了更多选择的空间,对实物传递的威胁越来越大。

(二) 我国邮政快递企业的内部优势和劣势分析

1. 我国邮政快递企业的内部优势(S)

(1) 中国邮政EMS的实物运送网络十分发达。中国邮政EMS通过与各国邮政合作,与世界200多个国家和地区建立了业务关系。国内通达城市近2 000个,"全夜航"飞机组成的邮政航空快速网连接了全国各大城市,实现国内200多个城市次日递。拥有6万多个营业服务网点、200个快件处理中心,8个海关监管中心。全国邮路总长度达到340万千米,形成了航空、铁路、公路、水路等立体运输体系和独立的快递邮政运输网络。

(2) 中国邮政的信誉与品牌是邮政快递拥有的一笔巨大的财富。2005年5月,在中国货运质量跟踪查询调查暨第四届中国货运业大奖评选活动中,中国邮政EMS四项指标进入快递行业前三甲之列;2005年7月,中国邮政EMS被评选为"中国消费者(用户)十大最满意品牌之一"。2006年,中国邮政EMS获得美国《读者文摘》评选的快递行业"信誉品牌奖"和"中国最具影响力十大品牌奖"。邮政快递的品牌价值,在电子商务经济时代,将会进一步凸显。邮政企业一直以来都是本着服务大众的原则不计成本地推行邮政普遍服务的。许多年以来,民众对邮政递送业务也非常放心。在客户忠诚度、快递服务中的低误差率等已成为影响电子商务快递企业发展的重要因素的今天,中国邮政的信誉和品牌对邮政EMS的作用可谓价值连城。

(3) 中国邮政EMS具有较强的通关能力,邮件享有优先通关权。海关在邮政派驻专门的人员进行快件监管,加快了快件的运输效率;而海关对邮政快件的抽检比例要远远低于其他民营快递公司,使邮政快件的通关速度大大加快。除通关速度优势外,邮政 EMS 还能够为客户提供出口快件业务报关,以及在进口快件的报送和清关方面给客户以帮助,满足"一站式"服务需求。

(4)百年邮政经营经验和20多年的快递经营经验,使 EMS 在从收寄到投递各个环节紧密相连、顺序作业,保证了快件的安全传递,这也是一些国内民营快递公司所无法比拟的。

2. 我国邮政快递的劣势(W)

(1)营销观念陈旧。邮政速递营销观念陈旧主要体现在以老大自居,重自身而忽视竞争对手,市场意识淡薄,不重视消费者需求分析,没有认识到市场细分和定位的重要性,营销手段单一等方面。

(2)技术相对落后。目前我国大部分地区 EMS 邮件在分拣和封发两个环节仍基本依靠手工作业完成,既造成邮政快递处理速度缓慢、工作效率较低,又容易产生差错,影响快递服务的质量。其次,中国邮政 EMS 只能在收寄、较大中转站和投递端监控到快件的传递信息,快件传递信息的反馈在每个环节主要靠半人工录入,在快件传递的高峰期很容易出错。

(3)邮政 EMS 在网络控制能力方面存在隐患。对于国际快递服务,中国邮政 EMS 是通过万国邮联与各国邮政的合作而实现的,对对方邮政服务水平知之不多,对合作传递国际快件不能完全控制。在国内市场,由于主要运输渠道航空和铁路行业自身都从事快运业务,所以邮政与两家的关系是既合作又竞争,在运输高峰期间,运输质量往往不尽如人意。

(4)组织结构不合理,缺乏按照现代企业制度要求建立的运行机制。作为邮政 EMS 的专门管理机构——中国速递物流服务公司是中国邮政集团的下属机构,对各省市分公司没有直接考核权,对有关快递业务的财务、人事管理权及价格、宣传等方面只有建议权而没有最后的决策权,实际上许多职能与中国邮政集团公司下属的职能部门相互重合,不仅没有起到专业化管理的作用,反而人为地增加了一个管理层次,使决策的效率大大降低。组织结构不合理是影响邮政快递业务进一步发展的重要障碍,邮政快递在应对市场竞争时,经常出现反应慢、适应能力差、缺乏灵活有效的应对策略的现象。

(5)邮政电子商务速递业务(e-EMS)成本比较高,"e邮宝"速度较慢。在调研中,我们了解到目前"e邮宝"业务的运输基本上是以铁路运输为主,虽然很安全,但是无法保证时效性。目前该业务主要用于送往偏远地区的递送服务。而现在 e-EMS 基本上全部采用航空运输,以保证用户对快件递送服务的时限要求,但是价格却比较高,差不多为民营快递公司的2~3倍。

(三)我国邮政快递企业战略构建

通过上述对电子商务环境下,我国邮政快递企业的 SWOT 分析,可以得出邮政速递的 SWOT 分析表,如表 7-2 所示。

表 7-2 我国邮政快递企业的 SWOT 分析表

	优势-S 1. 政策优势 2. 国内配送网络优势明显 3. 品牌优势 4. 通关便利	弱点-T 1. 组织架构不合理 2. 网络服务质量不稳定 3. 干线网络不完美 4. 成本指标偏高 5. 技术水平偏低
机会-O 1. 中国经济快速发展 2. 航空业竞争加剧 3. 国际快递公司急于扩大中国市场 4. 邮政航空发展加快 5. 邮政体制正在改革 6. 信息技术发达,Internet 技术成熟	SO 战略 1. 集中战略,重点发展国内快递市场(S1,S2,S3,O1,O4) 2. 推进快递专业化改革,并最终实现公司运作(S1,S2,S3,O5)	WO 战略 1. 合作战略,加强与快递巨头及与"卡哈拉"协议国的合作(W1,O3) 2. 后向一体化,加强自身干线运输能力(W3,W5,O2,O4) 3. 加强信息化建设,完善用户查询系统(W2,W5,O6)
威胁-T 1. 专营权遭到削弱 2. 外资准入屏障消失 3. 替代服务质量得到提高 4. 传统业务增长趋缓 5. 货运市场价格竞争激烈	ST 战略 1. 差异化价格战略(S1,S2,S3,T3,T5) 2. 整合中邮物流公司,进入物流市场(S1,S3,T4)	WT 战略 1. 放弃货运业务(W3,T5)

通过以上分析,就我国邮政 EMS 的发展战略,可以得到以下几点启示:

第一,随着中国经济进入高速发展时期,邮政必须建立适应快递业务发展要求的专业化经营体制,并不断完善公司化的运营机制。

第二,邮政快递拥有健全的国内配送网络和良好的品牌影响力,外资企业准入限制放开不久,邮政快递在国内的快递市场竞争中仍具有较大的优势,增强国内业务的竞争力是中国邮政 EMS 进一步提升其整体实力的关键。

第三,邮政有较好的通关优势,但由于国际干线网络不健全,与国际快递公司相比具有较大的差距。邮政 EMS 也可以采取联合的战略弥补网络的不足,以进一步提升业务的竞争力。

第四,中国航空业竞争加剧,航空运输质量得到提高。相比之下,邮政干线网络的运行不够稳定,同时运输成本偏高,因此邮政可采取后向一体化的策略,与航空、铁路部门进行战略联盟,或组建联合企业以扩大干线网络的能力,提高干线运输能力,减少干线运输成本。

第五,随着替代企业服务能力及竞争对手竞争能力的不断提高,邮政快递服务水平不高已经成为制约其发展的重要因素,邮政快递应尽快加强信息网络的建设,充分发挥现代信息通信技术在邮政 EMS 运营中的作用,提高快递服务的能力和水平。

第六,随着邮政信件专营权利的减弱,来自国内外快递企业的竞争又在不断加强,邮政快递在守住现有领地的同时,还应积极拓展新的业务,发挥自己在国民经济中的作用,在流通领域寻求更大的市场空间。

三、外资快递企业的战略分析及其对我国快递企业的启示

目前进入我国的外国快递企业主要是跨国巨头,例如 DHL、FedEx、UPS、TNT 等。由于受到政策限制,目前主要的业务是国际快递,并且在我国的国际快递市场上占据较大份额。加入 WTO 后,随着服务业的逐渐开放,快递行业的限制越来越少,跨国企业将更多的参与国内的竞争,加剧市场竞争的激烈程度。

国际快递公司的经营战略主要具有以下三个特征。

(一) 全新经营理念

虽然国际快递巨头目前业务主要是国际快递,但已给国内快递企业造成极大的压力。这主要因为国际快递公司进行的快递服务不是简单的物品运输,而是集电子商务、物流、金融等于一身的综合性物流服务,提供包括快件递送在内的多项物流活动,如仓储、运输、结算及售后服务等。国内快递企业目前大多仅停留在提供点到点、户对户的单一快递服务。

同时国际快递公司以为客户提供最方便快捷的服务作为业务的核心和出发点。为了实现"快",FedEx 和 UPS 都开通了直航中国的业务。为扩大市场份额,国际快递公司普遍采取了低价竞争的市场战略。资料显示:四大跨国公司的国际快递价格普遍低于中国邮政 EMS 的 10%～15%。国际快递之所以能够长期维持这种低价水平,在于他们庞大的业务规模和规范、完善的企业管理制度与高效的执行体系。尤其是管理水平、精干的机构和素质较高的员工队伍使他们赢得了运营的高效率和单位业务的低成本,为降低价格提供了空间。

(二) 国际一流的技术

国际快递公司能够跻身中国国内快递市场,除了他们全新的经营理念和先进的管理水平外,拥有自己控制的全球网络、采用先进的信息通信技术和管理手段是其第二个重要的因素。

技术上,国际快递公司拥有世界一流的快件操作系统和客户自动化工具。如科技含量高的快递资料收集器 DIAD,几家国际快递公司都已陆续使用。利用这种工具,收货司机只要用它扫描包裹上的条码,便完成递送记录,从而取代了传统的纸上递送记录,让收货人的签名数字化。这对消费者来说,不仅意味着所寄送的物品能很快发出,还可以随时跟踪包裹的行踪。

从网络建设和管理上看,国际快递公司一直走在我国的前面。最早进入我国市场的 DHL 是网络建设发展最快的国际快递企业,目前已在全国各主要城市设立了 29 家分公司和 160 个快递中心,快递服务网络的规模远远超过其他竞争对手。目前计划在我国建立更加完善的网络。DHL 在中国的每一个省会城市和绝大部分地级城市均建有配送点,FedEx 2005 年以前在中国经营快递业务的城市达到 100 多个,UPS 2002 年在中国经营

业务的城市就增加到 40 个。在最近几年里,四大快递巨头的网站建设速度更是高速增长。

(三)满足顾客需求,凸显公司经营特色

国际快递公司让我国消费者享受到了高水平服务所带来的实惠。除了提供门到门,精确运送时间和预付、到付、第三方付款等多种付费方式的服务以外,他们还将 IT 技术广泛应用于快递服务领域,以加强经营能力,满足顾客需求,凸显公司的服务特色。

在 DHL,仅为客户提供自动化服务的系统就有全球货件跟踪、便捷发件系统、电子邮件货件跟踪等先进的服务系统。全球货件跟踪是 DHL 最早推出的一项查询服务,在 DHL 中文网站储存着每张编码运单上记录的数据,无论快件走到哪儿,货件在运送途中的各主要阶段都可以被及时跟踪;客户每天 24 小时均可以通过跟踪查询,得到所委托的国际货件在传递过程中的完全信息。

随着国际快递公司在我国的经营示范,我国快递企业也不甘落后,奋起直追。中国邮政 EMS 相继推出了一系列服务举措。如 2001 年 3 月提前开通了中国邮政航空快速网,增加专用航线;2001 年 7 月 1 日起 EMS 又提速;2001 年 8 月 1 日 EMS 在国内开办了包裹快递业务。但总体来看,我国国内快递企业在经营理念和服务技术方面与国际著名快递公司相比较,还有较大的差距。公司可以在短时间内引进先进设备,延伸扩大服务网络,增强快递服务的物质能力,但短期内难以形成自己的技术特色。尤其是把握客户需求规律,建立根据客户需求变化及时作出反应的应对机制,全面提升企业的经营能力,绝非一朝一夕之功,这既需要经营理念和体制上的深刻调整,还需要一定时间的试验探索。

第四节 电子商务快递行业发展政策

进入 21 世纪,中国经济社会迈向新阶段。经济增长持续进行,社会主义市场经济体制逐步完善;科学技术日新月异,电子商务登上国民经济的重要舞台;中国与世界的交往日益频繁,中国经济与世界经济的关系日益紧密,相互影响日益加深。这些发展和变化意味着,中国经济社会对生产要素跨国界、跨产业、跨企业的流动速度提出了更高的要求。这对承担生产要素流动任务的电子商务快递企业来说,意味着巨大的市场和无限的商机,对整个电子商务快递行业来说,意味着历史赋予的发展机遇。

政府部门应抓住电子商务快递行业发展的这一历史机遇,根据我国国民经济发展的总体战略,结合电子商务快递行业的实际状况,遵循电子商务快递行业发展规律,按照产业政策体系框架,制定相应的政策,以促进该产业健康、稳步的发展。

一、规范企业竞争行为,引导行业健康发展

从产业组织的角度,目前电子商务快递服务业组织政策的重点应围绕维护公平公正的市场竞争次序、培育有效的市场竞争结构和帮助电子商务快递企业提高服务水平等方面,具体考虑以下内容。

(一)完善政策法规,建立统一开放、竞争有序的快递市场

在电子商务高速发展的今天,递送环节在电子商务中的作用越来越重要,电子商务快递业务在整个快递业务中的比重逐年增加。《邮政体制改革方案》的出台、《快递服务标准》的问世,国家经济与社会发展第十一个五年规划纲要(以下简称"十一五规划")的明确要求,新《邮政法》的出台,《长江三角洲地区快递服务发展规划》和《珠江三角洲地区快递服务发展规划》的实施,《国务院办公厅关于加快电子商务发展的若干意见》、《北京网点法规》、《上海地方性法规》等法规的颁布实施,为电子商务快递服务业的发展创造良好的政策环境,对电子商务快递服务业建立良好的市场秩序、保证公平竞争、促进产业整合等方面起到了积极的作用,由于电子商务快递行业是一种新兴的业态,有关配套的法律目前还不够完备。一方面,有关电子商务和快递的法律法规各自都存在一定的漏洞;另一方面,电子商务商品快递环节的货差、货损和货异的责任归属没有从法律上予以明确的界定。应加快这些方面的法规建设,全面推进依法行政、依法监管,不断完善市场监管机制。同时,按照中国加入WTO对快递市场的开放承诺,应进一步发展民营快递市场,打破行政性垄断和地区封锁,建立全国统一、开放的快递市场,为电子商务快递行业的发展清除各种障碍,促进电子商务环境下现代快递物流业的发展。

(二)发挥快递行业协会的作用,加强电子商务快递行业自律

我国从2007年开始,各省、自治区、直辖市的快递协会都陆续成立。各地快递协会都把贯彻《快递服务标准》和《快递市场管理办法》作为规范行业管理、提升服务水平的契机,采取发布信息、召开座谈会、提醒、辅导等方式,组织快递企业学习贯彻,达标整改,提升服务质量。浙江、上海等地的主要快递企业倡议开展"依法经营、规范服务、回报社会、促进发展"活动;河南主要快递企业还签订了《河南省快递企业自律公约》,反对侵犯用户权益、恶意竞争行为;天津经过半年的努力,解决了300多辆快递机动车市内通行的难题。

但是,还有很多地区的快递协会至今仍然没有发挥出应有的作用,还有很大的发展空间。因此,各地快递行业协会都应依照相关法律法规,制定电子商务快递行业规范,加强行业自律,充分发挥协会在行业协调、政策研究、行规行约制定、专业技术职称评定等方面的作用,规范行业行为、维护行业秩序、协调会员利益、促进公平竞争,保障电子商务快递服务的健康发展。并定期根据电子商务快递服务评价体系,开展电子商务快递企业服务质量等级评定活动,督促快递企业不断优化操作流程,提高服务质量。鼓励电子商务快递企业全面达到《快递服务》标准,提供优质的承诺服务。指导行业协会开展会员企业间的学习交流,实现优势互补和互利共赢。

(三)建立电子商务快递服务质量评价体系

目前,无论是电子商务快递企业还是电子商务快递服务行业均缺乏公正、有效的电子商务快递服务质量评价体系,更未能建立科学的电子商务快递服务质量评价机制。这主要是由于两个方面的原因,一是电子商务快递服务成本管理存在很大的困难。在电子商务环境下完成的一件物品递送,因其过程复杂、环节多、计量困难,其具体成本数字几乎是

不能准确测定的。二是我国对电子商务快递服务成本核算的会计制度中,缺乏统一的标准。企业在进行电子商务快递服务成本的核算和管理时,无法找到快递成本核算和管理的规范标准,也就无法客观评估现有电子商务快递服务的水平,以及存在的问题。

因此,在加强行业监管的过程中,针对我国电子商务快递行业的现状,可以由政府牵头,充分发挥快递协会、消费者协会等社会组织的作用,建立电子商务快递服务质量评价体系,形成《快递行业服务标准》,以此引导企业的服务质量行为,并作为解决企业、消费者之间发生服务质量冲突时的参考。市场监管部门应根据《快递行业服务标准》,不定期检查快递企业的达标情况,并把相关情况向社会有关部门做权威报告。各快递企业,也可以根据自身实际,建立高于《快递行业服务标准》的企业标准,提供更加优质的承诺服务,展示自己的经营实力,显示公司声誉,以促进整个电子商务快递行业服务质量向更高水平发展。

(四)引导快递企业健康成长,增强电子商务快递企业的服务能力

我国快递企业从无到有,企业数量从20世纪90年代初期的几家发展到今天的上千家水平,整个产业从初具规模驶上了今天的高速发展之路。但与国外快递企业相比,我国快递企业除了占据本土化优势外,在服务机制、管理水平、规模效益、竞争能力等方面均处于劣势。

因此应通过政策从总体上引导快递创新经营模式、优化作业流程、完善内部管理、提升管理水平。鼓励和引导规模以上快递企业实现内部作业和对外服务标准化。如实现服务人员着装、操作和礼仪的统一;实现作业车辆和营业网点外观、标志的统一;实现快递企业与电子商务平台、交通、海关和航空等外部系统的标准化对接;统一制定车辆市区通行、快递转运中心用地等扶持政策;建立统一的邮政监管信息平台。

二、制定发展规划,引导行业稳步发展

(一)结合电子商务快递行业发展现状、趋势及其与国民经济的关系,制定电子商务快递行业的中、长期发展规划,引导产业的发展

2009年,《长江三角洲地区快递服务发展规划》、《珠江三角洲地区快递服务发展规划》相继出台。在这两部地方性的规划文件中,都重点提到了要抓住电子商务快递发展的有利时机,促进快递服务与电子商务产业紧密结合,融合发展。推动快递企业与电子商务网站合作,不断优化业务结构,提升服务水平,实现互利共赢。同时要求区域内各地方政府加强对相关企业的监管,给电子商务快递服务创造有利条件。这两个由区域政府制定的产业规划文件,有针对性地在一定程度上帮助地方电子商务企业和快递企业解决了困难,也为其它各个省、自治区、直辖市发展电子商务快递行业提供了思路。

各个省、自治区、直辖市都应该因地制宜,结合国家及本省有关促进企业生产、扩大社会就业等方面的政策精神,将电子商务快递行业列入"拓展生产服务业"和政府鼓励发展的重点产业,作为重点发展任务融入到各省、市的规划中。同时,各省、自治区、直辖市政府都应该指导制定电子商务快递发展的行业规划,以充分促进电子商务行业与快递行业的融合,并由此带动各地经济、社会的快速发展。

（二）与交通基础设施相衔接，加强快递网络的统筹规划与建设

应该说，电子商务快递行业规划实施的具体体现之一就是快递网络的规划和建设。同传统物流企业相比，快递行业是以速度为标志的，但又是靠效率取胜的。没有一定的效率来保证经营成果，其快递的速度是难以为继的。在快递企业传递速度和效率这两个指标中，速度是效率的前提和基础，没有一定的快递速度保证，谈快递效率是无意义的。因此在实际操作中必须将二者有机结合起来。对电子商务快递服务而言，速度和效率这两个指标对快递企业的要求更是如此。解决速度与效率之间矛盾的关键之道，就是与交通基础设施相衔接，从快递收寄场地、处理场地、仓储场地、运输工具、运输路线等方面进行统筹规划，同时将快递企业之间的网络资源、企业内部和外部资源进行整合，以加强整个快递网络资源的优化利用。

目前，我国快递行业已进入了规模发展阶段，但任何快递企业，若仅靠自己的能力，则难以完成全网的所有递送业务，一般都要借助其他社会运输体系和服务体系的帮助。因此，运输衔接与服务协作是快递提速的关键。快递企业和其他社会承运主体之间，不同运输方式、运输系统和不同地区运输系统之间的有效衔接协调，极大地影响着快件传递效率和质量的提高。在干线运输方式上，快递企业一般采用航空与公路运输相结合的方式，有时也使用铁路运输。我国近年来在民用航空、道路运输、仓储设施、信息通讯等基础设施方面取得了长足的发展，但总体来看，现有设施还比较落后，规模较小。地方保护主义和行业之间的壁垒还比较严重，如不同省市间的公路运营许可证审批复杂，运输管制严格，关卡密集。对终端客户的递送速度和能力是快递公司区别于物流公司的核心所在。因此，各大快递公司都非常重视快递业务的"最后一公里"。目前情况下，国际快递公司主要使用飞机和汽车运送快件，国内其他快递公司都不同程度地综合使用了汽车、摩托车和自行车作为运送工具。但是，除了自行车和邮政 EMS 的快递车辆外，其他快递公司的机动交通工具都不能在一个城市的所有街道无障碍行驶。特别是在特大型城市，交通管制非常严格，对递送车辆的区段或时间范围都有严格限制。此外，各种运输方式的关联配合，长途运输与短途运输的连接，仓储功能与运输功能的协调，各种运输方式间装备标准的衔接，各企业的自动化和信息化水平，各体系信息系统之间的接口以及通信的畅通，国际快件的清关速度等，都在很大程度上影响快件递送速度和运作成本。协调过程中出现的问题不能及时解决，也制约着运转效率和运送质量。

因此，要依托开放的现代综合交通运输体系，遵循政府推动、市场主导、资源共享、优势互补、协调发展、互利共赢的原则，优化快递配送网络，优化重点城市、区域的快递网络布局，建立快递服务资源配置一体化机制。同时，统一规划，推进快递重大基础设施项目建设。充分引导快递企业在网络建设方面协调规划，以保证电子商务快递企业在高速度传递快件的同时，达到较高的效率。

三、鼓励中小民营快递企业的发展，保持行业活力

从产业组织角度，在电子商务快递行业发展进程中，中小企业数量占大多数是由国民经济的要求和产业的特点决定的。在产业发展初期，中小民营快递企业成为了行业的主力军，在产业发展相对稳定的时期，更需要较多的中小快递企业发挥"鲶鱼"效应，使整个产业保持

竞争活力。因此应创造条件鼓励电子商务快递行业内中小企业的发展。针对中小企业与大企业在劳动力条件、融资条件和信息获取条件等方面的不足,在人才培训、投融资支持、信息咨询、交易公开化等方面制定有利于中小企业发展的政策,在市场准入方面继续推行较低入门条件的制度和经营许可申报制度,以支持中小电子商务快递企业的发展。

<h2 style="text-align:center">四、优化市场结构,提高行业效率</h2>

(一) 加强新技术的应用,不断提升行业的技术水平

与国外快递公司相比,在我国快递企业中,大多数的经营管理与技术水平比较落后。由于快递企业的准入门槛比较低,一间办公室、一部电话、一把椅子就可以经营快递业务,几乎谈不上现代化的处理设备、信息技术的运用。而且大多数快递公司在招聘员工时要求比较低,这种现象导致了快递服务质量不能得到保证。根据315投诉网对我国2007年快递行业的投诉统计显示,认为服务质量是快递行业面临的主要问题的占36.49%,除服务态度、水平外,主要还有货物丢失、损坏、延误、晚点等成为消费者投诉的主要原因。

因此,要推动快递企业采用先进科学技术,提升自动化、标准化、信息化应用水平,鼓励快递企业采用集装单元、射频识别、货物跟踪、自动分拣、立体仓库、配送中心信息系统等物流新技术,降低劳动强度,提高处理效率,提升服务水平,以加强对电子商务企业的服务能力。加快对《快递服务》标准的推广工作,鼓励快递企业进行技术改造和标准升级。积极推进快递企业信息化建设,加快快递服务公共信息平台建设,扶持一批快递信息服务企业的成长。

(二) 推动产业链结构优化

目前,我国电子商务快递产业链上,电子商务平台企业占据了核心地位,有着比较大的议价权。要提高快递企业在产业链中的地位,就必须提高其综合经营力。这就需要快递企业一方面整合产业链,使产业链的价值内部化,加强与产业价值链上下游的合作;另一方面将产业链的价值外部化,采取外包、联盟等战略方案,降低企业经营成本。

因此,相关政府部门要推动电子商务快递企业与生产、商贸企业互动发展,优化调整快递基本业务与电子商务配送、供应链管理等新业务的协调发展。鼓励生产和商贸企业按照分工协作的原则,剥离或外包产品配送功能,整合快递服务资源,促进供应链各环节的有机结合,加速推进传统服务方式向现代服务方式转变。引导快递企业加快进入制造业供应链服务环节,承接电子商务配送服务,大力发展信息流、资金流、实物流"三流合一"业务,推进快递服务和电子商务融合发展,加强快递服务与多种运输方式的融合,积极拓展服务领域,将服务范围向上游产业延伸,建立高效、安全、低成本的快递服务运输系统,为快递服务专业化运作与管理提供条件。鼓励企业抓住城乡一体化发展机遇,促进农村快递发展。

(三) 优化市场结构,实现竞争收益和规模优势的统一,提升行业效率

在鼓励中小电子商务快递企业发展的同时,也要重视电子商务快递行业的规模经济特点,发挥其规模经济的作用,在全国和大经济区域内培育几家管理水平高、网络覆盖率高、技术水平先进、品牌声誉响亮的大企业,实施集约化经营,参与国际竞争,为中小企业的发展树立榜样并带动整个产业的发展。整个产业既有大型企业,也有中、小企业,且各占一定的比例。每个企业均根据市场需求,按照自己的经营战略独立经营,而每个企业的业务范围、经营模式、品牌信誉等又各具特点。整个电子商务产业具有竞争的活力,又能发挥规模经济的优势,从而保持高效率的发展。其具体途径可以考虑:

1. 鼓励现有快递企业推行现代企业制度。
2. 进一步降低电子商务快递行业进入与退出的门槛条件。
3. 鼓励电子商务快递行业内企业之间的联合,既有快递企业与电子商务企业之间联合,也有快递企业之间的联合,以推动产业的规模化发展。
4. 鼓励电子商务快递企业之间的并购、重组和上市,盘活存量资产并通过资本市场推动电子商务行业的发展。

五、加快电子商务快递人才培养,不断提高行业的人力资源水平

发达国家的物流和配送教育非常发达,将电子商务引入传统的物流配送后,形成了更加合理的物流服务和配送人才的教育培训系统。发达的电子商务教育培训系统和电子商务快递企业对人才培养的重视,使得发达国家在电子商务快递服务领域处于领先的优势地位。相比较而言,我国在电子商务快递服务和配送方面的教育还相对落后,高端人才的培训、教育刚刚起步,职业教育则更加贫乏,通过委托培训方式培养电子商务快递服务人才的企业也不多见。电子商务快递人才的短缺对我国电子商务快递服务业的发展造成了很大的影响。

因此,应提高全社会对电子商务快递行业的重视,加大人才培养力度。把电子商务和快递服务放在一起进行宣传,电子商务是商业领域的一次革命,而电子商务快递服务则是快递服务领域的一次革命。要改变过去那种只重视商流、轻视物流的思想。把人才培养和人力资源水平的提升作为提升整个电子商务快递行业水平的关键战略因素。不仅要提高全社会对电子商务快递服务业的重视,针对我国电子商务快递服务教育和培训机构落后、电子商务快递服务人才匮乏的现状,加大人才培养力度。其具体途径可以通过改革现有人才培养机制,引进国外先进的电子商务快递人才和培养方式,将教育培养、培训与企业和产业的物流发展战略相结合,扩展电子商务快递服务的产业链,实现人才培养的跨越式发展,推进我国电子商务快递行业的健康发展。人才培养的具体途径可以如下几个方面考虑。

(一)在高职院校和职业高级中学开设相应的电子商务和快递物流专业,培养操作型人才充实电子商务快递行业人才队伍,不断提高一线员工队伍的素质水平。

(二)在普通高等院校的相关专业(经济、管理、电子商务、物流等)开设电子商务快递方面的课程,提供电子商务快递行业的背景知识和运作场景知识,使学生毕业后能够更快地适应电子商务快递行业的需要。实际上现有全日制普通高校中,许多以前属于邮电、交通、铁路等部门的院校都和电子商务快递行业有历史渊源。采用这种方法应该是为电子商务快递行业提供中高端人才的有效途径。

（三）与高校和社会机构联合举办各种层次（如研究生、本科、高职等）的培训班加强对行业现在从业人员的培训，不断提高电子商务快递行业人才队伍的素质。

在网络经济时代，崛起了电子商务快递服务这一新兴行业。随着我国电子商务快递服务业的发展，逐步形成了国际快递、国内快递和同城快递三大市场。国有、民营和外资快递企业共同支撑这三大市场上的电子商务快递服务。电子商务快递服务在加速商品流通、促进对外贸易、服务各行各业、满足居民消费、提升第三产业、扩大人口就业等方面已作出巨大的贡献。可以展望，电子商务快递行业的前景越来越兴旺发达，电子商务快递行业在中国全面建设小康社会、构建和谐社会、加快实现现代化过程中的贡献将越来越大、作用越来越突出。

本 章 小 结

本章首先讨论了电子商务快递的发展趋势，从技术、市场、经营管理等方面对电子商务快递发展前景进行了描述；进而运用产业链分析方法，讨论了快递产业链和电子商务快递产业链的特点，并重点分析了电子商务快递产业链发展的三个阶段及其特点。在此基础上，讨论了快递企业经营战略，主要运用 SWOT 方法，对民营快递企业和中国邮政 EMS 可能的各种战略组合进行讨论，并给出了相应的战略选择内容。最后，讨论了电子商务快递行业发展的政策，从规范企业竞争行为，制定产业发展规划、鼓励中小民营快递企业的发展，优化市场结构和加强电子商务快递人才培养五个方面提出了相应的对策建议。

电子商务快递发展趋势分析和产业链分析是企业战略分析和行业政策分析的基础和前提，快递企业战略分析和电子商务快递行业发展政策分析为本章的重点。

思考与练习

1. 简述电子商务快递的发展趋势。
2. 简述电子商务快递产业链的含义、演变及特征。
3. 简析邮政 EMS 的发展战略。
4. 简析大、中小民营快递企业发展战略选择的特点。
5. 结合电子商务快递的特点，概述我国电子商务快递产业规划的要点。
6. 结合实际谈谈我国电子商务快递行业发展政策的主要功能。